Wettbewerbsrecht und Verbraucherschutz in England

Lisa Waßmuß

Wettbewerbsrecht und Verbraucherschutz in England

Die Auswirkungen der Richtlinie gegen unlautere Geschäftspraktiken auf den Verbraucherschutz in England sowie auf die Vereinheitlichung des verbraucherschützenden Wettbewerbsrechts in der Europäischen Union.

PL ACADEMIC RESEARCH

Bibliografische Information der Deutschen Nationalbibliothek
Die Deutsche Nationalbibliothek verzeichnet diese Publikation in der Deutschen Nationalbibliografie; detaillierte bibliografische Daten sind im Internet über http://dnb.d-nb.de abrufbar.

Zugl.: Münster (Westfalen), Univ., Diss., 2013

Gedruckt auf alterungsbeständigem,
säurefreiem Papier.

D6
ISBN 978-3-631-65043-1 (Print)
E-ISBN 978-3-653-04065-4 (E-Book)
DOI 10.3726/ 978-3-653-04065-4

PL Academic Research ist ein Imprint der Peter Lang GmbH.

Peter Lang – Frankfurt am Main · Bern · Bruxelles · New York · Oxford · Warszawa · Wien

www.peterlang.com

Vorwort

Diese Arbeit wurde im Wintersemester 2011 von der rechtswissenschaftlichen Fakultät der Westfälischen Wilhelms-Universität Münster als Dissertation angenommen. Die Bearbeitung befindet sich auf dem Stand von Oktober 2011. Es war mir ein besonderes Anliegen in dieser Arbeit die Umsetzung der Richtlinie gegen unlautere Geschäftspraktiken in England zu untersuchen, die dort zur Einführung eines kohärenten Wettbewerbsrechts führte. Mein Ziel war es, dem kontinentaleuropäischen Juristen einen Überblick über die Auswirkungen der Richtlinie auf den Verbraucherschutz in England zu bieten. Aus europäischer Perspektive war die Umsetzung der Richtlinie in erster Linie unter dem Aspekt der angestrebten Vollharmonisierung zu analysieren.

Mein besonderer Dank gilt meinem Doktorvater Prof. Dr. Reiner Schulze für die Erstbegutachtung der Arbeit und die wissenschaftliche Betreuung sowie für die engagierte Unterstützung meines Forschungsaufenthalts in England. Prof. Dr. Thomas Lundmark möchte ich herzlich für die Anfertigung des Zweitgutachtens danken.

Ebenfalls bedanken möchte ich mich bei meinen Gastprofessoren Prof. Dr. Stefan Vogenauer, University of Oxford, und Prof. Dr. Christian Twigg-Flesner, University of Hull, die mich herzlich aufgenommen und kenntnisreich betreut haben. Ohne die hervorragende Ausstattung beider Universitätsbibliotheken und ohne die Erläuterung der spezifisch englischen Sichtweise in zahlreichen Gesprächen wäre meine Arbeit in dieser Form nicht möglich gewesen. Nicht nur in wissenschaftlicher, sondern auch in persönlicher Hinsicht war diese Zeit sicherlich eine der bereicherndsten und anregendsten meiner Promotion. In diesem Zusammenhang danke ich auch dem DAAD, der meinen Aufenthalt mit einem Stipendium unterstützt hat.

Außerdem gilt mein Dank dem Max-Planck-Institut für Ausländisches und Internationales Privatrecht für die Unterstützung bei der Erstellung dieser Arbeit und für die ausgezeichneten Arbeitsbedingungen. Ein großer Dank gebührt auch der Johanna und Fritz Buch Gedächtnis-Stiftung, die die Veröffentlichung dieser Arbeit großzügig mit einem Stipendium unterstützt.

In persönlicher Hinsicht bedanke ich mich von Herzen bei meinen Eltern, die mich sowohl im Studium als auch während der Promotion großzügig unterstützt haben und mir stets mit Rat und Tat zur Seite standen. Ebenso danke ich meinem Partner sowie meinen Freunden und Weggefährten, die mich während der Promotion begleitet haben.

Hamburg, im November 2013 — Lisa Waßmuß

Inhaltsverzeichnis

A. Einleitung

Diese Arbeit befasst sich mit den Auswirkungen der Richtlinie gegen unlautere Geschäftspraktiken 2005/29/EG auf den Verbraucherschutz in England sowie mit der angestrebten Angleichung des verbraucherschützenden Wettbewerbsrechts in der Europäischen Union anhand der Rechtslage in England und in Deutschland. Die Richtlinie wurde in England am 26. Mai 2008 umfassend in den „Consumer Protection Against Unfair Trading Regulations 2008" (CPR) umgesetzt, die zahlreiche Gesetze ersetzen oder abändern. Vor ihrer Umsetzung war sie Gegenstand von umfangreichen Konsultationen und wurde als kontinentaleuropäisch geprägter Rechtsakt, der mehr Übereinstimmungen mit den kontinentaleuropäischen Rechtsordnungen als mit dem englischen Common Law aufweise, kritisiert.[1] In England galt bis zur Umsetzung der Richtlinie das viel zitierte Diktum von Lord Justice Frey „To draw a line between fair and unfair competition, between what is reasonable and what is unreasonable, passes the power of the courts.".[2] Frei nach dem Motto „Konkurrenz belebt das Geschäft" sollte das freie unternehmerische Handeln nicht durch die Beschränkungen des Wettbewerbs behindert werden. Noch vor gut zwanzig Jahren stellte Justice Jacob zur Reichweite einer Klage wegen „passing-off" (Nachahmung) in der Entscheidung *Hodgkinson*[3] fest: „*Were it to do so it would enter the field of honest competition,[...]. Why there should be any such reason I cannot imagine. It would only stifle competition.*" Allerdings hat sich auch das Common Law in den letzten Jahrzehnten verändert und sich den Gedanken des Lauterkeitsrechts nicht vollständig verschlossen. Beispielsweise kann unlauteres Geschäftsverhalten dadurch sanktioniert werden, dass die Voraussetzungen der Klage wegen „passing-off" flexibel interpretiert werden.[4] Auf diese Ausgangslage trifft die Richtlinie gegen unlautere Geschäftspraktiken, die darauf abzielt, ein einheitlich hohes Niveau des Verbraucherschutzes in den Mitgliedstaaten zu errichten.[5] Dazu sind in der Richtlinie die Vorschriften über irreführende und aggressive unlautere Geschäftspraktiken

---

1 *Howells*, UCPD – A Missed Opportunity?, in Weatherill/Bernitz, S. 103 (104); *Whittaker,* European and National Contract Laws, in Weatherill/Bernitz, S. 139 (156).

2 *Mogul Steamship v McGregor, Gow & Co.* [1889] 23 QBD, S. 598 (625 f.).

3 *Hodgkinson Corby Limited Ors v Wards Mobility Services* [1995] FSR, S. 169 (175); vgl. *Ohly*, Richterrecht, S. 91.

4 Justice Walker in *United Biscuits v Asda* [1997] RPC, S. 513 ff.

5 Im Folgenden wird die Richtlinie gegen unlautere Geschäftspraktiken auch als „Richtlinie" oder „UGP-Richtlinie" bezeichnet.

abschließend im Hinblick auf das Verhältnis zwischen Unternehmer und Verbraucher geregelt. Es handelt sich dabei nicht, wie bisher im europäischen Verbraucherschutzrecht üblich, um eine Richtlinie mit Mindestharmonisierungsklauseln, von denen die Mitgliedstaaten nach oben hin abweichen können. Vielmehr folgt die Richtlinie dem Prinzip der Vollharmonisierung und setzt verbindliche Standards fest, so dass auch mitgliedstaatliche Regelungen mit einem höheren Verbraucherschutz nicht mehr zulässig sind. Trotz der schwierigen Ausgangsbedingungen in England ist davon auszugehen, dass das Niveau des Verbraucherschutzes durch die Umsetzung der Richtlinie in den Consumer Protection from Unfair Trading Regulations 2008 (CPR) ansteigt. Allerdings gilt diese positive Prognose nicht auch für die Vereinheitlichung des verbraucherschützenden Wettbewerbsrechts in der Europäischen Union. Aufgrund zahlreicher Ausnahmeregelungen und unbestimmt gefasster Tatbestände erscheint es unwahrscheinlich, dass die angestrebte Vollharmonisierung vollständig verwirklicht werden kann. Diese Arbeit folgt daher der These, dass die Richtlinie zu einer Verbesserung des Verbraucherschutzes in England führt, während es auf europäischer Ebene lediglich zu einer fragmentarischen Vereinheitlichung des verbraucherschützenden Wettbewerbsrechts kommt.

Für eine Beurteilung der Entwicklung des Verbraucherschutzes ist es erforderlich, die Auswirkungen und Veränderungen, die durch die CPR ausgelöst werden, im Hinblick auf den Schutz der Verbraucher zu untersuchen. Dazu erfolgt ein Vergleich der CPR mit den Vorschriften, die nach alter Rechtslage anwendbar waren, und einen Schutz der Verbraucher bezweckten. Der Vergleich bezieht sich auf Regelungen aus dem Statutory Law (Gesetzesrecht) und aus dem Common Law (Richterrecht), die für den Schutz der Verbraucher von Bedeutung sind. Aufgrund der Vielzahl der Gesetze, die von dem Erlass der CPR betroffen sind, wird nicht die Entwicklung jeder einzelnen Regelung untersucht, sondern die Auswirkungen auf den Verbraucherschutz werden anhand der wichtigsten Regelungen unter Berücksichtigung der unterschiedlichen rechtlichen Konzepte und Anwendungsbereiche betrachtet. Im Fokus der Arbeit stehen die strukturellen Veränderungen durch die Einführung eines kohärenten Wettbewerbsgesetzes und dessen Auswirkungen auf den Schutz der Verbraucher.

Das erste Kapitel befasst sich mit der Historie der Richtlinie und ihrer Umsetzung in England sowie mit dem Prinzip der Vollharmonisierung und dem Anwendungsbereich der Richtlinie. Der Umfang der Vollharmonisierung und der Geltungsbereich der Richtlinie definieren den Bereich, in dem die Vorschriften der Richtlinie ihre Wirkung auf den Schutz der Verbraucher und die Vereinheitlichung des Rechts entfalten. Von besonderer Bedeutung ist dabei die Eingrenzung des Anwendungsbereichs auf unmittelbar produkt- oder absatzbezogene Geschäftspraktiken des

Unternehmers gegenüber dem Verbraucher. Der Anwendungsbereich der Richtlinie wird nicht nur posititiv abgegrenzt, sondern auch negativ durch verschiedene Bereichsausnahmen vor allem in Art. 3.[6] Diese Regelungen sind von besonderer Relevanz für die angestrebte Rechtsvereinheitlichung, denn sie stellen Ausnahmen von dem Prinzip der Vollharmonisierung dar, so dass die Staaten in diesen Bereichen die Befugnis behalten, abweichende Regelungen zu errichten oder beizubehalten.

Die Untersuchung der Auswirkungen der CPR auf den Schutz der Verbraucher beginnt in Kapitel 2 mit der Generalklausel und den im Tatbestand enthaltenen unbestimmten Rechtsbegriffen. Besonders wichtig für das Niveau des Verbraucherschutzes ist das Konzept des Durchschnittsverbrauchers und dessen Übereinstimmungen und Unterschiede mit der „reasonable person" aus dem Common Law. Denn die „reasonable person" dient in einem Großteil der Gesetze, die in den Regelungsbereich der CPR fallen, als Maßstab für das Vorliegen einer Irreführung. Durch die Einführung des Durchschnittsverbrauchers aus der Richtlinie kann es daher zu Änderungen in der Bewertung irreführender Geschäftspraktiken kommen. Darüber hinaus wird auch untersucht, wie sich die Generalklausel als weite allgemeine Regelung in das englische Recht einpasst und welche Bedeutung sie für den effktiven Schutz der Verbraucher hat.

Im Bereich der irreführenden Geschäftspraktiken, die Gegenstand des dritten und vierten Kapitels sind, kommt es besonders auf einen Vergleich mit den Vorschriften des Trade Descriptions Act 1968 (TDA) und des Consumer Protection Act 1987 (CPA) an, die vor Einführung der CPR den Schutz der Verbraucher vor irreführenden Produktbezeichnungen und Preisangaben regelten. Dieser Vergleich bezieht sich auf die unterschiedlichen Tatbestandsvorausetzungen und erfolgt unter Heranziehung der wichtigsten Präzedenzfälle, die die Anwendung des englischen Rechts vor Umsetzung der Richtlinie illustrieren. Einen besonderen Fall der irreführenden Handlungen stellt die Irreführung über die betriebliche Herkunft dar. Vor Einführung der CPR gab es in England keine gesetzliche Regelung, die die Verbraucher vor solchen Irreführungen schützte. Allein der geschädigte Unternehmer hat die Möglichkeit, Ansprüche wegen „Passing-off" geltend zu machen. Nunmehr wird der Verbraucher nicht mehr lediglich reflexartig geschützt, sondern er steht im Mittelpunkt des gesetzlichen Schutzes. Anhand eines Vergleichs der Tatbestandvoraussetzungen und der Leitentscheidungen zu „Passing-of" wird das heutige Schutzniveau für den englischen Verbraucher herausgearbeitet und mit dem Schutz nach alter Rechtslage verglichen. Im Zusammenhang mit dem

6 Alle Artikel ohne Bezeichnung des Gesetzes sind solche der Richtlinie gegen unlautere Geschäftspraktiken.

Common Law Tort „Passing-off" spielt auch die Diskussion eine Rolle, ob dieser Tatbestand des Deliktsrechts geeignet gewesen wäre, sich zu einem „Tort of Unfair Competition" zu entwickeln, also zu einem allgemeinen Verbot unlauteren Wettbewerbs. Hintergrund dazu ist, dass das englische Recht häufig als zu starr bezeichnet wird, während seine Verfechter sich darauf berufen, dass gerade das richterliche Common Law flexibel genug sei, auch modernen Entwicklungen zu begegnen. Im Gegensatz zu dem Verbot irreführender Angaben war der Schutz der Verbraucher vor irreführenden Unterlassungen grundsätzlich nicht gesetzlich geregelt. Es galt generell das Prinzip der „non-disclosure", wonach ein Unternehmer nicht verpflichtet war, ungefragt Angaben zu machen. Unter bestimmten Umständen konnte allerdings auch nach alter Rechtslage eine Unterlassung zu einer unzulässigen Irreführung führen. Aufgrund der ausdrücklichen Normierung des Verbots irreführender Unterlassungen in den CPR und dem umfassenden Anwendungsbereich der Regelung kommt es für den Verbraucher in diesem Bereich zu besonders signifikanten Veränderungen.

Bestand also im Bereich der irreführenden Angaben mit dem TDA 1968 und dem CPA 1987 zumindest eine Art Vorgängerregelung zu den CPR, existierte im Bereich der aggressiven Geschäftspraktiken, die in Kapitel 5 behandelt werden, keine vergleichbare Regelung. Trotzdem waren die Verbraucher auch nach alter Rechtslage nicht vollkommen schutzlos gegenüber aggressivem Verhalten von Unternehmern. Aus dem Common Law stammen verschiedene Rechtsinstitute, die im vertraglichen Bereich Anwendung finden, wenn der Verbraucher durch unzulässige Beeinflussung zu einem Vertragsschluss verleitet wird. Darüber hinaus schützt der Protection from Harassment Act 1997 den Verbraucher vor jeglicher Form von Belästigung. Die Auswirkungen aggressiver Geschäftspraktiken auf die Entscheidungsfreiheit und das Verhalten der Verbraucher im geschäftlichen Verkehr werden in den CPR ausdrücklich anerkannt. Im Einzelnen zeigt ein Vergleich der Regelungen, in welchen Punkten sich die Rechtslage für den Verbraucher verbessert hat.

Das sechste Kapitel befasst sich mit der Durchsetzung von Sanktionen bei Verstößen gegen die CPR. Die Richtlinie lässt den Staaten bei der Durchsetzung großen Spielraum. Nichtsdestotrotz ist die Frage nach einer effektiven Durchsetzung von Sanktionen entscheidend für den tatsächlichen Schutz der Verbraucher. In England wird Verbraucherschutzrecht traditionell durch Behörden durchgesetzt, so auch schon bei Verstößen gegen den TDA und den CPA. Dem System der behördlichen Durchsetzung liegt ein anderes Verständnis von der Regelung des Wettbewerbs zu Grunde als in Deutschland. Während in Deutschland der lautere Wettbewerb durch eine rege Klagetätigkeit von Mitbewerbern und Verbänden gesichert wird, sehen die Behörden ihre Aufgabe in der Information und Verwarnung von unlauteren

Unternehmern. Die Klage vor den Gerichten stellt grundsätzlich erst den letzten Schritt dar, es sei denn, es handelt sich um einen besonders schweren Verstoß. Die Vor- und Nachteile dieses Systems für den effektiven Schutz der Verbraucher sind Gegenstand dieses Kapitels. Abschließend erfolgt eine Auswertung der von den Behörden verfolgten Verstöße gegen die CPR sowie der erwirkten Unterlassungsverpflichtungen. Das praktische Vorgehen der Behörden ermöglicht Rückschlüsse über das tatsächliche Verbraucherschutzniveau sowie über die Effektivität der Vorschriften. Es lässt sich nachvollziehen, in welchen Bereichen eine Verbesserung der materiellen Rechtslage auch zu einem verbesserten Schutz des Verbrauchers führt.

Die in England zahlreich vorhandenen freiwilligen Verhaltenskodizes stehen nicht im Fokus der Arbeit. Zum einen bleiben sie auch nach Umsetzung der Richtlinie zumeist bestehen. Ihre Bedeutung wird in Regulation 4 CPR anerkannt. Zum anderen würde eine ausführliche Analyse der „codes of conduct" über den Umfang dieser Arbeit hinausgehen und wäre des Weiteren auch nicht zielführend, da der Regelungsbereich dieser Kodizes jeweils sehr begrenzt und ihre praktische Bedeutung nur schwer messbar ist. Dies gilt ebenfalls für die Tätigkeit der Advertising Standards Authority, die sich mit irreführender Werbung befasst. Im Mittelpunkt der Arbeit stehen daher die gesetzlichen Regelungen und die Veränderung der Gesetzeslage durch die Umsetzung der Richtlinie. In einigen Bereichen kann dazu auf bestimmte Vorgängerregelungen zurückgegriffen werden, während in anderen Bereichen Präzedenzfälle und Konzepte aus dem Common Law herangezogen werden müssen. Dabei kommt es nicht auf die Entwicklung jeder einzelnen unlauteren Geschäftspraxis an, auch die Vorschriften der Blacklist und ihre frühere Regelung im englischen Recht liegen insoweit generell außerhalb der Bearbeitung.[7] Vielmehr stehen die übergreifenden Konzepte und Anwendungsbereiche der allgemeinen Generalklausel und der sogenannten kleinen Generalklauseln zu irreführenden und aggressiven Geschäftspraktiken im Mittelpunkt der Arbeit.

Im Rahmen der einzelnen oben beschriebenen Kapitel werden zunächst die Auswirkungen der Richtlinie und der CPR auf das Niveau des Verbraucherschutzes in England untersucht. Anschließend werden anhand der einzelnen Regelungen auch die Auswirkungen der vollharmonisierenden Richtlinie auf die Vereinheitlichung des verbraucherschützenden Wettbewerbsrechts in der Union analysiert. Dazu werden die Vorschriften und Ausnahmeregelungen der Richtlinie, die das Ziel der Errichtung

7 Siehe zu aggressiven Geschäftspraktiken der Schwarzen Liste und ihren Auswirkungen in England *Koch*, Richtlinie gegen unlautere Geschäftspraktiken, S. 99 ff. sowie allgemein zu der Liste irreführender Geschäftspraktiken *Büllesbach*, Irreführende Geschäftspraktiken des Anhangs I, S. 39 ff.

eines einzigen einheitlichen Rechtsrahmens beeinträchtigen könnten, anhand ihrer Auswirkungen auf die Rechtslage in England und in Deutschland betrachtet.

Im Einzelnen geht es zunächst um die Rolle der Generalklausel bei der Verwirklichung eines vollharmonisierten Wettbewerbsrechts. Ihre Auslegung und Reichweite stellen einen entscheidenden Faktor für die Möglichkeit der Rechtfertigung von Verboten unlauterer Geschäftspraktiken dar, die nicht ausdrücklich in der Richtlinie erwähnt sind und nicht unter den Tatbestand der Verbote irreführender oder aggressiver Geschäftspraktiken fallen. In dem Maße, wie die Generalklausel die flexible Anwendung der Vorschriften der Richtlinie auch in Zukunft sicher stellen kann, besteht allerdings auch die Gefahr, dass die Mitgliedstaaten dazu verleitetet werden, die Aufrechterhaltung ihrer nationalen Vorschriften über die Generalklausel zu rechtfertigen.

Im Bereich der Regelung irreführender Geschäftspraktiken offenbart die Richtlinie verschiedene Auslegungs- und Abgrenzungsprobleme. Zunächst ist der Tatbestand der kleinen Generalklausel in Art. 6 Abs. 1 so unklar formuliert, dass unterschiedliche Ansichten über die Voraussetzungen einer Täuschung der Verbraucher durch unwahre Angaben bestehen. Des Weiteren ist im Bereich der betrieblichen Irreführung die Frage über das Verhältnis der wettbewerbsrechtlichen Ansprüche aus der Richtlinie gegenüber den sondergesetzlichen Ansprüchen, insbesondere aus dem Markenrecht, offen. Im Bereich des irreführenden Unterlassens besteht Unklarheit darüber, wie weit die Informationspflichten gehen, die dem Unternehmer auferlegt werden und ob es sich dabei um eine abschließende Regelung von Rechtsbrüchen handelt.

Bestand im Bezug auf irreführende Geschäftspraktiken zumindest im Hinblick auf ihre generelle Unlauterkeit Übereinstimmung in den Mitgliedstaaten, wurde die Regelung aggressiver Geschäftspraktiken bereits im Vorfeld des Erlasses der Richtlinie kontrovers diskutiert. Ergebnis des fehlenden Konsenses war die Aufnahme der Öffnungsklausel in Erwägungsgrund 7 mit der weitreichenden Ausnahme von der Vollharmonisierung für Verbote von Geschäftspraktiken aus Gründen der guten Sitten und des Anstands. Die Frage nach der Reichweite dieser Klausel und ihrer Auswirkung auf das Ziel der Richtlinie, einen einzigen einheitlichen Rechtsrahmen zu errichten, ist entscheidend für die Vollharmonisierung des verbraucherschützenden Wettbewerbsrechts im Bereich der Regelung aggressiver Geschäftspraktiken.

Abschließend werden im Fazit die anfangs aufgestellten Thesen anhand der Ergebnisse der Bearbeitung bewertet. Dabei finden die Punkte Berücksichtigung, die eine Verbesserung des Verbraucherschutzes erwarten lassen, aber auch die Regelungen, die nicht effektiv zu einer Erhöhung des Schutzniveaus beitragen.

Die Vorschriften der CPR werden in Verbindung zu den Erkenntnissen aus der Betrachtung der Verfolgungspraxis der Behörden gesetzt. Darüber hinaus werden die Regelungen herausgestellt, die zu einer Beeinträchtigung der Vollharmonisierung führen, so dass eine Aussage darüber getroffen werden kann, inwieweit die Richtlinie ihr Ziel, das verbraucherschützende Wettbewerbsrecht zu vereinheitlichen, erreicht. Am Schluss wird in einem Ausblick der Regelungsansatz vollharmonisierender Richtlinien im Lichte der Erkenntnisse aus der Analyse der Richtlinie gegen unlautere Geschäftspraktiken bewertet.

B. Hauptteil

Kapitel 1: Umsetzung und Anwendungsbereich der Richtlinie

I. Die Richtlinie über unlautere Geschäftspraktiken 2005/29/EG

In dem Bestreben die Binnenmarktfunktionalität zu verbessern, veröffentlichte die Kommission im Jahr 2001 ein Grünbuch zum Verbraucherschutz, in dem sie nationale Maßnahmen identifizierte, die der Schaffung eines einheitlichen Marktes entgegenstehen.[8] Das Hauptaugenmerk lag dabei auf der Regelung von Handelstätigkeiten und weiteren punktuellen Maßnahmen, wie der Verordnung über Verkaufsförderungsmaßnahmen.[9] Bei einer weiteren Stellungnahme im Jahr 2002 wurde die Idee einer Rahmenrichtlinie auf dem Gebiet des Lauterkeitsrechts eingeführt, die dann im Juni 2003 zu der Veröffentlichung des Entwurfs einer Richtlinie gegen unlautere Geschäftspraktiken im Verhältnis von Unternehmer zu Verbraucher durch die Kommission führte.[10] Das Europäische Parlament unterstützte im April 2004 das Vorhaben mit einer Resolution, so dass der Rat schon im Mai 2004 zu einer politischen Übereinkunft über die Richtlinie kam, die von der Kommission angenommen wurde.[11] Im November 2004 verabschiedete der Rat eine Gemeinsame Stellungnahme zum Erlass der Richtlinie, die dem Parlament übermittelt wurde.[12] Das Europäische Parlament nahm die Richtlinie 2005/29/EG in ihrer endgültigen Fassung im Mai 2005 an, so dass sie am 11. Juni 2005 im Amtsblatt veröffentlicht wurde und am nächsten Tag in Kraft trat. Bisheriger europäischer Kern dieses Rechtsgebiets war

8 KOM (2001) 531 endg.

9 *Howells*, UCPD – A Missed Opportunity?, in Weatherill/Bernitz, S. 103 (104).

10 KOM (2002) 289 endg.; KOM (2003) 356 endg.

11 Gemeinsame Aussprache des Europäischen Parlaments zum Verbraucherschutz, A5–0188/2004 vom 20. April 2004; Pressemitteilung der Kommission vom 18. Mai 2004, IP/04/658.

12 Gemeinsame Stellungnahme des Rates vom 9. November 2004, 2003/0134 (COD).

die Irreführungsrichtlinie 84/450/EWG, die auch Regelungen zur vergleichenden Werbung enthielt. Für den Anwendungsbereich der neu verkündeten Irreführungsrichtlinie 2006/114/EG verbleibt nur noch die irreführende und vergleichende Werbung im Verhältnis der Unternehmer zueinander, da sie im Verhältnis von Unternehmer zu Verbraucher von der Richtlinie über unlautere Geschäftspraktiken überlagert wird.

Hinter der Richtlinie gegen unlautere Geschäftspraktiken steht nicht nur die Intention den Binnenmarkt zu vereinheitlichen, sondern auch die Verbraucher umfassend vor unlauteren Geschäftspraktiken zu schützen. Dieses Ziel soll durch den Schutz der informierten Entscheidung des Verbrauchers erreicht werden. Die Vorgaben in der Richtlinie wirken darauf hin, dass der Verbraucher ausreichende Informationen erhält, die er zur Grundlage seiner eigenen geschäftlichen Entscheidung machen kann. Die Lauterkeit des Wettbewerbs soll durch Konsumentensouveränität und Markttransparenz erreicht werden. Die Richtlinie ersetzt in ihrem Anwendungsbereich die unterschiedlichen Regelungen der Mitgliedstaaten durch einen einzigen Rechtsakt und legt einen einheitlichen europäischen Standard des Lauterkeitsrechts fest. Anders als mit früheren Rechtsakten verfolgt die Kommission mit der Richtlinie gegen unlautere Geschäftspraktiken das Ziel der maximalen Harmonisierung des Lauterkeitsrechts in den Mitgliedstaaten im Verhältnis von Unternehmer zu Verbraucher. Es besteht anders als bei früheren Richtlinien kein Umsetzungsspielraum. Den Mitgliedstaaten ist es untersagt, über die europäischen Vorgaben hinauszugehen. Als Rechtfertigung für eine Regelung dieses Bereichs trotz der grundsätzlichen Subsidiarität sieht die Kommission das Handelshindernis für Unternehmen, die es mit 27 verschiedenen Regelungen in den Mitgliedstaaten zu tun haben, und die Verbesserung des Vertrauens der Verbraucher in den Binnemarkt.[13] Eine Vereinheitlichung dieser Zersplitterung mag der Kommission noch dringlicher erschienen sein vor dem Hintergrund der Erweiterung der Europäischen Union auf 27 Mitgliedstaaten, die teilweise erst eine junge Geschichte in der freien Marktwirtschaft haben.[14] Da ein einheitliches europäisches Verständnis der Unlauterkeit bisher Fiktion zu sein scheint, ist es umso wichtiger, dass eine einheitliche europäische Auslegung der Richtlinie erfolgt und eine verbindliche Interpretation durch den Europäischen Gerichtshof festgelegt wird.[15] Die Union und insbesondere der Europäische Gerichtshof stehen vor der Herausforderung, eine

13 Erwägungsgrund 4.

14 *Weatherill/Bernitz*, New Rules and New Techniques, S. 1 (10).

15 *Leistner*, ZEuP 2009, S. 55 (82); *Weatherill/Bernitz*, New Rules and New Techniques, S. 1 (6); *Micklitz*/Reich/Rott, Understanding EU Consumer Law, S. 64 (82 f.).

einheitliche Auslegung der Vorschriften sicherzustellen und deren Durchsetzung zu überwachen. Bei dieser verbindlichen Interpretation wird auch relevant werden, aus welchen Mitgliedstaaten die meisten Vorlagefragen an den Gerichtshof gerichtet werden, da die Vorlagegerichte durch ihre Fragestellung einen nicht unerheblichen Einfluss auf die Auslegung nehmen können.

Die Richtlinie gegen unlautere Geschäftspraktiken ist so aufgebaut, dass enge Verbotstatbestände nach allgemein gefassten Vorschriften folgen. Zunächst enthält sie in Art. 5 eine weite Generalklausel, die in Absatz 1 ein allgemeines Verbot unlauterer Geschäftspraktiken enthält. In Absatz 2 wird dieses Verbot näher definiert. Danach ist eine Geschäftspraxis unlauter, wenn sie den Erfordernissen der beruflichen Sorgfalt widerspricht und dazu geeignet ist, das wirtschaftliche Verhalten des Verbrauchers wesentlich zu beeinflussen. Dieser weiten Generalklausel folgen drei spezielle Tatbestände zu irreführenden und aggressiven Geschäftspraktiken, die in ihren Voraussetzungen enger gefasst sind. Am Ende enthält die Richtlinie in Anhang I eine abschließende Liste absolut verbotener Geschäftspraktiken ohne Wertungsspielraum. Diese sogenannte Schwarze Liste steht aufgrund ihrer engen Voraussetzungen und Anwendung nur auf bestimmte Geschäftspraktiken an der Spitze der Pyramide.

1. Umsetzung der Richtlinie über unlautere Geschäftspraktiken 2005/29/EG in England

a) Implementierung in das englische Recht

Die Umsetzung der Richtlinie über unlautere Geschäftspraktiken stellt besonders Mitgliedstaaten wie das Vereinigte Königreich vor große Herausforderungen. Das englische Recht, das im Unterschied zu den kontinentalen Rechtsordnungen (Civil Law) als Common Law bezeichnet wird, besteht aus ungeschriebenem Richterrecht (Common Law im engeren Sinne) und Statutory Law (geschriebenem Gesetzesrecht).[16] Traditionell ist das englische Recht Richterrecht, dessen „precedents“ (Präzedenzentscheidungen) Bindungswirkung entfalten.[17] Sofern

16 Der Begriff „englisches Recht“ bezeichnet das Recht in England und in Wales. In Schottland und in Nordirland gelten teilweise andere Vorschriften, die im Einzelnen nicht Gegenstand dieser Arbeit sind.

17 Vgl. *Lundmark*, „Soft“ stare decisis, in Schulze/Seif, S. 161 (166).

eine Kodifikation in „statutes“ erfolgt, enthalten diese Gesetze sehr detaillierte und spezielle Regelungen. Eine allgemeine Regelung des unlauteren Wettbewerbs existierte in England vor Umsetzung der Richtlinie nicht.[18] Denn das Common Law ist ein wirtschaftsliberales Rechtssystem, das eine Regulierung des Wettbewerbs nicht kennt. Jegliche Sanktionierung eines unfairen Verhaltens muss sich daran messen lassen, dass sie keinen nachteiligen Effekt auf den freien Wettbewerb hat. Hochgeschätzt von Common Lawyern sind die vermeintlich positiven Auswirkungen des freien Wettbewerbs auf den Preis, auf die Auswahl an Produkten generell sowie auf die Sicherheit und den Service.[19]

Vor Erlass der CPR wurde der Schutz der Verbraucher vor unlauterem Wettbewerb vor allem mit Hilfe des Straf- und Verwaltungsrechts verwirklicht.[20] Dieses Rechtsgebiet wird als „regulatory crime“ bezeichnet und ist umfassend im Trade Descriptions Act 1968 und in Part III des Consumer Protection Act 1987 geregelt, die sich mit irreführenden Angaben über Waren und Dienstleistungen und irreführenden Preisangaben befassten. Daneben gab es zahlreiche spezielle Gesetze, die bestimmte unerwünschte Geschäftspraktiken regelten, wie z. B. die Pyramid Selling Schemes Regulations 1989. Zudem besteht in England eine lange Tradition der freiwilligen Selbstkontrolle der Unternehmer.[21] Im Bereich der Werbung ist der maßgebliche Verhaltenscode der British Code of Advertising Practices (BCAP), dessen Einhaltung durch die private Organisation Advertising Standards Authority (ASA) überwacht wird. Der BCAP bleibt auch nach Umsetzung der Richtlinie in den CPR weiter bestehen.

Dementsprechend sah der englische Gesetzgeber auch davon ab, die Rechtslage noch komplexer zu gestalten und verabschiedete einen umfassenden Rechtsakt zur Umsetzung der Richtlinie gegen unlautere Geschäftspraktiken. Die „Consumer Protection against Unfair Trading Regulations 2008“ traten in England am 26. Mai 2008 in Kraft.[22] Der Erlass der CPR bewirkte, dass insgesamt 22 Gesetze ersetzt oder ergänzt werden mussten.[23] Dabei handelt es sich insbesondere um die Regelungen des Trade Descriptions Act 1968 (Section 1(1), 14) sowie um Part III

18 *Bernitz*, Scope, Ambition and Relation, in Weatherill/Bernitz, S. 33 (34); Justice Jacobs in *Hodgkinson Corby Limited & Ors v Wards Mobility Services Limited* [1995] FSR 169, S. 174; *Connor*, UK Report, S. 8.

19 Lord Diplock in *Erven Warnik v Townend* [1980] RPC, S. 31 = GRUR Int. 1980, S. 120 – Advocaat; *Connor*, UK Report, S. 15.

20 *Lettl*, Werbung in Europa, S. 219.

21 *Schulze/Janssen*, EuLF 2004, S. 77 (79f.).

22 *Howells/Weatherill*, Consumer Protection Law, S. 433.

23 Law Commission, Private Right of Redress, S. 1 Rn. 1.1.

des Consumer Protection Act 1987 (Section 20–26), die in großen Teilen von den Consumer Protection Regulations 2008 ersetzt wurden.[24]

b) Begriff des Verbraucherschutzes in England

Der Begriff des Verbraucherschutzes entwickelte sich in England im Zuge der Industrialisierung, auch wenn es zuvor schon Maßnahmen gab, die dem Schutz des Verbrauchers in einem weiteren Sinne dienten.[25] Der Aufschwung von Handel und Gewerbe hatte zur Folge, dass neue Gesetze zur Regelung der veränderten Umstände erlassen wurden. Dabei handelte es sich insbesondere um Vorschriften über die öffentliche Gesundheitsvorsorge und über ordnungsgemäße Arbeitsbedingungen sowie um Vorschriften zum Schutze der Verbraucher vor Betrug.[26] Die Entstehung eines effektiven Schutzes wurde jedoch durch die vorherrschende klassische Lehre, dass der Markt nicht eingeschränkt werden dürfe, verhindert.[27]

Mit der fortschreitenden Industrialisierung und dem Aufkommen neuer Technologien ging ein Anstieg der gesetzgeberischen Maßnahmen einher, der seinen Höhepunkt in den 1970er Jahren fand. Darin spiegelten sich das Aufkommen eines starken Staates sowie die sozialen und gesellschaftlichen Umstände, die eine staatliche Fürsorge erforderlich machten, wider.[28] In den 1960er und 1970er Jahren war der Schutz des Verbrauchers durch verschiedene Gesetze auf einem aus heutiger Sicht hohen Stand.[29] Besonders in den siebziger Jahren war der Verbraucherschutz Gegenstand verschiedener Gesetze, wie etwa des Fair Trading Act 1973 oder des Sale of Goods Act 1979.[30]

In den Jahren seit 1979 während der Regierungszeit der konservativen Partei unter Premierministerin Thatcher lag der Fokus auf der Deregulierung und Privatisierung des Marktes.[31] Durch die Konkurrenz zwischen den Marktteilnehmern sollte ein funktionierender Wettbewerb geschaffen werden. Der Schutz des Verbrauchers stand nicht im Mittelpunkt der gesetzgeberischen Tätigkeit, sondern sollte sich vielmehr aus dem freien Markt ergeben. Dieser neoliberale Ansatz sah

---

24 *Weatherill/Bernitz*, New Rules and New Techniques, S. 1 (8); *Griffiths*, Communications Law 2007, S. 196 (197).

25 *Ogus*, Regulation, S. 6; *Harvey/Parry*, Consumer Protection, S. 1 ff.

26 *Ogus*, Regulation, S. 8; *Cornish*, GRUR Int. 1972, S. 679.

27 Vgl. *Cornish*, GRUR Int. 1973, S. 679.

28 *Ogus*, Regulation, S. 9.

29 *Howells/Weatherill*, Consumer Protection Law, S. 9.

30 *Schulte-Nölke/Twigg-Flesner/Ebers*, Compendium, S. 76.

31 *Howells/Weatherill*, Consumer Protection Law, S. 9; *Ogus*, Regulation, S. 10; vgl. auch *Williams/Hare*, Journal of Consumer Policy 2010, S. 377 (385).

so wenig staatliche Intervention wie möglich vor.[32] Durch die Abschaffung gesetzlicher Regelungen sollten Hindernisse für den Wettbewerb abgebaut werden, damit die Unternehmen frei von staatlicher Einflussnahme am Markt agieren konnten. Höhepunkt dieser Politik war der Erlas des Deregulation and Contracting Out Act 1994, der den Ministern die Befugnis verlieh, Hindernisse für den Wettbewerb durch Erlasse ohne Parlamentsbeteiligung abzuschaffen.[33] Dem Verlust der öffentlichen Kontrolle über die privatisierten Unternehmen wurde durch die Schaffung von „regulatory agencies" begegnet, die das Marktverhalten überwachen und Verbraucherinteressen durchsetzen sollten. Die Skepsis gegenüber einem zentral geregelten Markt führte dazu, dass die zuständigen Behörden lokal organisiert wurden.[34] In der Folge des veringerten staatlichen Einflusses verlagerte sich der Verbraucherschutz auf das Vertrags- und Deliktsrecht.[35] Diese Situation wird in England als Zeit der „Victorian Values" beschrieben und ähnelte mit der Fokussierung auf die Vertragsfreiheit dem Regelungsansatz des 19. Jahrhunderts.[36]

Erst nach Ende der Regierungszeit der konservativen Partei 1997 kam es wieder zu einem merkbaren Anstieg der Verbraucherschutzgesetzgebung und zu Interventionen in das Marktverhalten der Unternehmer. Die „New Labour" Regierung setzte dem neoliberalistischen Ansatz der Thatcher-Regierung ihrerseits einen interventionistischen Ansatz entgegen, der allerdings die Vorzüge eines freien Marktes nicht verleugnete.[37] Dieser sogenannte „Dritte Weg" sollte die Vorteile von staatlicher Fürsorge mit den Vorteilen von Wettbewerb und freiem Markt verbinden. Die sich daran anschließende Modernisierung schlug sich unter anderem in dem „White Paper" von 1999 mit dem Titel „Modern Markets: Confident Consumers" nieder.[38] Darin wird der Schluss gezogen, dass nur ein freier Markt mit einem funktionierenden Wettbewerb zu Innovation und hoher Qualität führen kann, da der selbstbewusste Verbraucher, der eine informierte Entscheidungen trifft, sich stets für die besten Produkte entscheiden wird. In der Folge förderte die Regierung

---

32 *Ogus*, Regulation, S. 10; *Howells/Weatherill*, Consumer Protection Law, S. 80.

33 *Howells/Weatherill*, Consumer Protection Law, S. 81 f.; *Weatherill*, VuR 1995, 393 (395 f.); *Harvey/Parry*, Consumer Protection, S. 25.

34 *Ogus*, Regulation, S. 11; *Weatherill*, VuR 1995, 393 (395); *Cornish*, GRUR Int. 1972, S. 679 (680).

35 *Howells/Weatherill*, Consumer Protection Law, S. 83.

36 *Howells/Weatherill*, Consumer Protection Law, S. 82.

37 *Howells/Weatherill*, Consumer Protection Law, S. 85 f.

38 White Paper, verfügbar unter: http://webarchive.nationalarchives.gov.uk/20050302082351/dti.gov.uk/consumer/whitepaper/; vgl. *Howells/Weatherill*, Consumer Protection Law, S. 87.

die Selbstkontrolle und setzte nur gesetzliche Minimalstandards. Daneben stand der Zugang der Verbraucher zu verständlichen und vollständigen Informationen im Mittelpunkt.[39] Darüber hinaus wurde ein Schwerpunkt auf die Überarbeitung der bestehenden Verbraucherschutzregelungen gelegt, mit dem Ziel einen übergreifenden einheitlichen Ansatz zu schaffen.[40] Dies mündete beispielsweise in einem ersten Vorschlag zu einem allgemeinen Verbot unfairen Geschäftsverhaltens sowie in der Errichtung einer „Better Regulation Task Force".[41]

Aufgrund der hohen Kosten, die mit der administrativen Verfolgung von Wettbewerbsverstößen verbunden sind, spielt die Selbstkontrolle der Wirtschaft in diesem Bereich eine große Rolle.[42] Die Selbstkontrolle hat den Vorteil, dass die staatliche Einmischung auf den Markt gering bleibt und dass die Marktakteure direkt beteiligt sind. Allerdings sind die freiwilligen Verhaltenskodizes der Wirtschaft zumeist auf eine informelle Regelung von Beschwerden ausgelegt und enthalten keine durchsetzbaren Rechtspositionen. Die Rechtssetzung auf europäischer Ebene hat dazu beigetragen, dass die Befugnisse der administrativen Organisationen gestärkt wurden. Die Umsetzung von Richtlinien allein durch Organe der Selbstkontrolle wurde nicht als hinreichende Durchsetzung der Vorschriften angesehen.

Das heutige englische Verbraucherrecht ist kein kohärentes Gebilde. Sein Anwendungsbereich ist nicht klar definiert, sondern erstreckt sich auf zahlreiche Rechtsgebiete.[43] Sowohl im Vertragsrecht als auch im Wirtschaftsrecht finden sich Verbraucherschutzvorschriften. In den letzten Jahrzehnten ist die Beziehung zwischen Unternehmer und Verbraucher auch aufgrund europäischer Initiative wieder öfter Gegenstand der Gesetzgebung gewesen. Zwar wurde in England kaum Gebrauch von den Mindestharmonisierungsklauseln gemacht, es ist jedoch zu einem Anstieg von gesetzlichen Regelungen gekommen, die die Ungleichheit zwischen den Marktteilnehmern addressieren.[44] Die CPR entsprechen dem englischen Ansatz der Verbraucherschutzgesetzgebung in dem Bereich der Marktverhaltensregulierung. Ihre Durchsetzung erfolgt hauptsächlich durch die Wettbewerbsbehörden. Ebenfalls wird in Regulation 4 CPR ausdrücklich die Bedeutung der Selbstkontrolle der Wirtschaft anerkannt. Zudem wurde die

---

39 *Howells/Weatherill*, Consumer Protection Law, S. 63, 87; *Harvey/Parry*, Consumer Protection, S. 22.

40 *Harvey/Parry*, Consumer Protection, S. 25.

41 Vgl. *Howells/Weatherill*, Consumer Protection Law, S. 88 f.; DTI, Comparative Report on Consumer Policy Regimes, Oktober 2003, Kap.8.7.

42 *Howells/Weatherill*, Consumer Protection Law, S. 72.

43 A.a.O., S. 5.

44 A.a.O., S. 8.

Umsetzung der Richtlinie gegen unlautere Geschäftspraktiken von umfangreichen Konsultations- und Informationskampagnen begleitet, die die Bedeutung von umfassenden Informationen für den Verbraucher betonen.

2. Prinzip der maximalen Harmonisierung

Im Gegensatz zu den meisten früheren Richtlinien folgt die Richtlinie gegen unlautere Geschäftspraktiken dem Prinzip der Vollharmonisierung. Das Vorgehen nach dem Grundsatz der Vollharmonisierung stellt einen Paradigmenwechsel in der europäischen Rechtssetzung dar.[45] Dies ist darauf zurückzuführen, dass die Harmonisierung durch die Richtlinien mit Mindestklauseln zwar zu einem hohen Verbraucherschutzniveau geführt hat, jedoch nicht unbedingt zur Errichtung eines einheitlichen Rechtsrahmens, da die Mitgliedstaaten umfassend von der Ermächtigung zur Einführung restriktiverer Regelungen Gebrauch gemacht haben.[46] Der Fokus der weiteren positiven Harmonisierung durch Rechtssetzung lag nunmehr darauf, einen einheitlichen materiellen Standard in den Mitgliedstaaten zu errichten.[47] Um eine weitere Auseinanderentwicklung in den europäisch geregelten Bereichen zu verhindern, ist die Richtlinie 2005/29/EG daher nach dem Prinzip der Vollharmonisierung gestaltet.[48] Das Prinzip der maximalen Harmonisierung wurde in dem Vorschlag zu einer Richtlinie über Rechte der Verbraucher auch ausdrücklich als zentraler Grundsatz bei der Überarbeitung des Verbraucher-*Acquis* genannt.[49] Dieser vorläufige Paradigmenwechsel beruhte auf den Ergebnissen der Überprüfung der acht Verbraucherrechtrichtlinien aus dem *acquis communautaire,* die auf dem Prinzip der Mindestharmonisierung beruhen, und auf ihre Binnenmarktkohärenz hin überprüft wurden.[50] Ob das Prinzip der Vollharmonisierung tatsächlich geeignet ist, zu einer größeren Vereinheitlichung und damit zu einem

---

45 *Micklitz*/Reich/Rott, Understanding EU Consumer Law, S. 64 (78); *Howells*, Sydney Law Review 2006, S. 63 (65).

46 *Micklitz/Reich/Weatherill*, Journal of Consumer Policy 2004, S. 367 (387); *Drexl*, Verbraucherschutz, in Hilty/Henning-Bodewig, S. 227 (231, 244).

47 *Micklitz*, European Consumer Policy, in Yearbook of Consumer Law 2008, S. 35 (45).

48 *Howells*, UCPD – A Missed Opportunity?, in Weatherill/Bernitz, S. 103 (108); *Bernitz*, Copycats, and Look-alikes, in Ezrachi/Bernitz, S. 217 (226).

49 Erwägungsgrund 2 und Art. 4 des Vorschlags vom 8. Oktober 2008 für eine Richtlinie über Rechte der Verbraucher KOM (2008) 614 endg.; auch vorher schon in KOM (2002) 208 endg., S. 17; *Tamm*, EuZW 2007, S. 756 f.

50 Grünbuch der Kommission vom 8.02.2007, KOM (2006) 744 endg., S. 12; *Reich*, ZEuP 2010, S. 7 (17, 27).

Abbau von Handelshemmnissen zu führen, wird im Rahmen dieser Arbeit anhand der Umsetzung der Richtlinie gegen unlautere Geschäftspraktiken untersucht.

Der Wechsel von Richtlinien mit Mindeststandards hin zu vollharmonisierenden Richtlinien ist auch im Zusammenhang mit der Rechtssetzungskompetenz des europäischen Richtliniengebers zu sehen.[51] Die Regulierung des Lauterkeitsrechts auf europäischer Ebene durch die Richtlinie gegen unlautere Geschäftspraktiken wird in Erwägungsgrund 1 mit der Rechtssetzungskompetenz aus Art. 169 Abs. 1, Abs. 3 lit. a) und Art. 114 AEUV begründet. Die Kommission strebt einen einzigen einheitlichen Rechtsrahmen an, der ein hohes Verbraucherschutzniveau in den Mitgliedstaaten garantieren und Handelshemmnisse abbauen soll.[52] Die Richtlinie liegt also auf der Schnittstelle zwischen Verbraucherpolitik und Binnenmarktkompetenz. Die Rechtssetzungskompetenz für Verbraucherschutzgesetze besteht nach Art. 169 AEUV nicht umfassend, sondern nur im Rahmen der Binnenmarktkompetenz. Die einzige Richtlinie, die allein auf die Kompetenz aus Art. 169 AEUV gestützt wurde, ist die Richtlinie 98/6/EG über Preisangaben gegenüber Verbrauchern.[53] Nach der Rechtsprechung des Europäischen Gerichtshofs zur Tabakwerberichtlinie setzt die Binnenmarktkompetenz nach Art. 26 Abs. 1 und Art. 114 Abs. 1 AEUV voraus, dass der Rechtsakt entweder zum Abbau von Handelshemmnissen führt oder spürbare Wettbewerbsverzerrungen abgebaut werden.[54] Die Kommission sah ihre Rechtssetzungskompetenz dadurch begründet, dass im Bereich der unlauteren Geschäftspraktiken unterschiedliche Regelungen in den Mitgliedstaaten existierten, die dazu führten, dass sich die Kosten von grenzüberschreitendem Handel verteuerten und das Vertrauen der Verbraucher in den Binnenmarkt untergraben würde.[55] In den „travaux preparatoires“ zur Richtlinie führte die Kommission zudem aus, dass die Rechtsetzung durch Richtlinien mit Mindestklauseln, insbesondere aufgrund der Rechtsprechung des Europäischen Gerichtshofs zur Tabakwerberichtlinie, nicht den Anforderungen des Art. 114 entspreche, da diese nicht geeignet seien, eine entsprechende Angleichung des Rechts herbeizuführen.[56]

---

51 *Drexl*, Verbraucherschutz, in Hilty/Henning-Bodewig, S. 227 (229).

52 *Drexl*, Verbraucherschutz, in Hilty/Henning-Bodewig, S. 227 (229).

53 *Howells*, Sydney Law Review 2006, S. 63 (67).

54 EuGH C-376/98, Slg. 2000, I-8419 *Deutschland gegen Europäisches Parlament und Rat*; *Howells*/Micklitz/Wilhelmsson, European Fair Trading Law, S. 13; *Drexl*, Verbraucherschutz, in Hilty/Henning-Bodewig, S. 227 (229); *Stuyck/Terryn/van Dyck*, CMLR 2006, S. 107 (113 ff.).

55 Erwägungsgrund 4.

56 Vgl. *Drexl*, Verbraucherschutz, in Hilty/Henning-Bodewig, S. 227 (231); Howells/*Micklitz*/Wilhelmsson, European Fair Trading Law, S. 34 f.

Das Prinzip der Vollharmonisierung wirkt sich innerhalb der Richtlinie in verschiedenen Vorschriften aus. Zunächst ist in Erwägungsgrund 5 die Rede davon, dass „*einheitliche Regeln*, die ein hohes Verbraucherschutzniveau gewährleisten, festgelegt [...] werden.“. Des Weiteren wird in Erwägungsgrund 11 bestimmt: „Diese Richtlinie stellt ein *einziges generelles Verbot* jener unlauteren Geschäftspraktiken auf, die das wirtschaftliche Verhalten des Verbrauchers beeinträchtigen.“ sowie in Erwägungsgrund 12: „Sowohl die Verbraucher als auch die Unternehmer werden in die Lage versetzt, sich *an einem einzigen Rechtsrahmen* zu orientieren“. In Erwägungsgrund 13 ist vorgeschrieben, dass „die in den Mitgliedstaaten existierenden unterschiedlichen Generalklauseln und Rechtsgrundsätze *zu ersetzen*“ sind.[57] Auch in den Artikeln selbst finden sich eindeutige Hinweise auf die angestrebte Vollharmonisierung. So sind nach Art. 3 Abs. 5 in einem Zeitraum von sechs Jahren restriktivere nationale Vorschriften, die auf Mindestharmonisierungsklauseln europäischer Richtlinien beruhen, zulässig. Diese Übergangsregelung zeigt das Bestreben, nach der benannten Frist zu einem einheitlichen materiellen Standard in den Mitgliedstaaten zu kommen. Zudem war die Kommission sowohl in der Diskussion über die Binnenmarktklausel als auch im Bezug auf die Bereichsausnahme in Erwägungsgrund 7 nur mit dem ausdrücklichen Hinweis, dass der Grundsatz der Vollharmonisierung gewahrt bleibt, bereit, Zugeständnisse zu machen.[58]

Die abschließende Rechtsetzung durch die Richtlinie gegen unlautere Geschäftspraktiken ist aus verschiedenen Gründen nicht ohne Kritik geblieben. Dagegen wird vorgebracht, dass der Bereich des Lauterkeitsrechts in den Mitgliedstaaten vollkommen unterschiedlichen Regelungen und Traditionen unterworfen ist.[59] Eine abschließende Rechtsetzung zu diesem Zeitpunkt führe zu einer unverhältnismäßigen Ausweitung der gesetzgeberischen Kompetenzen der Europäischen Union, da es den Mitgliedstaaten verwehrt sei, in dem geregelten Bereich noch abweichende Vorschriften zu erlassen.[60] Hinter dieser Kritik steht auch die Frage, ob es nicht für eine vollständige Harmonisierung des Lauterkeitsrechts zu früh ist und ob den Mitgliedstaaten nicht die Möglichkeit hätte gegeben werden sollen,

---

57 Hervorhebungen vorgenommen durch die Verfasserin.

58 *Howells*, UCPD – A Missed Opportunity?, in Weatherill/Bernitz, S. 103 (110); *Bernitz*, Copycats, and Look-alikes, in Ezrachi/Bernitz, S. 217, 226 f.

59 *Micklitz*, General Framework Directive, in Collins, S. 43 (76); *Howells*, Co-Regulation's Role, in Collins, S. 119 (125); vgl. für eine Darstellung der Unterschiede in den Mitgliedstaaten *Glöckner*, Europäisches Lauterkeitsrecht, S. 341 ff., 358 und *Henning-Bodewig*, Unfair Competition Law, S. 69 ff.

60 *Reich*, ZEuP 2010, S. 7 (8, 35); *Bernitz*, Scope, Ambition and Relation, in Weatherill/Bernitz, S. 33.

eine einheitliche Rechtsauffassung in diesem Bereich zu entwickeln, anstatt ihnen Regelungen vorzugeben, von denen sie nicht abweichen können.[61] Darüber hinaus bestehen Zweifel daran, ob die Richtlinie tatsächlich zu mehr Vertrauen des Verbrauchers in den Binnenmarkt führt. Denn ob ein Verbraucher sich entscheidet, grenzüberschreitend Käufe zu tätigen, hänge vor allem von praktischen Umständen, wie der Sprache, der Versendung und Problemen bei der Rückgabe und bei Beschwerden ab.[62] Es verwundert daher nicht, dass die Regelung durch eine vollharmonisierende Richtlinie besonders in England, wo man kein vergleichbares Lauterkeitsrecht kennt, die Kritik hervorruft, den Staaten werde ihre gesetzgeberische Souveränität genommen.[63] Ein weiterer Kritikpunkt im Zusammenhang mit der maximalen Harmonisierung betrifft die Einführung einer Generalklausel. Diese würde die Mitgliedstaaten zwingen, spezifische Regelungen zugunsten einer Generalklausel aufzugeben, deren genauen Anwendungsbereich sie noch gar nicht kennen.[64] Besonders unter Common Lawyern besteht die Befürchtung, dass die Richtlinie nicht alle unlauteren Geschäftspraktiken umfassen wird und dass es den Mitgliedstaaten trotzdem verwehrt bleibt, diese Praktiken zu verbieten, da sie in den Bereich des vollharmonisierten Rechts fallen.[65]

a) Auswirkungen auf die formelle Umsetzung in den Mitgliedstaaten

Aufgrund des Charakters der Richtlinie als maximal harmonisierende Regelung stellt sich besonders die Frage, ob das Prinzip der Vollharmonisierung auch Auswirkungen auf die formelle Umsetzung der Richtlinie in den Mitgliedstaaten entfaltet. Durch den vollharmonisierenden Charakter der Richtlinie verschwimmen die Grenzen zu dem Rechtsakt der Verordnung.[66] In der Folge könnte der Spielraum, der bei der Umsetzung mindestharmonisierender Richtlinien besteht, verringert und die Mitgliedstaaten dazu verpflichtet sein, sich enger als bisher an die Vorschriften der Richtlinie zu halten.

Im Zusammenhang mit der Umsetzung von Richtlinien mit Mindestklauseln ist allgemein anerkannt, dass für die nationalen Gesetzgeber keine Verpflichtung

---

61 *Howells*, UCPD – A Missed Opportunity?, in Weatherill/Bernitz, S. 103 (108, 109); *Stuyck/Terryn/van Dyck*, CMLR 2006, S. 107 (117, 146 ff.); *Collins*, ERCL 2005, S. 417 (430).

62 *Howells*, Sydney Law Review 2006, S. 63 (67).

63 *Weatherill/Bernitz*, New Rules and New Techniques, S. 1 (8); *Reich*, ZEuP 2010, S. 7 (8ff.).

64 *Howells*, UCPD – A Missed Opportunity?, in Weatherill/Bernitz, S. 103 (108, 109).

65 *Howells*, UCPD – A Missed Opportunity?, in Weatherill/Bernitz, S. 103 (111).

66 *Tamm*, EuZW 2007, S. 756 f.; *Howells*, Sydney Law Review 2006, S. 63 (72).

besteht, den Wortlaut der europäischen Richtlinien identisch zu übernehmen.[67] Denn nach Art. 288 Abs. 3 AEUV sind Richtlinien zwar ihrem Ziel nach bindend, die Wahl der Form und Mittel der Umsetzung bleibt jedoch den Mitgliedstaaten überlassen. Besonders zwei Aspekte aus der Richtlinie gegen unlautere Geschäftspraktiken könnten allerdings auf eine andere Bewertung hindeuten. Zum einen ist in Erwägungsgrund 13 a. E. die Rede davon, dass die existierenden Generalklauseln und Rechtsgrundsätze „zu ersetzen“ sind.[68] Diese Begründung der Richtlinie durch die Kommission zielt auf eine stärkere Bindung der Mitgliedsstaaten an den Text der Richtlinie ab.[69] Zum anderen enthält die Richtlinie in ihrem Anhang I eine Liste von per se verbotenen Geschäftspraktiken, deren absoluter Charakter eine identische Übernahme erforderlich machen könnte.[70] Zur Begründung einer stärkeren Bindung an den Text der Richtlinie, zumindest im Bezug auf die Umsetzung des Anhangs I wird angeführt, dass Art. 5 Abs. 5 lautet „diese Liste gilt einheitlich in allen Mitgliedstaaten“. Daraus und aus der fehlenden Möglichkeit zur Ausgestaltung der Tatbestände folge, dass den Mitgliedstaaten kein Spielraum bei der Umsetzung der absoluten Verbote zustehe.[71] Überwiegend wird eine solche Pflicht zur identischen Übernahme der Generalklausel und der Tatbestände der Schwarzen Liste jedoch abgelehnt.[72] Denn auch wenn die Richtlinie in ihrem Anwendungsbereich die volle Harmonisierung des Rechts anstrebt, ist der europäische Gesetzgeber an die Konsequenzen der Wahl seines Instruments zur Rechtssetzung gebunden.[73] Es bleibt dabei, dass Richtlinien allein im Hinblick auf ihre inhaltliche Zielsetzung verbindlich sind. Das

67 EuGH C-59/89, Slg. 1991, I-2607 Rn. 18 *Kommission/Deutschland*; Calliess/*Ruffert*, EUV/AEUV, Art. 288 Rn. 26; *Köhler*/Bornkamm, UWG, § 3 Rn. 34; *Köhler*, GRUR 2005, S. 793 (796); *Lundmark*, „soft“ stare decisis, in Schulze/Seif, S. 161 (162).

68 Vgl. *Köhler*, GRUR, 2005, S. 793 (796); vgl. *Henning-Bodewig*, GRUR Int. 2004, S. 182 (190).

69 Protokollerklärung der Kommission vom 15.04.2005, 7860/05 ADD5; vgl. auch *Abbamonte,* General Prohibition, in Weatherill/Bernitz, S. 11 (31); *Henning-Bodewig*, GRUR Int. 2004, S. 182 (190).

70 *Schuhmacher*, Unfair Commercial Practices Directive, in Hilty/Henning-Bodewig, S. 127 (134 ff.).

71 *Schuhmacher*, Unfair Commercial Practices Directive, in Hilty/Henning-Bodewig, S. 127 (136); in diese Richtung gehend auch *Glöckner/Henning-Bodewig*, WRP 2005, S. 1311 (1323).

72 *Dröge*, Lauterkeitsrechtliche Generalklauseln im Vergleich, S. 133, 134 ff.; MüKo-UWG/*Sosnitza*, § 3 Rn. 45 f.; *Scherer*, WRP 2008, S. 708 (710); *Apostolopoulos*, WRP 2005, S. 152 (156); *Henning-Bodewig*, GRUR Int. 2004, S. 183 (190).

73 *Twigg-Flesner/Parry*, UK-Perspective, in Weatherill/Bernitz, S. 215 (218).

schließt jedoch nicht aus, dass der Umsetzungsspielraum der Mitgliedsstaaten im Hinblick auf die Einführung einer Generalklausel und die Übernahme der schwarzen Liste begrenzter ist als bei früheren Richtlinien mit Mindestklauseln.[74]

Im Zusammenhang mit der Umsetzung europäischer Richtlinien in England stellt sich demnach die Frage, inwiefern eine Umsetzung der Richtlinie auch durch eine gefestigte Rechtsprechung erfolgen kann. Denn in den Regelungsbereich der Richtlinie gegen unlautere Geschäftspraktiken fallen auch Bereiche des Common Law, das aus „precedents" besteht, also verbindlichen Entscheidungen der Gerichte. In der Rechtsprechung des Europäischen Gerichtshofs hat sich der Grundsatz herausgebildet, dass eine hinreichend detaillierte nationale Rechtsprechung, die mit den Regelungen der Richtlinie deckungsgleich ist, ausnahmsweise eine gesetzliche Regelung entbehrlich machen kann.[75] Dies war der Fall bei der Umsetzung der Irreführungsrichtlinie in Deutschland, als die aufgelisteten Bezugspunkte der Irreführung aus dem Grund nicht in das UWG übernommen wurden, dass diese Fallgestaltungen unzweifelhaft von den in der Rechtsprechung herausgebildeten Fallgruppen zur Generalklausel in § 3 UWG umfasst seien.[76] Allerdings ist auch die Entscheidung des Europäischen Gerichtshofs gegen die Niederlande zu beachten, nach der eine Umsetzung den Erfordernissen der Rechtssicherheit und -klarheit entsprechen muss und zwar besonders im Bereich der Verbraucherschutzvorschriften.[77] Der Verbraucher muss seine positiven Rechte erkennen und durchsetzen können. Daraus lässt sich der Schluss ziehen, dass eine ordnungsgemäße Umsetzung regelmäßig einen Gesetzesakt erfordert, der die Regelungen aus der Richtlinie inhaltlich umsetzt.[78] Allerdings wird argumentiert, dass auch die Prinzipien der „precendents" und der „stare decisis" im englischen Common Law zu einer hinreichend deutlichen und sicheren Rechtslage führen, so dass eine Umsetzung in der Rechtsprechung den Anforderungen genüge.[79] Ob dem

---

74 *Henning-Bodewig*, GRUR Int. 2004, S. 183 (190).

75 EuGH C-29/84, Slg. 1985, S. 1661 (1673) Rn. 23 *Kommission/Deutschland*; EuGH C-168/85, Slg. 1986, I-2945 *Kommission/Italien*; *Glöckner/Henning-Bodewig*, WRP 2005, S. 1311 (1321).

76 *Glöckner/Henning-Bodewig*, WRP 2005, S. 1311 (1321).

77 EuGH C-144/89, Slg. 2001, I-3541 *Kommission/Niederlande*; *Twigg-Flesner/Parry*, UK Perspective, in Weatherill/Bernitz, S. 215 (217); *Beale*, Journal of Consumer Policy 2004, S. 289 (300).

78 *Twigg-Flesner/Parry*, UK Perspective, in Weatherill/Bernitz, S. 215 (216, 218); *Glöckner/Henning-Bodewig*, WRP 2005, S. 1311 (1321); *Beale*, Journal of Consumer Policy 2004, S. 289 (303).

79 *Beale*, Journal of Consumer Policy 2004, S. 289 (303).

Common Law bei der Umsetzung von Richtlinien durch gefestigte Rechtsprechung ein größerer Spielraum eingeräumt wird als den kontinentaleuropäischen Ländern, die eine Bindung an Vorentscheidungen grundsätzlich nicht kennen, bleibt daher Gegenstand der Diskussion. Allerdings kommt es für die Umsetzung der Richtlinie gegen unlautere Geschäftspraktiken nicht entscheidend auf das Ergebnis dieser Diskussion an, da der englische Gesetzgeber die Vorschriften aus der Richtlinie in einem umfassenden Gesetz, den Consumer Protection from Unfair Trading Regulations 2008, umgesetzt hat.[80]

b) Umfang der Vollharmonisierung

aa) Anwendungsbereich der Richtlinie

Die Vollharmonisierung des Lauterkeitsrechts ist stets im Zusammenhang mit dem Anwendungsbereich der Richtlinie gegen unlautere Geschäftspraktiken zu sehen.[81] Der abschließende Charakter der Vorschriften beschränkt sich auf die materiell-rechtliche Reichweite der Richtlinie. Die Richtlinie gegen unlautere Geschäftspraktiken ist zwar grundsätzlich nach dem Prinzip der Vollharmonisierung ausgestaltet. Aufgrund von Differenzen in Rat und Parlament ist sie allerdings nicht vollumfänglich abschließend, sondern mit verschiedenen Ausnahmen in sachlicher und zeitlicher Hinsicht ausgestattet.[82] Nur in dem durch die Richtlinie abschließend geregelten Bereich kommt es zu einer Übertragung der Gesetzgebungs- und Auslegungskompetenz von den Mitgliedstaaten auf die Union.[83] In einer der ersten Vorabentscheidungen des Europäischen Gerichtshofs zu Reichweite und Auslegung der Vorschriften der Richtlinie stellte der Gerichtshof unter anderem klar, dass auch Geschäftspraktiken, die Gegenstand der geplanten Verordnung über Verkaufsförderungsmaßnahmen gewesen wären, in den Regelungsbereich der Richtlinie fallen.[84] Schon daraus folgt, dass die Richtlinie für Geschäftspraktiken, die unter die Definition in Art. 2 fallen, umfassende Geltung beansprucht.

---

80 Vgl. *Woodroffe/Lowe*, Consumer Law, S. 284 Rn. 17.25.

81 *Drexl*, Verbraucherschutz, in Hilty/Henning-Bodewig, S. 227 (237).

82 *Reich*, ZEuP 2010, S. 7 (23); *Howells*, Sydney Law Review 2006, S. 63 (83); *Micklitz*/Reich/Rott, Understanding EU Consumer Law, S. 64 (77).

83 *Reich*, ZEuP 2010, S. 7 (8, 35); *Stuyck/Terryn/van Dyck*, CMLR 2006, S. 107 (115 f.).

84 EuGH C-261/07, C-299/07, Slg. 2009, I-2949 Rn. 63 *VTB-VBA NV/Total Belgium NV*; C-299/07 *Galatea BVBA v Sanoma Magazines Belgium NV* (joined cases) = WRP 2009, S. 722; bestätigt in EuGH C-304/08, Slg. 2010, I-0000 *Plus-Warenhandelsgesellschaft* = MMR 2010, S. 181.

In zeitlicher Hinsicht legt Art. 3 Abs. 1 fest, dass die Richtlinie auf unlautere Geschäftspraktiken vor, während und nach Abschluss eines auf ein Produkt bezogenes Handelsgeschäft anwendbar ist. Damit wird ausdrücklich auch das vor- und nachvertragliche Verhalten des Unternehmers einbezogen. Der Umfang des sachlichen Regelungsbereichs ergibt sich aus der Legaldefinition der „Geschäftspraktiken" in Art. 2 lit. d), zu deren Auslegung die Erwägungsgründe der Richtlinie mit herangezogen werden. Geschäftspraxis im Sinne von Art. 2 lit. d) ist jedes Verhalten des Unternehmers, das „unmittelbar mit der Absatzförderung, dem Verkauf oder Lieferung eines Produkts an den Verbraucher zusammenhängt". Diese für die Reichweite des Anwendungsbereich entscheidende Definition ist geprägt von dem unbestimmten Rechtsbegriff des unmittelbaren Zusammenhangs zwischen dem Verhalten des Unternehmers und der Absatzförderung.[85] Dies hat auch der Europäische Gerichtshof in seiner Entscheidung *VTB;Galatea* so gesehen, in der er eine Regelungslücke wegen der nicht verabschiedeten Verordnung über Verkaufsförderungsmaßnahmen verneinte und die streitigen Kopplungsangebote unter den Begriff der Geschäftspraktiken einordnete, da sie in unmittelbarem Zusammenhang mit der Absatzförderung und dem Verkauf des Produkts stünden.[86] Bis zu einem geeigneten Vorabentscheidungsverfahren, das die Reichweite des „unmittelbaren Zusammenhangs" klärt, ist eine Auslegung nach den anerkannten Methoden erforderlich. Dabei kommt es besonders auf eine teleologische an den Zielen der Richtlinie und ihren Erwägungsgründen orientierte Auslegung sowie auf eine Auslegung in Einklang mit der Systematik der einzelnen Vorschriften an.

Das Unmittelbarkeitserfordernis führt zu einer Eingrenzung des weit gefassten Begriffs der Geschäftspraxis. Nicht alle Verhaltensweisen sollen umfasst sein, sondern nur solche, die in Verbindung zu der Absatzförderung oder zu dem Verkauf oder der Lieferung des Produkts stehen. Daher ist die Frage, wie eng dieser Zusammenhang sein muss, damit es sich um eine Geschäftspraxis handelt, die in den Regelungsbereich der Richtlinie fällt, entscheidend für die Reichweite der Vollharmonisierung. Nach dem Wortlaut, der den Ausgangspunkt und die Grenze jeglicher Auslegung bildet, könnte davon auszugehen sein, dass ein unmittelbarer Zusammenhang nur

---

85 *Twigg-Flesner/Howells/Parry/Nordhausen*, Scope and Application, S. 38 Rn. 3.4; *Dohrn*, Die Generalklausel der Richtlinie, S. 16, *Glöckner/Henning-Bodewig*, WRP 2005, S. 1311 (1326).

86 EuGH C-261/07, C-299/07, Slg. 2009, I-2949 Rn. 63 *VTB-VBA NV/Total Belgium NV*; C-299/07 *Galatea BVBA v Sanoma Magazines Belgium NV* (joined cases) = WRP 2009, S. 722 f.; siehe auch EuGH, EuZW 2010, S. 305 (307) Rz. 31 - Telekomunikacja Polska.

bei einem konkreten Produktbezug besteht. Werbung als solche ist in der Definition der Geschäftspraktiken sogar ausdrücklich erwähnt und davon umfasst, sofern der entsprechende Zusammenhang zur Absatzförderung vorliegt. Die reine Imagewerbung und das Sponsoring hingegen, die primär darauf bezogen sind, das Ansehen des Unternehmers beim Verbraucher zu verbessern und nur über diesen Umweg mittelbar auf eine Absatzförderung abzielen, würden dann keine Geschäftspraxis im Sinne von Art. 2 lit. d) darstellen.[87] Es erscheint allerdings zweckwidrig einen Unterschied zwischen solcher Werbung zu machen, die einen direkten Bezug zum Produkt aufweist, und solcher, die sich auf das Unternehmen selbst bezieht, denn beide sind gleichermaßen dazu geeignet, den Absatz zu fördern.[88] Mit Imagewerbung oder Sponsoring wird primär der Zweck verfolgt, das Ansehen des Unternehmens zu verbessern, um damit den Kunden zu einem Kauf der Produkte zu bewegen. Auch wenn die Einwirkung auf die Entscheidungsfreiheit erst über das positive Bild des Unternehmens in der Vorstellung des Verbrauchers erfolgt, anstatt über eine direkt das Produkt anpreisende Werbung, so ist sie doch direkt darauf gerichtet, eine Absatzförderung herbeizuführen, und fällt damit in den Regelungsbereich der Richtlinie.[89] Das Vorliegen einer Geschäftspraxis im Sinne der Richtlinie ist daher nicht von einem engen Produktbezug abhängig.

Ein weiterer Hinweis zur Eingrenzung des vollharmonisierten Regelungsbereichs findet sich in der Begründung der Richtlinie in dem ersten Satz des Erwägungsgrundes 7. Danach bezieht sich die Richtlinie auf Geschäftspraktiken, „die in unmittelbarem Zusammenhang mit der Beeinflussung der geschäftlichen Entscheidung des Verbrauchers in Bezug auf Produkte stehen.“. Aus Erwägungsgrund 7 und der Definition des Art. 2 lit. d) ergibt sich, dass das Unmittelbarkeitserfordernis hauptsächlich dazu dient, Geschäftspraktiken, die vorrangig anderen Zielen als der Beeinflussung der geschäftlichen Entscheidung des Verbrauchers dienen und nicht in unmittelbarem Zusammenhang zu Absatzförderung, Verkauf oder Lieferung des Produkts stehen, aus dem Regelungsbereich auszuschließen.[90] Nicht unter die Definition der Geschäftspraktiken fallen nach Erwägungsgrund 7 Satz 2 für Investoren gedachte Mitteilungen und Jahresberichte. Diese Mitteilungen und Erklärungen sind weder vorrangig darauf gerichtet, eine Absatzförderung beim

---

87 Vgl. *Collins*, ERCL 2005, S. 417 (432); vgl. Howells/Micklitz/*Wilhelmsson*, European Fair Trading Law, S. 54; *Henning-Bodewig/Glöckner*, WRP 2005, S. 1311 (1326).

88 *Köhler*/Bornkamm, UWG, § 2 Rn. 50; *Dohrn*, Die Generalklausel der Richtlinie, S. 17; *Köhler*, WRP 2007, S. 1393 (1395).

89 Howells/Micklitz/*Wilhelmsson*, European Fair Trading Law, S. 55.

90 *Stuyck/Terryn/van Dyck*, CMLR 2006, S. 107 (123).

Kunden herbeizuführen, noch darauf, die geschäftlichen Entscheidungen des Verbrauchers zu beeinflussen, sondern sie bezwecken primär die Information von Geschäftspartnern und Anteilshaltern.

Die Auslegung nach dem Sinn und Zweck der Richtlinie sowie der Systematik ihrer einzelnen Vorschriften ergibt, dass das Unmittelbarkeitserfordernis nicht in einem strengen Sinne zu verstehen ist, sondern dass vielmehr auch Geschäftspraktiken umfasst sind, die erst über den Umweg der Einwirkung auf die Vorstellung des Verbrauchers zu einer Absatzförderung führen.[91] Eine Verbindung im Sinne eines unmittelbaren Kausalzusammenhangs zwischen dem Verhalten des Unternehmers und der Absatzförderung ist nicht erforderlich.[92] Die Abgrenzung zu einem nicht vom Regelungsbereich umfassten Verhalten erfolgt mithin objektiv nach dem primären Zweck der Geschäftspraxis.[93]

bb) Unternehmer-/Verbraucherverhältnis

Die Beschränkung des Anwendungsbereichs der Richtlinie auf das Verhältnis zwischen Unternehmer und Verbraucher ist wohl weniger mit rechtlichen als mit der praktischen Erwägung zu erklären, dass für einen umfassenden Anwendungsbereich kein Konsens hätte gefunden werden können.[94] Die Eingrenzung findet ihren Grund nicht darin, dass eine sekundärrechtliche Regelung des Verhältnisses von Unternehmern untereinander aus Kompetenzgründen unzulässig gewesen wäre. Denn auch die Irreführungsrichtlinie war im Verhältnis zwischen Unternehmern untereinander anwendbar. Vielmehr sind die Gründe für die Beschränkung des Anwendungsbereichs zum einen darin zu sehen, dass die zuständige Abteilung, die Generaldirektion SANCO, ihre eigene sachliche Kompetenz auf dem Gebiet des Verbraucherschutzes sah und zum anderen darin, dass der Schutz des Verbrauchers gegen irreführende und aggressive Geschäftspraktiken den europäischen Minimalkonsens darzustellen scheint.[95] Bis auf Deutschland,

---

91 *Schaub*, GRUR 2008, S. 955 (958); *Köhler/Lettl*, WRP 2003, S. 1019 (1035).

92 *Köhler*, WRP 2007, S. 1393 (1395).

93 So auch *Dohrn*, Die Generalklausel der Richtlinie, S. 17; *Köhler*, WRP 2007, S. 1393 (1395); *Stuyck/Terryn/van Dyck*, CMLR 2006, S. 107 (122 f.); *Twigg-Flesner*, Law Quarterly Review 2005, S. 386 (388).

94 *Leistner*, ZEuP 2009, S. 60; *Bernitz*, Scope, Ambition and Relation, in Weatherill/Bernitz, S. 33 (34); *Howells*, UCPD – A Missed Opportunity?, in Weatherill/Bernitz, S. 103 (104); *Glöckner*, Europäisches Lauterkeitsrecht, S. 72; *Dohrn*, Die Generalklausel der Richtlinie, S. 6.

95 *Dohrn*, Die Generalklausel der Richtlinie, S. 8; *Glöckner*, Europäisches Lauterkeitsrecht, S. 72; *Collins*, ERCL 2005, S. 417 (439).

Österreich und Luxemburg, in denen die Abkehr von der klassischen Schutzzwecktrias, die noch die Irreführungsrichtlinie prägte, auf große Bedenken stieß, herrschte in den meisten anderen Mitgliedstaaten die Auffassung vor, dass eine Regelung der lauteren Geschäftspraktiken ausgehend vom Verbraucherschutz erfolgen sollte. Die Kommission sah sich anlässlich der deutschen und österreichischen Kritik zu der Stellungnahme veranlasst, dass „es nicht durchführbar wäre, den Schutz einer Richtlinie, die eine vollständige Harmonisierung vorsieht, auf unlautere Geschäftspraktiken auszudehnen, die den Verbraucher nicht schädigen [...], da es in den Mitgliedstaaten auf diesem Gebiet unterschiedliche Rechtstraditionen gibt und eine sehr breite Palette von Geschäftstätigkeiten einbezogen werden müsste.“.[96] In der Folge erließ der europäische Richtliniengeber damit keine Regelung entsprechend dem deutschen integrativen Modell, sondern eine Richtlinie orientiert an dem finnischen Trennungsmodell des Lauterkeitsrechts.[97]

Jedoch ist der Ausschluss des geschäftlichen Handelns zwischen Unternehmern nicht so strikt, wie es auf den ersten Blick scheint. Zumindest auf den mittelbaren Schutz des Unternehmers durch den unmittelbaren Schutz des Verbrauchers nimmt die Richtlinie ausdrücklich in den Erwägungsgründen 6 und 8 Bezug. Es profitiert derjenige Unternehmer, der sich zulässiger Geschäftspraktiken bedient, im Gegensatz zu einem unlauter handelnden Unternehmer, dessen geschäftliches Handeln gegen die Richtlinie verstößt. Einen weiteren Hinweis darauf, dass der Schutz von Unternehmern nicht vollständig außerhalb des Fokus der Richtlinie liegt, liefert Art. 11 Abs. 1. Grundsätzlich ist die gerichtliche oder behördliche Durchsetzung der Richtlinie zwar den Mitgliedstaaten frei überlassen, die Klagebefugnis der Mitbewerber ist aber ausdrücklich als eine Möglichkeit der Durchsetzung erwähnt.[98] Zudem sind einige der Vorschriften der Richtlinie nicht allein mit dem Ziel des Schutzes der wirtschaftlichen Interessen des Verbrauchers zu erklären, sondern weisen starke Bezüge zum Schutz von Mitbewerbern auf.[99] Dazu gehören vor allem die irreführende Nutzung von Marken, Handelsnamen und Verpackungen, die den Verbraucher über die betriebliche Herkunft täuschen,

---

96 Gemeinsame Stellungnahme des Rates 2003/0134 (COD).

97 *Bernitz*, Scope, Ambition and Relation, in Weatherill/Bernitz, S. 33 (34); *Bernitz*, Copycats, and Look-alikes, in Ezrachi/Bernitz, S. 217, 225; *Leistner*, ZEuP 2009, S. 56 (63); *Schulze/Janssen*, EuLF 2004, S. 77 (79); *Schulte-Nölke/Busch*, ZEuP 2004, S. 99 (101).

98 *Bernitz*, Scope, Ambition and Relation, in Weatherill/Bernitz, S. 33 (41).

99 *Leistner*, ZEuP 2009, S. 59; *Bernitz*, Scope, Ambition and Relation, in Weatherill/Bernitz, S. 33 (42).

Art. 6 Abs. 2 lit. a), und die über die betriebliche Herkunft täuschende Werbung, Ziffer 13 des Anhangs I. Auch die Täuschung über geographische Herkunftsangaben ist in Art. 6 Abs. 1 lit. b) umfasst sowie verschiedene andere irreführende Angaben nach Art. 6 Abs. 1 lit. f), die hauptsächlich zwischen Unternehmern Bedeutung erlangen.[100] Diese Tatbestände gehen über den Kern des reinen Verbraucherschutzes hinaus und betreffen zumindest mittelbar auch den Schutz der unternehmerischen Tätigkeit.

Da der unmittelbare Schutz des Unternehmers, nicht in den Regelungsbereich der Richtlinie fällt, steht es den Mitgliedstaaten frei, in diesem Bereich des „unternehmerischen" Lauterkeitsrechts restriktivere oder weniger strenge Regelungen zu erlassen. Das führt zu dem etwas widersprüchlichen Ergebnis, dass die nationalen Gesetzgeber für den Geschäftsverkehr zwischen Unternehmern strengere Anforderungen aufstellen können als im Verhältnis zu Verbrauchern.[101] Vom Standpunkt der Vollharmonisierung und der Vereinheitlichung der nationalen Rechtsordnungen aus betrachtet, ist die Entscheidung der Kommission, die Richtlinie auf Geschäftspraktiken von Unternehmern gegenüber Verbrauchern zu beschränken, zu bedauern. Denn sie lässt außer Betracht, dass das unternehmerische Handeln sich nicht stets eindeutig in eine der Kategorien „B2B" (business-to-business) oder „B2C" (business-to-consumer) einordnen lässt.[102] Gerade im grenzüberschreitenden Handel können sich diese unterschiedlichen materiellen Standards negativ auswirken, denn ein Unternehmer muss sich z. B. bei grenzüberschreitenden Werbekampagnen, die sowohl Verbraucher als auch Unternehmer ansprechen (sog. „mixed measures"), darauf einstellen, dass in den Staaten im Hinblick auf den Schutz der Unternehmer weiterhin zahlreiche verschiedene Vorschriften anwendbar sind.

cc) Übergangsfristen und Bereichsausnahmen nach Art. 3

Zunächst wird das Prinzip der Vollharmonisierung in Art. 3 Abs. 5 durch eine sechsjährige Übergangsfrist bis zum 12. Juni 2013 durchbrochen. In dieser Zeit ist es den Mitgliedstaaten erlaubt, restriktivere Vorschriften im Sinne eines höheren Verbraucherschutzes beizubehalten, die auf einer europäischen Richtlinie mit einer Klausel über die Mindestharmonisierung beruhen. Diese Bereichsausnahme bezieht sich lediglich auf schon erlassene Vorschriften, sie gibt den Staaten nicht die Befugnis, neue abweichende Vorschriften zu erlassen. Eine abweichende Regelung

---

100 *Bernitz*, Scope, Ambition and Relation, in Weatherill/Bernitz, S. 33 (42).

101 *Drexl*, Verbraucherschutz, in Hilty/Henning-Bodewig, S. 227 (235, 237 f.).

102 *Leistner*, Unfair Competition, in Bell/Kilpatrick, S. 141 (174).

ist allerdings nur unter den eng auszulegenden Voraussetzungen zulässig, dass sie für den Schutz der Verbraucher unbedingt erforderlich und zur Erreichung dieses Ziels verhältnismäßig ist.[103] Sie muss der Kommission gemäß Art. 3 Abs. 6 unverzüglich mitgeteilt werden. Nach Art. 3 Abs. 5 kann die Geltungsdauer dieser Übergangsregelung im Rahmen der Überprüfung der Anwendung und Durchsetzung der Richtlinie nach Art. 18 unter Umständen noch verlängert werden.

Über diese zeitliche Komponente hinaus ist Art. 3 auch in sachlicher Hinsicht die maßgebende Vorschrift für Bereiche, die aus dem voll harmonisierten Regelungsbereich ausgeklammert sind. Diese internen Bereichsausnahmen erlauben den Mitgliedstaaten, abweichende Regelungen zu errichten oder aufrechtzuerhalten. Nach Art. 3 Abs. 3 fallen Gesundheits- und Sicherheitsaspekte aus dem Anwendungsbereich der Richtlinie. Diese Ausnahme wird in Erwägungsgrund 9 dahin gehend konkretisiert, dass die Mitgliedstaaten beispielsweise andere Vorschriften im Bezug auf Spirituosen, Tabakwaren und Arzneimittel erlassen können. Art. 3 Abs. 7 lässt die Zuständigkeit der Gerichte unberührt, während in Art. 3 Abs. 8 eine Bereichsausnahme für reglementierte Berufe enthalten ist. Davon sind vor allem nationale Werbeverbote für bestimmte Berufsgruppen erfasst. Auch im Zusammenhang mit Immobilien und Finanzdienstleistungen im Sinne der Richtlinie 2002/65/EG können die Mitgliedstaaten von dem Standard der Richtlinie abweichen, allerdings nur nach oben. Eine weitere spezielle Ausnahme ist in Art. 3 Abs. 10 für die Angabe des Feingehalts von Artikeln aus Edelmetall enthalten. Diese in Art. 3 enthaltenen Bereichsausnahmen unterliegen weder einer zeitlichen Beschränkung noch sind sie Gegenstand einer Erforderlichkeits- und Verhältnismäßigkeitsprüfung wie sie für Art. 3 Abs. 5 vorgesehen ist. Sie stellen eine strukturelle Durchbrechung des Prinzips der Vollharmonisierung dar.

Des Weiteren enthält Art. 3 Abs. 2 eine „unbeschadet“-Klausel für das gesamte Vertragrecht. Danach lassen die Vorschriften der Richtlinie gegen unlautere Geschäftspraktiken das Vertragsrecht, insbesondere die Bestimmungen über das Zustandckommen, die Wirksamkeit und die Wirkung, unberührt. Die Vorschriften der Richtlinie führen also nicht dazu, dass ein Vertrag nichtig ist, wenn er auf einer unlauteren Geschäftspraxis beruht.[104] Trotzdem ist nicht auszuschließen, dass die Regelungen der Richtlinie gegen unlautere Geschäftspraktiken auch Wirkungen im Vertragsrecht entfalten. Vielfach wird angenommen, dass es Schnittstellen

103 *Collins*, ERCL 2005, S. 417 (431).

104 *Collins*, ERCL 2005, S. 417 (425).

zwischen beiden Rechtsgebieten gibt, die zumindest dazu führen, dass Wertungen des Lauterkeitsrechts ins Vertragsrecht ausstrahlen können.[105] Gerade im Bereich der Informationspflichten, die besonders in Art. 7 Abs. 5 Einzug in das europäische Lauterkeitsrecht gefunden haben, besteht dadurch eine Verbindung zum Vertragsrecht, dass das Fehlen von Informationen z. B. bei Fernabsatzverträgen regelmäßig auch ein irreführendes Unterlassen gemäß Art. 7 Abs. 1 und Abs. 5 der Richtlinie sein kann.[106] Hält ein Unternehmer einen Verbraucher durch irreführendes oder aggressives Verhalten von der Durchsetzung seiner vertraglichen Rechte ab, kann dies eine unlautere Geschäftspraxis darstellen und gleichzeitig auch einen Verstoß gegen vertragliche Rechte, der vertragsrechtliche Sanktionen nach sich zieht.[107] Zudem ist denkbar, dass die Wertungen der Richtlinie, wann eine Geschäftspraxis unlauter ist, auch Auswirkungen darauf entfalten können, ob der Unternehmer in Übereinstimmung mit Treu und Glauben handelt.[108] Im englischen Recht ist insbesondere auch an die Überschneidung aggressiver Geschäftspraktiken wegen unzulässiger Beeinflussung und dem vertraglichen Recht auf Auflösung des Vertrags wegen „undue influence“ zu denken.[109]

Daneben ist in Art. 3 Abs. 4 der allgemeine Rechtsgrundsatz „lex specialis derogat legi generali“ festgeschrieben.[110] Diese Vorschrift hat zur Folge, dass die Richtlinie gegen unlautere Geschäftspraktiken immer dann nicht anwendbar ist, wenn es einen spezielleren europäischen Rechtsakt gibt. Als Beispiel ist die Datenschutzrichtlinie 2002/58/EG zu nennen, die besondere Voraussetzungen über die Zulässigkeit des Einsatzes von Fernkommunikationsmedien enthält. Verschiedene weitere Beispiele speziellerer Gesetze, die von der Richtlinie unberührt bleiben, sind in Erwägungsgrund 9 aufgezählt. Dazu gehören unter anderem auch die Vorschriften über den Schutz geistigen Eigentums.

---

105 *Twigg-Flesner*, Pre-Contractual Duties, in Schulze, S. 97 (109); *Twigg-Flesner*, Law Quarterly Review 2005, S. 386 f.; Howells/Micklitz/*Wilhelmsson*, European Fair Trading Law, S. 72 f.; *Whittaker*, European and National Contract Laws, in Weatherill/Bernitz, S. 139 (145 f.); *Gomez*, ERCL 2006, S. 4 (21).

106 *Twigg-Flesner*, Pre-Contractual Duties, in Schulze, S. 97 (109); *Gomez*, ERCL 2006, S. 4 (21); *Collins*, ERCL 2005, S. 417 (436).

107 Howells/Micklitz/*Wilhelmsson*, European Fair Trading Law, S. 72 f.; *Collins*, ERCL 2005, S. 417 (425).

108 *Collins*, ERCL 2005, S. 417 (437).

109 *Whittaker*, European and National Contract Laws, in Weatherill/Bernitz, S. 139 (146).

110 *Micklitz*/Reich/Rott, Understanding EU Consumer Law, S. 64 (76).

dd) Öffnungsklausel in Erwägungsgrund 7

Nicht zuletzt enthält die Richtlinie in Erwägungsgrund 7 eine Klausel, die eine besondere Regelung für Geschäftspraktiken, die „die gesetzlichen Anforderungen in Fragen der guten Sitten und des Anstands“ betreffen, enthält. Danach können die Mitgliedstaaten Geschäftspraktiken, die aus kulturellen Gründen unerwünscht sind, verbieten, „auch wenn diese Praktiken die Wahlfreiheit des Verbrauchers nicht beeinträchtigen“. Fraglich ist, welche Bedeutung dieser Ausnahmeregelung zukommt.[111] Einige Stimmen in der Literatur sind der Ansicht es handele es sich hierbei um eine modifizierte Bereichsausnahme mit versteckter Öffnungsklausel.[112] Das hieße, die Mitgliedstaaten könnten sogar Geschäftspraktiken, die das wirtschaftliche Interesse des Verbrauchers berühren, über die Richtlinie hinausgehend aufgrund eines Verstoßes gegen die guten Sitten und den Anstand verbieten. Anderseits wird angenommen, dass die Ausnahmeregelung sich nur auf den Bereich der reinen Belästigung ohne Beeinträchtigung der geschäftlichen Entscheidung beziehe und damit das Konzept der Vollharmonisierung nicht berühre.[113] Die Mitgliedstaaten wären danach nur frei, Belästigungen anders zu regeln, die nicht die geschäftliche Entscheidung des Verbrauchers berühren. Das Wort „auch“ in Erwägungsgrund 7 bedeute nicht, dass die Mitgliedstaaten Geschäftspraktiken, die geeignet sind, die wirtschaftliche Entscheidungsfreiheit des Verbrauchers zu beeinträchtigen, abweichend von der Richtlinie regeln dürfen, sondern dass eine Regelung nur in Übereinstimmung mit den Vorschriften der Richtlinie möglich sei.[114] Auch wenn dieses Verständnis der Klausel in Erwägungsgrund 7 aus Sicht der Vollharmonisierung des verbraucherschützenden Lauterkeitsrechts wünschenswert wäre, spricht mehr dafür, darin eine modifizierte Bereichsausnahme zu sehen, die es den Mitgliedstaaten ermöglicht, belästigende Geschäftspraktiken sogar dann abweichend zu regeln, wenn sie geeignet sind, die wirtschaftliche Entscheidungsfreiheit des Verbrauchers zu beeinflussen.[115] Dafür spricht schon, dass das in Erwägungsgrund 7 genannte Beispiel des Ansprechens auf der Straße zwar zu einer Beeinflussung des Verbrauchers führen kann, jedoch ohne weitere irreführende oder aggressive Elemente von der Richtlinie nicht generell als unlauter eingestuft wird. Zudem wäre andernfalls der Regelungsgehalt der Klausel sehr eingeschränkt. Denn dass Geschäftspraktiken nur in Übereinstimmung mit der Richtlinie verboten

---

111 Vgl. *Hennig-Bodewig/Glöckner*, WRP 2005, S. 1311 (1320).

112 *Sosnitza*, WRP 2008, S. 1014 (1015); *Leistner*, ZEuP 2009, S. 56 (71).

113 *Ohly*, WRP 2006, S. 1401 (1410 f.).

114 *Ohly*, WRP 2006, S. 1401 (1410) dort Fn. 127.

115 *Leistner*, ZEuP 2009, S. 56 (70); *Sosnitza*, WRP 2006, S. 1 (4).

werden können, ergibt sich schon aus ihrem vollharmonisierenden Charakter. Außerdem weist die Verwendung des Begriffs „Geschäftspraktiken" darauf hin, dass der europäische Richtliniengeber davon ausging, eine Öffnungsklausel innerhalb des Regelungsbereichs der Richtlinie zu schaffen.

3. Binnenmarktklausel, Art. 4

Die Richtlinie gegen unlautere Geschäftspraktiken enthält in ihrer letztgültigen Form kein Herkunftslandsprinzip mehr, das vergleichbar mit dem der „E-Commerce"-Richtlinie oder dem der „Fernsehen ohne Grenzen"-Richtlinie wäre.[116] Lange Zeit hielt die Kommission an dem Herkunftslandprinzip als wichtigem Instrument zur Vereinheitlichung des Binnenmarkts fest. Es findet sich neben dem Prinzip der Gegenseitigen Anerkennung in den Grünbüchern von 1996 und 2001 sowie im ersten Entwurf der Richtlinie über unlautere Geschäftspraktiken.[117] Danach wäre der Unternehmer nur verpflichtet gewesen, den Gesetzen seines Herkunftsstaats zu entsprechen, und dieser Staat wäre auch für die Einhaltung dieser Vorschriften verantwortlich gewesen („Kontrolle an der Quelle").[118] In den Verhandlungen über die Richtlinie musste sich die Kommission von dem Herkunftslandprinzip verabschieden als Preis für die maximale Harmonisierung.[119] Sie nahm davon allerdings nur unter der Prämisse Abstand, dass ein Herkunftslandsprinzip neben einer vollharmonisierenden Richtlinie nicht erforderlich sei, da es keine unterschiedlichen Standards in den Mitgliedstaaten mehr gebe.[120] Besonders vor dem Hintergrund der sechsjährigen Übergangszeit in Art. 3 Abs. 5 erscheint diese Annahme zweifelhaft.[121] Nichtsdestotrotz enthält die Richtlinie in ihrer endgültigen Fassung nur noch die Regelung des Art. 4, die kein international privatrechtliches Prinzip mehr enthält, sondern lediglich noch ein materiell-rechtlich formuliertes Binnenmarktprinzip.[122] Auch für die Annahme

---

116 Howells/*Micklitz*/Wilhelmsson, European Fair Trading Law, S, 40.

117 KOM (96) 192 endg.; KOM (2001) 531 endg.

118 *Leistner*, ZEuP 2009, S. 56 (67); *Brömmelmeyer*, GRUR 2007, S. 295 (300); *Howells*, UCPD – A Missed Opportunity?, in Weatherill/Bernitz, S. 103 (110).

119 *Howells*, UCPD – A Missed Opportunity?, in Weatherill/Bernitz, S. 103 (110); *Stuyck/Terryn/van Dyck*, CMLR 2006, S. 107 (118).

120 *Howells*, UCPD – A Missed Opportunity?, in Weatherill/Bernitz, S. 103 (110); *Bernitz*, Copycats, and Look-alikes, in Ezrachi/Bernitz, S. 217 (226 f.).

121 *Leistner*, ZEuP 2009, S. 56 (65).

122 *Leistner*, ZEuP 2009, S. 56 (66); *Ohly*, WRP 2006, S. 1401 (1408).

einer „compliance certainty“, also einer Vermutung der Rechtmäßigkeit bei Geschäftspraktiken, die im Heimatstaat den gesetzlichen Vorschriften entsprechen, bleibt nach dieser Formulierung kein Raum mehr.[123]

Das wirft aber die Frage auf, welche Bedeutung Art. 4 dann noch zukommt.[124] Von der deutschen Regierung wurde die Ansicht vertreten, dass es sich bei Art. 4 lediglich um eine Niederlegung der Rechtslage nach der Cassis-Doktrin handele.[125] Eine Rechtfertigung strengerer nationaler Maßnahmen nach Art. 36 AEUV und der Cassis-Doktrin ist aber nach der Rechtsprechung des Europäischen Gerichtshofs in einem Bereich, der mit Hinblick auf den Verbraucherschutz harmonisiert wurde, sowieso nicht möglich.[126] Zudem entspricht die Interpretation der deutschen Regierung, dass strengere Maßnahmen nach der Cassis-Formel gerechtfertigt werden können, auch nicht dem Willen des europäischen Richtliniengebers. Es wäre sehr erstaunlich, wenn aus einer ursprünglich zur Vereinheitlichung des Binnenmarkts gedachten Klausel eine „safeguard“-Klausel würde, die es den Mitgliedstaaten erlaubte, aus anderen als in der Richtlinie angelegten Gründen, grenzüberschreitende Geschäftspraktiken zu beschränken.[127] Nach anderer Ansicht besteht die Bedeutung des Art. 4 darin, dass auch Regelungen in Bereichen, die lediglich Berührungspunkte zur Richtlinie aufweisen oder mit ihr zusammenhängen, nicht mehr durch zwingende Erfordernisse nach der Cassis-Formel gerechtfertigt werden können.[128] Dagegen spricht, dass keine sachliche Rechtfertigung dafür besteht, die Binnenmarktklausel der Richtlinie über unlautere Geschäftspraktiken auf den nichtharmonisierten Bereich zu erstrecken.[129] Zudem ist vollkommen unklar, in welcher Form der Zusammenhang vorliegen müsste. Die Breite der denkbaren Berührungspunkte reicht von Regelungen im Bereich

---

123 *Leistner*, ZEuP 2009, S. 56 (67); für eine „compliance certainty“ aber *Stuyck/Terryn/van Dyck,* CMLR 2006, S. 107 (118); *Abbamonte*, General Prohibition, in Weatherill/Bernitz, S. 11 (27).

124 *Micklitz*/Reich/Rott, Understanding EU Consumer Law, S. 64 (81).

125 Siehe *Glöckner*, Europäisches Lauterkeitsrecht, S. 74, MüKo/*Micklitz*, UWG, EG E Rn. 188, 190.

126 EuGH C-183/00, Slg. 2002, I-3901 Rz. 25 ff. *González/Sánchez*; Howells/*Micklitz*/Wilhelmsson, European Fair Trading Law, S. 45; *Brömmelmeyer*, GRUR 2007, S. 295 (301 f.).

127 *Howells*, UCPD – A Missed Opportunity?, in Weatherill/Bernitz, S. 103 (111); *Ohly*, WRP 2006, S. 1401 (1412).

128 *Gamerith*, WRP 2005, S. 391 (409, 411); *Veelken*, WRP 2004, S. 1 (13 f.).

129 Howells/*Micklitz*/Wilhelmsson, European Fair Trading Law, S, 47; *Brömmelmeyer*, GRUR 2007, S. 295 (301).

der richtlinieninternen Ausnahmen bis hin zur Regelung von Geschäftspraktiken, die nicht das wirtschaftliche Interesse des Verbrauchers betreffen oder nicht der Absatzförderung dienen. Es ist nicht anzunehmen, dass dem Wort „zusammenhängen" eine solche Bedeutung zugemessen werden kann. Auch die sprachliche Fassung der englischen Version des Art. 4 steht einer solchen Annahme entgegen. Darin heißt es im Bezug auf den Binnenmarkt, die Mitgliedstaaten „shall neither restrict the freedom to provide services nor restrict the freedom of the free movement of goods for reasons falling within the field approximated by this directive". Der Begriff „approximated" bezieht sich also auf den von der Richtlinie geregelten Bereich und nicht auf etwaige Bereiche, die nur Berührungspunkte zu der Richtlinie aufweisen.[130] Die Erklärung dafür, dass nicht ganz trennscharf nur auf den harmonisierten Bereich verwiesen wird, könnte darin liegen, dass dieser sich nicht mit abschließender Sicherheit bestimmen lässt, da zum einen die Reichweite der Bereichsausnahmen nicht mit letzter Sicherheit bestimmt ist und zum anderen die Generalklausel wegen der zahlreichen unbestimmten Rechtsbegriffe einen Spielraum enthält. Art. 4 kann folglich nicht die Funktion haben, den Mitgliedstaaten in Bereichen, die nur mit der Richtlinie zusammenhängen, also nicht vollharmonisiert sind, die Rechtfertigung von Handelshemmnissen nach der Cassis-Doktrin zu verweigern.[131]

Damit läuft die einzig sinnvolle Auslegung des Art. 4 auf die deklaratorische Erklärung hinaus, dass es den Mitgliedstaaten untersagt ist, im vollharmonisierten Bereich abweichende Vorschriften zu erlassen.[132] Sie dürfen den freien Dienstleistungs- und den freien Warenverkehr also nicht aus Gründen beschränken, die mit dem durch die Richtlinie angeglichenen Bereich zusammenhängen, das heißt, es ist nicht möglich im harmonisierten Bereich eine Einschränkung des grenzüberschreitenden Handels mit dem Argument der Unlauterkeit der Geschäftspraxis oder mit einem anderen zwingenden Erfordernis nach Art. 36 AEUV zu rechtfertigen. In diese Richtung scheint auch der Europäische Gerichtshof die Regelung in Art. 4 auszulegen. In seinen ersten Entscheidungen zu der Richtlinie nimmt er mehrmals auf Art. 4 Bezug und beruft sich auf den Inhalt der Vorschrift, der es den Mitgliedstaaten ausdrücklich verwehre, strengere Maßnahmen als in der Richtlinie enthalten zu erlassen, auch nicht um ein höheres Verbraucherschutzniveau

130 *Ohly*, WRP 2006, S. 1401 (1409).

131 Howells/*Micklitz*/Wilhelmsson, European Fair Trading Law, S, 47; *Ohly*, WRP 2006, S. 1401 (1412).

132 *Leistner*, ZEuP 2009, S. 56 (71); *Ohly*, WRP 2006, S. 1401 (1409); *Collins*, ERCL 2005, S. 417 (430).

zu erreichen.[133] Außerhalb davon sowie im Bereich der Ausnahmeregelungen und der Öffnungsklausel in Erwägungsgrund 7 für Fragen der guten Sitten und des Anstands wird durch Art. 4 verdeutlicht, dass die Mitgliedstaaten strengere Regelungen nur anhand der zwingenden Gründe des Allgemeininteresses nach Art. 36 AEUV und der Cassis-Doktrin rechtfertigen können.[134]

---

133 EuGH C-261/07, C-299/07, Slg. 2009, I-02949 Rn. 63 *VTB-VBA NV/Total Belgium NV*; *Galatea BVBA/Sanoma Magazines Belgium NV* (joined cases) = WRP 2009, S. 722 (727 f.); EuGH C-304/08, Slg. 2010, I-0000 *Plus-Warenhandelsgesellschaft* = MMR 2010, S. 181 f.

134 *Leistner*, ZEuP 2009, S. 56 (71).

Kapitel 2: Generalklausel gegen unlauteren Wettbewerb

I. Die Generalklausel in der Richtlinie

Die Generalklausel ist das Kernelement der Richtlinie. Art. 5 Abs. 1 lautet „Unlautere Geschäftspraktiken sind verboten“. In Art. 5 Abs. 2 wird konkretisiert, wann eine Geschäftspraxis unlauter ist. Erforderlich ist, dass das Verhalten des Unternehmers gegen die berufliche Sorgfalt verstößt und geeignet ist, das wirtschaftliche Verhalten des Verbrauchers wesentlich zu beeinflussen. Die Bedeutung der Generalklausel erschließt sich aus der Struktur der Richtlinie. Neben den absoluten Verboten in der Schwarzen Liste und den speziellen Unlauterkeitstatbeständen in den Artikeln 6, 7 sowie 8 und 9 hat die Generalklausel eine Auffangfunktion. Sie gelangt zur Anwendung, wenn das Verhalten des Unternehmers nicht unter einen der anderen Tatbestände eingeordnet werden kann. Gleichzeitig ist in den speziellen Vorschriften eine Konkretisierung der Generalklausel zu sehen.[135] Denn irreführende oder aggressive Geschäftspraktiken sollen stets auch einen Verstoß gegen die berufliche Sorgfalt darstellen.[136] Schon seit der Vorstellung des Grünbuchs zum Verbraucherschutz von 2001 verfolgte die Kommission das Ziel, eine Generalklausel in die Richtlinie über unlautere Geschäftspraktiken aufzunehmen. Begründet wurde dies damit, der Richtlinie größere Flexibilität zu verschaffen, um sicherzustellen, dass trotz der maximalen Harmonisierung auch nicht speziell geregelte Fallgruppen erfasst werden können. Es soll damit verhindert werden, dass die Richtlinie angesichts innovativer Praktiken unlauterer Unternehmer und neuer Technologien und Marktentwicklungen nicht Schritt halten kann.[137] Allerdings enthält diese absichtlich weite Regelung verschiedene unbestimmte Rechtsbegriffe, die eine Bestimmung des Anwendungsbereichs erschweren und daher nachfolgend gesondert betrachtet werden.

---

135 *Twigg-Flesner/Howells/Parry/Nordhausen*, Scope and Application, S. 41 Rn. 3.13; *Abbamonte*, General Prohibition, in Weatherill/Bernitz, S. 11 (20).

136 KOM (2003) 356 endg., S. 15 Rn. 57; *Radeideh*, Fair Trading, S. 268; *Howells*/Micklitz/Wilhelmsson, European Fair Trading Law, S. 101; *Abbamonte*, General Prohibition, in Weatherill/Bernitz, S. 11 (28).

137 KOM (2003) 356 endg., S. 14 Rn. 50; *Abbamonte*, General Prohibition, in Weatherill/Bernitz, S. 11 (20 f.); *Köhler/Lettl*, WRP 2003, S. 1019 (1038).

1. Geschäftspraktiken

Die Richtlinie definiert den Begriff in Art. 2 lit. d): „Geschäftspraktiken im Geschäftsverkehr zwischen Unternehmen und Verbrauchern jede Handlung, Unterlassung, Verhaltensweise oder Erklärung, kommerzielle Mitteilung einschließlich Werbung und Marketing eines Gewerbetreibenden, die unmittelbar mit der Absatzförderung, dem Verkauf oder der Lieferung eines Produkts an den Verbraucher zusammenhängt". Die Geschäftspraxis muss also entweder objektiv geeignet sein, den Absatz zu fördern, oder einen unmittelbaren Zusammenhang zu dem Verkauf oder der Lieferung des Produkts aufweisen und in beiden Fällen geeignet sein, das wirtschaftliche Verhalten des Verbrauchers zu beeinflussen. Eine subjektive Absicht des Unternehmers, den Wettbewerb zu fördern, ist nicht erforderlich.[138] Die Bedeutung der Definition der Geschäftspraktiken für den Regelungsbereich der Richtlinie wurde schon umfangreich im Zusammenhang mit dem sachlichen Anwendungsbereich der Vorschriften und der Reichweite der Vollharmonisierung untersucht.[139]

2. Berufliche Sorgfalt

Das wesentliche Unlauterkeitselement der Generalklausel ist nach Art. 5 Abs. 2 lit. a) der Verstoß gegen die berufliche Sorgfalt. Im Unterschied zu den speziellen Tatbeständen wird nicht ein irreführendes oder aggressives Verhalten für unzulässig erklärt, sondern generell jeder Verstoß gegen die berufliche Sorgfalt, der dazu geeignet ist, das wirtschaftliche Verhalten des Verbrauchers wesentlich zu beeinflussen. Der Begriff der beruflichen Sorgfalt bestimmt daher entscheidend den Anwendungsbereich und die Reichweite der Generalklausel. Die Richtlinie enthält selbst eine Definition der beruflichen Sorgfalt in Art. 2 lit. h). Danach ist unter beruflicher Sorgfalt der Standard an Fachkenntnissen und Sorgfalt zu verstehen, dessen Einhaltung billigerweise von dem Unternehmer erwartet werden kann und der den anständigen Marktgepflogenheiten sowie dem allgemeinen Grundsatz von Treu und Glauben in dem jeweiligen Tätigkeitsbereich entspricht. Von dem Standard an Fachkenntnissen und Sorgfalt eines Unternehmers sollen jedenfalls die unionsrechtlichen Belehrungs- und Informationspflichten umfasst sein.[140]

---

138 *Dohrn*, Die Generalklausel der Richtlinie, S. 15; *Köhler*/Bornkamm, UWG, § 2 Rn. 46.
139 Siehe oben Kap. 1, II. 1. b) aa).
140 *Sosnitza*, WRP 2008, S. 1014 (1018); *Köhler/Lettl*, WRP 2003, S. 1019 (1037).

In der Beurteilung einer Geschäftspraxis können auch Verhaltenskodizes eine Rolle spielen, die in der jeweiligen Branche Anwendung finden. Entspricht das Verhalten des Unternehmers den Anforderungen des Kodexes, kann daraus eine Vermutung abgeleitet werden, dass es mit der beruflichen Sorgfalt übereinstimmt, zwingend ist dieser Schluss aber nicht, denn es kommt stets auf eine Einzelbetrachtung an.[141] Dieses Verständnis entspricht auch der Absicht der Kommission in Zukunft die Bedeutung der Regelung durch freiwillige Verhaltenskodizes zu stärken. Bei den anständigen Marktgepflogenheiten geht es um einen objektiven Standard, der typischerweise in einem bestimmten Tätigkeitsbereich erwartet werden kann. Das Merkmal „Treu und Glauben" erreicht vor allem dann Relevanz, wenn für einen Sektor keine Marktgepflogenheiten bestehen.[142] Dabei können dann auch die Absichten des Unternehmers eine Rolle spielen.[143] Sodann sind die Interessen aller Beteiligten gegeneinander abzuwägen, um zu beurteilen, ob das Verhalten des Unternehmers objektiv der beruflichen Sorgfalt entspricht.[144] In diese Abwägung fließen die vorhersehbaren Erwartungen des Verbraucherkreises ein, an die sich die Geschäftspraxis wendet, sowie die Risiken und Belastungen durch das Marktverhalten des Unternehmers.[145] Ausgehend von dem reinen Wortlaut könnte der Unternehmer die Möglichkeit haben, sich mit einem Hinweis auf die üblichen Marktgewohnheiten in seiner Branche zu exkulpieren. Es besteht allerdings Einvernehmen darüber, dass diese Auslegung nicht mit dem Schutzzweck der Richtlinie zu vereinbaren ist und dass die Gepflogenheiten anständig nach einem objektiven Standard sein müssen, so dass ein „race to the bottom" verhindert wird.[146] Grundsätzlich wird ein Verstoß gegen die berufliche Sorgfalt objektiv bestimmt, ohne dass es auf ein subjektives Willenselement des Unternehmers ankommt.[147]

---

141 *Stuyck/Terryn/van Dyck*, CLMR 2006, S. 107 (137); *Twigg-Flesner/Howells/Parry/Nordhausen*, Scope and Application, S. 7 f. Rn. 2.16.

142 *Köhler*/Bornkamm, UWG, § 3 Rn. 43.

143 *Twigg-Flesner/Howells/Parry/Nordhausen*, Scope and Application, S. 9 Rn. 2.21; *Abbamonte*, General Prohibition, in Weatherill/Bernitz, S. 11 (22).

144 Howells/*Micklitz*/Wilhelmsson, European Fair Trading Law, S. 98.

145 *Apostolopoulos*, WRP 2004, S. 841 (846); *Köhler/Lettl*, WRP 2003, S. 1019 (1037).

146 *Griffiths*, Communications Law 2007, 12 (6), S. 196 (198); *Twigg-Flesner/Howells/Parry/Nordhausen*, Scope and Application, S. 5 Rn. 2.7; Hefermehl/*Köhler*/Bornkamm, UWG, 27. Aufl. 2009, § 3 Rn. 36, 38.

147 *Twigg-Flesner/Howells/Parry/Nordhausen*, Scope and Application, S. 10 Rn. 2.23; *Köhler/Lettl*, WRP 2003, S. 1019 (1036).

3. Eignung zur wesentlichen Beeinflussung des wirtschaftlichen Verhaltens des Verbrauchers

Das Tatbestandsmerkmal der Geeignetheit zur wesentlichen Beeinflussung des wirtschaftlichen Verhaltens des Verbrauchers wird in Art. 2 lit. e) definiert. Die Geschäftspraxis muss geeignet sein, die Fähigkeit des Verbrauchers eine informierte Entscheidung zu treffen, spürbar zu beeinträchtigen und ihn dadurch zu einer geschäftlichen Entscheidung zu bewegen, die er sonst nicht getroffen hätte. Auch wenn teilweise die wesentliche Beeinflussung als Bagatellschwelle bezeichnet wird, besteht doch Einigkeit darüber, dass irreführende oder aggressive Geschäftspraktiken, die keinen Einfluss auf die informierte Entscheidung des Verbrauchers haben, aus dem Anwendungsbereich der Richtlinie fallen.[148] Dafür dass es sich um ein echtes Tatbestandsmerkmal handelt, spricht auch die Formulierung in Art. 5 Abs. 2 lit. b), die das Merkmal der wesentlichen Beeinflussung ohne negative Formulierung gleichberechtigt und durch ein „und" verbunden neben den anderen Tatbestandsmerkmalen stehen lässt. In diese Richtung weist auch die Ausnahme in Art. 5 Abs. 3 für übertriebene oder nicht wörtlich zu nehmende Werbeaussagen, die zeigt, dass nur solche Geschäftspraktiken uüberhaupt umfasst sind, die zumindest geeignet sind, den Verbraucher tatsächlich zu beeinflussen. Es könnte sich bei dem Merkmal der wesentlichen Beeinflussung auch um das Erfordernis einer kausalen Verbindung von der Geschäftspraxis und ihrem Einfluss auf das wirtschaftliche Verhalten des Verbrauchers handeln.[149] Allerdings darf dabei nicht außer Acht bleiben, dass grundsätzlich jedes Verhalten des Unternehmers dazu geeignet ist, den Verbraucher zu einer Kaufentscheidung zu motivieren, die er ohne die kommerzielle Kommunikation des Unternehmers vielleicht nicht getätigt hätte. Schon aus Erwägungsgrund 6, der Produktplatzierung, Markendifferenzierung und Anreize unter bestimmten Umständen für zulässig erklärt, ist ersichtlich, dass es keinesfalls das Ziel der Richtlinie ist, den Schutz des Verbrauchers so weit auszudehnen, dass jede dem unternehmerischen Handeln immanente Beeinflussung schon eine wesentliche Beeinflussung im Sinne der Richtlinie darstellt. Vielmehr wird darin deutlich, dass der Richtliniengeber zwischen rechtmäßiger und unlauterer Beeinflussung des Verbrauchers unterscheidet. Kausalität allein genügt

---

148 *Bernitz*, Scope, Ambition and Relation, in Weatherill/Bernitz, S. 33 (40); vgl. *Howells*, UCPD – A Missed Opportunity?, in Weatherill/Bernitz, S. 103 (109).

149 *Twigg-Flesner/Parry*, UK Perspective, in Weatherill/Bernitz, S. 215 (223); *Howells*, UCPD – A Missed Opportunity?, in Weatherill/Bernitz, S. 103 (106); *Johnson*, Comms. L. 2005, 10 (5), S. 164 (165).

somit nicht, um eine wesentliche Beeinflussung des Verbrauchers anzunehmen. Das entscheidende Kriterium zur Abgrenzung muss daher die Einflussnahme auf die Fähigkeit des Verbrauchers, eine informierte geschäftliche Entscheidung zu treffen, sein.[150] In Art. 2 lit. e) und Erwägungsgrund 6 a. E. wird ausdrücklich auf diesen Schutzzweck Bezug genommen. Demnach kann die Attraktivität eines Angebots an sich noch nicht die Unlauterkeit begründen, sondern eine unlautere Geschäftspraxis liegt erst dann vor, wenn der Unternehmer Einfluss auf die informierte Entscheidung des Verbrauchers nimmt, z. B. durch das Vorenthalten wesentlicher Informationen. Die Kontrollfrage muss lauten „Kann der Verbraucher sich bei Anspannung seiner durchschnittlichen Gegenkräfte noch anders verhalten als vom Unternehmer verlangt?".[151] Die von der Richtlinie in Art. 7 auferlegten umfangreichen Informationspflichten, insbesondere in Art. 7 Abs. 5 i. V. m. Anhang II, der die gesamten unionsrechtlichen Informationsanforderungen im Zusammenhang mit kommerzieller Kommunikation für wesentlich erklärt, zeigen, welchen Wert der Richtliniengeber darauf gelegt hat, eine Regelung zu schaffen, die die informierte geschäftliche Entscheidung des Verbrauchers schützt. Das Erfordernis der wesentlichen Beeinflussung der geschäftlichen Entscheidung dient somit der Abgrenzung zwischen legalem Marktverhalten und Geschäftspraktiken, die in unlauterer Weise das Verhalten des Verbrauchers beeinflussen.

4. Der Verbraucherbegriff der Richtlinie 2005/29/EG

a) Der Durchschnittsverbraucher

Ein Schlüsselkonzept der Richtlinie über unlautere Geschäftspraktiken ist das Leitbild des durchschnittlichen Verbrauchers („average consumer") in seiner Ausprägung durch die Rechtsprechung des Europäischen Gerichtshofs.[152] Der durchschnittliche Verbraucher im Sinne von Art. 5 bezieht sich stets auf den Verkehrskreis, der durch die Geschäftspraxis angesprochen wird. Richtet sich die Handlung an die Allgemeinheit, ist der Durchschnitt der Allgemeinheit maßgebend, richtet sich die Handlung an eine bestimmte Gruppe, ist nur der Durchschnitt dieser

---

150 *Glöckner/Henning-Bodewig*, WRP 2005, S. 1311 (1328), *Scherer*, WRP 2008, S. 708 (710).

151 *Scherer*, WRP 2008, S. 708 (712).

152 Howells/*Micklitz*/Wilhelmsson, European Fair Trading Law, S. 111 f.; *Weatherill*, Average Consumer, in Weatherill/Bernitz, S. 115 (134); *Radeideh*, Fair Trading, S. 255; *Abbamonte*, General Prohibition, in Weatherill/Bernitz, S. 11 (24).

Gruppe maßgebend. Nur wenn für den Unternehmer vernünftigerweise vorhersehbar ist, dass das Verhalten einen besonders verletzbaren Kreis von Verbrauchern („vulnerable consumer“) betrifft, dann ist gemäß Art. 5 Abs. 3 auch der Durchschnitt nur dieser Gruppe zu entnehmen. Die Richtlinie enthält keine ausdrückliche Definition mehr,[153] nimmt aber durch die Bezugnahme in Erwägungsgrund 18 das vom Europäischen Gerichtshof entwickelte Konzept des angemessen gut unterrichteten und angemessen aufmerksamen und kritischen Verbrauchers auf („reasonably well-informed and reasonably observant and circumspect“).[154] Das Verbraucherleitbild des Europäischen Gerichtshofs ist ein fester Bestandteil der europäischen Rechtssetzung. Ursprünglich stammt das Konzept des Durchschnittsverbrauchers aus der Rechtsprechung zur Warenverkehrsfreiheit und wurde später auch auf sekundärrechtliche Bereiche wie die Irreführungsrichtlinie und das harmonisierte Markenrecht übertragen.[155]

Besonders deutlich sind die Anforderungen an den Durchschnittsverbraucher etwa in der Entscheidung *Gut Springenheide* ausgedrückt.[156] Darin stellt der Europäische Gerichtshof für die Prüfung der Irreführung ausdrücklich darauf ab, wie „ein durchschnittlich informierter, aufmerksamer und verständiger Durchschnittsverbraucher diese Angabe wahrscheinlich auffasst“. Der Gerichtshof etabliert damit einen normativen Standard, einen hypothetischen europäischen Verbraucher, der nicht unbedingt das tatsächliche Verhalten eines gewöhnlichen Verbrauchers widerspiegelt.[157] Auch in der Entscheidung *Mars* ging der Europäische Gerichtshof schon von einem „verständigen Verbraucher“ aus, von dem er annimmt, dass er den farblichen Aufdruck auf einer Verpackung nicht mit der Erhöhung des Packungsinhalts um 10% gleichsetzt.[158] Der durchschnittliche europäische Verbraucher

153 Die erste Fassung der Richtlinie enthielt folgende Definition des durchschnittlichen Verbrauchers: „...der Verbraucher, der durchschnittlich gut informiert und angemessen aufmerksam und verständig ist.“, Art. 2 lit. b).

154 EuGH GRUR Int. 1995, S. 804 Rn. 24 - *Mars*; EuGH GRUR Int. 1998, S. 795 (797) - *Gut Springenheide*; EuGH NJW 2000, S. 1173 f. - *Lifting-Creme.*

155 Howells/*Micklitz*/Wilhelmsson, European Fair Trading Law, S. 112; *Radeideh*, Fair Trading, S. 187; *Lettl*, Werbung in Europa, S. 72 zur Entscheidung des EuGH *Liftung-Creme.*

156 EuGH GRUR Int. 1998, S. 795 (797) - *Gut Springenheide.*

157 *Weatherill*, Average Consumer, in Weatherill/Bernitz, S. 115 (135); *Dohrn*, Die Generalklausel der Richtlinie, S. 238, 240; *Lettl*, Werbung in Europa, S. 92; *Abbamonte*, General Prohibition, in Weatherill/Bernitz, S. 11 (24).

158 EuGH GRUR Int. 1995, S. 804 Rn. 24 - *Mars*; *Weatherill*, Average Consumer, in Weatherill/Bernitz, S. 115 (127); *Glöckner*, Europäisches Lauterkeitsrecht, S. 131; *Hucke*, Harmonisierung des Wettbewerbsrechts, S. 91, 93.

soll eine rationale informierte Entscheidung schon dann treffen können, wenn ihm alle Informationen zugänglich gemacht werden. Der Europäische Gerichtshof geht davon aus, dass der europäische Referenzverbraucher grundsätzlich alle ihm verfügbaren Informationen verwertet, sofern sie nicht in einer undeutlichen oder unklaren Art und Weise gegeben werden.[159] Allerdings wird auch dem europäischen Durchschnittsverbraucher nicht in jeder Situation die gleiche Aufmerksamkeit und Sorgfalt abverlangt. In der Entscheidung *Lloyd* zur Richtlinie 89/104/EWG zur Angleichung von Marken hat der Gerichtshof ausdrücklich anerkannt, dass die Aufmerksamkeit des Durchschnittsverbrauchers je nach Art der Ware oder Dienstleistung unterschiedlich hoch sein kann.[160] Die Anforderungen an die Fähigkeiten des Durchschnittsverbrauchers sind daher nicht pauschal unter allen Umständen dieselben, sondern sie müssen typisiert anhand der Situation, in der sich der (fiktive) Verbraucher befindet, bestimmt werden.[161]

Auch wenn es heute zahlreiche Fälle gibt, in denen das Leitbild des durchschnittlichen Verbrauchers geformt und bestätigt wurde, ist das Konzept des Durchschnittsverbrauchers nicht statisch, sondern für eine Fortentwicklung und Anpassung an neue Umstände offen. So wird in Erwägungsgrund 18 der Richtlinie nicht nur auf die genannte Definition des Durchschnittsverbrauchers verwiesen, sondern auch auf die Erweiterung dieses Konzepts durch die Bezugnahme auf soziale, kulturelle und sprachliche Faktoren, die der Europäische Gerichtshof in seinem Urteil *Lifting-Creme* in den Prüfungsmaßstab einbezogen hat.[162] Auf dieser Grundlage können die Gerichte grundsätzlich nationale Besonderheiten der Verbraucher in die Auslegung einbeziehen.[163] Allerdings ist das Ziel der Vollharmonisierung des Marktes durch die Richtlinie zu beachten, so dass ein abweichendes

---

159 *Weatherill*, Average Consumer, in Weatherill/Bernitz, S. 115 (121); *Twigg-Flesner/Howells/Parry/Nordhausen*, Scope and Application, S. 24 Rn. 2.58; *Wilhelmsson*, Vulnerable Consumer, in Yearbook 2007, S. 211 (216); *Glöckner*, Europäisches Lauterkeitsrecht, S. 195; *Dohrn*, Die Generalklausel der Richtlinie, S. 243; *Hucke*, Harmonisierung des Wettbewerbsrechts, S. 97 f.

160 EuGH GRUR Int. 1999, S. 734 (736) - *Lloyd*; *Lettl*, Werbung in Europa, S. 70.

161 *Hucke*, Harmonisierung des Wettbewerbsrechts, S. 100; *Radeideh*, Fair Trading, S. 189.

162 EuGH NJW 2000, S. 1173 f. - *Lifting-Crème; Howells*, UCPD – A Missed Opportunity?, in Weatherill/Bernitz, S. 103 (108); *Glöckner*, Europäisches Lauterkeitsrecht, S. 135; *Henning-Bodewig*, Unfair Competition Law, S. 33.

163 *Radeideh*, Fair Trading, S. 189; Howells/*Micklitz*/Wilhelmsson, European Fair Trading Law, S. 115; *Howells*, UCPD – A Missed Opportunity?, in Weatherill/Bernitz, S. 103 (106, 109); *Wilhelmsson*, Vulnerable Consumer, in Yearbook 2007, S. 211 (222); *Glöckner*, Europäisches Lauterkeitsrecht, S. 135.

Verbraucherbild besonderer Rechtfertigung bedarf.[164] Für die sprachlichen Faktoren wird vorgeschlagen, die Rechtsprechung des Gerichts der Europäischen Union in Markenrechtssachen zu übertragen, so dass es für die Geschäftspraktiken stets auf die Erwartungen des Verbrauchers des entsprechenden Sprachkreises ankäme.[165] Dagegen spricht, dass Marken generell ein enger begrenztes Publikum ansprechen können, so dass eine Abgrenzung des relevanten Verkehrskreises stets erforderlich ist.[166] Allerdings können auch die Geschäftspraktiken im Sinne der UGP-Richtlinie in ihrer Reichweite durch ihre Sprache begrenzt sein. Eine Werbung, die in Englisch geschaltet ist, wird zumeist an den Erwartungen und dem Verständnis der englischen Verbraucher zu beurteilen sein. Sprachliche Eigenheiten sollten jedoch nur dazu verwendet werden, die durchschnittliche Erwartung zu bestimmen und nicht dazu, um von vorneherein auf eine kleine Gruppe abzustellen. Werden in einer Werbung beispielsweise nur einige englische Wörter oder ein besonderer Slogan verwendet und wird diese Werbung auch in anderen Ländern geschaltet, kann nicht von vorneherein lediglich auf das Verständnis der englischen Verbraucher abgestellt werden. Denn die Festlegung der Gruppe der Verbraucher, die von der Geschäftspraxis angesprochen werden, ist von großer Bedeutung für die Würdigung der Unlauterkeit. Würde das Gericht die Gruppe der relevanten Verbraucher auf englische Verbraucher beschränken, bliebe unberücksichtigt, dass auch viele deutsche Verbraucher der englischen Sprache mächtig sind, aber vielleicht ein anderes Verständnis der verwendeten Begriffe haben. So hat auch der Europäische Gerichtshof in seiner Entscheidung *Lifting-Creme* darauf verwiesen, dass das Verständnis des Verbrauchers von dem Begriff „Lifting" durch das nationale Gericht unter Berücksichtigung seiner Sprachkenntnisse gewürdigt werden muss.[167] Der Gerichtshof hat aber nicht von Anfang an nur auf eine Gruppe von Verbrauchern, z. B. deutsche Verbraucher, abgestellt, sondern er geht zunächst von dem Verständnis des Durchschnittsverbrauchers aus und überlässt es dann den nationalen Gerichten, Abweichungen von dem angenommenen Verständnis des Durchschnittsverbrauchers auf der Grundlage sprachlicher Faktoren vorzunehmen.[168] Folglich darf nicht von vorneherein aufgrund sprachlicher

---

164 Vgl. *Weatherill*, Average Consumer, in Weatherill/Bernitz, S. 115 (137) zu dem bisherigen Versäumnis der Staaten, abweichende Verbrauchermaßstäbe sorgfältig zu rechtfertigen.

165 Vgl. *Dohrn*, Die Generalklausel der Richtlinie, S. 244.

166 *Dohrn*, Die Generalklausel der Richtlinie, S. 244.

167 *Wilhelmsson*, Vulnerable Consumer, in Yearbook 2007, S. 211 (222).

168 *Lettl*, Werbung in Europa, S. 72; *Howells*/Micklitz/Wilhelmsson, European Fair Trading Law, S. 19.

Faktoren nur eine besondere Gruppe von Verbrauchern als Maßstab der Unlauterkeit herangezogen werden, sondern diese Faktoren können lediglich Abweichungen von dem Maßstab des Durchschnittsverbrauchers rechtfertigen.[169] Dasselbe gilt für kulturelle und soziale Faktoren, auch sie können nur innerhalb des Maßstabs des Durchschnittsverbrauchers an Bedeutung gewinnen und nicht von vorneherein eine eigene Gruppe bezeichnen.[170] Auf das Verständnis des durchschnittlichen Mitglieds einer bestimmten Gruppe von Verbrauchern kann nach Art. 5 Abs. 2 lit. b) 2. Alt. nur abgestellt werden, wenn die Geschäftspraxis sich tatsächlich besonders an diese Gruppe richtet.

In Erwägungsgrund 18 der Richtlinie wird festgelegt, dass es sich bei dem Konzept des Durchschnittsverbrauchers nicht um einen statistischen Test handelt. Der Begriff des Durchschnittsverbrauchers wird demnach normativ bestimmt und der Nachweis, dass eine bestimmte Anzahl von Verbrauchern getäuscht wird, ist nicht erforderlich.[171] Dies wird in der Literatur teilweise so ausgelegt, dass ein statistischer Test überhaupt nicht mehr zulässig sei.[172] Hintergrund sind die seit langem bestehenden unterschiedlichen Auffassungen zwischen dem Europäischen Gerichtshof und den deutschen Gerichten über die Aussagekraft empirischer Nachweise. Die Kommission gibt in der Begründung der Richtlinie nur den Hinweis, dass die Unlauterkeit einer Geschäftspraxis an dem Maßstab des Durchschnittsverbrauchers zu messen ist, wie er in der Rechtsprechung des Europäischen Gerichtshofs herausgearbeitet wurde.[173] An anderer Stelle identifiziert sie als Hindernis für den Binnenmarkt, dass nicht alle Mitgliedstaaten den Durchschnittsverbraucher als normativen Begriff verstehen, sondern statistische Erhebungen zulassen und schon einen Prozentsatz von 10–15% getäuschter Verbraucher als ausreichenden Nachweis der Beeinflussung genügen lassen.[174] Daraus lässt sich ableiten, dass ein statistischer Test zumindest dann unzulässig ist, wenn die Beeinflussung eines so geringen Prozentsatzes wie 10–15% für die Annahme der Beeinträchtigung des Durchschnittsverbrauchers genügt.[175] Es ist daher anzunehmen, dass der europäische

169 *Abbamonte*, General Prohibition, in Weatherill/Bernitz, S. 11 (26).

170 *Radeideh*, Fair Trading, S. 189; *Dohrn*, Die Generalklausel der Richtlinie, S. 239, 245.

171 *Radeideh,* Fair Trading, S. 187; *Bernitz*, Copycats, and Look-alikes, in Ezrachi/Bernitz, S. 217 (231); *Lettl*, Werbung in Europa, S. 112.

172 Vgl. Howells/*Micklitz*/Wilhelmsson, European Fair Trading Law, S. 116; a.A.: *Dohrn*, Die Generalklausel der Richtlinie, S. 245.

173 KOM (2003) 356, endg., S. 14 Rn. 51.

174 KOM (2003) 356, endg., S. 6 Rn. 21.

175 *Dohrn*, Die Generalklausel der Richtlinie, S. 246.

Gesetzgeber den Wortlaut von Erwägungsgrund 18 mit Bedacht so formulierte, dass die Beurteilung des Verhaltens des Durchschnittsverbrauchers nicht auf einem statistischen Test beruht. Daher liegt es grundsätzlich in der freien Würdigung durch das entscheidende Gericht, zu bestimmen, wie der Durchschnittsverbraucher sich verhalten hätte.[176]

b) Gruppe der besonders schutzbedürftigen Verbraucher

Die Frage nach der Bedeutung des Begriffs des schutzwürdigen Verbrauchers gemäß Art. 5 Abs. 3 ist für die Festlegung des Verbraucherschutzniveaus in den Mitgliedstaaten von überragender Bedeutung. Denn eine der limitierten Möglichkeiten, im vollharmonisierten Bereich einen höheren Verbraucherschutz zu errichten, liegt in dem Konzept des besonders schutzbedürftigen Verbrauchers. Neben dem Leitbild des Durchschnittsverbrauchers in Erwägungsgrund 18 und Art. 5 Abs. 2 lit. b) wird in Art. 5 Abs. 3 der besonders schutzwürdige Verbraucher als Maßstab der Unlauterkeit herangezogen. Sofern es für den Unternehmer vernünftigerweise vorhersehbar ist, dass seine Geschäftspraxis wesentlichen Einfluss auf eine eindeutig identifizierbare Gruppe von besonders schutzbedürftigen Verbrauchern hat, stellt ein fiktives durchschnittliches Mitglied dieser Gruppe den Maßstab für die Prüfung der Unlauterkeit dar. Demnach wird der besonders schutzbedürftige Verbraucher gemäß Art. 5 Abs. 3 immer dann zum Maßstab der Prüfung der Unlauterkeit, wenn es für den Unternehmer vernünftigerweise vorhersehbar ist, dass seine Geschäftspraxis eine eindeutig identifizierbare Gruppe schwächerer Verbraucher wesentlich beeinflusst. Im Gegensatz zu Art. 5 Abs. 2 lit. b) ist es nicht erforderlich, dass seine Geschäftspraxis sich an diese Gruppe schutzbedürftiger Verbraucher richtet, sondern es kommt allein auf die faktischen Auswirkungen auf diese Gruppe an.

Die ausdrückliche Bezugnahme auf den besonders schutzbedürftigen Verbraucher ist auf die Intervention des Europäischen Parlaments und die Skepsis der skandinavischen Länder gegenüber einem Leitbild des Durschnittsverbrauchers, dem ein bestimmtes Niveau an Kenntnis und Verständnis zugetraut wird, zurückzuführen.[177] Gegenüber früheren Rechtsakten wie der Irreführungsrichtlinie

---

176 *Bernitz*, Scope, Ambition and Relation, in Weatherill/Bernitz, S. 33 (39); *Howells/Weatherill*, Consumer Protection Law, S. 433; *Dohrn*, Die Generalklausel der Richtlinie, S. 239 f.

177 *Dohrn*, Die Generalklausel der Richtlinie, S. 252; Howells/*Micklitz*/Wilhelmsson, European Fair Trading Law, S. 111 f.

nimmt die Richtlinie gegen unlautere Geschäftspraktiken erstmalig ausdrücklich auf den besonders schutzbedürftigen Verbraucher Bezug. Zwar beziehen sich die Entscheidungen des Europäischen Gerichtshofs vor allem auf die Etablierung des Standards des Durchschnittsverbrauchers. Die Urteile, in denen der Gerichtshof nationale Gesetze zum Schutze der Verbraucher mit dem Hinweis auf die Fähigkeiten und Kenntnisse des Durchschnittsverbrauchers für unzulässig erklärte, sollten jedoch auch unter Berücksichtigung der Tatsache, dass es sich bei den angegriffenen Gesetzen zumeist eher um protektionistische Maßnahmen handelte, die tatsächlich mehr dem Schutz der Mitbewerber dienten als dem des Verbrauchers, gewürdigt werden.[178] Sie rechtfertigen nicht den Schluss, dass der Gerichtshof sich taub gegenüber dem Schutz schwächerer Verbraucher zeigt.[179] So hielt der Europäische Gerichtshof in der Entscheidung *Buet* das französische Verbot von Haustürgeschäften über Unterrichtsverträge gegenüber Personen mit Bildungsrückstand aufrecht, aufgrund der Annahme, dass diese Personen besonders anfällig für Verkäufer von pädagogischem Material, das ihnen eine bessere berufliche Zukunft verspricht, seien.[180]

In Art. 5 Abs. 3 sind die Gruppen der besonders schutzbedürftigen Verbraucher enumerativ aufgezählt. In Betracht kommt eine Schutzbedürftigkeit aufgrund geistiger oder körperlicher Gebrechen, Alter oder Leichtgläubigkeit. Kritik wurde insbesondere an der Aufnahme des Begriffes der Leichtgläubigkeit in die Richtlinie geäußert. Sie liegt darin begründet, dass ein extensiv angewandter Begriff des schutzwürdigen Verbrauchers den Maßstab des Durchschnittsverbrauchers unterlaufen könnte, so dass die unternehmerische Handlungsfreiheit in großem Maße eingeschränkt werden könnte.[181] Da es an objektiven Merkmalen zur Bestimmung dieser Gruppe fehlt, wird befürchtet, dass den Unternehmer die Pflicht treffen könnte, seine Geschäftspraxis stets an dem leichtgläubigen Verbraucher auszurichten.[182] Daher kommt den Merkmalen der eindeutig identifizierbaren

178 *Weatherill*, Average Consumer, in Weatherill/Bernitz, S. 115 (124, 130, 133); *Howells*/Micklitz/Wilhelmsson, European Fair Trading Law, S. 17.

179 *Howells*/Micklitz/Wilhelmsson, European Fair Trading Law, S. 17, 19; *Weatherill*, Average Consumer, in Weatherill/Bernitz, S. 115 (133, 136 f.); *Lettl*, Werbung in Europa, S. 98.

180 EuGH GRUR Int. 1990, S. 459 f. Rn. 13 - *Buet*.

181 *Radeideh*, Fair Trading, S. 264; *Howells*, UCPD – A Missed Opportunity?, in Weatherill/Bernitz, S. 103 (106); *Howells*, Journal of Business Law 2009, S. 183 (187).

182 *Howells*, UCPD – A Missed Opportunity?, in Weatherill/Bernitz, S. 103 (106); *Howells*, Journal of Business Law 2009, S. 183 (187); *Twigg-Flesner/Howells/Parry/Nordhausen*, Scope and Application, S. IV, Nr. 7, S. 25 Rn. 2.65 ff.

Gruppe und der Vorhersehbarkeit besondere Bedeutung zu.[183] Die Anforderungen an die Erkennbarkeit einer leichtgläubigen Gruppe dürfen nicht überspannt werden. Allerdings wird es dem Unternehmer wohl zumutbar sein, schon vor Aufnahme einer Geschäftspraxis danach zu fragen, welche sensiblen Verbrauchergruppen vernünftigerweise angesprochen werden, genauso wie auch nach Einführung der Geschäftspraxis weiterhin den Markt zu beobachten, um die aktuellen Zielgruppen zu identifizieren.[184] Welche Anforderungen letztendlich an die Vorhersehbarkeit gestellt werden, anders gesagt, welche Informations- und Sorgfaltspflichten den Unternehmer letztendlich treffen, bleibt jedoch einer Auslegung durch den Europäischen Gerichtshof vorbehalten. Die Voraussetzung der Leichtgläubigkeit muss im Verhältnis zu den anderen Merkmalen, wie Gebrechen oder Alter, der Modalitätenäquivalenz entsprechen. Zunächst muss es sich daher um eine Gruppe handeln, die aufgrund ihrer Leichtgläubigkeit an einem strukturellen Defizit im Bezug auf die Informiertheit, die Aufmerksamkeit oder die Kritikfähigkeit leidet.[185] Dieses Defizit muss ebenso offensichtlich sein und auf sachlichen Gründen beruhen, wie z. B. Alter oder Gebrechen. Das spricht dafür, nur eng umgrenzte Gruppen unter diesen Begriff zu fassen. Denn nur dann ist es für den Unternehmer vernünftigerweise auch vorhersehbar, dass seine Geschäftspraxis diese Gruppe besonders betrifft. Verbrauchergruppen, die häufig diese Voraussetzungen erfüllen werden, sind beispielsweise ausländische Touristen oder Immigranten.[186] Eine nur situationsabhängige Leichtgläubigkeit hingegen, die nicht mit einem strukturellen Defizit im Bezug auf die Fähigkeitsanforderungen zusammenhängt, wie z. B. die bei vollkommen unvorhersehbaren Teilen der Bevölkerung auftretende morgendliche Müdigkeit und daraus resultierende Widerstandsschwäche gegen aggressive Geschäftspraktiken, kann hingegen nicht den Anforderungen an eine wegen Leichtgläubigkeit besonders schutzwürdige Verbrauchergruppe genügen.[187] Dafür spricht auch die Formulierung in Erwägungsgrund 19, der von „Eigenschaften" spricht, also von einer Einschränkung von gewisser Dauer.

Das Merkmal der Leichtgläubigkeit kann folglich nach dem Sinn und Zweck der Regelung und der systematischen Auslegung nicht dazu dienen, dass der

---

183 *Dohrn*, Die Generalklausel der Richtlinie, S. 255.

184 *Baukelmann*, Jugendschutz, in FS Ullmann, S. 587 (595).

185 *Dohrn*, Die Generalklausel der Richtlinie, S. 255, 258.

186 *Dohrn*, Die Generalklausel der Richtlinie, S. 258; *Twigg-Flesner/Howells/Parry/Nordhausen*, Scope and Application, S. 25 Rn. 2.65.

187 *Dohrn*, Die Generalklausel der Richtlinie, S. 255; *Wilhelmsson*, Vulnerable Consumer, in Yearbook 2007, S. 211 (218).

Unternehmer jeweils den Maßstab eines besonders schutzwürdigen Verbrauchers beachten muss. Das Regel- Ausnahmeverhältnis zwischen der Berücksichtigung des Durchschnittsverbrauchers und des besonders schutzbedürftigen Verbrauchers muss gewahrt bleiben.[188] Als Ausnahme von dem Grundsatz, dass es auf einen durchschnittlichen Verbraucher ankommt, ist daher eine restriktive Handhabung des Merkmals der Leichtgläubigkeit erforderlich. Unterstützt wird dieses Verständnis auch dadurch, dass es nicht Ziel der Richtlinie ist, jedem einzelnen Verbraucher den größtmöglichen Schutz zu gewähren, sondern dass, abstrakt gesehen, ein hohes Niveau des Verbraucherschutzes etabliert werden soll. So ist in Erwägungsgrund 11 auch nicht die Rede von einem Schutz des Einzelnen, sondern von der Errichtung eines hohen allgemeinen Verbraucherschutzniveaus.

c) Der Verbraucherbegriff in den Spezialtatbeständen nach Art. 6 bis 9

Die speziellen Unlauterkeitstatbestände in den Artikeln 6 bis 9 beziehen sich ausdrücklich nur auf den durchschnittlichen Verbraucher, aber nicht auf den besonders schutzbedürftigen Verbraucher, der nur in Art. 5 Abs. 3 erwähnt wird. Fraglich ist nun, ob auch innerhalb dieser Tatbestände der besonders schutzbedürftige Verbraucher berücksichtigt werden muss.[189] Zum einen könnte man davon ausgehen, dass in den Artikeln 6 bis 9 nur der Durchschnittsverbraucher als Standard gilt und für den Schutz des besonders schutzbedürftigen Verbrauchers auf Art. 5 zurückgegriffen werden müsste. Dafür spricht der Wortlaut der Artikel 6 bis 9, die keine Verweisung auf Art. 5 enthalten und ihre systematische Stellung in Art. 5 Abs. 4, der dem Abs. 3 über den besonders schutzbedürftigen Verbraucher nachfolgt.[190] Zum anderen könnte man das Leitbild des Durchschnittsverbrauchers zu Grunde legen, dabei aber den besonders schutzbedürftigen Verbraucher in die Vorschriften hineinlesen. Dafür würde die Systematik sprechen, die die Artikel 6 bis 9 als Spezialvorschriften zu Art. 5 versteht.[191] Zudem nimmt auch die Kommission in ihrer Richtlinienbegründung nur eine nachgeordnete Bedeutung der Generalklausel gegenüber den Spezialtatbeständen an.[192]

---

188 *Radeideh*, Fair Trading, S. 264 f.; Howells/*Micklitz*/Wilhelmsson, European Fair Trading Law, S. 113 sieht den Durchschnittsverbraucher als „Maß der Dinge“.

189 Vgl. *Howells*, UCPD – A Missed Opportunity?, in Weatherill/Bernitz, S. 103 (106); *Howells*, JBL 2, 2009, S. 183 (187).

190 Vgl. *Howells*, Journal of Business Law 2009, S. 183 (187).

191 *Twigg-Flesner/Howells/Parry/Nordhausen*, Scope and Application, S. 41 Rn. 3.13; *Abbamonte*, General Prohibition, in Weatherill/Bernitz, S. 11 (20).

192 KOM (2003), 356 endg., S. 15 Rn. 56.

Die unterschiedlichen Ansätze entfalten zunächst nur geringe praktische Wirkung in dem Rahmen der europäischen Richtlinie selbst. Denn selbst wenn der besonders schutzwürdige Verbraucher kein Maßstab in den Spezialtatbeständen der irreführenden und aggressiven Geschäftspraktiken wäre, könnte sein Schutz über den Tatbestand der Generalklausel verwirklicht werden. Ein Verstoß gegen die speziellen Tatbestände wird zumeist auch einen Verstoß gegen das Erfordernis der beruflichen Sorgfalt nach Art. 5 Abs. 2 darstellen. Das Ergebnis bliebe trotz unterschiedlicher dogmatischer Konstruktion dasselbe. Die Folgen in den nationalen Rechtsordnungen können jedoch schwer wiegen, denn in England sind die verschiedenen Tatbestände der CPR an unterschiedliche Rechtsfolgen gekoppelt. Ein Verstoß gegen die Generalklausel nach Regulation 3 CPR kann zwar strafrechtlich sanktioniert werden, für eine Haftung ist im Gegensatz zu einem Verstoß gegen die Spezialtatbestände jedoch gemäß Regulation 8(1)(a) CPR stets Vorsatz oder Fahrlässigkeit („mens rea", „knowingly or recklessly") erforderlich.

Schon aufgrund dieser unterschiedlichen Rechtsfolgen ist es wichtig, dass Sicherheit über die Konzepte und Auslegung der Tatbestände der Richtlinie besteht. Die Kommission verfolgt mit der Richtlinie das Ziel, den Verbraucherschutz zu stärken. Aus der Begründung zur Richtlinie lässt sich entnehmen, dass der Maßstab aus der Generalklausel offensichtlich auch in den Spezialtatbeständen gelten soll.[193] Eine andere Auslegung würde der Generalklausel eine übermäßig große Funktion zuweisen und außer Acht lassen, dass die speziellen Tatbestände die Generalklausel konkretisieren.[194] Dementsprechend sind in diesem Sinne die Spezialtatbestände so auszulegen, dass sie weitestgehenden Schutz entfalten und somit auch den besonders schutzbedürftigen Verbraucher berücksichtigen.[195]

II. The General Prohibition in Regulation 3 CPR

Die Generalklausel der Richtlinie wurde in den englischen Consumer Protection Regulations im Wesentlichen unverändert in Regulation 3 CPR übernommen. Die Regelung aus Art. 5 Abs. 2 lit. b) und Abs. 3 wurde aus der Vorschrift ausgelagert

193 KOM (2003), 356 endg., S. 15 Rn. 57.

194 *Howells*, Journal of Business Law, 2009, S. 183 (187); *Koch*, Richtlinie gegen unlautere Geschäftspraktiken, S. 92.

195 *Ramsay*, Consumer Law, S. 286; *Twigg-Flesner/Howells/Parry/Nordhausen*, Scope and Application, S. 41 Rn. 3.13; MüKo/Micklitz, UWG, EG E Rn. 161.

und zusammen mit dem Durchschnittsverbraucher in Regulation 2(2) CPR definiert. Die Ansicht der Kommission, die Einführung einer Generalklausel sei unerlässlich, um der Richtlinie die nötige Flexibilität zu verleihen, stieß in den Mitgliedstaaten und besonders in England auf Kritik. Zwar wurde der Verzicht auf eine positive Definition des unlauteren oder unfairen Wettbewerbs positiv aufgenommen.[196] Denn in der englischen Rechtsprechung gilt noch immer der Satz: „To draw a line between fair and unfair competition, [...] passes the power of the courts.“.[197] Allerdings wurden auch gegenüber einer allgemeinen Regelung unlauterer Geschäftspraktiken Bedenken geäußert. Denn die breite Regelung durch eine Generalklausel steht grundsätzlich in Widerspruch zu dem Bedürfnis englischer Juristen, Gesetze detailliert und ausführlich zu fassen. Sie entspringt vielmehr der Rechtstradition der kontinentaleuropäischen Länder.[198] Daher wurde kritisiert, dass die unvorhersehbare Weite einer Generalklausel, die unlauteres Wettbewerbsverhalten verbietet, zu einem großen Maße an Rechtsunsicherheit führe.[199] Zudem wurde befürchtet, dass es für die Verbraucher bei Einführung einer Generalklausel in die Richtlinie zu Schutzlücken kommen könnte.[200] Denn dies führe bei gleichzeitigem Fehlen einer „safeguard“-Klausel dazu, dass ein Abweichen der Mitgliedstaaten von den Vorschriften nicht mehr möglich sei.

Zwar ist die Aussage zutreffend, dass eine Regelung durch allgemein gefasste Vorschriften eher der Tradition der Civil Law Staaten entspricht, allerdings ist auch dem englischen Recht die Regelung durch Generalklauseln nicht so fremd, wie vielleicht zunächst erwartet. Denn auch das englische Recht ist nicht frei von unbestimmten Rechtsbegriffen und Rechtsinstituten, die Gegenstand einer ständigen Rechtsfortbildung sind. Zu denken wäre an das Konzept der „reasonableness“, z. B. im Bereich des Unfair Contract Terms Act 1977 oder an das Common Law

---

196 *Howells/Weatherill*, Consumer Protection Law, S. 434.

197 *Mogul Steamship v McGregor, Gow & Co.* [1889] 23 QBD, S. 598 (625 f.).

198 *Ramsay*, Consumer Law, S. 284; *Lowe/Woodroffe*, Consumer Law, 7. Aufl. 2007, S. 281 Rn. 17.20; *Howells*/Micklitz/Wilhelmsson, European Fair Trading Law, S. 4; *Twigg-Flesner/Parry*, UK Perspective, in Weatherill/Bernitz, S. 215 (221); *Schulte-Nölke/Busch*, ZEuP 2004, S. 99 (102).

199 *Howells*, UCPD – A Missed Opportunity?, in Weatherill/Bernitz, S. 103 (105); *Micklitz*/Reich/Rott, Understanding EU Consumer Law, S. 64 f.; vgl. *Howells/Weatherill*, Consumer Protection Law, S. 434.

200 *Howells*, UCPD – A Missed Opportunity?, in Weatherill/Bernitz, S. 103 (106, 111); siehe dazu KOM (2003) 356 endg., S. 13 Rn. 48 zur umfassenden Harmonisierung durch die Generalklausel.

Tort des Passing-off.[201] Zu diesem Ergebnis kommt auch die von dem DTI (Department of Trade and Industry) 2003 in Auftrag gegebene Studie über die Einführung einer allgemeinen Pflicht, sich im Wettbewerb fair zu verhalten.[202] Im englischen Recht existiert in vielen Bereichen statt Generalklauseln ein umfangreiches Fallrecht, das ebenfalls weite und flexible Prinzipien enthält.[203] Darüber hinaus sind auch im Statutory Law generalklauselartige Normen zu finden. So enthält Part 8 des Enterprise Act 2002 (EA) eine breite Regelung, die dem *Secretary of State for Trade and Industry* die Befugnis verleiht, gegen Unternehmer, die gegen bestimmte Strafgesetze oder gegen Vertragsrecht sowie gegen weitere im Gesetz genannte zivilrechtliche Vorschriften verstoßen, im kollektiven Interesse der Verbraucher vorzugehen.[204] Diese Befugnis ist der Nachfolger der Vorschrift aus Part II des Fair Trading Act 1973, die noch ausdrücklich auf den Begriff der „Fairness" Bezug nahm und dem Secretary of State erlaubte „unfair (but not illegal) conduct that harmed the economic interests of consumers" durch eine „Order" (Erlass) zu verbieten.[205] Allerdings wurde von dieser Befugnis nur selten Gebrauch gemacht und ihr Anwendungsbereich ist sehr viel eingeschränkter als der der Generalklausel in den CPR.[206] Auch in den freiwilligen Regelungswerken sind ähnlich weite Verbote enthalten. So umfasst der British Code of Advertising in Nr. 2.1 die allgemeine Pflicht, dass die Werbung „legal, decent, honest and truthful" sein muss.[207] Diese Vorschrift stammt aus den Control of Misleading Advertisements Regulations 1988 und ist zum Vorbild für die Gestaltung des Kodexes geworden. Diesem Beispiel folgend könnte auch das weite Verbot von Verstößen gegen die berufliche Sorgfalt aus den Consumer Protection Regulations 2008 zum Vorbild für zukünftige freiwillige Verhaltenskodizes im Bereich des „unfair trading law" werden.[208]

---

201 *Ramsay*, Consumer Law, S. 285; *Howells/Weatherill*, Consumer Protection Law, S. 434; *Dohrn*, Die Generalklausel der Richtlinie, S. 131.

202 *Bradgate/Brownsword/Twigg-Flesner*, Duty to Trade Fairly, S. 9 Rn. 1.33, S. 98 f. Rn. 6.64 f.; *Howells/Weatherill*, Consumer Protection Law, S. 434 f.

203 *Nordhausen*, Information Requirements, in Howells/Janssen/Schulze, S. 93 (96).

204 Domestic and Community Infringements, Section 211 und 212 EA 2002; *Weatherill*, National Report United Kingdom, in Schulze/Schulte-Nölke, S. 3 f.; vgl. auch *Micklitz*, General Framework Directive, in Collins, S. 43 (63).

205 *Dohrn*, Die Generalklausel der Richtlinie, S. 131.

206 *Weatherill*, National Report United Kingdom, in Schulze/Schulte-Nölke, S. 3; *Dohrn*, Die Generalklausel der Richtlinie, S. 131.

207 Siehe auch *Lettl*, Werbung in Europa, S. 232; *Howells/Voigt*, United Kingdom, in Micklitz/Keßler, S. (361) 384.

208 Vgl. *Ramsay*, Consumer Law, S. 285.

Auf Seiten der Verbraucherschutzverbände, die seit langem für ein allgemein gefasstes Verbot unfairen Wettbewerbs gekämpft hatten, wurde die Aufnahme der Generalklausel in die Consumer Protection Regulations als Maßnahme zur Verbesserung des Verbraucherschutzes begrüßt.[209] Darüber hinaus haben internationale Vergleiche ergeben, dass Generalklauseln ein effektives Instrument sind, sowohl um eine zerstückelte Gesetzgebung zu vereinheitlichen als auch um das Vertrauen der Öffentlichkeit in die Gesetzgebung durch den einfach gefassten Wortlaut zu stärken.[210] Die Rechtssetzung durch Generalklauseln wurde als Voraussetzung eines modernen Rechtssystems identifiziert und ihr Fehlen als Nachteil für den Rechtsstandort England im globalen Rechts- und Wirtschaftsleben.[211] Jedoch wird sich erst noch zeigen müssen, ob die Generalklausel tatsächlich einen positiven Effekt auf das Verhalten der Unternehmer entfalten wird und dadurch geeignet ist, das Rechtsvertrauen der Öffentlichkeit zu stärken und den Verbraucherschutz zu verbessern. Denn ihre Bedeutung als effektives Mittel beim Vorgehen gegen unlautere Unternehmer könnte dadurch verringert werden, dass die Durchsetzungsbehörden wegen ihres unbestimmten Tatbestands von einer Verfolgung etwaiger Verstöße abgehalten werden könnten.[212] Auf Seiten der auf kosten- und zeiteffizientes Handeln bedachten Behörden besteht wenig Anreiz dazu, eine unbestimmte Rechtslage durch langwierige und kostspielige gerichtliche Entscheidungen auszutesten. Hinzu kommt, dass es zumindest für eine strafrechtliche Haftung des Unternehmers wegen Verstoßes gegen die Generalklausel nach Regulation 8(1) CPR erforderlich ist, dem Unternehmer ein vorsätzliches Verhalten nachzuweisen. Es ist daher anzunehmen, dass die Generalklausel in England für das Vorgehen gegen unlautere Geschäftspraktiken vorerst nur eine untergeordnete Rolle spielen wird.[213]

1. Commercial Practices, Regulation 2(1) CPR

In Regulation 2(1) CPR ist die „commercial practice“ (Geschäftspraxis) definiert als „any act, omission, course of conduct, representation or commercial

---

209 Vgl. *Howells, Journal of Business Law* 2009, S. 183 f. (188 f.).

210 *Howells/Weatherill*, Consumer Protection Law, S. 435; *Howells*, Journal of Business Law 2009, S. 183; DTI, Comparative Report on Consumer Policy Regimes 2003, S. 33.

211 *Howells/Weatherill*, Consumer Protection Law, S. 435, 583; *Howells*, Sydney Law Review 2006, S. 63 (79); DTI, Comparative Report on Consumer Policy Regimes 2003, S. 33.

212 *Ramsay*, Consumer Law, S. 285.

213 *Ramsay*, Consumer Law, S. 285.

communication (including advertising and marketing) by a trader, which is directly connected with the promotion, sale or supply of a product to or from consumers, whether occurring before, during or after a commercial transaction (if any) in relation to a product". Diese Definition wurde als zweideutig kritisiert.[214] Daher hat die Law Commission den Hinweis veröffentlicht, dass besonderes Gewicht auf das Komma hinter „trader" gelegt werden muss, dass also die Handlung mit dem Absatz verbunden sein muss und nicht der Unternehmer mit dem Absatz. Bei einem anderen Verständnis wäre es schwierig, weiter unten in der Vertriebskette stehende Händler einzubeziehen.

Der erste Entwurf der CPR sah vor, dass der Begriff „consumer" im Gegensatz zur Fassung in der Richtlinie im Singular in der Definition der Geschäftspraktiken enthalten sein sollte. Dagegen wurde vorgebracht, dass damit der Anwendungsbereich der Richtlinie auf einmalige Handlungen („one-off") eines Unternehmers erweitert würde. Nach ganz überwiegendem Verständnis kann jedoch ebenso auch bei einmaligen Handlungen eine unlautere Geschäftspraxis vorliegen. Dafür spricht auch der Auslegungsgrundsatz in Section 6(c) Interpretation Act 1978, nach dem Singular auch Plural umfasst und vice versa. Der englische Gesetzgeber veränderte zwar den Begriff ins Plural, allerdings nur unter der Begründung damit eine genauere Umsetzung der Richtlinie zu verwirklichen und nicht um zu regeln, dass einmalige Handlungen keine unlautere Geschäftspraxis darstellen können.[215] Zudem ist die englische Definition weiter als die der Richtlinie, da auch Geschäfte einbezogen sind, bei denen der Verbraucher der Verkäufer ist. Diese fallen aus dem Anwendungsbereich der Richtlinie, sind in England aber mit umfasst, um Lücken zu vermeiden, die dadurch entstehen könnten, dass Teile des Trade Descriptions Act wegfallen, der auch den Kauf eines Unternehmers von einem Verbraucher abdeckte.[216]

2. Professional Diligence, Regulation 3(3)(a) CPR

Die Generalklausel in den englischen CPR enthält in Regulation 3 i. V. m. Regulation 2(1) CPR das Erfordernis des Verstoßes gegen die berufliche Sorgfalt.

---

214 *Twigg-Flesner/Howells/Parry/Nordhausen*, Scope and Application, S. 38 Rn. 3.3.

215 BERR, Government Response, S. 5; *Howells*, Journal of Business Law 2009, S. 183 (188).

216 *Howells*, Journal of Business Law 2009, S. 183 (188); *Griffiths*, Communications Law 2007, 12 (6), S. 196 (198); BERR, Government Response, February 2008, S. 5.

Dabei muss der Unternehmer den „standard of special skill and care“ (besonderer Sogfaltsmaßstab) verletzt haben, indem er entgegen der anständigen Marktgepflogenheiten („honest market practices“) und Treu und Glauben („good faith“) handelte. In den vom Office of Fair Trading und vom zuständigen Ministerium BERR (Department für Business, Enterprise and Regulatory Reform) zusammen herausgegebenen Richtlinien wird davon ausgegangen, dass diese beiden Konzepte sich überschneiden.[217] Die Einhaltung von Pflichten aus Verhaltenskodizes wird als Indiz dafür gesehen, dass der Unternehmer die Anforderungen an die berufliche Sorgfalt einhält.[218] Eine Gefahr des Konzepts der „professional diligence“ (berufliche Sorgfalt) wird darin gesehen, dass die anständigen Marktgepflogenheiten als eine Art „safeguard“-Klausel verwendet werden könnten, um bestimmte Geschäftspraktiken, die eigentlich als unlauter angesehen werden, zuzulassen, nur weil sie mit den typischen Gepflogenheiten dieser Branche übereinstimmen.[219] Um solche Rechtfertigungsversuche zu vermeiden, ist es wichtig, einen objektiven Standard zu definieren.[220] Zur Bestimmung des zulässigen Verhaltensstandards könnte bis zu einer verbindlichen Auslegung durch den Europäischen Gerichtshof ein Blick auf die nationalen Vorschriften über die Fahrlässigkeit, die durch den *Bolam* Fall etabliert wurden, hilfreich sein.[221] Danach werden die anständigen Marktgepflogenheiten im nationalen englischen Recht so verstanden, dass das Verhalten nicht dem höchsten Standard entsprechen muss, sondern nur dem, was vernünftigerweise erwartet werden kann. Der „standard of care“, der von einem Unternehmer im Gegensatz zu einer gewöhnlichen Person ohne Fachkenntnisse erwartet werden kann, erfordert jedoch ein höheres Maß an Sorgfalt entsprechend der professionellen Kenntnisse.[222]

Um den Begriff „Treu und Glauben“ ist in England in anderem Zusammenhang eine Diskussion entbrannt, die jedoch auch Bedeutung für die Consumer Protection Regulations entfalten könnte. Im Common Law gibt es keinen übergeordneten Grundsatz von Treu und Glauben. In das englische Recht Einzug gehalten hat dieser Begriff vor allem mit der Umsetzung der AGB-Richtlinie in den Unfair

---

217 BERR/OFT, Guidance on the UK Regulations, S. 47 Rn. 10.5.

218 BERR/OFT, Guidance on the UK Regulations, S. 48 Rn. 10.7.

219 *Twigg-Flesner/Howells/Parry/Nordhausen*, Application and Scope, S. 5 Rn. 2.10.

220 BERR/OFT, Guidance on the UK Regulations, S. 47 Rn. 10.5.

221 *Bolam v Friern Hospital Management Committee* (1957) 1 W.L.R., S. 582 ff.; *Twigg-Flesner/Howells/Parry/Nordhausen*, Application and Scope, S. 5 Rn. 2.11; *Abbamonte*, General Prohibition, in Weatherill/Bernitz, S. 11 (22).

222 *Griffiths*, Communications Law 2007, 12 (6), S. 196 (198).

Terms in Consumer Contracts Regulations 1999 (UTCCR).[223] Allerdings haben sich die traditionsbewussten englischen Common Lawyer bis heute mit diesem Konzept nicht recht arrangieren können, so dass nun die Law Commission beauftragt wurde, die Ersetzung von Treu und Glauben in den UTCCR durch das Konzept der „reasonableness" zu untersuchen.[224] Sollte es zu einer Ersetzung kommen, ist auch eine Überarbeitung der CPR zu erwarten.

3. Transactional decision, Regulation 3(3)(b) CPR

Das Erfordernis der Eignung zur Beeinflussung des wirtschaftlichen Verhaltens des Verbrauchers ist in der Generalklausel in Regulation 3(3)(b) CPR enthalten. Es spielt jedoch nicht nur dabei eine Rolle, sondern auch in den weiteren Spezialtatbeständen in Regulation 5 bis 7 CPR. Da die CPR in England hauptsächlich von den Trading Standards Offices (TSO) durchgesetzt werden, war es für den englischen Gesetzgeber besonders wichtig, dass im Rahmen der CPR kein Nachweis erforderlich ist, dass das wirtschaftliche Verhalten des Durchschnittsverbrauchers tatsächlich beeinflusst wurde, sondern dass es genügt, wenn das Verhalten des Unternehmers geeignet ist, das wirtschaftliche Verhalten zu beeinflussen. Denn nach Regulation 20 CPR sind die englischen Behörden dazu befugt, Testkäufe vorzunehmen. Wenn der Nachweis erforderlich gewesen wäre, dass ein Verbraucher tatsächlich in seiner geschäftlichen Entscheidung beeinflusst wurde, stünden die Behörden vor dem Problem, dass ihre Mitarbeiter sich erstens aufgrund ihrer Erfahrung weniger schnell beeinflussen lassen als der Durchschnittsverbraucher und zweitens der Tatbestand nicht erfüllt wäre, da keine tatsächliche Beeinflussung statt gefunden hat, weil der Mitarbeiter von vorneherein ein bestimmtes Produkt kaufen wollte.[225]

Das Konzept der Eignung zur Beeinflussung der wirtschaftlichen Entscheidungsfreiheit des Verbrauchers könnte vergleichbar sein mit dem Begriff der „reliance" aus dem Common Law.[226] Danach muss der Geschädigte auf ein bestimmtes Verhalten des Verletzers vertraut haben und dieses Vertrauen muss sich spürbar niedergeschlagen haben („detrimental reliance"). „Reliance" könnte danach ein

223 *Ramsay*, Consumer Law, S. 285.

224 Vgl. zur Skepsis gegenüber dem Prinzip „good faith" die Aussagen von Lord Steyn in *Barron*, Reasonable Expectations, in Yearbook 2007, S. 3 (6).

225 *Smith*, Justice of the Peace 2008, 172 (34), S. 538.

226 *Twigg-Flesner/Parry*, UK Perspective, in Weatherill/Bernitz, S. 215 (223).

zumindest funktionell äquivalentes Merkmal aus dem nationalen englischen Recht sein, auf das zur Umsetzung des Begriffs der „transactional decision" zurückgegriffen werden könnte. Allerdings besteht bei einer Umsetzung von europäischen Vorschriften durch schon bekannte nationale Rechtsbegriffe stets die Gefahr, dass die Gerichte bei gleicher Terminologie keine originär europäische Interpretation verfolgen, sondern auf die nationalen Entscheidungen und Ansichten zurückgreifen. Hinzu kommt, dass zwar Parallelen zwischen den Begriffen bestehen, jedoch „reliance" aus dem Vertragsrecht stammt und nur anwendbar ist, wenn der Geschädigte tatsächlich vertraut hat und sein Schaden auf diesem Vertrauen beruht. Es genügt grundsätzlich nicht, dass das Verhalten des Schädigers nur geeignet ist, zu einem Vertrauen und einem Schaden der anderen Partei zu führen. Aufgrund dieser Unterschiede war es unerlässlich, dass der englische Gesetzgeber das neue Konzept der Eignung zur Beeinflussung der wirtschaftlichen Entscheidung in die Consumer Protection Regulations übernommen hat.

Das Konzept, dass das Verhalten des Unternehmers nur dann relevant ist, wenn es sich auf die wirtschaftliche Entscheidung des Verbrauchers auswirkt, ist aus der Irreführungsrichtlinie bekannt, die in England in den Control of Misleading Advertising Regulations 1988 (CMAR) umgesetzt wurde. In Regulation 2(2) CMAR wird Werbung für irreführend erklärt, wenn *„it is likely to affect their economic behaviour or, for those reasons, injures or is likely to injure a competitor"*. In den Bereichen, die vor Umsetzung der Richtlinie nicht harmonisiert waren, ist diese Fokussierung auf die Auswirkungen auf die wirtschaftliche Entscheidung des Verbrauchers allerdings ein neuartiges Konzept.[227] Die Folgen dieser Voraussetzung für den Schutz des Verbrauchers werden im Folgenden anhand der einzelnen speziellen Tatbestände untersucht.

4. Das Verbraucherkonzept in den CPR

Zunächst plante der englische Gesetzgeber nicht den Begriff des „average consumers" aus der Richtlinie zu übernehmen, sondern ihn durch den des „typical consumer" zu ersetzen, dessen Definition dann wiederum den Maßstab einer bestimmten Gruppe und den des besonders schutzbedürftigen Verbrauchers umfassen sollte. Aufgrund von Kritik seitens der Unternehmerschaft, die eine Abweichung von dem Konzept des europäischen Durchschnittsverbrauchers fürchtete,

227 *Twigg-Flesner/Parry*, UK Perspective, in Weatherill/Bernitz, S. 215 (223); *Twigg-Flesner*, Law Quarterly Review 2005, S. 386 (388).

wurde allerdings in der endgültigen Gesetzesfassung der Begriff des „average consumer“ verwendet.[228] Mit der Übernahme der Begrifflichkeiten aus der Richtlinie entsprach der Gesetzgeber auch Stimmen aus der Literatur, die sich dagegen ausgesprochen hatten, den aus dem Common Law stammenden Begriff der „reasonable person“ aus dem Common Law in die CPR zu übernehmen. Es wurde befürchtet, dass es zu einer Rechtsspaltung und uneinheitlichen Auslegung der „reasonable person“ innerhalb des englischen Rechts kommen könnte.[229]

Die Definition des „average consumers“ in Regulation 2(2) CPR enthält die Merkmale aus der Rechtsprechung des Europäischen Gerichtshofs, dass der europäische Verbraucher „reasonably observant, reasonably well-informed and circumspect“ sei. In Regulation 2(4) wird das Konzept des „average consumer“ weiter dahin definiert, dass es sich bei dem Durchschnittsverbraucher auch um das durchschnittliche Mitglied einer bestimmten Gruppe handeln kann, sofern die Geschäftspraxis sich an diese besondere Gruppe richtet. Damit wird die Qualifikation des Konzepts des Durchschnittsverbrauchers aus Art. 5 Abs. 2 lit. b) umgesetzt. Auch die Regelung, dass unter bestimmten Voraussetzungen ein durchschnittliches Mitglied einer Gruppe besonders schutzbedürftiger Verbraucher den Maßstab für die Unlauterkeit der Geschäftspraxis bildet, ist in Regulation 2(5) CPR übernommen worden.

Grundsätzlich stimmt das Konzept des „average consumer“ in den CPR also mit dem des Durchschnittsverbrauchers aus der Richtlinie überein. Der englische Gesetzgeber hat jedoch im Gegensatz zum europäischen Richtliniengeber, der lediglich in Erwägungsgrund 18 auf die Merkmale des Durchschnittsverbrauchers eingeht, eine Definition in die CPR übernommen, die allerdings anders als in Erwägungsgrund 18 keinen Bezug auf soziale, sprachliche und kulturelle Faktoren nimmt. In Anbetracht der Tatsache, dass diese zusätzlichen Faktoren auf das Betreiben von Verbraucherschutzorganisationen eingeführt wurden und für ein Verständnis stehen, dass der europäische Durchschnittsverbraucher kein starrer Maßstab ist, sondern dass die Verbraucher in den Mitgliedstaaten ein unterschiedliches Niveau an Sorgfalt und Kenntnis an den Tag legen können, sind diese Faktoren jedoch in die Definition hineinzulesen. Die englischen Gerichte sind daher verpflichtet, auch die nicht in der Definition in Regulation 2(2) CPR genannten sozialen, sprachlichen und kulturellen Faktoren im Rahmen der

228 BERR, Government Response February 2008, S. 1; *Howells*, Journal of Business Law 2009, S. 183 (187).

229 *Twigg-Flesner/Parry*, UK Perspective, in Weatherill/Bernitz, S. 215 (223); *Bernitz*, Scope, Ambition and Relation, in Weatherill/Bernitz, S. 33 (46).

europarechtskonformen Auslegung der Definition des Durchschnittsverbrauchers zu beachten.[230]

a) Der Verbraucherbegriff vor Einführung der CPR im Vergleich zum „average consumer"

Dem englischen Recht ist das Konzept des Durchschnittsverbrauchers durchaus nicht fremd. Besonders durch die europäisch motivierte Gesetzgebung und durch die Rechtsprechung des Europäischen Gerichtshofs hat dieses Konzept Eingang in das englische Recht gefunden, wie etwa in den Control of Misleading Advertisements Regulations 1988, die zur Umsetzung der Irreführungsrichtlinie erlassen wurden.[231] Allerdings waren die weiteren Gesetze, die heute in den Regelungsbereich der Consumer Protection Regulations fallen, nicht am Konzept des Durchschnittsverbrauchers ausgerichtet.[232] Der Trade Descriptions Act 1968, der irreführende Produktbezeichnungen regelte, enthielt ebenso wie der Consumer Protection Act 1987 den „reasonable person" Test. Beide Rechtsakte fallen in den Bereich der Marktverhaltensregulierung durch strafrechtliche Normen, dem sogenannten „regulatory crime". Auch Tatbestände aus dem Common Law, die im weiteren Sinne den unlauteren Wettbewerb regeln, beinhalten allein das Konzept der „reasonable person".

aa) Reasonble Person Test in den Marktverhaltensregelungen („regulatory crime")

Der Test, den die englischen Gerichte verwendeten, um festzustellen, ob es sich um eine irreführende Angabe und damit um einen Verstoß gegen den Trade Descriptions Act 1968 oder gegen den Consumer Protection Act 1987 handelte, wird als „reasonable person test" bezeichnet.[233] Es handelt sich dabei um ein Konzept, das ursprünglich aus dem Common Law stammt und seit Jahrzehnten seine Ausprägung in Rechtsprechung und im Gesetzesrecht erfährt. Auch im Bereich des Trade Descriptions Act hat sich der Inhalt des „reasonable person" Tests über die Jahre hin verändert. Es kann also nicht von starren Kriterien für die Irreführung einer „reasonable person" die Rede sein, sondern der Test muss in seiner dynamischen Entwicklung und im jeweiligen Zusammenhang gesehen werden.[234]

---

230 *Howells*, Journal of Business Law 2009, S. 183 (187).

231 Zur ASA *Harvey/Parry*, Consumer Protection, S. 46.

232 *Twigg-Flesner/Parry*, UK Perspective, in Weatherill/Bernitz, S. 215 (223).

233 *Bragg*, Trade Descriptions, in Yearbook 2008, S. 341.

234 *Howells/Weatherill*, Consumer Protection Law, S. 433 zu den zahlreichen Bedeutungen und Anwendungsbereichen des Konzepts der „reasonableness".

In der Entscheidung *Ashurst v Hayes and Benross Trading Co Ltd* (1974, nicht veröffentlicht) zum Trade Descriptions Act lehnte das Gericht die Einwendung, dass eine durchschnittliche Person nicht von der falschen Bezeichnung der Ware irregeführt worden wäre, mit den Worten „a defendant cannot escape responsibility merely because it is likely the average person would not be misled by the false description he has applied to the goods“ ab.[235] Es genügte für eine Irreführung, dass der einzelne Kunde tatsächlich getäuscht wurde. Allerdings war die Warenbezeichnung in diesem Fall auch offensichtlich unwahr. In der Entscheidung *Donnelly v Rowlands* ging es um eine missverständliche Herstellerbezeichnung. Die Milchflasche selbst war mit einer anderen Herstellerangabe versehen als der Dekkel, der die korrekte Bezeichnung zeigte.[236] Das Gericht sah darin jedoch keine irreführende Warenbezeichnung nach Section 11 TDA 1968, denn es wurde nicht nachgewiesen, dass sie zumindest geeignet war, Mitglieder der Allgemeinheit irrezuführen („members of the public“).[237] Die Entscheidung *Doble v David Greig Ltd* befasst sich mit einer Pfandangabe.[238] Die Angabe des Preises auf der Flasche war zweideutig im Hinblick darauf, ob sie das Pfand schon enthielt oder ob es noch dazu bezahlt werden musste. Das Gericht nahm an, dass es für einen Verstoß gegen den TDA 1968 schon genügt, wenn zumindest einige Verbraucher die Angabe falsch verstehen könnten, selbst wenn eine größere Anzahl von Verbrauchern die Angabe richtig versteht.

In der Entscheidung *Burleigh v Van Den Berghs & Jurgens Ltd* nahm das Gericht Abstand davon, die Irreführung vor allem am Vorliegen des Nachweises einer tatsächlichen Irreführung zu prüfen. Es ging in dem Verfahren darum, dass ein Sahneimitat in einer Verpackung verkauft wurde, die den Eindruck nahe legte, es handele sich um echte Sahne. Das Gericht beurteilte die Frage, ob es sich um eine irreführende Warenbezeichnung handelte, abstrakt am Maßstab eines „average reasonable member of the public“.[239] Dabei handelte es sich nach Ansicht des Gerichts weder um eine ungewöhnlich unaufmerksame Person noch sollte eine kurzsichtige, unbelesene oder mit weniger als der durchschnittlichen Intelligenz ausgestattete Person als Maßstab herangezogen werden. Jedoch unterstellte das

---

235 Nachweis bei *Twigg-Flesner/Howells/Parry/Nordhausen*, Scope and Application, S. 24 Rn. 2.58.

236 *Donnelly v Rowlands* [1970] 1 WLR, S. 1600 (1603).

237 *Woodroffe/Lowe*, Consumer Law, 7. Aufl. 2007, S. 233 Rn. 13.22.

238 *Doble v David Greig Ltd* [1972] 1 WLR, S. 703 (708, 710).

239 *Burleigh v Van Den Berghs & Jurgens Ltd* [1987] 1 BTLC, S. 337 (339); *Bragg*, Trade Descriptions, in Yearbook 2008, S. 341.

Gericht diesem durchschnittlichen Verbraucher nur eine flüchtige Aufmerksamkeit während des Einkaufs im Supermarkt.[240] In der Entscheidung *Northamptonshire CC v Purity Soft Drinks Limited* stellte das Gericht weitere Anforderungen an die Fähigkeiten einer „reasonable person" auf.[241] Ein Getränk war als „Juice Burst" (Saft-Explosion) ausgezeichnet, enthielt aber nur einen geringen Saftanteil von etwa 25 Prozent. Das Gericht stellte fest, dass keine irreführende Angabe vorliegt, da von einer „reasonable person" erwartet werden könne, dass sie alle verfügbaren Informationen lese und damit auch den Hinweis auf den Saftanteil in dem beworbenen Getränk. In der Beurteilung, ob die Angabe irreführend war, kam es auf die Wahrscheinlichkeit der Irreführung an.[242]

Sofern die Bezeichnung objektiv unwahr war, wurden demnach an den Nachweis der Irreführungsgefahr keine hohen Anforderungen mehr gestellt.[243] Der Maßstab der „reasonable person" wurde vor allem zur Bewertung von zweideutigen Angaben herangezogen. Zwar kam es nicht darauf an, ob ein Käufer tatsächlich irregeführt wurde, denn eine Irreführungsgefahr war ausreichend für einen Verstoß. Dennoch waren die Gerichte geneigt, die tatsächlich nachgewiesene Irreführung einer Person als Nachweis für eine allgemeine Gefahr der Irreführung zu werten.[244] Grundsätzlich wurde von den Gerichten eine Prüfung der Irreführung jedoch anhand einer abstrakten „reasonable person" vorgenommen. Als Präzedenz galt die Entscheidung *Dixons v Barnett*. Daraus stammt das berühmte Zitat von Lord Justice Bingham über die Aufgabe der Richter bei der Beurteilung einer potentiell irreführenden Angabe: „to put themselves in the position of an ordinary high street shopper and decide as a matter of fact whether this trade description was misleading or not.".[245] Die Frage nach der irreführenden Aussage einer Warenangabe konnte also selbstständig von den erkennenden

240 *Twigg-Flesner/Howells/Parry/Nordhausen*, Scope and Application, S. 28 Rn. 2.76.

241 *Northamptonshire CC v Purity Soft Drinks Limited* [2004] WL 2945728, S. 1 (6).

242 A.a.O., S. 6.

243 *Ashurst v Hayes and Benross Trading Co Ltd* (1974, nicht veröffentlicht), Nachweis bei *Twigg-Flesner/Howells/Parry/Nordhausen*, Scope and Application, S. 24 Rn. 2.58.

244 Vgl. Nachweise bei *Twigg-Flesner/Howells/Parry/Nordhausen*, Scope and Application, S. 29 f. Rn. 2.80; bei *Lettl*, Werbung in Europa, S. 224 zu der Entscheidung *British Airways v Ryanair* sowie bei *Schulze/Schulte-Nölke/Jones*, Europäisches Verbraucherrecht, S. 91 zu *R v Anderson*; *British Airways v Ryanair* [2001] ETMR 24, S. 235 (252).

245 *Dixons v Barnett* [1988] BTLC, S. 311 f.; *Bragg*, Trade Descriptions, in Yearbook 2008, S. 341 f.

Richtern in ihrer Position als durchschnittliches Mitglied der Allgemeinheit beantwortet werden.

Im Rahmen dieses abstrakten Maßstabs der Irreführung stellten die englischen Gerichte auch strengere Anforderungen an die Kenntnisse und Fähigkeiten der „reasonable person". Die Irreführung einer „ungewöhnlich unaufmerksamen, kurzsichtigen oder mit unterdurchschnittlicher Intelligenz ausgestatteten Person", die die angebotenen Informationen nicht wahrnimmt, sollte nicht ausreichend sein für einen Verstoß gegen den TDA.[246] Allerdings war auch nicht erforderlich, dass die überwiegende Anzahl von Verbrauchern getäuscht wird. Ein Verstoß lag auch dann schon vor, wenn es „reasonably possible" war, dass einige Verbraucher die Angabe falsch verstehen würden, selbst wenn die Mehrheit nicht getäuscht wurde.[247] Darüber hinaus wurde in bestimmten Situationen, wie bei einem alltäglichen Einkauf im Supermarkt, angenommen, dass der Verbraucher nur eine flüchtige Aufmerksamkeit an den Tag legt.[248] In anderen nicht alltäglichen Situationen hingegen, wie dem Kauf eines Computers oder eines Autos sprachen die Gerichte der „reasonable person" besondere Aufmerksamkeit und Kenntnisse zu.[249] So wurde es einer „reasonable person" zugemutet, die Werbeanzeige für einen Computer in einer Fachzeitschrift nicht als vollständig anzusehen, sondern sich außerhalb der eigentlichen Anzeige noch auf die Suche nach einem Sternchenhinweis zu machen, der die Information enthielt, dass Sicherungskopien der abgebildeten Software nur gegen einen Aufpreis zu bekommen waren.[250] In einem anderen Fall wurde ein Autohändler verurteilt, der seine Wagen als neu bezeichnete, obwohl sie eine Erstzulassung auf ihn hatten, mit der Begründung, dass ein vernünftiger Autokäufer unter dem Begriff „neu" ein Auto ohne Erstzulassung verstehe.[251]

Folglich bleibt festzustellen, dass der Maßstab der „reasonable person" im Bereich des Trade Descriptions Act 1968 besonders anhand der konkreten Umstände und dem Einzelfall beurteilt wurde und deswegen unterschiedlichen Anforderungen

---

246 *Northamptonshire CC v Purity Soft Drinks Limited* [2004] WL 2945728, S. 1 (6); *Burleigh v Van Den Berghs & Jurgens Ltd* [1987] 1 BTLC, S. 337 (339); *Lettl*, Werbung in Europa, S. 226.

247 *Doble v David Greig Ltd* [1972] 1 WLR, S. 703 (708, 710).

248 *Burleigh v Van Den Berghs & Jurgens Ltd* [1987] 1 BTLC, S. 337 (339); *Twigg-Flesner/Howells/Parry/Nordhausen*, Scope and Application, S. 28 Rn. 2.76.

249 *Lettl*, Werbung in Europa, S. 227 f.

250 *Borough of Southwark v Time Computer Systems*, GRUR Int. 1998, S. 495 - *Geladene Software*.

251 *R v Anderson* [1988] RTR, S. 260; *Schulze/Schulte-Nölke/Jones*, Europäisches Verbraucherrecht, S. 91.

unterworfen sein konnte.[252] Diese Ausrichtung am Einzelfall beruht vor allem darauf, dass ein Verstoß gegen die Marktverhaltensregeln des TDA zu einer strafrechtlichen Haftung führte. Der Unternehmer machte sich strafbar, wenn er eine irreführende Produktbezeichnung verwendete. Um die Schwelle der Strafbarkeit hoch zu setzen und das Unternehmerverhalten nicht zu stark zu kriminalisieren, wurde der Maßstab der „reasonable person" als Korrektiv verwendet.[253] Daher wurden der „reasonable person" teilweise Fähigkeiten zugeschrieben, die die des Durchschnittsverbrauchers nach europäischem Verständnis übersteigen.[254] Auf der anderen Seite bezweckte der TDA den Schutz der informierten Entscheidung des Käufers, also auch des Verbrauchers. Die Gerichte nahmen daher häufig an, dass eine „reasonable person" bei alltäglichen Situationen lediglich eine flüchtige Aufmerksamkeit an den Tag lege. Damit sollte der beliebten Praxis von Unternehmen Einhalt geboten werden, den Verbraucher im Supermarkt mit falschen Versprechungen zu locken. Aus diesem Grund spielte auch der Nachweis tatsächlicher Irreführungen ebenso wie Verbraucherbeschwerden bei der Prüfung eines Verstoßes durch die Gerichte eine bedeutende Rolle, auch wenn grundsätzlich die Gefahr der Irreführung genügte und keine tatsächliche Täuschung erforderlich war.[255] Unter dem Eindruck der europäischen Rechtsprechung im Bereich der irreführenden Werbung und dem harmonisierten Markenrecht, wurden jedoch auch wieder strengere Anforderungen an die „reasonable person" gestellt. So hat sich die Erkenntnis durchgesetzt, dass der Käufer grundsätzlich die ihm dargebotenen Informationen auch in alltäglichen Situationen und bei geringwertigen Geschäften wahrnimmt.[256]

Der Consumer Protection Act 1987 war im Gegensatz zum Trade Descriptions Act 1968 ein originär verbraucherschützendes Gesetz. Allerdings handelte es sich ebenso wie beim TDA um Vorschriften, die strafrechtlich sanktioniert wurden. Der Consumer Protection Act enthielt zwar eine Definition des Verbrauchers. Diese diente allerdings lediglich der Abgrenzung des Anwendungsbereichs. Der Maßstab, an dem die Prüfung der Irreführung vorgenommen wurde, war wiederum der

252 *Lettl*, Werbung in Europa, S. 226; *Ludwig*, Irreführende und vergleichende Werbung, S. 173.

253 *Lettl*, Werbung in Europa, S. 226, 231.

254 *Lettl*, Werbung in Europa, S. 225, 227.

255 *Twigg-Flesner/Howells/Parry/Nordhausen*, Scope and Application, S. 29 f. Rn. 2.80; vgl. auch Nachweis bei *Lettl*, S. 224 zu der Entscheidung *British Airways v Ryanair* (dort ging es allerdings um die Irreführung im Rahmen des Common Law Torts Injurious Falsehood).

256 *Northamptonshire CC v Purity Soft Drinks Limited* [2004] WL 2945728, S. 1 (6); *Twigg-Flesner/Howells/Parry/Nordhausen*, Scope and Application, S. 28 Rn. 2.84.

„reasonable person“ Test. In Section 20(1) CPA hieß es: „an indication given to any consumers is misleading as to price if what is conveyed by the indication or what those consumers might reasonably be expected to infer from the indication [...]“. Damit wurde ein Unterschied gemacht zwischen Angaben, die eine falsche Information übermitteln und solchen, die von den Verbrauchern falsch verstanden werden konnten. Zum einen wurde auf die objektive Bedeutung der Angabe abgestellt. Darüber hinaus konnte auch einbezogen werden, wie ein (fiktiver) Verbraucher in diesem konkreten Fall vernünftigerweise die Angabe hätte verstehen können.[257] Im Unterschied zum Trade Descriptions Act bezog sich der Referenzmaßstab für die Prüfung der Irreführung stärker auf den Verbraucher. Es konnte nicht mehr auf die Fachkenntnisse von kommerziellen Abnehmern abgestellt werden. Die ausdrückliche Formulierung „those consumers“, also die Verbraucher, gegenüber denen die Angabe getätigt wurde, verdeutlicht, dass der Fokus des Gesetzes auf dem Schutz der angesprochenen Verbraucher liegt. Dieser Schutzzweck rechtfertigt ein Bild des fiktiven Verbrauchers, das zu einem hohen Schutzniveau führt. Aufgrund der strafrechtlichen Haftung folgten die Gerichte jedoch auch hier einem ähnlichen Ansatz wie bei Verstößen gegen den Trade Descriptions Act 1968. Sofern keine Nachweise tatsächlich irregeführter Verbraucher oder zumindest von Verbraucherbeschwerden vorlagen, wurden an die Kenntnisse und Fähigkeiten der „reasonable person“ verhältnismäßig strenge Maßstäbe angelegt.[258]

bb) Reasonable Person Test im Common Law

Der Anspruch wegen Passing-off kommt aus dem Common Law und regelt einen Teilbereich des unlauteren Wettbewerbs, nämlich die unzulässige Ausnutzung des Goodwill eines anderen durch irreführende Verwendung seiner Zeichen. Die Voraussetzungen für einen Verstoß wurden in der Rechtsprechung entwickelt und beinhalten unter anderem die Irreführung der Käufer. Das Vorliegen einer Irreführung wird wiederum anhand des Maßstabs der „reasonable person“ beurteilt. Zu nennen sind beispielsweise die Entscheidungen *Puffin* und *Jif Lemon*. Darin wurde eine Irreführung der „reasonable person“ bejaht, obwohl die Produkte durch deutlich unterschiedliche Marken gekennzeichnet waren, da die Käufer im Supermarkt weniger aufmerksam seien.[259] Es wird somit nicht erwartet, dass der Käufer ein

257 *Harvey/Parry*, Consumer Law, S. 422; *Woodroffe/Lowe*, Consumer Law, 7. Aufl. 2007, S. 261 Rn. 14.15.

258 *Lettl*, Werbung in Europa, S. 226 f.

259 *Reckitt & Colman v Borden* [1990] 1 WLR 491 (493) = GRUR Int 1991, S. 142 (143); *United Biscuits v Asda* [1997] RPC, S. 513 (524).

Produkt und seine Aufmachung exakt betrachtet und erinnert, sondern bei alltäglichen Geschäften gehen die Gerichte von einer nur flüchtigen Aufmerksamkeit aus.[260] Durch diesen Ansatz wird der Unternehmer weitreichend vor Irreführungen geschützt, die so gestaltet sind, dass der Käufer, wenn er nur einen flüchtigen Blick darauf wirft, es für das Produkt eines anderen halten könnte. Denn Passing-off dient vor allem dem Schutz des „Goodwill" des Unternehmers, der sich in der Marke, aber auch in der Gestaltung des Produkts sowie in der Werbung hierfür niederschlägt. Zu beachten ist auch, dass der Anspruch aus Passing-off dem Deliktsrecht zuzuordnen ist und anders als der Trade Descriptions Act oder der Consumer Protection Act nicht strafrechtlich sanktioniert wird. Daher besteht für die Gerichte auch nicht die Notwendigkeit den „reasonable person" Test so auszurichten, dass es nicht zu einer unverhältnismäßigen Kriminalisierung des unternehmerischen Verhaltens kommt. Allerdings darf nicht übersehen werden, dass die englische Rechtsordnung grundsätzlich wirtschaftsliberal ausgerichtet ist.[261] Die Gerichte haben wenig Verständnis dafür, wenn die Ansprüche aus dem Common Law dazu genutzt werden sollen, sich vor dem legitimen Wettbewerb durch Mitbewerber zu schützen. In der Entscheidung *British Airways v Ryanair* führte Justice Jacob aus, dass der von Ryanair angestellte Preisvergleich aus mehreren Gründen keine Irreführung darstelle.[262] Zum einen seien die angesprochenen Verbraucher mit gewissen Regeln der Fluggesellschaften, wie der „Saturday-Night-Rule" vertraut, die bewirkt, dass Flüge günstiger werden, wenn man über das Wochenende bleibt. Zum anderen gab es keine Beschwerden von Verbrauchern, die sich getäuscht gefühlt haben und darüber hinaus sei die wesentliche Aussage des Vergleichs, das Ryanair Flüge um ein Vielfaches günstiger seien als Flüge mit British Airways, schlicht richtig.

Auch im Bereich des Passing-off sind die Gerichte folglich eher geneigt, eine Irreführung der Allgemeinheit anzunehmen, wenn der Nachweis tatsächlicher Irreführungen geführt wird, obwohl grundsätzlich die Wahrscheinlichkeit einer Verwechslung genügt.[263] Der „reasonable person" Test im Passing-off ist folglich sehr von den Umständen des Einzelfalls abhängig sowie von dem Schutzzweck des Passing-off und der Schutzwürdigkeit des unternehmerischen Verhaltens.[264]

---

260 *Lettl*, Werbung in Europa, S. 222.

261 *Weir*, Tort Law, S. 197.

262 *British Airways v Ryanair* [2001] ETMR 24, S. 235 (252); ausführliche Darstellung auch bei *Lettl*, Werbung in Europa, S. 223 ff.; *Weatherill*, National Report UK, in Schulze/Schulte-Nölke, S. 10.

263 Ulmer/*Westerholt*, Unlauterer Wettbewerb - Großbritannien, S. 115.

264 *Lettl*, Werbung in Europa, S. 222; *Weatherill*, National Report UK, in Schulze/Schulte-Nölke, S. 17.

cc) Das Verbraucherleitbild in den Control of Misleading Advertisements Regulations 1988 / British Code of Advertising Practice

Die Control of Misleading Advertisements Regulations wurden zur Umsetzung der Irreführungsrichtlinie erlassen. Diese Richtlinie sah ausdrücklich die Möglichkeit der verwaltungsrechtlichen Durchsetzung durch Behörden vor, so dass die etablierte Praxis, Beschwerden über irreführende Werbung durch die unabhängige Organisation ASA (Advertising Standards Authority) und den British Code of Advertising Practice (BCAP) außergerichtlich abzuhelfen, fortgeführt wurde. Die Einführung der Beschwerde beim OFT als staatlicher Behörde sollte zudem den Anforderungen aus der Richtlinie gerecht werden. Allerdings wurde das OFT nur höchst selten tätig, da zunächst die Mittel der freiwilligen Selbstkontrolle erschöpft wurden und ein Eingreifen des OFT regelmäßig nur in Frage kam, wenn eine Einschaltung der ASA nicht den erwünschten Erfolg gebracht hatte.[265] Durch diese außergerichtlichen Beilegungen von Beschwerden verringerte sich die Bedeutung der Frage, wann tatsächlich eine Irreführung des Durchschnittsverbrauchers anzunehmen ist.

Die CMAR übernahmen zum großen Teil die Begrifflichkeiten der Irreführungsrichtlinie.[266] In Regulation 2(2) CMAR wurde die Definition der irreführenden Werbung übernommen. Danach war eine Werbung dann unzulässig, wenn sie die angesprochenen Personen täuschte oder geeignet war, sie zu täuschen und ihr geschäftliches Verhalten beeinflusste oder geeignet war, es zu beeinflussen.[267] Einer der wenigen Fälle, in denen es zu einem gerichtlichen Verfahren kam, ist die *Speedslim* Entscheidung, in der sich das Gericht auch dazu einließ, anhand welchen Maßstabs die Irreführung geprüft wird.[268] Das Gericht nahm zwar an, dass die meisten Verbraucher Schlankheitsversprechen in der Werbung skeptisch gegenüber stehen, jedoch sei in einem solchen Fall besonders auf übergewichtige Personen abzustellen und ihre besondere Anfälligkeit für falsche Versprechungen, schnell an Gewicht zu verlieren.[269]

Dieser strenge Maßstab der Irreführung ist vor dem Hintergrund zu sehen, dass es sich bei den CMAR um ein originär verbraucherschützendes Gesetz handelte und dass in diesem konkreten Fall der verurteilte Unternehmer sich nicht den Aufforderungen durch die ASA, die Werbung zu verändern oder abzuschalten,

265 *Director General of Fair Trading v Tobyward Ltd.* [1989] 1 WLR, S. 517 (522); *Woodroffe/Lowe*, Consumer Law, 7. Aufl. 2007, S. 319 Rn. 17.53; *Harvey/Parry*, Consumer Protection, S. 63, *Lettl*, Werbung in Europa, S. 229 f.

266 *Schulze/Janssen*, EuLF 2004, S. 77 (80).

267 *Woodroffe/Lowe*, Consumer Law, 7. Aufl. 2007, S. 318 f. Rn. 17.51, 17.53.

268 *Director General of Fair Trading v Tobyward Ltd.* [1989] 1 WLR, S. 517.

269 A.a.O., S. 521.

unterworfen hatte.[270] Zudem hatte der Unternehmer keine strafrechtliche Haftung zu befürchten, denn außer dem Erlass einer einstweiligen Verfügung gemäß Regulation 5 CMAR, die auch erging, bestand zunächst keine andere rechtliche Sanktion.[271] Durch diese Entscheidung wird erneut deutlich, dass die englischen Gerichte geneigt sind, die Prüfung der Irreführung einzelfallbezogen vorzunehmen.[272]

b) Auswirkungen der Einführung des Durchschnittsverbrauchers in das englische Lauterkeitsrecht

In den Consumer Protection Regulations wurde das Konzept des Durchschnittsverbrauchers aus der Richtlinie übernommen. In weiten Teilen ersetzt es somit den „reasonable person" Test, der zuvor in den meisten Gesetzen aus dem Bereich des unlauteren Wettbewerbs verwendet wurde. Auch wenn die Konzepte des „average consumers" und der „reasonable person" viele Gemeinsamkeiten haben, sind sie doch nicht deckungsgleich.[273] Die Aufnahme des „average consumers" als Maßstab der Irreführung und Unlauterkeit war erforderlich, um eine europarechtskonforme Auslegung der Vorschriften zu gewähren. Die Einführung des Konzepts des europäischen Durchschnittsverbrauchers dürfte daher zu Änderungen im Bereich des Verbraucherschutzes führen. Dies gilt sowohl für den Bereich des Trade Descriptions Act 1968 wie für den Consumer Protections Act 1987, die beide in wesentlichen Teilen von den CPR ersetzt werden, als auch für den Schutz vor Verwechslungsgefahr durch den Anspruch aus Passing-off. Dieser bleibt zwar bestehen, denn die CPR lassen das Common Law unbeschadet, jedoch enthalten sie in Regulation 5(3)(a) CPR eine ähnliche Regelung, so dass nun auch ein verbraucherschützender Tatbestand vor Irreführung über die betriebliche Herkunft besteht. Im Bereich des Schutzes vor irreführender Werbung bleibt es bei dem System der vorgeschalteten freiwilligen Selbstkontrolle durch die ASA.

Im Rahmen der Prüfung eines Verstoßes gegen den Trade Descriptions Act 1968 entschieden die englischen Richter aus ihrer eigenen Anschauung als „reasonable person", ob eine Angabe irreführend ist. Dies stimmt überein mit dem Ansatz, der

---

270 A.a.O., S. 522.

271 *Howells/Voigt*, United Kingdom, in Micklitz/Keßler, S. (361) 385.

272 *Lettl*, Werbung in Europa, S. 230; *Ackermann*, WRP 1996, S. 502 (509).

273 *Twigg-Flesner/Howells/Parry/Nordhausen*, Scope and Application, S. IV Rn. 8, S. 30 Rn. 2.84; *Howells*/Micklitz/Wilhelmsson, European Fair Trading Law, S. 6 geht davon aus, dass die Prüfung nach dem TDA, wann eine Warenbezeichnung irreführend ist, im Wesentlichen übereinstimmt mit dem Standard des „average consumers" aus der Richtlinie; *Barron*, Alternatives in UK Law, S. 289 (298 f.).

in Erwägungsgrund 18 für die Prüfung einer irreführenden Geschäftspraxis nach der Richtlinie vorgesehen ist. Danach müssen sich die Gerichte bei der Einschätzung der Reaktion des Durchschnittsverbrauchers auf ihre „eigene Urteilsfähigkeit" verlassen.[274] Eine weitere Übereinstimmung des „reasonable person" Test nach dem Trade Descriptions Act mit dem Konzept des Durchschnittsverbrauchers liegt darin, dass die englischen Gerichte auf eine fähige und verständige Person abstellten und es für eine Irreführung nicht haben ausreichen lassen, dass eine besonders leichtgläubige Person irregeführt worden wäre.[275] Nichtsdestotrotz bestehen auch Unterschiede zwischen dem Konzept des Durchschnittsverbrauchers aus den CPR und der „reasonable person" im TDA 1968.[276] Denn obwohl die Richter selbst über die mögliche Irreführung durch eine Produktbezeichnung entscheiden konnten und es auf eine tatsächliche Irreführung nicht ankam, spielte für die Prüfung der Irreführung der Nachweis einer tatsächlichen Täuschung des Käufers eine große Rolle. So wurde in der Entscheidung *Dixons v Barnett* als ein besonders bedeutsamer Punkt in der Abwägung, ob eine vernünftige Person die Bezeichnung falsch verstehen würde, genannt, dass Verbraucher tatsächlich irregeführt worden waren; ebenso spielte das Fehlen von Beschwerden irregeführter Verbraucher eine Rolle in der Entscheidung *British Airways v Ryanair*, wohingegen in der Entscheidung *R v Anderson* gerade aufgrund des Nachweises tatsächlicher Irreführungen verurteilt wurde.[277] Die Bedeutung des tatsächlichen Nachweises von Irreführungen ist jedoch nicht ohne Weiteres mit dem Konzept des Durchschnittsverbrauchers aus der Richtlinie und den CPR vereinbar. Denn dabei handelt es sich um einen normativen Maßstab, der eine abstrakte Prüfung des Verhaltens des Durchschnittsverbrauchers erfordert.[278] Hinzu kommt, dass an die Anzahl potentiell getäuschter Verbraucher, die irregeführt werden müssen, damit eine Irreführung des Durchschnittsverbrauchers angenommen werden kann,

274 *Lettl*, Werbung in Europa, S. 228.

275 *Northamptonshire CC v Purity Soft Drinks Limited* [2004] WL 2945728, S. 1 (6); *Burleigh v Van Den Berghs & Jurgens Ltd* [1987] 1 BTLC, S. 337 (339); *Lettl*, Werbung in Europa, S. 226.

276 *Twigg-Flesner/Howells/Parry/Nordhausen*, Scope and Application, S. 28 Rn. 2.75.

277 Vgl. Nachweise bei *Twigg-Flesner/Howells/Parry/Nordhausen*, Scope and Application, S. 29 f. Rn. 2.80; bei *Lettl*, Werbung in Europa, S. 224 zu der Entscheidung *British Airways v Ryanair* sowie bei *Schulze/Schulte-Nölke/Jones*, Europäisches Verbraucherrecht, S. 91 zu *R v Anderson*; *British Airways v Ryanair* [2001] ETMR 24, S. 235 (252).

278 *Radeideh,* Fair Trading, S. 187; *Micklitz*/Reich/Rott, Understanding EU Consumer Law, S. 64 (88); *Bernitz*, Copycats, and Look-alikes, in Ezrachi/Bernitz, S. 217 (231); *Lettl*, Werbung in Europa, S. 112.

unterschiedliche Anforderungen gestellt werden. Die englischen Gerichte halten es für ausreichend, dass eine gewisse Anzahl von Personen vernünftigerweise die Angabe falsch verstehen kann, auch wenn die Mehrheit nicht irregeführt wird.[279] In den „travaux préparatoires" hat die Kommission jedoch den Prozentsatz von 10–15% getäuschter Verbraucher nicht für einen Nachweis der Reaktion des europäischen Durchschnittsverbrauchers genügen lassen.[280] Die potentielle Irreführung einer geringen Anzahl von Verbrauchern genügt daher nicht, um eine Irreführung des Durchschnittsverbrauchers anzunehmen. Insgesamt kommt es bei dem „reasonable person" Test mehr auf die Umstände des Einzelfalls an sowie auf das Verhalten des Unternehmers und seine Schutzwürdigkeit.

Diese Unterschiede zwischen dem Konzept der „reasonable person" und dem des „average consumer" wirken sich auch auf den Schutz des Verbrauchers aus. Im Bereich der irreführenden Bezeichnungen und der Preisangaben ist es zukünftig nicht mehr möglich, die Frage nach der Irreführung so sehr am Einzelfall auszurichten. Der Durchschnittsverbraucher ist ein standardisierter Maßstab und gilt unabhängig von Nachweisen tatsächlicher Irreführungen. Der Tatbestand ist nicht schon erfüllt, wenn die Wahrscheinlichkeit besteht, dass lediglich einige Verbraucher irregeführt werden. Die Anwendung des Maßstabs des europäischen Durchschnittsverbrauchers kann daher dazu führen, dass in bestimmten Fällen die Anforderungen an eine unlautere Irreführung strenger sind.[281] In anderen Situationen kann der Maßstab des Durchschnittsverbrauchers jedoch auch zu einem höheren Schutzniveau führen, denn aufgrund der strafrechtlichen Haftung wurden dem Verbraucher früher teilweise größere Fähigkeiten und Spezialkenntnisse zugeschrieben als dem europäischen Durchschnittsverbraucher.[282] Zu beachten ist jedoch, dass auch ein Verstoß gegen die meisten Tatbestände der CPR, außer gegen die Regelung über Verstöße gegen Kodizes in Regulation 5(3)(b) CPR, strafrechtlich verfolgt werden kann. Jedoch stellt die strafrechtliche Haftung nur die „ultima ratio" für besonders schwere Verstöße dar, im Regelfall soll die Behörde den Unternehmer durch Warnungen oder einstweilige Verfügungen zu einem lauteren Verhalten bewegen.[283]

---

279 *Doble v David Greig Ltd* [1972] 1 WLR, S. 703 (708, 710).

280 KOM (2003) 356, endg., S. 6 Rn. 21.

281 Vgl. Howells/*Micklitz*/Wilhelmsson, European Fair Trading Law, S. 134; vgl. *Howells*, UCPD – A Missed Opportunity?, in Weatherill/Bernitz, S. 103 (109); vgl. Law Commission, Consumer Redress, S. 19 Rn. 2.46.

282 *Lettl*, Werbung in Europa, S. 226, 228.

283 DTI, Government Response, Dezember 2006, S. 2 f; *Lowe/Woodroffe*, Consumer Law, 7. Aufl. 2007, S. 254 Rn. 13.73 f.; *Williams/Hare*, Journal of Consumer Policy 2010, S. 377 (386.)

Auch im Bereich der Irreführung durch Verwendung fremder Kennzeichen ergeben sich durch Einführung der CPR und des Leitbilds des Durchschnittsverbrauchers Veränderungen. Die CPR enthalten in Regulation 5(3)(a) eine Regelung der Verwechslungsgefahr durch Verwendung fremder Kennzeichen. Bisher war dieser Tatbestand im englischen Recht nicht als originär verbraucherschützend anerkannt, sondern der Schutz des Verbrauchers ergab sich nur als Reflexwirkung des Common Law Anspruches aus Passing-off, der vor allem den Goodwill des Unternehmers schützt. Die Ausgestaltung des „reasonble person" Test im Passing-off ist vergleichbar mit dem Test in den Gesetzen zur Regelung des Marktverhaltens, wie dem Trade Descriptions Act oder dem Consumer Protection Act. Allerdings kann der Schutzzweck des Passing-off zu Unterschieden in der Beurteilung der Irreführung führen. In den Marktverhaltensregulierungen ist der Maßstab grundsätzlich eher strenger und die „reasonable person" wurde als Korrektiv verwendet, um die Schwelle zur Strafbarkeit nicht zu niedrig anzusetzen. Dahingegen schützt Passing-off den Goodwill des Unternehmers. Es handelt sich dabei um einen Tatbestand des Deliktsrechts, so dass der Unternehmer keine strafrechtliche Haftung zu fürchten hat. Die Prüfung, ob eine „reasonable person" durch die Verwendung eines fremden Zeichens irregeführt wird, wird vielmehr dadurch beeinflusst, inwieweit der Unternehmer schutzwürdig ist. So haben die Gerichte zum Schutz der Investitionen und des Ansehens eines Unternehmers eine Irreführung bejaht, wenn die Verpackung des Produkts und seine wesentliche Gestaltung übernommen wurden, auch wenn es eindeutig mit einer anderen Marke gekennzeichnet war.[284]

Im Gegensatz zu dem Unternehmer als Schutzzweck des Passing-off wird durch die CPR nunmehr der Verbraucher in den Fokus des Schutzes gerückt. Im Bereich der Verwechslungsgefahr nach Regulation 5(3)(a) CPR kommt es ausschließlich auf die Irreführung des Verbrauchers an und keinesfalls darauf, ob der Unternehmer, dessen Zeichen nachgeahmt wurden, schutzwürdig ist. Zwar bleibt der Anspruch aus Passing-off durch das Statutory Law der CPR unberührt. Allerdings können die englischen Gerichte die Wertungen aus dem Passing-off nicht auf den parallelen Anspruch aus den CPR übertragen und müssen eine autonome europarechtskonforme Auslegung, die sich am Schutz der Verbraucher orientiert, vornehmen. Folglich ist davon auszugehen, dass sich der Schutz des Verbrauchers vor irreführender Verwendung fremder Kennzeichen aufgrund der Regelung in den CPR verbessern wird.

---

284 *Reckitt & Colman v Borden* [1990] 1 WLR 491 (493) = GRUR Int 1991, S. 142 (143); *United Biscuits v Asda* [1997] RPC, S. 513 (524).

Der englische Gesetzgeber und die englischen Gerichte befassten sich schon vor der Einführung des Konzepts der schutzbedürftigen Verbraucher durch die Richtlinie mit dem Schutz schwächerer Verbraucher. Das verantwortliche Ministerium veröffentlichte des Öfteren Warnungen im Sinne von: „If it seems too good to be true, it is.“.[285] Damit soll verhindert werden, dass Verbraucher auf die zahlreichen Versprechungen von Gewinnen und anderen Vorteilen hereinfallen. Auch wenn ein durchschnittlich aufmerksamer Verbraucher diesen Versprechungen keinen Glauben schenkt, so scheint es doch genug leichtgläubige Verbraucher zu geben, die zum Hörer greifen und bei einer teuren Hotline anrufen oder Geld überweisen, um ihren Gewinn zu bekommen.[286] Danben gibt es in England auch den NCC (National Consumer's Council), eine Organisation, die sich primär um die Belange schutzbedürftiger Verbraucher kümmert.[287] Neben Regelungen, die einzelne Geschäftspraktiken aufgrund einer Gefährdung der Allgemeinheit verbieten, existieren auch Vorschriften, die Geschäftspraktiken aufgrund ihrer Auswirkungen auf besonders schutzbedürftige Verbraucher verbieten, wie z. B. die Children and Young Persons (Sale of Tobacco) Order 2007.[288] Auch in der alten Fassung des Consumer Credit Act von 1974, die vor Einführung der CPR galt, wurde der besonders schutzbedürftige Verbraucher ausdrücklich in Section 50 erwähnt.[289] Gesetze, die besonders leichtgläubige oder unerfahrene Personen allgemein vor unlauterem Wettbewerb schützten, existierten jedoch vor Einführung der CPR nicht.[290] Allerdings stellte das Gericht in einer der seltenen Entscheidungen zu den Control of Misleading Advertisements Regulations 1988 auf schutzbedürftige Verbraucher ab, nämlich auf die Gruppe der übergewichtigen Verbraucher anstatt auf den Durchschnittsverbraucher.[291] Die englischen Gerichte waren somit auch schon vor Einführung der CPR geneigt, in Einzelfällen den Schutz schwächerer Verbraucher in ihre Abwägung einzubeziehen.[292]

---

285 *Collins*, ERCL 2005, S. 417 (437).

286 *Collins*, ERCL 2005, S. 417 (437).

287 *Howells/Weatherill*, Consumer Protection Law, S. 575; *Harvey/Parry*, Consumer Protection, S. 57.

288 Dieses Gesetz ist auch nach Einführung der CPR noch anwendbar, da es unter die Ausnahme in Art. 3 Abs. 3 fällt.

289 *Schulze/Schulte-Nölke*, Analysis of National Fairness Laws, S. 76; heute Consumer Credit Act 2006.

290 *Howells/Voigt*, United Kingdom, in Micklitz/Keßler, S. (361) 407.

291 *Director General of Fair Trading v Tobyward Ltd.* [1989] 1 WLR, S. 517 (521); *Lettl*, Werbung in Europa, S. 229 f.

292 *Barron*, Alternatives in UK Law, in Yearbook 2009, S. 289 (299).

Der Schutz besonders schwacher Verbraucher ist auch nach Einführung der CPR weiterhin möglich, denn das Leitbild des Durchschnittsverbrauchers wird flankiert von dem Maßstab des besonders schutzbedürftigen Verbrauchers in Regulation 2(5)(a) CPR und Art. 5 Abs. 3 der Richtlinie, der nicht nur im Rahmen der Generalklausel, sondern auch in den speziellen Unlauterkeitstatbeständen zu beachten ist.[293] Letztlich ist diese einheitliche Einführung des Leitbilds des Durchschnittsverbrauchers positiv zu bewerten. Besonders im Vergleich zu den Gesetzen aus dem Bereich des „regulatory crime" ist von Vorteil, dass die Betonung auf zivilrechtlichen Sanktionen liegt, so dass die Gerichte den Durchschnittsverbraucher nicht als Korrektiv gegen eine unverhältnismäßige Kriminalisierung der Unternehmer verwenden müssen. Darüber hinaus sind die CPR ein originär verbraucherschützendes Gesetz, so dass die Interessen der Verbraucher stets im Fokus der Abwägung stehen, wohingegen etwa im Rahmen von Passing-off der Schutz des unternehmerischen Goodwills im Mittelpunkt steht. Es ist daher nicht zu erwarten, dass es durch den Maßstab des Durchschnittsverbrauchers zu einer Verschlechterung der Position der englischen Verbraucher kommt.[294]

III. Vollharmonisierung

1. Rechtfertigung nationaler Verbote über die Generalklausel

Die Generalklausel ist das Herzstück der Richtlinie und gleichzeitig auch der Tatbestand, über den am meisten Unsicherheit besteht. Neben der Frage nach der ergänzenden Funktion der Generalklausel und ihrem Anwendungsbereich bestimmt vor allem die Auslegung der unbestimmten Rechtsbegriffe die Diskussion. Dabei sind das einheitliche Verständnis und die einheitliche Anwendung von wesentlicher Bedeutung für die Vollharmonisierung des verbraucherschützenden Wettbewerbsrechts durch die Richtlinie. Denn aufgrund der weit formulierten Tatbestandsmerkmale der Generalklausel – dies gilt insbesondere für das Merkmal des Verstoßes gegen die berufliche Sorgfalt – könnten die Mitgliedstaaten dazu neigen, Geschäftspraktiken, die bisher als unlauter eingeordnet wurden und nun

293 *Weatherill*, Average Consumer, in Weatherill/Bernitz, S. 115 (133).

294 *Twigg-Flesner/Howells/Parry/Nordhausen*, Scope and Application, S. IV Rn. 8, S. 30 Rn. 2.84; *Twigg-Flesner/Parry*, UK Perspective, in Weatherill/Bernitz, S. 215 (228); *Howells*/Micklitz/Wilhelmsson, European Fair Trading Law, S. 6.

grundsätzlich nicht mehr unter die speziellen Tatbestände fallen, über die Generalklausel weiterhin zu verbieten. Bei uneinheitlicher Anwendung könnte die Generalklausel die Vereinheitlichung des Wettbewerbsrechts in den Mitgliedstaaten gefährden. Diese Gefahr besteht in zweierlei Hinsicht. Zum einen könnten die Mitgliedstaaten wenig geneigt sein, bestehende Verbote von Geschäftspraktiken, die nicht mit den speziellen Tatbeständen übereinstimmen, abzuschaffen, wenn eine Rechtfertigung des Verbots über die Generalklausel möglich erscheint. Zum anderen könnten sich in den Mitgliedstaaten unterschiedliche Ansichten darüber entwickeln, welche neuartigen Geschäftspraktiken unter die Generalklausel fallen. Die Schwierigkeiten, die durch die in der Generalklausel enthaltenen unbestimmten Rechtsbegriffe entstehen können, insbesondere durch ein unterschiedliches Verständnis der Fähigkeiten des Durchschnittsverbrauchers, wurden schon im Zusammenhang mit der Regelung in der Richtlinie und ihrer Umsetzung in England behandelt. Im Folgenden soll daher vor allem auf die Rolle der Generalklausel für die Vereinheitlichung der in den Mitgliedstaaten bestehenden nationalen Verbote von Geschäftspraktiken eingegangen werden. Denn die mit der Richtlinie angestrebte Vereinheitlichung des verbraucherschützenden Wettbewerbsrechts trifft auf eine wenig homogene Rechtslandschaft in den Mitgliedstaaten. Das Wettbewerbsrecht ist im Gegensatz zu den bisher harmonisierten Bereichen sehr unterschiedlichen Wertungen und Traditionen in den Staaten unterworfen. Von der Frage nach der Schutzzwecktrias oder dem reinem Verbraucher- oder Mitbewerberschutz bis hin zur privat- oder verwaltungsrechtlichen Durchsetzung weisen die Rechtsordnungen verschiedene Konzepte auf.[295]

Die ersten Entscheidungen des Europäischen Gerichtshofs betreffen nationale Verbote von Kopplungsangeboten, die in der Richtlinie nicht speziell geregelt sind. Die Verordnung über Verkaufsförderungsmaßnahmen, die solche Geschäftspraktiken gesondert regeln sollte, ist mangels Übereinstimmung zwischen den Mitgliedstaaten nicht verabschiedet worden.[296] Kopplungsangebote sind zumeist weder irreführend noch aggressiv und sie fallen auch unter keinen Tatbestand der Schwarzen Liste. Die einzige Möglichkeit der Rechtfertigung eines nationalen Verbotes von Kopplungsangeboten ist die Einordnung als Verstoß gegen die berufliche Sorgfalt.[297]

---

295 *Henning-Bodewig*, Unfair Competition Law, S. 2 ff.; *Howells*/Micklitz/Wilhelmsson, European Fair Trading Law, S. 2 f.

296 Rücknahme der VO durch die Kommission, ABl. 2006 C 46/7; *Boesche*, WRP 2009, S. 661 (665).

297 *Apostolopoulos*, WRP 2004, S. 841 (847).

In der Entscheidung *Galatea* des Europäischen Gerichtshofs ging es um ein gesetzliches Verbot der Kopplung vom Erwerb des Produktes und freier Zugabe in Belgien. Dabei wurde zur Verteidigung des Verbotes von Kopplungsangeboten unter anderem vorgetragen, dass ein solches Verbot, auch wenn es nicht unter die speziellen Tatbestände falle, als Verstoß gegen die Generalklausel gerechtfertigt sein könnte.[298] Des Weiteren wurde das strenge deutsche Verbot für die Kopplung von Erwerb und Gewinnspiel in § 4 Nr. 6 UWG, das unabhängig von einer Eignung zur Beeinflussung der geschäftlichen Entscheidung des Verbrauchers anwendbar ist, in der Entscheidung des Europäischen Gerichtshofs *Plus-Warenhandelsgesellschaft* für unzulässig erklärt.[299] Der Bundesgerichtshof sprach in seinem Vorlagebeschluss an den Europäischen Gerichtshof unter anderem auch die Frage nach einer Rechtfertigung abweichender Verbote mit der Generalklausel an.[300] Allerdings hat der Gerichtshof sich in beiden Entscheidungen letztendlich nicht ausführlich mit der Einordnung als Verstoß gegen die Generalklausel auseinandersetzen müssen, da es sich um Verbote ohne Wertungsmöglichkeit handelte, die abschließend in der Schwarzen Liste in Anhang I der Richtlinie geregelt sind, die kein absolutes Verbot von Kopplungsangeboten enthält. Schon aus diesem Grund lag ein Verstoß gegen die Richtlinie und den Grundsatz der Vollharmonisierung aus Art. 4 vor.

Die Verfahren zeigen aber, dass Mitgliedstaaten geneigt sein können, ihre nationalen Verbote unlauterer Geschäftspraktiken aufrecht zu erhalten, auch wenn sie nicht von den Spezialtatbeständen erfasst sind.[301] Denn der weit gefasste Tatbestand der Generalklausel mit dem Begriff der beruflichen Sorgfalt bietet sich geradezu als Rechtfertigung für nationale Verbote von Geschäftspraktiken an. So wurde für § 4 Nr. 6 UWG in Deutschland vorgeschlagen, eine europarechtskonforme Auslegung vorzunehmen und die Vorschrift als normierten Fall des Verstoßes gegen die berufliche Sorgfalt der Generalklausel einzuordnen.[302] Diesem Ansatz

298 EuGH C-261/07, C-299/07, Slg. 2009, I-02949 Rn. 63 *VTB-VBA NV v Total Belgium NV*; *Galatea BVBA v Sanoma Magazines Belgium NV*, (joined cases) = WRP 2009, S. 722 (726 f.)

299 EuGH C-304/08, Slg. 2010, I-0000 *Plus-Warenhandelsgesellschaft* = MMR 2010, S. 181 (183).

300 BGH GRUR 2008, S. 807 (810) – *Millionenchance.*

301 Vgl. *Stuyck*, Regulation, in Weatherill/Bernitz, S. 159 (174); *Köhler*, GRUR 2008, S. 841 ff.; *Dohrn*, Generalklausel der Richtlinie, S. 279 f. zum Verstoß von Kopplungsangeboten gegen die Generalklausel.

302 *Köhler*, GRUR 2010, S. 177 (183); *Hanloser*, MMR-Aktuell 2010, 297924; *Boesche*, WRP 2009, S. 661 (669).

wurde jedoch in der nachfolgenden Entscheidung des Bundesgerichtshofs eine Absage erteilt. Der Gerichtshof hat darin ausgeführt, dass es sich bei Kopplungsangeboten nicht stets um einen Verstoß gegen die berufliche Sorgfalt handele. Vielmehr hänge die Unlauterkeit von den konkreten Umständen ab, so dass eine Rechtfertigung über die Generalklausel im Einzelfall möglich bleibe.[303] Diese Entscheidung des Bundesgerichtshofs ist auch vor dem Hintergrund zu sehen, dass der Europäische Gerichshof sich kurz zuvor auf eine Vorlagefrage aus Österreich erneut zu der Unlauterkeit von Kopplungsangeboten geäußert hat. In dieser Vorabentscheidung erteilt der Europäische Gerichtshof dem per se Verbot von Kopplungsangeboten, selbst wenn es sich bei der Zugabe um das ausschlaggebende Kaufmotiv handelt, erneut eine Absage.[304]

Während in Ländern wie in Belgien oder Deutschland Kopplungsangebote geregelt sind, wird in England die Kombination von Erwerbsgeschäft und freier Zugabe generell großzügig gehandhabt.[305] Zwar sind im BCA und in dem Code of Practice for Traders on Price Indications Regelungen über gekoppelte Angebote enthalten. Danach müssen die Bedingungen klar und eindeutig sein und das Angebot darf keine versteckten Kosten für den Verbraucher beinhalten.[306] Grundsätzlich sind Kopplungsangebote jedoch erlaubt und englische Unternehmer machen von dieser Möglichkeit häufig Gebrauch, beispielsweise in den zahlreichen „BOGOF“-Aktionen („buy one get one free“). Das Mitglied des Parlaments die Baroness Buscombe führte dazu in der Debatte über den Erlass der CPR im House of Lords aus: „Finally, I look to the Minister to provide comfort that one longstanding UK marketing practice that is extremely popular with consumers will continue to be acceptable under the new legislative regime that comes into being next month. I speak of the „buy one get one free“ offers, or to use what sounds like rather unparliamentary language forgive me, but I have been looking forward to this BOGOFs. Such offers are extremely popular with consumers here in the UK; indeed we have all seen them“. Daraufhin bestätigte der zuständige Minister, dass

303 BGH, GRUR 2011, S. 532 (534 f.) Rz. 23 - Millionenchance II; vgl. auch *Leible/Günther*, GRUR-Prax 2011, S. 209; siehe *Lundmark*, „Soft“ stare decisis, in Schulze/Seif, S. 161 (166 f.) zur Bedeutung der Gerichte für eine funktionierende Harmonisierung.

304 EuGH, GRUR 2011, 76 (78) Rz. 46 - Mediaprint; bestätigt in EuGH, EuZW 2011, S. 305 (307) Rz. 31 - Telekomunikacja Polska.

305 *Howells/Voigt*, United Kingdom, in Micklitz/Keßler, S. 361 (403); *Henning-Bodewig*, Unfair Competition Law, S. 147.

306 *Howells/Voigt*, United Kingdom, in Micklitz/Keßler, S. 361 (403); *Henning-Bodewig*, Unfair Competition Law, S. 147.

solche Kopplungsangebote grundsätzlich nicht unlauter sind.[307] Diese Debatte zählt zu den Materialien, die für die Gesetzesauslegung herangezogen werden können. Die Ansicht der Lords als Teil des gesetzgebenden Parlaments ist bei der Auslegung der CPR zu berücksichtigen.[308] Auch in der Untersuchung dieser Frage durch das Institut für eine bessere Regulierung LACORS (Local Authorities Coordinators of Regulatory Services) wird darauf hingewiesen, dass diese Geschäftspraxis weiterhin zulässig sei und nicht unter einen der Tatbestände der Richtlinie falle, sofern die Angebote nicht irreführend gestaltet sind.[309] Zur Rechtfertigung werden die oben genannte Parlamentsdebatte angeführt sowie die persönliche Stellungnahme von Giuseppe Abbamonte, dem derzeit zuständigen Vorsitzenden der DG Sanco, der BOGOF-Angebote nicht als generell unzulässig ansieht.[310] Diese Ansicht stimmt auch mit dem Standpunkt des BERR (Department of Business, Economy and Regulatory Reform) überein, das Kopplungsangebote auch weiterhin für zulässig hält.[311]

2. Auslegung der Generalklausel

Aufgrund der weit formulierten Tatbestandsmerkmale könnte sich die Generalklausel in der Auslegung durch die Mitgliedstaaten zu einer weiteren Öffnungsklausel entwickeln und so das Prinzip der Vollharmonisierung unterlaufen. Es ist insoweit fraglich, ob ein Verstoß gegen die Generalklausel lediglich nachrangig nach einer Prüfung der Spezialtatbestände in Betracht kommt und dann einen gewissen engen Zusammenhang zu den speziell geregelten Geschäftspraktiken aufweisen muss oder ob die Generalklausel gleichrangig neben den Spezialtatbeständen steht und unabhängig geprüft werden kann.[312] Zum einen scheint die Kommission eine der Aufgaben der Generalklausel durchaus in einer Auffangfunktion für nationale

---

307 Beitrag aus der Debatte des House of Lords verfügbar unter http://www.parliament.the-stationery-office.co.uk/pa/ld200708/ldhansrd/text/80423-0012.htm; siehe auch LACORS, Opinion on BOGOF, S. 2; siehe zu BOGOFs auch *Lawson*, Solicitors Journal 2008 (14), S. 16 f.

308 *Pepper v Hart* [1993] AC, S. 593 f.

309 LACORS, Opinion on BOGOF, S. 2.

310 A.a.O., S. 3.

311 BERR, Guidance on the UK implementation of the Unfair Commercial Practices Directive, März 2007, S. 25; vgl. *Lawson*, Solicitors Journal 2008 (14), S. 16 f.; siehe zur Stellungnahme von LACORS und Out-law http://www.out-law.com/page-9002.

312 Vgl. *Howells*/Micklitz/Wilhelmsson, European Fair Trading Law, S. 86.

Verbote unlauterer Geschäftspraktiken zu sehen, die in der Richtlinie nicht ausdrücklich geregelt sind. Denn sie erklärt in der Richtlinienbegründung, dass Geschäftspraktiken, die in bestimmten Mitgliedstaaten als unlauter beurteilt werden, von der Generalklausel erfasst sein können.[313] Diese Aussage ist auch vor dem Hintergrund zu sehen, dass in einigen Staaten das Fehlen einer „safeguard"-Klausel bemängelt wurde. Ebenso sind jedoch auch weite Teile der Literatur der Ansicht, dass die Generalklausel gerade dazu diene, Geschäftspraktiken zu erfassen, die weder unter den Tatbestand der irreführenden oder aggressiven Geschäftspraktiken fallen, aber wegen allgemeiner Verstöße gegen die berufliche Sorgfalt als unlauter eingeordnet werden sollen.[314] Sie stünde demnach gleichrangig neben den anderen Tatbeständen. Dem ist zuzustimmen, denn die Generalklausel würde ihre Funktion als Auffangtatbestand und als flexible Regelung neuartiger Geschäftspraktiken einbüßen, wenn ein Verstoß nur subsidiär in Betracht käme, sofern einer der speziellen Tatbestände erfüllt ist.

Von dieser formellen Gleichrangigkeit der Generalklausel ist allerdings ihre inhaltliche Bedeutung zu trennen. Auch wenn sie grundsätzlich eine Auffangfunktion wahrnimmt, sollte es den Mitgliedstaaten nicht möglich sein, ihre nationalen Verbote unlauterer Geschäftspraktiken stets durch einen Verstoß gegen die berufliche Sorgfalt zu rechtfertigen.[315] Die Vereinheitlichung des verbraucherschützenden Wettbewerbsrechts wäre durch eine extensive Anwendung der Generalklausel in den Mitgliedstaaten gefährdet.[316] Demzufolge geht auch die Kommission davon aus, dass die Generalklausel zunächst nur eine untergeordnete Rolle bei dem Vorgehen gegen unlautere Geschäftspraktiken spielen wird.[317] Denn grundsätzlich sollen alle zurzeit unlauteren Geschäftspraktiken von den Vorschriften über irreführende und aggressive Geschäftspraktiken sowie der Schwarzen Liste erfasst werden.[318] Die Generalklausel ist demnach eher als

313 KOM (2003) 356 endg., S. 14 Rn. 50, 58.

314 *Ramsay*, Consumer Law, S. 284; Howells/*Micklitz*/Wilhelmsson, European Fair Trading Law, S. 119; *Abbamonte*, General Prohibition, in Weatherill/Bernitz, S. 11 (20); *Stuyck/Terryn/van Dyck*, CMLR 2006, S. 107 (134); *Gamerith*, WRP 2005, S. 391 (419 f.); *Köhler/Lettl*, WRP 2003, S. 1019 (1038).

315 *Micklitz*/Reich/Rott, Understanding EU Consumer Law, S. 64 (89).

316 Howells/*Micklitz*/Wilhelmsson, European Fair Trading Law, S. 119 f.; *Micklitz*/Reich/Rott, Understanding EU Consumer Law, S. 64 (83); *Apostolopoulos*, WRP 2004, S. 841 (847).

317 KOM (2003) 356 endg., S. 14 Rn. 52; so auch *Abbamonte*, General Prohibition, in Weatherill/Bernitz, S. 11 (20); *Apostolopoulos*, WRP 2004, S. 841 (847).

318 Howells/*Micklitz*/Wilhelmsson, European Fair Trading Law, S. 119.

Regelung zukünftig erst aufkommender unlauterer Geschäftspraktiken gedacht.[319] Die Möglichkeit, nationale Verbote über die Generalklausel zu rechtfertigen, ist daher eng zu begrenzen und auf solche Regelungen einzuschränken, die in mehreren Mitgliedstaaten als unlauter eingeordnet werden und die dem Schutz der informierten geschäftlichen Entscheidung des Verbrauchers dienen.[320] Jedes andere Verständnis widerspricht dem in der Richtlinie verankerten Prinzip der Vollharmonisierung und dem Ziel, das Recht zu vereinheitlichen und zu vereinfachen. Die von einer uneinheitlichen Anwendung der Richtlinie ausgehende Gefahr für die Vollharmonisierung ist evident.[321] Vor dem Hintergrund der Übergangsfrist in Art. 3 Abs. 5, die die vollständige Harmonisierung bis 2013 aufschiebt, fällt der diversifizierende Effekt der Generalklausel jedoch voraussichtlich nicht allzu sehr ins Gewicht. Es ist zu erwarten, dass die Tatbestandsmerkmale der Generalklausel in der nächsten Zeit Gegenstand von Vorlageentscheidungen des Europäischen Gerichtshofs sein werden, die, so bleibt zu hoffen, zu einer einheitlichen europäischen Auslegung der unbestimmten Rechtsbegriffe der beruflichen Sorgfalt und der Unlauterkeit führen werden.[322]

Jedoch muss auch ein solches einheitliches europäisches Verständnis nicht zwingend zu einer Vollharmonisierung der Rechtslage in den Mitgliedstaaten führen. Der Europäische Gerichtshof hat in seiner Entscheidung „Freiburger Kommunalbauten“ zu der Klauselrichtlinie 93/13/EWG entschieden, dass es an den nationalen Gerichten ist, zu bestimmen, wann eine Klausel unfair ist, und dass nationale Besonderheiten beachtet werden können.[323] Wenn dies ebenso für die Richtlinie gegen unlautere Geschäftspraktiken gilt, müssten auch für die Frage nach der Unlauterkeit oder „unfairness“ im Rahmen der Generalklausel die nationalen Besonderheiten berücksichtigt werden. Dies ist insoweit wahrscheinlich, da in der Definition der Unlauterkeit in der UGP-Richtlinie genauso wie in Art. 3 Abs. 1 der Klauselrichtlinie auf den unbestimmten Rechtsbegriff „Treu und Glauben“ abgestellt wird. Des Weiteren sind in der Definition aus der UGP-Richtlinie noch die „anständigen Marktgepflogenheiten“ genannt, die nach der Erwartung des

---

319 *Micklitz*/Reich/Rott, Understanding EU Consumer Law, S. 64 (89); *Abbamonte*, General Prohibition, in Weatherill/Bernitz, S. 11 (21).

320 *Bernitz*, Scope, Ambition and Relation, in Weatherill/Bernitz, S. 33 (37); *Bernitz*, Copycats, and Look-alikes, in Ezrachi/Bernitz, S. 217, 228; *Ramsay*, Consumer Law, S. 284; *Apostolopoulos*, WRP 2004, S. 841 (847).

321 *Stuyck/Terryn/van Dyck*, CMLR 2006, S. 107 (148).

322 *Apostolopoulos*, WRP 2004, S. 841 (847).

323 EuGH, NJW 2004, S. 1647 - Freiburger Kommunalbauten; vgl. auch *Howells*, Consumer Concepts, in Schulze, S. 127; *Tichy*, Unfair terms, in Schulte-Nölke/Tichy, S. 69.

relevanten Verkehrskreises bestimmt werden, dessen Vorstellungen national geprägt sein können.[324] Neben den zahlreichen Bereichsausnahmen zeigt auch die Fassung der Generalklausel mit der weiten Definition der beruflichen Sorgfalt wiederum, dass selbst innerhalb der Richtlinie die intendierte Vollharmonisierung nicht stringent verfolgt wird.[325]

324 *Apostolopoulos*, WRP 2004, S. 841 (846); *Köhler/Lettl*, WRP 2003, S. 1019 (1037).
325 Siehe oben Kap. 1, I. 2. b).

Kapitel 3: Irreführende Geschäftspraktiken

I. Schutz der Verbraucher vor irreführenden Handlungen nach Art. 6

Art. 6 Abs. 1 enthält zwei Varianten irreführender Geschäftspraktiken. Eine Geschäftspraxis kann unlauter sein, wenn falsche Angaben gemacht werden, die den Verbraucher zu einer wirtschaftlichen Entscheidung veranlassen, die er sonst nicht getroffen hätte. Die zweite Variante der unlauteren Irreführung umfasst Angaben, die zwar nicht falsch sind, aber durch sämtliche Umstände der Präsentation zur Täuschung über einen der nachfolgend aufgezählten Punkte und zur Beeinflussung der wirtschaftlichen Entscheidung des Durchschnittsverbrauchers geeignet sind. In Art. 6 Abs. 1 lit. a) bis g) werden Anknüpfungspunkte für irreführende Angaben aufgelistet. Umfasst sind Angaben über das Vorhandensein und die Art des Produkts, Angaben über die wesentlichen Merkmale des Produkts, über die Identität und Anschrift des Gewerbetreibenden, über Sponsoring sowie über bestimmte Rechte nach der Verbrauchsgüterkaufrichtlinie. Weiterhin wird auf Angaben zu Preis, Preisberechnung oder zu dem Vorhandensein eines besonderen Preisvorteils Bezug genommen, wobei letzteres vor allem Scheininsolvenzen und -räumungen sowie Scheinverkäufe beinhaltet. Daneben kann eine irreführende Handlung nach Art. 6 Abs. 2 lit. a) auch darin bestehen, dass der Unternehmer durch die Vermarktung des Produkts eine Verwechslungsgefahr mit dem Produkt oder Kennzeichen eines Mitbewerbers begründet. Zudem kann eine Irreführung des Verbrauchers gemäß Art. 6 Abs. 2 lit. b) durch Verstoß gegen einen Verhaltenskodex herbeigeführt werden, wenn der Unternehmer Mitglied dieses Kodexes ist, darauf im Rahmen der Geschäftspraxis verweist und wenn der Kodex eine eindeutig nachprüfbare Verpflichtung enthält.

II. Schutz der Verbraucher vor irreführenden Handlungen nach Regulation 5 CPR

Artikel 6 der Richtlinie gegen unlautere Geschäftspraktiken wurde in England in Regulation 5 CPR umgesetzt. Das englische Gesetz hat die Vorschrift der Richtlinie in großen Teilen übernommen. Die Irreführung über die betriebliche Herkunft durch Verwendung fremder Kennzeichen ist in Regulation 5(3)(a) CPR geregelt, während der Verstoß gegen Verhaltenskodizes in Regulation 5(3)(b) CPR enthalten ist. Im Zusammenhang mit freiwilligen Kodizes wurde in England in Regulation 4 CPR auch Gebrauch von der Option aus Art. 11 Abs. 1 lit. b) der Richtlinie gemacht, einen Verbotstatbestand für Urheber von Verhaltenskodizes einzuführen, der die Nichteinhaltung rechtlicher Vorschriften sanktioniert. Daneben enthält auch die Schwarze Liste zwei Tatbestände im Zusammenhang mit freiwilligen Verhaltenskodizes. Nach Ziffer 1 ist es unlauter zu behaupten, Mitglied eines Kodexes zu sein, wenn dies nicht zutrifft, und nach Ziffer 3 ist die unwahre Angabe, dass ein Kodex von einer öffentlichen Stelle gebilligt wurde, unlauter.

Die Liste der Anknüpfungspunkte der irreführenden Handlung in Regulation 5(4) CPR stimmt inhaltlich mit der Richtlinie überein. Allerdings hat der englische Gesetzgeber davon abgesehen, den Wortlaut der Richtlinie in Art. 6 Abs. 1 lit. b) „the main characteristics of the product, such as …" zu übernehmen. Es ist fraglich, ob es sich bei dieser Auflistung der Punkte in Art. 6 Abs. 1 lit. a) - g), an die die irreführende Angabe anknüpfen muss, überhaupt um eine abschließende Liste handelt, deren einzelne Punkte lediglich offen formuliert sind, wie z. B. Art. 6 Abs. 1 lit. b) „wesentliche Merkmale des Produkts wie …" und Art. 6 Abs. 1 lit. f) „die Person, die Eigenschaften oder die Rechte des Gewerbetreibenden oder seines Vertreters wie …", oder ob die gesamte Liste keinen abschließenden Charakter hat und der Tatbestand damit vollkommen offen ist.[326] In England konzentrieren sich die verschiedenen Meinungen zur richtigen Auslegung auf den Charakter der Aufzählung der Anknüpfungspunkte in Regulation 5(4) CPR. Nach dem Wortlaut von Regulation 5(5) CPR „the „main characteristics of the product" *include* […]", der von der Richtlinie abweicht, ließe sich schließen, dass die Aufzählung abschließend die wesentlichen Merkmale enthält, so dass keine anderen Merkmale mehr wesentlich sein können. Für diese Annahme spricht, dass der englische Gesetzgeber sonst in weiten Teilen den Wortlaut der Richtlinie übernimmt. Eine Änderung könnte somit darauf hinweisen, dass damit auch materiell eine andere Regelung verbunden sein soll. Teile der Literatur gehen dahingegen davon aus, dass es sich um eine nicht abschließende Aufzählung der wesentlichen Merkmale des Produkts in Regulation 5(5) CPR handelt.[327] Dafür spricht, dass bestimmte Angaben, die sich nicht auf eines der genannten Merkmale beziehen, nicht mehr Grundlage einer irreführenden

326 Abschließend: Harte-Bavendamm/Henning-Bodewig/*Glöckner*, UWG, Einl. B Rn. 305; *Harte-Bavendamm/Henning-Bodewig,* UWG, § 5 Rn. 6.95; *Steinbeck*, WRP 2006, S. 632 (634); a.A.: Howells/Micklitz/*Wilhelmsson*, European Fair Trading Law, S. 138 ff.; Piper/Ohly/*Sosnitza*, UWG, § 5 Rn. 230.

327 *Philpott*, Consumer Credit, S. 480 Rn. 12.131, 12.147; vgl. *Smith*, Justice of the Peace 2008, 172 (34), S. 537; Howells/Micklitz/*Wilhelmsson*, European Fair Trading Law, S. 139.

Angabe sein könnten, selbst wenn sie grundsätzlich als wesentlich angesehen würde. Der Tatbestand würde damit beschränkt und möglich wäre nur noch ein Rückgriff auf die Generalklausel. Für einen abschließenden Charakter der gesamten Liste der Regulation 5(4) CPR und der Konkretisierung der wesentlichen Merkmale in Regulation 5(5) CPR spricht jedoch, dass irreführende Angaben nach Regulation 5 CPR strafrechtlich sanktioniert werden können. Im Hinblick auf das Gebot der Rechtsklarheit und -bestimmtheit insbesondere strafrechtlicher Normen, wäre eine andere Auslegung bedenklich.[328] Betrachtet man zudem den systematischen Zusammenhang mit früheren Gesetzen, so fällt auf, dass auch die Vorgängerregelung in Section 2(1) TDA zu irreführenden Angaben über Waren und die Regelung in Section 21 CPA zu irreführenden Preisen eine ähnliche Liste enthielten, die vollumfänglich abschließend war.[329] Ein Vergleich des Wortlauts der Regelungen zeigt, dass auch für die abschließenden Listen des TDA und des CPA verschiedene Formulierungen verwendet wurden. Im TDA heißt es „of any of the following matters [...], that is to say -" und im CPA „includes any of the following, that is to say -". Es lässt sich also kein einheitlicher Wortlaut feststellen, der stets auf eine abschließende Aufzählung hinweisen würde. Allerdings findet sich der Wortlaut „include" aus dem CPA auch vor der Auflistung der wesentlichen Merkmale in Regulation 5(5) CPR wieder. Es spricht also einiges dafür, dass auch die Aufzählung der wesentlichen Merkmale in Regulation 5(5) CPR abschließend sein soll.[330]

1. Trade Descriptions Act 1968

Der Schutz vor Irreführungen war vor Einführung des neuen Gesetzes in England nicht einheitlich geregelt. Das Common Law enthält einige Regelungen, die in den Anwendungsbereich der Richtlinie fallen, daneben existierten jedoch auch zahlreiche Gesetze und freiwillige Kodizes, die sich mit dem Schutz vor Irreführung befassten.[331] Dabei handelte es sich häufig um sehr detaillierte Gesetze und spezielle Kodizes, die nur auf ganz bestimmte Situationen anwendbar waren, wie

---

328 *Howells/Weatherill*, Consumer Protection Law, S. 404, 417.

329 Vgl. *Howells/Weatherill*, Consumer Protection Law, S. 404; *Woodroffe/Lowe*, Consumer Law, 7. Aufl. 2007, S. 261 Rn. 14.15.

330 Howells/Micklitz/*Wilhelmsson*, European Fair Trading Law, S. 139 halten die Liste zwar grundsätzlich für nicht abschließend, aber trotzdem für wahrscheinlich, dass ein Common Lawyer sie als abschließend ansieht.

331 Für eine gute Übersicht siehe *Schricker*, GRUR Int. 1990, S. 112 (118); *Schulze/Schulte-Nölke*, Analysis of National Fairness Laws, S. 28.

zum Beispiel der Mock Auctions Act 1961, der falsche Schluss- oder Ausverkäufe verbot.[332] Am breitesten gefächert waren der Trade Descriptions Act 1968 und der Consumer Protections Act 1987, die vor der Einführung der CPR einen Großteil der Fälle von Irreführungen regelten und daher den wesentlichen Gegenstand der nachfolgenden Analyse darstellen.[333]

Vor Einführung der Consumer Protection Regulations wurden irreführende Angaben eines Unternehmers über seine Waren oder Dienstleistungen in der Hauptsache durch den Trade Descriptions Act 1968 geregelt.[334] Der Act 1968 geht zurück auf den „Report on Consumer Protection“ des Molony Committee. Zwar wird der Act 1968 systematisch dem Strafrecht zugeordnet, er regelte jedoch den Schutz des Verbrauchers vor irreführenden Kennzeichnungen, der lediglich strafrechtlich sanktioniert wurde.[335] Die Einhaltung der Vorschriften wurde von den Trading Standards Offices (lokale Wettbewerbsbehörden) überwacht.[336] Bei Verstößen konnten die Behörden Verwarnungen aussprechen und Klage vor den Strafgerichten erheben. Eine Klagemöglichkeit der getäuschten Verbraucher oder der geschädigten Konkurrenten bestand grundsätzlich nicht.[337] Mit Erlass der Consumer Protection Regulations sind große Teile des TDA aufgehoben worden.[338] Die Auswirkungen der Ersetzung des TDA durch die CPR könnten von entscheidender Bedeutung für das Niveau des Verbraucherschutzes sein. Ein Vergleich zwischen neuer und alter Rechtslage soll Erkenntnisse darüber bringen, ob es durch die CPR zu einer Verbesserung des Verbraucherschutzes kommt.

a) Irreführende Warenbezeichnung

Der Trade Descriptions Act regelte falsche und irreführende Angaben eines Unternehmers über Produkte („*false trade descriptions as to goods*“). Unter „false“

332 Nach Einführung der CPR weggefallen gemäß Schedule 2, Part. 1, Nr. 6 CPR.

333 *Howells/Weatherill*, Consumer Protection Law, S. 432; *Howells*, Journal of Business Law 2009, S. 183; *Leistner*, ZEuP 2009, S. 56 (65); DTI, Consultation on framing and enforcing criminal sanctions in the Regulations implementing the UCP Directive, S. 19 Rn. 4.5; Law Commission, Consumer Redress, S. 11 Rn. 2.10.

334 DTI, Report on DTI workshop on the effectiveness of criminal sanctions following transposition of the UCP-Directive, Juni 2005, S. 4 Rn. 6.

335 *Wings Ltd v Ellis* [1984] 3 All ER, S. 577 (587); *Howells/Weatherill*, Consumer Protection Law, S. 412; *Harvey/Parry*, Consumer Protection, S. 382 f.; *Lettl*, Werbung in Europa, S. 225; *Henning-Bodewig*, GRUR Int. 2010, 273 (280).

336 Ohly, *Richterrecht*, S. 48.

337 Zu den Möglichkeiten einer strafrechtlichen Privatklage siehe Kap. 7, III. 2. b) cc).

338 Siehe Schedule 2, Part 1, Nr. 8 CPR.

im Sinne von Section 2 und 3 TDA fielen unwahre Angaben als solche und wahre Angaben, sofern sie irreführend waren.[339] In Section 2(2) TDA hieß es ausdrücklich: „A trade description though not false, is misleading […] shall be deemed to be a false trade description“ (eine Warenbezeichnung, die nicht falsch ist, aber irreführend, gilt als falsche Warenbezeichnung). Die Bezeichnung musste nach Section 3(1) TDA in einem erheblichen Punkt unwahr oder irreführend sein („false to a material degree“), um eine Anwendung auf Bagatellfälle auszuschließen. Angaben, die auf die Kaufentscheidung keinen oder nur einen geringen Einfluss hatten, fielen damit nicht unter den Tatbestand der irreführenden Bezeichnung.[340] Verwendete der Unternehmer eine objektiv unwahre Bezeichnung, wurde dies ohne weiteren Nachweis der Eignung zur Irreführung als Verstoß gegen den TDA gewertet.[341] Verwendete der Unternehmer eine wahre irreführende Aussage, kam es auf das Verständnis einer „reasonable person“ an, also darauf, ob eine vernünftige Person in der bestimmten Situation irregeführt worden wäre.[342]

Eine Kenntnis des Unternehmers von der irreführenden Warenbezeichnung war grundsätzlich nicht erforderlich.[343] Lediglich bei gemeinschaftlicher Haftung von Geschäftsführern oder anderen leitenden Angestellten innerhalb eines Unternehmens für das Handeln nur eines von ihnen war für eine Haftung der einzelnen anderen Personen jeweils ein Wissenselement erforderlich. Ein Verstoß konnte in diesem Fall nur dann vorliegen, wenn die Handlung mit Zustimmung begangen oder geduldet wurde.[344]

aa) Trade Description

Der Begriff „trade description“ wurde nach Section 2(1) TDA denkbar weit definiert, so dass darunter jede Angabe fiel, die der Unternehmer direkt oder indirekt im Bezug auf ein Produkt tätigte und die falsch im Sinne von irreführend im Bezug auf einen der in lit. a) bis j) genannten Punkte war.[345] Umfasst waren

---

339 *Harvey/Parry*, Consumer Protection, S. 389; *Woodroffe/Lowe*, Consumer Law, 7. Aufl. 2007, S. 233 Rn. 13.22; *Griffiths*, Communications Law 2007, S. 196 (199); *Lettl*, Werbung in Europa, S. 226.

340 *Lettl*, Werbung in Europa, S. 228.

341 *Gumpert/Kirk*, Trading Standards, S. 77, *Twigg-Flesner*, Law Quarterly Review 2005, S. 386 (388).

342 Siehe oben Kap. 2, II. 4. a) aa).

343 *Howells/Weatherill*, Consumer Protection Law, S. 398; *Lettl*, Werbung in Europa, S. 226; *Ludwig*, Irreführende und vergleichende Werbung, S. 175.

344 *Harvey/Parry*, Consumer Protection, S. 384 f.

345 *Lettl*, Werbung in Europa, S. 226.

Angaben über Quantität, Größe oder Maß (lit. a), Herstellungsprozess oder Produktion (lit. b), Zusammensetzung (lit. c), Verwendungszweck, Beanspruchbarkeit, Materialverhalten, Präzision (lit. d) oder andere körperliche Eigenschaften des Produkts (lit. e), Testresultate oder Übereinstimmung mit geprüften Produkttypen (lit. f und g), Herstellungsort und -zeit (lit. h), Person des Herstellers oder Händlers (lit. i) sowie andere Angaben über die Vorgeschichte des Produkts, frühere Eigentümer und vorherigen Gebrauch eingeschlossen (lit. j). Diese Liste legte abschließend fest, auf welche Punkte sich die irreführende Angabe beziehen musste.[346] Unter irreführende „trade description" über die Quantität fielen nach Section 2(1)(a) i. V. m. Section 2(3) TDA zum Beispiel Verpackungen, die den Anschein einer größeren Menge, als tatsächlich enthalten, erweckten.[347] Eine irreführende „trade description" über die Zusammensetzung eines Produkts (lit. c) lag vor bei Bezeichnungen wie „natürliches Mineralwasser" oder „Leinen" für Produkte, die künstliche Kohlensäure enthielten oder aus einer Mischung aus Leinen und Wolle bestanden.[348] Die Definition der „trade description" in Section 2 TDA wurde in Section 3(3) TDA noch dahin gehend erweitert, dass auch Angaben, die keine „trade description" im Sinne von Section 2 TDA darstellten, als solche galten, sofern es wahrscheinlich war, dass sie als solche verstanden wurden. Diese Formulierung wurde von den Gerichten dahin gehend ausgelegt, dass der englische Gesetzgeber einen möglichst weiten Schutz des Verbrauchers vor irreführenden Angaben schaffen wollte. Daher sollten auch zweideutige Angaben umfasst sein, sofern die Möglichkeit bestand, dass zumindest ein Teil der Verbraucher sie in einer Weise verstehen könnte, die mit der Wirklichkeit nicht übereinstimmte.[349]

bb) Handeln im geschäftlichen Verkehr

Der Unternehmer musste im geschäftlichen Verkehr gehandelt haben, also die „trade description" in irgendeiner Hinsicht im Zusammenhang mit dem Verkauf oder Vertrieb des Produkts getätigt haben („in the course of a trade or business").[350]

---

346 *Howells/Weatherill*, Consumer Protection Law, S. 404.

347 *Harvey/Parry*, Consumer Protection, S. 389.

348 Vgl. *Allard v Selfridge & Co Ltd* [1925] 1 KB, S. 129 ff.; *Harvey/Parry*, Consumer Protection, S. 389.

349 *Doble v David Greig Ltd* [1972] 1 WLR, S. 703 (708, 710).

350 *Wycombe Marsh Garage Ltd v Fowler* [1972] 1 WLR, S. 1156 f.; *Fletcher v Sledmore* [1973] RTR, S. 371 f.; *Formula One Autocentres Ltd v Birmingham City Council* [1999] RTR, S. 195 f.; *Harvey/Parry*, Consumer Protection, S. 388; *Gumpert/Kirk*, Trading Standards, S. 65 f.

Von dem Anwendungsbereich des Gesetzes war jedenfalls der geschäftsmäßige Verkäufer umfasst. In Section 20 TDA wurde das Verbot weiter auf Repräsentanten des Unternehmens ausgedehnt. In *Roberts v Leonard* wurde von dem Divisional Court klar gestellt, dass auch die freien Berufe unter den persönlichen Anwendungsbereich des Acts fallen, da sie genauso von der Definition des „business", wie sie im Lexikon steht, umfasst seien.[351] Der Tatbestand war nicht nur auf Verkäufe eines Unternehmers beschränkt, sondern fand auch Anwendung, wenn der Unternehmer als Ankäufer agierte („apply a false trade description to any goods"). Als Präzedenzfall diente die Entscheidung *Fletcher v Budgen*, in der ein Unternehmer einer Privatperson ein Unfallauto abkaufte und ihr vorspiegelte, es sei „reif für den Schrott", um es dann später für einen sehr viel höheren Preis wieder zu verkaufen.[352]

Die meisten Entscheidungen zu dem Merkmal des Handelns im geschäftlichen Verkehr sind zu dem Verkauf von Autos ergangen. In *Havering London Borough v Stevenson* wurde ein Auto mit falschen Angaben über den Tachostand („false trade description as to mileage") verkauft.[353] Der Verkäufer war jedoch kein professioneller Autohändler, sondern eine Autovermietung. Ein Handeln im geschäftlichen Verkehr wurde trotzdem bejaht, da die Verleihfirma die Wagen regelmäßig nach einiger Zeit verkaufte. Für ein Handeln im geschäftlichen Verkehr war es nicht erforderlich, dass Angaben direkt zwischen den Vertragsparteien getätigt wurden. In *Fletcher v Sledmore* wurde auch ein Automechaniker, der in Gegenwart des späteren Endkäufers eine Angabe zu dem Wagen gemacht hatte, wegen Verstoßes gegen den TDA verurteilt, obwohl er das Auto nur an den Autohändler verkaufte, der es dann an den beeinflussten Kunden weiter verkaufte.[354] Ein vertragliches Handeln war für einen Verstoß gegen die Vorschriften des Trade Descriptions Act somit nicht erforderlich. Dahingegen fiel ein selbstständiger Kurierbote, der zum ersten Mal sein eigenes Auto verkaufte, nicht unter Section 1 TDA.[355] Nach Ansicht des entscheidenden Gerichts lag ein geschäftliches Handeln nur dann vor, wenn eine gewisse Regelmäßigkeit bestand.[356]

---

351 *Roberts v Leonard* (1995) 14 Tr. LR, S. 536 f.; Oxford American Dictionary of Current English, 2002 New York, S. 99: „business": one's regular occupation, profession or trade; *Lettl*, Werbung in Europa, S. 226.

352 *Fletcher v Budgen* [1974] All ER, S. 1243 f.; *Harvey/Parry*, Consumer Protection, S. 385; *Howells/Weatherill*, Consumer Protection Law, S. 401.

353 *Havering London Borough v Stevenson* [1970] 3 All ER, S. 609 f.

354 *Fletcher v Sledmore* [1973] RTR, S. 371 f.

355 *Davies v Sumner* [1984] All ER, S. 831 (834).

356 A.a.O.

Da sich der Zweck des Trade Descriptions Act auf den Schutz der Öffentlichkeit vor fehlgeleiteten Kaufentscheidungen bezog, waren nach dem Kauf gemachte Angaben generell nicht mehr Gegenstand des Acts, sondern nur noch vertragsrechtlicher Regelungen. So wurde in *Hall v Wickens Motor Ltd* entschieden, dass eine nach Kauf und Lieferung gemachte Angabe, obwohl sie falsch war, keinen Verstoß mehr gegen den Act 1968 darstellen konnte.[357] Es war allerdings nicht erforderlich, dass der Irrtum zum Zeitpunkt des Kaufs oder der Lieferung noch fortwirkte. Eine Berichtigung der Aussage an der Kasse oder eine Ausschlussklausel (Disclaimer) war regelmäßig nicht geeignet, einen Verstoß gegen den Act zu verhindern.[358] Dies stellte im Gegensatz zur Rechtsprechung zur Passing-off Klage aus dem Common Law, nach der nur dann ein Verstoß vorliegt, wenn der Irrtum zum Zeitpunkt des Kaufes noch fortwirkt, einen großen Fortschritt für den Schutz der englischen Verbraucher dar.[359]

cc) Tatbestandliche Handlung – Apply or Supply

In Section 4 TDA wurde festgelegt, wann eine „trade description" als verwendet („applied") galt. Dazu genügte jede Angabe, die in Verbindung mit dem Produkt stand, entweder direkt auf der Verpackung oder indirekt in Werbeprospekten.[360] Nach Section 4(2) TDA konnte es sich dabei auch um eine mündliche Aussage handeln. Diese umstrittene Änderung zur früheren Rechtslage nach dem Merchandise Mark Act 1887 wurde von der englischen Regierung eingeführt, um den Schutz für den Verbraucher effektiver zu gestalten. Durch das Merkmal „*supplies or offers to supply any goods to which a false trade description is applied*" in Section 1(1)(b) TDA wurde der Anwendungsbereich des Gesetzes zudem auf alle Arten von Zwischenhändlern und Drittverkäufern erweitert.[361] Das Beispiel eines veränderten Tachometers in einem Gebrauchtwagen verdeutlicht, dass ein Händler, der vielleicht der dritte oder vierte Unternehmer in der Handelskette ist, einen Verstoß gegen den TDA unter Section 1(1)(b) begehen konnte, auch wenn der

---

357 *Hall v Wickens Motor Ltd* [1972] 1 WLR, S. 1418 f.; *Woodroffe/Lowe*, Consumer Law, 7. Aufl. 2007, S. 230 Rn. 13.17.

358 *Lewin v Fuell* [1991] 155 JP, S. 206 f. (Disclaimer); *Doble v David Greig* [1972] 1 WLR, S. 703 (708); *Smith*, Justice of the Peace 2008, 172 (34), S. 536 (539).

359 Siehe unten Kap. 4, II. 3. c).

360 *Donnelly v Rowlands* [1970] 1 WLR, S. 1600 (1602) („trade description" auf dem Deckel einer Milchflasche); *Rees v Munday* [1974] 3 All ER, S 506 f.; *Harvey/Parry*, Consumer Protection, S. 388 f.

361 *Harvey/Parry*, Consumer Protection, S. 392; *Howells/Weatherill*, Consumer Protection Law, S. 398, 406; *Woodroffe/Lowe*, Consumer Law, 7. Aufl. 2007, S. 230 Rn. 13.16.

Tacho von einer anderen Person gefälscht wurde, denn eine Kenntnis von der falschen Angabe war nicht erforderlich.

dd) Trade Descriptions über Gebrauchtwagen – Disclaimer

Zum besseren Verständnis, welche Bezeichnungen eine unzulässige „trade description" im Sinne des Gesetzes darstellten und welche Veränderungen sich durch die Einführung der CPR ergeben, ist eine Kenntnis der wichtigsten Fallgestaltungen, auf die die Vorschriften in der Praxis hauptsächlich Anwendung gefunden haben, erforderlich. Im Zusammenhang mit „trade descriptions" über den Verwendungszweck eines Produkts (lit. d) sind zahlreiche Fälle zu Angaben über Gebrauchtwagen entschieden worden. Wenn ein Verkäufer einen solchen Wagen mit der Aussage „beautiful car" (wunderschönes Auto) oder „immaculate condition" (makelloser Zustand) anpries, obwohl das Innenleben in schlechtem Zustand war, handelte es sich entweder schon um eine unwahre oder zumindest um eine irreführende „trade description" nach Section 3 TDA.[362] Auch die häufig vorkommende Veränderung von Tachoständen stellte eine unzulässige „trade description" über die Vorgeschichte dar (lit. j). Das Institut für Trading Standards hat berechnet, dass Verbraucher durch solche Manipulationen in jedem Jahr einen Schaden von geschätzt 100 Millionen Pfund erleiden.[363] Falsche Tachostände waren somit ein Hauptanwendungsbereich des Trade Descriptions Act und lagen einem Großteil der Beschwerden, die den Behörden gemeldet werden, zu Grunde.[364] Allein in dem Berechnungszeitraum 2008 entfielen 88 von 166 Beschwerden auf irreführende Angaben über Gebrauchtwagen.[365] Ein Grund für diese Dominanz liegt wahrscheinlich darin, dass es bei dem Kauf eines Gebrauchtwagens stets um hohe Summen geht und der Wertverfall und somit der Schaden erheblich sein kann, wenn der tatsächliche Kilometerstand höher ist als angegeben.

Dementsprechend interpretierten die englischen Gerichte die Vorschriften des Trade Descriptions Act 1968 recht streng, wenn es um die Beurteilung von

---

362 *Harvey/Parry*, Consumer Protection, S. 389.

363 OFT, The purchase of used cars, Dezember 1996, Kap. 3; *Ramsay*, Consumer Law, S. 304.

364 *Howells/Weatherill*, Consumer Protection Law, S. 406; *Ramsay*, Consumer Law, S. 304.

365 OFT, Annual Report 2008, Annexe E 1, S. 5; die TSO und das OFT haben drei Jahre Zeit, um Verstöße gegen den TDA zu verfolgen, Section 19 TDA. Damit kann auch in dem Geltungszeitraum der CPR zunächst noch nach den Vorschriften des TDA vorgegangen werden.

veränderten Tachoständen ging und ließen Erklärungen des Unternehmers, der Tachostand werde nicht garantiert (Disclaimer), nur höchst selten als Rechtfertigung für eine irreführende Angabe gelten.[366] Die in der Rechtsprechung aufgestellten Kriterien, der Disclaimer müsse „as bold, precise and compelling" (auffällig, genau und eindeutig) sein wie die Angabe selbst, wurde nur sehr selten erfüllt.[367] In *Holloway v Cross* wurde ein Autoverkäufer verurteilt, der einem Kunden einen Triumph verkaufte, dessen Tacho 716 gefahrene Meilen auswies.[368] Ganz offensichtlich handelte es sich dabei nicht um den richtigen Stand und auf Nachfrage des Kunden gab der Händler an, er wisse nicht, wie viele Meilen der Wagen tatsächlich gelaufen sei, werde sich aber erkundigen. Später gab er als seine eigene Meinung an, der Wagen sei etwa 45.000 Meilen gelaufen und vermerkte dies auch als Schätzung auf der Rechnung. Obwohl explizit als Meinung dargestellt, sah das Gericht diese Angabe als „trade description" nach der erweiterten Definition von Section 3(3) TDA an, da es wahrscheinlich sei, dass der Kunde sie als Angabe über die Vorgeschichte nach Section 2(1)(j) TDA verstehen würde. Dem Autohändler in *Corfield v Starr* half auch seine Erklärung „With deep regret due to Consumer's Protection Act we can no longer verify that the mileage shown on this verhicle is correct." (Mit großem Bedauern können wir aufgrund des Consumer's Protection Act den Tachostand dieses Wagens nicht länger garantieren) auf dem Armaturenbrett nicht gegen eine Haftung nach dem Trade Descriptions Act.[369] Lord Justice Bingham sah diese Gegenerklärung nicht als ausreichend an, da das genannte Gesetz nicht existierte und es zudem dem Willen des Gesetzgebers entgegenliefe, wenn ein Hinweis auf den Trade Descriptions Act in dieser Form dazu verwendet würde, sich gerade diesen Vorschriften zu entziehen. Folglich war die Erklärung nicht geeignet zu verhindern, dass sich Kunden auf den angegebenen Tachostand von 35.000 Meilen verlassen würden. Damit lag ein Verstoß gegen den Act 1968 vor. Die eine zeitlang unter Autohändlern etablierte Praxis, zur Verhinderung von Irreführungen den Tachostand von Gebrauchtwagen auf Null zu stellen, wurde von den Gerichten letztendlich nicht akzeptiert. Obwohl noch von dem Divisional Court in *K Lill (Holdings) v White* ein Verstoß verneint wurde, befand der Court of Appeal einige Jahre später in *R v Southwood*, dass es keinen

366 *Howells/Weatherill*, Consumer Protection Law, S. 407; *Ramsay*, Consumer Law, S. 305.

367 *Norman v Bennet* [1974] 1 WLR, S. 1229 (1232 f.).

368 *Holloway v Cross* [1981] 1 All ER, S. 1012 f.

369 *Corfield v Starr* [1981] RTR, S. 380 f.

Unterschied mache, ob der Tachostand mit weniger Meilen angegeben oder ganz auf Null gedreht werde.[370]

Ähnliche Probleme bestanden im Zusammenhang mit der Bezeichnung eines Gebrauchtwagens als „neu". Es handelte sich dabei wiederum um eine Angabe zu der Vorgeschichte des Wagens nach Section 2(1)(j) TDA. Im Gegensatz zu irreführenden Angaben über den Tachostand hat sich im Bezug auf die Bezeichnung „neu" eine für den Unternehmer günstigere Rechtsprechung entwickelt. Der Court of Appeal hob in *R v Ford Motor Co Ltd* das Urteil gegen einen Unternehmer auf, der einen Wagen als „neu" anpries, obwohl er während der Lieferung beschädigt und für den Betrag von 50 Pfund repariert wurde.[371] Das Gericht erklärte, dass ein Schaden der so gering war, dass der Wagen nach der Reparatur wieder als neu anzusehen war, nicht dazu führen konnte, dass die Bezeichnung „neu" eine irreführende Angabe darstellte. In Anbetracht der Gefahr des Ausuferns fügte das Gericht hinzu, dass dieser Rechtsprechung Grenzen dort gesetzt seien, wo der Schaden so groß ist, dass auch nach einer Reparatur der Wagen nicht zulässigerweise als neu bezeichnet werden könne. Dahingegen entschied der Court of Appeal in *R v Anderson*, dass ein Wagen, der zwar fabrikneu, aber schon auf den Händler registriert war, nicht mehr als „neu" bezeichnet werden durfte, da der Käufer erwarten konnte, dass ein neuer Wagen keine registrierten Vorbesitzer hat.[372] Diese unterschiedliche Rechtsprechung lässt sich damit erklären, dass die irreführende Angabe „false to a material degree" sein musste. Damit fielen Angaben, die zwar irreführend waren, aber den Verbraucher nicht in irgendeiner Weise schädigten oder deren Auswirkungen zu vernachlässigen waren, aus dem Anwendungsbereich des TDA.[373]

ee) Trade Descriptions in der Werbung

In Section 5 TDA waren spezielle Regelungen für „trade descriptions" in der Werbung festgelegt. Der Begriff der Werbung war in Section 39 TDA definiert und beinhaltete unter anderem Kataloge, Rundschreiben und Preislisten. Nicht ohne Verständnis dafür, dass in der Werbung regelmäßig Angaben gemacht werden, die nicht wortwörtlich zu nehmen sind, regelte Section 5(3) TDA, dass in den Test, ob

---

370 *K Lill (Holdings) v White* [1979] RTR, S. 120 f.; *R v Southwood* [1987] 3 All ER, S. 556 f.

371 *R v Ford Motor Co Ltd* [1974] 3 All ER, S. 489; *Howells/Weatherill*, Consumer Protection Law, S. 405.

372 *R v Anderson* [1987] 152 JP, S. 373 f.

373 *Howells/Weatherill*, Consumer Protection Law, S. 405; *Lettl*, Werbung in Europa, S. 228.

eine „trade description“ vorlag, nicht nur die Form und der Inhalt der Werbung, sondern auch weitere Umstände, wie Zeit, Ort, Art und Weise sowie Häufigkeit der Werbung, einbezogen werden mussten.[374] Damit sollte gesichert werden, dass eine Aussage in einer Werbung nur dann als „trade description“ angesehen wurde, wenn sie tatsächlich in zeitlichem und sachlichem Zusammenhang zu dem Produkt stand, und dass der Unternehmer nicht für Aussagen in der Werbung herangezogen wurde, die längst nicht mehr aktuell waren. Die Regelungen des Trade Descriptions Act waren damit grundsätzlich auch auf Werbung im Fernsehen oder in Zeitschriften anwendbar.[375] Sie wurden jedoch von freiwilligen Verhaltenskodizes, wie dem British Code of Advertising, flankiert, die auch neben den CPR weiterhin anwendbar sind.[376]

b) Irreführende Bezeichnungen von Dienstleistungen

Der Trade Descriptions Act veränderte die Rechtslage im Bezug auf den Schutz vor irreführenden Angaben dahin, dass seine Vorschriften auch auf Angaben über Dienstleistungen anwendbar waren („false statements as to services“). Dies war eine Neuerung, die weder von dem vorherigen Gesetz noch von den Empfehlungen des *Molony Committee* umfasst war.[377] So erklärt sich auch, dass der Gesetzgeber davon absah, irreführende Angaben über Dienstleistungen der strengen objektiven Haftung nach Section 1 TDA zu unterwerfen, sondern stattdessen ein „mens rea“ Erfordernis einführte. Nach Section 14(2)(b) TDA waren falsche und irreführende Angaben über Dienstleistungen, Unterkunft und andere Einrichtungen nur dann unzulässig, wenn der Unternehmer sie vorsätzlich (knowingly) oder grob fahrlässig (recklessly) tätigte. Die Angabe musste in Bezug auf einen der in den Subsections (i) – (v) genannten Punkte irreführend sein. Dazu gehörten Aussagen über die Verfügbarkeit der Dienstleistung (i), ihre Beschaffenheit (ii), die Zeit, die Art und Weise und die Person, durch die die Dienstleistung ausgeführt wurde oder Unterkunft oder Anlagen bereitgestellt wurden (iii), ihre Überprüfung, Abnahme oder Bewertung durch eine Person (iv) oder die Lage und die Vorzüge der Unterkunft (v). Das Merkmal der Verfügbarkeit der Dienstleistung bezog sich nicht auf

374 *Harvey/Parry*, Consumer Protection, S. 393.

375 *Woodroffe/Lowe*, Consumer Law, 7. Aufl. 2007, S. 234 Rn. 13.25; *Howells*, Journal of Business Law 2009, S. 183 f.; *Gumpert/Kirk*, Trading Standards, S. 69.

376 *Henning-Bodewig*, Unfair Trading Law, S. 142 ff.

377 *Howells/Weatherill*, Consumer Protection Law, S. 411; *Woodroffe/Lowe*, Consumer Law, S. 240 Rn. 13.42.

Angaben über den Preis.[378] Der Begriff „facilities" bezog sich auf Anlagen, die im Zusammenhang mit einer Dienstleistung oder Unterkünften standen, jedoch nicht auf einzelne Gebäude, wie zum Beispiel ein Kaufhaus.[379] Der persönliche und sachliche Anwendungsbereich stimmte mit Section 1 TDA überein.

aa) Angaben über die Zukunft – Abgrenzung von Tatsachenangabe und Versprechen

Grundsätzlich lag keine Schwierigkeit darin, zu bestimmen, wann eine Aussage über Dienstleistungen verwendet wurde. Allerdings konnten dann Probleme entstehen, wenn es sich um Angaben in Werbeprospekten oder Katalogen handelte. In *Wings Ltd v Ellis* entschied Lord Brandon, dass die Aussage getätigt war, wenn die Publikation erschien, allerdings auch immer wieder getätigt wurde, wenn der Kunde die Angabe las und in der Zwischenzeit keine ausreichende Korrektur veröffentlicht wurde.[380] Schwieriger zu beantworten war die Frage danach, wann eine Aussage falsch und irreführend war. Es musste zwischen Verstößen, die vertraglich geahndet werden können und irreführenden Angaben nach dem Trade Descriptions Act, die strafrechtliche Sanktionen nach sich ziehen konnten, unterschieden werden. Die englischen Gerichte unterschieden zwischen Versprechen für die Zukunft, die kein „false statement" im Sinne des Acts 1968 darstellten, da es sich lediglich um eine nicht verifizierbare Vorhersage handelte, und Angaben, die eine Aussage über aktuelle Tatsachen enthielten.[381]

In *R v Sunair Holidays Ltd* hatte ein Reiseunternehmen 1969 einen Katalog für die Saison von 1970 herausgegeben, in dem die Aussage getätigt wurde, ein bestimmtes Hotel verfüge über einen Swimmingpool und spezielle Gerichte für Kinder sowie Kinderwagen, die in der folgenden Saison in keinerlei Hinsicht erfüllt wurde.[382] Das Gericht verneinte einen Verstoß gegen den Trade Descriptions Act, da es sich bei dieser Aussage um ein Versprechen von Dienstleistungen in der

---

378 *Newell v Hicks* (1983) 148 JP, S. 308 f.; *Dixons Ltd v Roberts* (1984) 148 JP, S. 513 f.; *Harvey/Parry*, Consumer Protection, S. 404.

379 *Westminster City Council v Ray Alan (Manshops) Ltd* [1982] 1 All ER, S. 771; *Harvey/Parry*, Consumer Protection, S. 405.

380 *Wings Ltd v Ellis* [1984] 3 All ER, S. 577 f.; *Harvey/Parry*, Consumer Protection, S. 402.

381 *Harvey/Parry*, Consumer Protection, S. 403.

382 *R v Sunair Holiday Ltd* [1973] 2 All ER, S. 1233 f.; siehe auch *Beckett v Cohen* [1973] 1 All ER, S. 120 f. (Handwerker versprach seinem Kunden, ihm innerhalb von zehn Tagen dieselbe Garage wie seinem Nachbarn zu bauen, und wurde während der Bauzeit insolvent).

Zukunft handele, die zu dem Zeitpunkt, als sie getätigt wurde, nicht falsch war, da sie sich auf einen zukünftigen, nicht verifizierbaren Zustand bezog. Anders entschied das House of Lords über das übliche Verhalten einer Fluggesellschaft, die regelmäßig Linienflüge überbuchte und allen gebuchten Passagieren eine Bestätigung schickte.[383] Das Gericht sah in der Flugbestätigung eine Aussage über die Tatsache, dass die Fluggesellschaft beabsichtigte, diesem Passagier einen Platz auf dem gebuchten Flug zu geben. Der Eindruck, der bei dem Passagier durch die Bestätigung entstehen musste, war, dass er einen unbedingten Anspruch auf einen Platz in dem gebuchten Flug hat. Diese Tatsache war jedoch falsch, da die Fluggesellschaft nie beabsichtigte, diesen Passagier unter allen Umständen an Bord zu lassen, sondern nur sofern das Flugzeug nicht überbucht war. Dementsprechend bejahte das House of Lords das Vorliegen eines „false statements" nach Section 14(1) TDA.[384] Auch in der Entscheidung *Bambury v Hounslow LBC* wurde ein Werkstattbesitzer wegen Verstoßes gegen Section 14(1) TDA verurteilt.[385] Der Unternehmer hatte eine dreimonatige Garantie beim Kauf eines Autos geboten. Als der Kunde nach dem Kauf versuchte, diese Garantie in Anspruch zu nehmen, gab er vor, mit dem Wagen sei alles in Ordnung. Das Gericht sah in der dreimonatigen Garantie kein nicht überprüfbares Versprechen, sondern eine Tatsachenaussage über die Reichweite der vertraglichen Haftung.

Darüber hinaus musste eine Tatsachenaussage zu dem Zeitpunkt falsch sein, zu dem sie getätigt wurde oder in dem der Kunde sie wahrnahm.[386] In *Sunair Holidays Ltd v Dodd* sprach das Gericht den Reiseveranstalter von dem Vorwurf, eine irreführende Aussage gemacht zu haben, frei.[387] Zu der Zeit, als der Katalog erschien und die Kunden die Buchung vornahmen, waren die dort enthaltenen Angaben korrekt und die veränderten Bedingungen bei Reiseantritt führten nicht dazu, dass die Aussagen im Nachhinein irreführend wurden. Anders als bei den eingangs erwähnten Werbeprospekten, die von Anfang an irreführende Angaben enthielten, die solange irreführend blieben, wie der Prospekt im Umlauf war und die Angabe nicht korrigiert wurde, konnte eine wahre Aussage nicht durch später veränderte Umstände nachträglich irreführend werden. Das Argument, es handele

383 *British Airways Board v Taylor* [1975] 3 All ER, S. 307 f.

384 *Harvey/Parry*, Consumer Protection, S. 403; allerdings wies das Gericht die Revision aus formellen Gründen ab, da British Airways Board nicht strafrechtlich verantwortlich für das Handeln der Vorgängergesellschaft BOAC war.

385 *Bambury v Hounslow LBC* [1971] RTR, S. 1 ff.

386 *Harvey/Parry*, Consumer Protection, S. 402; *Gumpert/Kirk*, Trading Standards, S. 80.

387 *Sunair Holidays Ltd v Dodd* [1970] 2 All ER, S. 410 f.

sich bei dem Prospekt um eine noch andauernde Aussage, wurde von Lord Parker mit dem Hinweis darauf abgelehnt, dass die Aussage über ein halbes Jahr vor Urlaubsantritt getätigt wurde. Hierbei hat vermutlich auch eine Rolle gespielt, dass der Hotelinhaber gegenüber dem Reiseveranstalter, der den Katalog mit den Angaben zu der Reise herausgegeben hat, vertraglich verpflichtet war, den Reisenden die Zimmer, wie sie im Prospekt beschrieben waren, zuzuweisen und dieser Pflicht nicht nachgekommen war, obwohl diese Zimmer grundsätzlich tatsächlich vorhanden waren. Der Schwerpunkt des Vorwurfs lag also eher in dem Verhalten des Hotelinhabers und nicht beim Reiseveranstalter. Denn in anderen Fällen wurde, wie eingangs erwähnt, angenommen, dass es sich bei Katalogen auch um fortdauernde Aussagen handelte, die jedes Mal als erneut getätigt galten, wenn der Verbraucher sie las.[388]

Es darf bei diesen Unterschieden in der Auslegung und Anwendung der Vorschriften nicht vergessen werden, dass es sich bei dem Trade Descriptions Act um ein Strafgesetz handelte, das einen Verstoß des Unternehmers kriminalisiert. Zweck dieser strengen Sanktionen war die präventive Abschreckung des Unternehmers zum Schutze der Öffentlichkeit vor irreführenden Angaben. Falsche Versprechungen, die nicht die Schwelle zu einer falschen oder irreführenden Angabe überschritten, sollten daher besser unmittelbar zwischen den Parteien über das Vertragsrecht abgewickelt werden.

bb) Vorsatz

Im Gegensatz zu falschen Bezeichnungen von Waren nach Section 1 TDA, die zu einer objektiven Haftung des Unternehmers („strict liability") führten, war für eine irreführende Aussage nach Section 14 TDA ein subjektives Willenselement erforderlich. Der Unternehmer musste die irreführende Aussage entweder vorsätzlich („knowingly") oder grob fahrlässig („recklessly") getätigt haben.[389] Diese Voraussetzung schien zunächst eine große Hürde für die Durchsetzungsbehörden darzustellen, wenn sie einen Verstoß des Unternehmers gegen Section 14 TDA nachweisen wollten. Allerdings wurde schon früh durch die Rechtsprechung geklärt, dass die Anforderungen an ein vorsätzliches oder grob fahrlässiges Handeln im Sinne von Section 14(2)(b) TDA nicht dem strengen Maßstab „echter" strafrechtlicher Normen entsprachen. So hat sich Lord Scarham dahin gehend geäußert, dass der Trade Descriptions Act kein Strafgesetz im engeren Sinne sei,

388 *Wings Ltd v Ellis* [1984] 3 All ER, S. 577 f.

389 *Twigg-Flesner/Parry*, UK Perspective, in Weatherill/Bernitz, S. 215 (227); *Griffiths*, Communications Law 2007, S. 196 (198).

sondern ein Gesetz zur Regulierung von Marktverhalten, das lediglich strafrechtliche Sanktionen enthalte.[390] In *MFI Warehouses Ltd v Nattrass* legte das Gericht fest, dass für die Annahme grober Fahrlässigkeit kein treuwidriges Handeln des Unternehmers erforderlich sei.[391] Es genügte, dass der Schädiger sich nicht damit befasst hatte, ob die in Frage stehende Aussage wahr oder falsch war. Ein absichtliches Augenverschließen vor dem irreführenden Charakter einer Aussage war nicht erforderlich.[392]

c) Vergleich des Verbraucherschutzstandards nach dem TDA und nach den CPR

Durch den Erlass der Consumer Protection Regulations wurden große Teile des Trade Descriptions Act 1968 abgeschafft. Im Einzelnen handelt es sich um die Irreführungstatbestände in den Sections 1(1), 5 – 10, 13–15 TDA und die dazugehörigen Einwendungen. Fraglich ist, welche Veränderungen sich dadurch für den Verbraucher ergeben und ob der Schutz für den Verbraucher nach Umsetzung der Richtlinie ein höheres Niveau erreicht als zuvor.

aa) Anwendungsbereich

Die Consumer Protection Regulations 2008 unterscheiden in ihrem Anwendungsbereich nicht zwischen Waren und Dienstleistungen. Beides zählt zu den Produkten im Sinne von Regulation 2(1) CPR, so dass alle Tatbestände gleichermaßen Anwendung finden. Eine Unterscheidung zwischen Tatbeständen mit verschiedenen Voraussetzungen für irreführende Angaben über Waren und über Dienstleistungen, wie im Rahmen des TDA, ist nicht mehr erforderlich. Genauso wie jetzt in Regulation 2(1) CPR war auch von Section 1 TDA schon sowohl die Situation umfasst, dass der Verbraucher dem Unternehmer etwas abkaufte als auch umgekehrt, der Unternehmer, der einem Verbraucher etwas abkaufte.[393] Das beste Beispiel ist der Antiquitätenhändler, der eine Ware von einem Privatmann kauft und ihm dabei einen geringeren Wert vorspiegelt.[394] Der Schutz der Verbraucher vor irreführenden

---

390 *Wings Ltd v Ellis* [1984] 3 All ER, S. 577 (587); *Howells/Weatherill*, Consumer Protection Law, S. 412.

391 *MFI Warehouses Ltd v Nattrass* [1973] 1 All ER, S. 762 f.

392 *Harvey/Parry*, Consumer Protection, S. 405; *Howells/Weatherill*, Consumer Protection Law, S. 412; *Smith*, Justice of the Peace. 2008, 172 (34), S. 536.

393 *Harvey/Parry*, Consumer Protection, S. 382 f.

394 *Twigg-Flesner/Parry*, UK Perspective, in Weatherill/Bernitz, S. 215 (226).

Angaben von unlauteren Unternehmern bleibt also umfassend bestehen, auch wenn der Verbraucher in der Rolle des Verkäufers ist. Allerdings beruht diese umfassende Regelung nicht auf den Vorschriften der Richtlinie, denn diese ist in ihrem Anwendungsbereich nach Art. 2 lit. d) („sale [...] of a product to consumers") auf den Verbraucher als Abnehmer beschränkt, sondern auf der eigenständigen Gesetzgebung des englischen Gesetzgebers. Im Gegensatz zu den CPR war der TDA auch auf das Verhältnis zwischen Unternehmern anwendbar. Auch die Irreführung eines Unternehmers durch eine falsche Warenbezeichnung war geeignet, einen Verstoß gegen den TDA darzustellen. Nach neuer Rechtslage fällt ein solches Verhalten nicht in den Anwendungsbereich der CPR, sondern unter die parallel erlassenen Business Protection from Unfair Trading Regulations 2008.

Dem Trade Descriptions Act liegt der Schutz der Öffentlichkeit vor irreführenden Angaben, die zu einer anderen Kaufentscheidung verleiten, zu Grunde. Daher konnte eine falsche Warenbezeichnung, wie schon erläutert, nur vorliegen, wenn die Angabe im Zusammenhang mit dem Kauf getätigt wurde.[395] Denn nach dem Kauf konnte die einmal getroffene Kaufentscheidung nicht mehr beeinflusst werden und ein Verstoß gegen den Act 1968 war nicht mehr möglich. Anders war dies im Zusammenhang mit irreführenden Angaben über Dienstleistungen. Da es sich hierbei nicht um ein einmaliges Geschäft handelte, sondern naturgemäß um eine längere Beziehung während der gesamten Dauer der Dienstleistung, konnten auch Angaben, die nach Vertragsschluss getätigt wurden, noch irreführend sein.[396] Trotzdem haben die Consumer Protection Regulations insgesamt einen größeren zeitlichen und sachlichen Anwendungsbereich. Aus Gründen des umfassenden Verbraucherschutzes können irreführende Angaben auch noch jederzeit nach Vertragsschluss einen Verstoß darstellen. In Art. 3 Abs. 1 wird dieser Grundsatz ausdrücklich festgelegt und auch in der Definition der Geschäftspraktiken in Art. 2 lit. d) der Richtlinie und in Regulation 2(1) CPR ist nachvertragliches Verhalten umfasst. Die Entscheidung *Hall v Wickens Motor Ltd* wäre also zu Gunsten des Verbrauchers ausgefallen und das Gericht hätte auch bei den in Frage stehenden nachvertraglichen Angaben noch eine unlautere Geschäftspraxis annehmen müssen.[397] Der Schutz des Verbrauchers gegenüber irreführenden Angaben im

395 Siehe oben Kap. 3, II. 1. a) bb).

396 *Breed v Cluett* [1970] 2 QB, S. 459 f. (falsche Angaben über eine nicht vorhandene Garantie); *R v Bevelectric Ltd* [1993] 157 JP, S. 323 f.; *Howells/Weatherill*, Consumer Protection Law, S. 413.

397 *Hall v Wickens Motor Ltd* [1972] 1 WLR, S. 1418 f.; *Woodroffe/Lowe*, Consumer Law, 7. Aufl. 2007, S. 230 Rn. 13.17.

nachvertraglichen Bereich geht somit nach Regulation 5 CPR weiter als nach dem Act 1968. Zwar haben die englischen Gerichte auch schon unter dem TDA nachvertragliche irreführende Angaben als Verstoß gewertet, wenn sie zwischen Kauf und Lieferung getätigt wurden.[398] Diese Entscheidung wurde allerdings schon damals von dem erkennenden Richter als sehr oder sogar zu weitgehend angesehen, um strafrechtliche Sanktionen zu verhängen.[399] Die Ersetzung der Vorschriften gegen irreführende Angaben über Waren und Dienstleistungen in dem TDA 1968 durch die CPR 2008 führt somit zu einer Erweiterung des Schutzes der Verbraucher im Hinblick auf die zeitliche Anwendbarkeit der Vorschriften.

bb) Irreführende Angaben

Nach den Consumer Protection Regulations ist es unlauter, irreführende Angaben zu tätigen. Ebenso wie nach der früheren Rechtslage nach dem Trade Descriptions Act sind davon auch wahre Angaben umfasst, die in einer irreführenden Weise getätigt werden. In beiden Gesetzen ist eine lange Liste von Anknüpfungspunkten zu finden, auf die sich die irreführenden Angaben beziehen müssen. Section 2(1) TDA enthielt einige Angaben, die nicht mehr ausdrücklich von Regulation 5 CPR erfasst sind, wie z. B. den Punkt „other history", unter den von den Gerichten in der Rechtsprechung zu Gebrauchtwagen die wichtigen Angaben über „false car mileage" (falscher Tachostand) oder „false claims regarding the ownership of vehicles" (falsche Angaben über den Voreigentümer des Wagens) subsumiert wurden.[400] Der englische Gesetzgeber hat in Regulation 5(5) CPR zwar die Liste der wesentlichen Merkmale des Produkts aus Art. 6 Abs. 1 lit. b) übernommen, jedoch den Wortlaut „wie…" bzw. „such as…", der auf eine nicht abschließende Aufzählung hindeutet, nicht übernommen.[401] Sollte sich daraus ergeben, dass diese irreführenden Angaben nicht von den CPR umfasst sind, könnte dies zu einer Schutzlücke für den Verbraucher führen, da es sich bei den irreführenden Angaben über Gebrauchtwagen um einen der Hauptanwendungsfälle des TDA handelte.[402] Selbst wenn die Aufzählung unter Regulation 5(5) CPR allerdings abschließend sein sollte, besteht immer noch die Möglichkeit, die betroffenen Angaben unter ein anderes der genannten wesentlichen Merkmale zu fassen. Irreführende Angaben über den Tachostand eines Gebrauchtwagens und seinen früheren Inhaber

398 *Walker v Simon Dudley Ltd* [1997] Trading Law, S. 69 f.

399 Vgl. *Howells/Weatherill*, Consumer Protection Law, S. 403.

400 *Bragg*, Trade Descriptions, in Yearbook 2008, S. 341 f.

401 *Twigg-Flesner/Parry*, UK Perspective, in Weatherill/Bernitz, S. 215 (227).

402 Law Commission, Consumer Redress, S. 190 Rn. 13.79.

könnten unter die Merkmale „usage“ (Nutzung) oder „commercial origin“ (kommerzielle Herkunft) gefasst werden.[403] Der Tachostand könnte eine Angabe über die frühere Nutzung des Wagens darstellen. Sofern darunter auch der Umfang und nicht nur die Art der früheren Nutzung fällt, stellt der Stand der gefahrenen Kilometer eine Angabe über die Nutzung dar. Genauso könnten bestimmte Angaben zu dem früheren Inhaber unter das Merkmal der Nutzung gefasst werden. Denkbar wäre eine falsche Angabe darüber, dass der Wagen von einem Privatmann genutzt wurde, während es sich tatsächlich um einen viel benutzten Geschäftswagen handelt. Dahingegen lassen sich falsche Angaben über die in Wahrheit nicht vorhandene Eigentümerschaft oder über den früheren Inhaber, ohne dass dies zu einer anderen Nutzung führte, nicht ohne Weiteres unter das Merkmal der Nutzung des Wagens einordnen. Angaben über den früheren Inhaber oder die Eigentümerschaft könnten möglicherweise noch unter das Merkmal der kommerziellen Herkunft gefasst werden. Dann müsste die Angabe über den Inhaber des Wagens entweder in irreführender Weise auf eine andere kommerzielle Herkunft schließen lassen, beispielsweise darauf, dass der Wagen von „Mercedes“ produziert wurde, während er tatsächlich von „Lexus“ hergestellt wurde, oder die Angabe müsste in der Hinsicht irreführend sein, dass sie die kommerzielle Herkunft vollkommen verschleiert. Die zweite Variante ist bei Autos kaum denkbar, da es höchst ungewöhnlich sein dürfte, dass ein Wagen von privater Hand produziert wird. Folglich können unter die Merkmale der Nutzung und der kommerziellen Herkunft einige der wichtigen Fälle der irreführenden Angaben über Gebrauchtwagen gefasst werden, die früher nach dem TDA unter das Merkmal „other history“ gefasst wurden.

Alternativ käme ein Rückgriff auf den Tatbestand der Generalklausel in Betracht. In Anbetracht der Nähe dieser irreführenden Angaben zu der Regelung in Regulation 5 CPR kann davon ausgegangen werden, dass sie gegen das Erfordernis der beruflichen Sorgfalt verstoßen und von dem Verbot der Generalklausel in Regulation 3 CPR umfasst sind. Das Vorgehen nach der Generalklausel stellt allerdings einen Nachteil in der Verfolgung für die englischen Behörden dar, da zumindest für eine strafrechtliche Haftung nach Regulation 8(1)(a) CPR nachgewiesen werden muss, dass der Unternehmer Kenntnis oder grob fahrlässige Unkenntnis von der irreführenden Angabe hatte. Diese erhöhten Anforderungen könnten ein Vorgehen nach der Generalklausel weniger abschreckend erscheinen lassen als ein Handeln im Rahmen der Spezialtatbestände, wo eine verschuldensunabhängige Haftung besteht.

Demzufolge lassen sich dieselben irreführenden Angaben, die früher eindeutig von Section 2 TDA umfasst waren, heute im Rahmen von Regulation 5 CPR nicht

---

403 *Bragg*, Trade Descriptions, in Yearbook 2008, S. 341 f.

mehr genauso eindeutig unter den Tatbestand einordnen. Dies ist zurückzuführen auf die Zweifel über den (abschließenden) Charakter der Liste der wesentlichen Merkmale des Produkts in Regulation 5(5) CPR. Die Beweisprobleme bei einem alternativen Vorgehen nach der Generalklausel könnten dazu führen, dass die Behörde nur noch in den Fällen gegen diese irreführenden Angaben vorgeht, in denen der Unternehmer offensichtlich grob fahrlässig oder vorsätzlich handelt, so dass entgegen der Wertung der Regulation 5 und 9 CPR, die eine objektive Haftung des Unternehmers vorsehen, dieser Maßstab negiert würde. Die Einführung der CPR bringt dem Verbraucher folglich nicht in allen Bereichen unzweifelhaft eine Verbesserung seiner Position. Sollte die bestehende Rechtsunsicherheit allerdings überwunden werden und die Auslegung der Liste der wesentlichen Merkmale des Produkts gesichert sein, ist das Verbot irreführender Angaben aus Regulation 5 CPR geeignet, zu einem umfassenden Schutz der Verbraucher zu führen.

cc) Versprechen als unlautere irreführende Angabe

Die Rechtsprechung unterschied nach alter Rechtslage im Rahmen von Section 14 TDA zwischen Angaben über Tatsachen und nicht verifizierbaren Aussagen über die Zukunft (Versprechen).[404] Diese Unterscheidung war nur bei Dienstleistungen relevant, da Angaben über die Zukunft von Waren grundsätzlich zum Zeitpunkt der Aussage verifiziert werden konnten. Das Wesen einer Dienstleistung bringt es jedoch mit sich, dass die Leistung in der Zukunft liegt und der Unternehmer notwendigerweise häufig Aussagen über seine zukünftige Leistung trifft. Erfüllte der Unternehmer ein Versprechen nicht, handelte es sich nicht um eine Irreführung nach Section 14 TDA, sondern möglicherweise um einen „breach of warranty", also einen Verstoß gegen eine vertragliche Zusicherung. Dieser Verstoß zog dann auch keine strafrechtlichen Konsequenzen nach sich, sondern wurde mit den Mitteln des Vertragsrechts geahndet.[405]

Die Definition der Geschäftspraktiken in Regulation 2(1) CPR ist dahingegen so weit, dass sie auch Angaben über die Zukunft erfasst. Denn umfasst ist jede Handlung, Unterlassung oder Verhaltensweise, die unmittelbar mit der Absatzförderung, dem Verkauf oder der Lieferung an den Verbraucher zusammenhängt. Ein Versprechen, das im Zusammenhang mit der Leistung an den Verbraucher erfolgt, wird zumeist zu dem Zweck erfolgen, den Verbraucher vom Erwerb der Ware oder der Dienstleistung zu überzeugen. Damit handelt es sich um eine Handlung zur

404 *Bragg*, Trade Descriptions, in Yearbook 2008, S. 341 (342 f.).

405 *Beckett v Cohen* [1972] 1 WLR, S. 1593 (1597); *Ramsay*, Consumer Law, S. 311; *Harvey/Parry*, Consumer Protection, S. 402.

Absatzförderung und um eine Geschäftspraxis im Sinne der CPR. Zudem ist in Art. 3 Abs. 1 ausdrücklich geregelt, dass die Bestimmungen der Richtlinie vor, während und nach Abschluss des Handelsgeschäfts Anwendung finden. Auch die überwiegende Ansicht in der Literatur sieht in einem Versprechen über eine zukünftige Leistung eine unlautere Geschäftspraxis im Sinne der Richtlinie.[406] Art. 3 Abs. 2 ist nicht dahin gehend zu verstehen, dass bei bestehenden vertragsrechtlichen Regelungen die Vorschriften der Richtlinie keine Anwendung mehr finden.[407] Die Regelung besagt lediglich, dass durch die Richtlinie gegen unlautere Geschäftspraktiken das Vertragsrecht nicht unmittelbar geändert wird. Fällt allerdings eine Verhaltensweise unter die Definition der Geschäftspraktiken und in den Anwendungsbereich der Richtlinie, besteht kein Vorrang des Vertragsrechts. In der Folge kann eine falsche Aussage über die Zukunft sowohl vertragsrechtlich als „breach of warranty" verfolgt werden als auch wegen Verstoßes gegen Regulation 5 CPR. Eine Unterscheidung, wie bisher nach dem TDA, ist nach den CPR nicht mehr möglich. Eine Abgrenzung zwischen Aussagen und Versprechen kann nur anhand des Inhalts der Angabe und der Liste mit Anknüpfungspunkten erfolgen. Bei einem pauschal gehaltenen Versprechen, wie etwa „garantiert ein Urlaub zum Verlieben", handelt es sich mangels Bezug zu einem der Anknüpfungspunkte nicht um eine irreführende Angabe, selbst wenn die hervorgerufene Erwartung enttäuscht wird. Dahingegen ist etwa die Angabe, das Reiseangebot sei „all inclusive", irreführend, wenn es nur die Übernachtung im Hotel, nicht aber die Verpflegung beinhaltet. Der Verbraucher in der Entscheidung *R v Sunair Holidays Ltd* könnte daher nach neuer Rechtslage nicht mehr nur auf vertragliche Rechtsbehelfe verwiesen werden, sondern die Angabe des Unternehmers zu dem Umfang der Leistungen des Hotels würde eine irreführende Angabe nach Regulation 5(2)(a) und 5(5)(a) CPR darstellen.[408] Die schon nach alter Rechtslage kritisierte Unterscheidung weicht damit einer Neuregelung der irreführenden Angaben durch die CPR mit einer erweiterten Einbeziehung von Aussagen über zukünftige Geschehnisse. Damit wird eine Schutzlücke für den Verbraucher geschlossen und sein Schutz vor unlauteren irreführenden Angaben über Dienstleistungen gestärkt.[409]

---

406 *Abbamonte*, General Prohibition, in Weatherill/Bernitz, S. 15; *Bragg*, Trade Descriptions, in Yearbook 2008, S. 341 (342 f.).

407 Siehe oben Kap. 1, I. 2. b) cc).

408 *R v Sunair Holiday Ltd* [1973] 2 All ER, S. 1233 f.; siehe auch *Beckett v Cohen* [1972] 1 WLR, S. 1593 ff. (Handwerker versprach seinem Kunden, ihm innerhalb von zehn Tagen dieselbe Garage wie seinem Nachbarn zu bauen und wurde während der Bauzeit insolvent).

409 *Woodroffe/Lowe*, Consumer Law, 7. Aufl. 2007, S. 244 Rn. 13.49; *Bragg*, Trade Descriptions, in Yearbook 2008, S. 341 (343).

dd) Maßstab der Irreführung

In der Frage, wie beurteilt wird, ob es sich um eine irreführende Angabe handelt, unterscheiden sich die beiden Gesetze voneinander. Ein zentrales Konzept der Richtlinie, das von den Consumer Protection Regulations übernommen wurde, ist der Durchschnittsverbraucher. Eine (wahre) Angabe kann nur dann irreführend sein, wenn sie geeignet ist, den Durchschnittsverbraucher zu täuschen. Der Grundsatz des Europäischen Gerichtshofs, dass es sich um eine angemessen gut unterrichtete und angemessen aufmerksame und kritische Person handelt, ist dabei zu berücksichtigen. Das Vorliegen einer irreführenden Angabe nach dem Trade Descriptions Act wurde anhand des Maßstabs der „reasonable person“ bestimmt, der stärker auf die konkrete Person in einer bestimmten Situation ausgerichtet ist.[410] Dabei spielen Nachweise über tatsächliche Irreführungen eine entscheidende Rolle für die Beurteilung einer irreführenden Angabe.[411] In Zukunft werden daher Entscheidungen wie *Fletcher v Budgens*, in der der Kunde recht leichtgläubig auf den Kommentar des Händlers vertraute, nicht mehr ohne weiteren Nachweis, dass auch der Durchschnittsverbraucher diesem Irrtum erlegen wäre, ergehen können.[412] Die CPR sehen keinen absoluten Schutz vor falschen oder irreführenden Angaben vor. Die englischen Gerichte werden daher nun auch im Bereich des Wettbewerbsrechts den Begriff des Durchschnittsverbrauchers als Maßstab anwenden müssen, mit der Folge, dass der Verbraucher nicht mehr vor seiner eigenen Unachtsamkeit geschützt wird.[413]

ee) Geeignetheit zur Beeinflussung der geschäftlichen Entscheidung –Disclaimer

Nach Erlass der CPR ist Voraussetzung einer unlauteren Irreführung, dass die Angabe auch geeignet ist, den Durchschnittsverbraucher in seiner geschäftlichen Entscheidung zu beeinflussen. Dieses Tatbestandsmerkmal findet sich in den TDA nicht wieder. Dort kommt es allein darauf an, dass die Irreführung „false to a material degree“ ist, also eine bestimmte Bagatellschwelle überschreitet.[414]

---

410 Siehe oben Kap. 2, II. 4. a) aa); vgl. auch *Bragg*, Trade Descriptions, in Yearbook 2008, S. 341; *Twigg-Flesner/Parry*, UK Perspective, in Weatherill/Bernitz, S. 215 (226).

411 Vgl. *Twigg-Flesner/Howells/Parry/Nordhausen*, Scope and Application, S. 29 f. Rn. 2.80; *Lettl*, Werbung in Europa, S. 224; *Schulze/Schulte-Nölke/Jones*, Europäisches Verbraucherrecht, S. 91; *British Airways v Ryanair* [2001] ETMR 24, S. 235 (252).

412 *Howells/Weatherill*, Consumer Protection Law, S. 402.

413 Vgl. Law Commission, Consumer Redress, S. 21 Rn. 2.51.

414 *Lettl*, Werbung in Europa, S. 228.

Allerdings haben die englischen Gerichte in ihrer Rechtsprechung zu irreführenden Angaben und Warnhinweisen (Disclaimer) eine zusätzliche Einwendung entwickelt, die eine Anwendung des Gesetzes auf Fälle, in denen eine Beeinflussung des Verbrauchers ausgeschlossen war, verhinderte.[415] Der Unternehmer konnte einen Warnhinweis verwenden, der allerdings „as bold, precise and compelling", also genauso auffällig, genau und eindeutig wie die Angabe selbst, sein musste. Die eigentlich irreführende Angabe wurde dann als nicht getätigt angesehen, es lag somit schon gar keine „trade description" im Sinne des Gesetzes vor.[416] Durch diese andere dogmatische Konstruktion kamen die Gerichte auch ohne die Voraussetzung der Beeinflussung der geschäftlichen Entscheidung in bestimmten Situationen zu vergleichbaren Ergebnissen. Allerdings wurde diese ungeschriebene Einwendung sehr restriktiv gehandhabt. Der Warnhinweis genügte nur höchst selten den in der Rechtsprechung aufgestellten strengen Anforderungen.[417]

Auch dies könnte sich durch Erlass der CPR jedoch geändert haben. In der oben erwähnten Entscheidung *Holloway v Cross* stellte der Verkäufer den Tachostand eindeutig als eigene Schätzung dar.[418] Das Gericht ging trotzdem von einem Verstoß aus, da es sich um eine objektiv unwahre Angabe handelte, von der der Händler nicht ausreichend Abstand genommen hatte. Im Rahmen der CPR könnten solche Disclaimer in größerem Umfang zulässig sein, da es auf den Schutz der informierten Entscheidung des Verbrauchers ankommt. Denn wenn der Verbraucher transparent darüber aufgeklärt wird, dass es sich bei dem Tachostand nur um eine Schätzung handelt, besteht keine Gefahr, dass seine geschäftliche Entscheidung unzulässig beeinflusst wird. Voraussetzung hierfür muss allerdings stets sein, dass der Unternehmer die gesamte Kenntnis seiner Nachforschungen über den Kilometerstand offen legt. Ein pauschaler Verweis auf den falschen Tachostand, ohne dass der Unternehmer sich bemüht hat, den wahren Stand in Erfahrung zu bringen, kann die Unlauterkeit der Angabe auch weiterhin nicht verhindern.[419] Dieses Erfordernis lässt sich schon aus Regulation 6 CPR ableiten, wonach irreführende Unterlassungen unlauter sind.

Die Einführung des Tatbestandsmerkmals der Geeignetheit zur Beeinflussung der geschäftlichen Entscheidung des Verbrauchers in Regulation 5 CPR dürfte

415 *Harvey/Parry*, Consumer Protection, S. 396.

416 *Harvey/Parry*, Consumer Protection, S. 395; *Farrand v Lazarus and others* [2002] 3 All ER, S. 175 Rn. 25; *Ramsay*, Consumer Law, S. 307.

417 *Howells/Weatherill*, Consumer Protection Law, S. 407; *Ramsay*, Consumer Law, S. 305.

418 *Holloway v Cross* [1981] 1 All ER, S. 1012 f.

419 So schon zum TDA *Harvey/Parry*, Consumer Protection, S. 396.

somit dazu führen, dass Disclaimer im Rahmen der CPR zulässig sind, sofern sie hinreichend deutlich gestaltet sind und den Wissensstand des Verkäufers genau wiedergeben.[420] Dies ergibt sich daraus, dass das Verbot irreführender Handlungen in den CPR und der Richtlinie von der Beeinflussung der geschäftlichen Entscheidung des Durchschnittverbrauchers abhängig ist.

ff) Objektive Haftung

Die Einführung der CPR hat zur Folge, dass der Unternehmer nach objektiven Maßstäben für sein Verhalten haftet. Nach Regulation 5 CPR i. V. m. Regulation 9 CPR liegt eine unlautere irreführende Angabe unabhängig von seiner Kenntnis vor. Nach früherer Rechtslage wurde danach unterschieden, ob es sich um eine irreführende Angabe über Waren oder über Dienstleistungen handelte. Während im Bezug auf irreführende Warenangaben eine objektive Haftung bestand, stellten irreführende Auszeichnungen von Dienstleistungen nach Section 14(2)(b) TDA nur dann einen Verstoß dar, wenn sie vorsätzlich oder grob fahrlässig begangen wurden. Diese Unterscheidung erklärt sich daraus, dass das Verbot irreführender Angaben neu in den TDA eingeführt worden war und nicht schon vorher in englischen Gesetzen oder in der englischen Rechtstradition verankert war.[421] Der englische Gesetzgeber ging mit dieser Regelung damals weit über alle Reformvorschläge hinaus. Daher bestand das Bedürfnis, dieses neue scharfe Schwert gegen die Irreführung der Öffentlichkeit abzuschwächen, und zwar durch die gleichzeitige Einführung eines „mens rea“ Erfordernisses. Dies hatte allerdings zur Folge, dass sich die Regelung nach Section 14 TDA weit weniger zu einem Vorgehen gegen unlautere Unternehmer eignete als Section 1 TDA über falsche Warenbezeichnungen.[422] So lässt sich auch erklären, dass nach dem Annual Report des OFT im Berechnungszeitraum 2008 von den lokalen Behörden insgesamt 166 Verstöße nach Section 1 TDA verfolgt wurden, die zur Zahlung von Strafen in Höhe von insgesamt 238.521,95 GBP führten, während nach Section 14 TDA nur etwas mehr als die Hälfte, nämlich 90 Verstöße, verfolgt wurden mit signifikant geringeren Strafen in Höhe von insgesamt 39.800 GBP.[423] Die Verfolgung von Verstößen durch die lokalen Behörden und das OFT stehen stets unter dem Primat der Praktikabilität. Die Verfolgung sämtlicher Zuwiderhandlungen ist nicht möglich, so dass

420 *Ramsay*, Consumer Law, S. 308; *Howells*, Unfair commercial practices, in Schulze/Schulte-Nölke, S. 133 (140).

421 *Howells/Weatherill*, Consumer Protection Law, S. 411.

422 *Harvey/Parry*, Consumer Protection, S. 417 f.

423 OFT, Annual Report 2008, Anncxc E 1, S. 8.

zunächst diejenigen Verstöße verfolgt werden, bei denen die Erfolgsaussichten hoch sind. Dabei handelt es sich typischerweise um die Verletzung von Tatbeständen mit einer strengen objektiven Haftung. Der Nachweis des Vorsatzes stellt die Behörden regelmäßig vor Beweisprobleme und zieht damit höhere Kosten und einen größeren Zeitaufwand nach sich. Es ist daher zu erwarten, dass nach Erlass der CPR auch verstärkt gegen irreführende Angaben im Bereich von Dienstleistungen vorgegangen wird, da diese nun genauso wie Warenbezeichnungen der strengen objektiven Haftung unterworfen sind. Die einheitliche objektive Haftung ist daher geeignet, den Schutz des Verbrauchers vor irreführenden Angaben erheblich zu verbessern.

2. Consumer Protection Act 1987

Zunächst waren irreführende Angaben über Preise in Section 11 des Trade Descriptions Act 1968 geregelt. Diese Vorschrift wurde von dem Consumer Protections Act, der 1987 in Kraft trat, ersetzt. Die alte Regelung im TDA hatte sich als wenig effektiv im Vorgehen der Behörden gegen irreführende Preisangaben erwiesen. Der Anwendungsbereich war beschränkt auf irreführende Preise von Waren und jeder Versuch der Behörden, nach Section 14 TDA gegen irreführende Preise von Dienstleistungen vorzugehen, wurde von den Gerichten vor dem Hintergrund der strafrechtlichen Haftung als Überdehnung des Gesetzeswortlauts eingestuft.[424] Diese Lücken für den Schutz des Verbrauchers vor irreführenden Angaben sollte der Consumer Protection Act 1987 schließen. Dieses Gesetz war für die damalige Zeit modern und fortschrittlich ausgestaltet. Section 20(1) CPA enthielt ein generalklauselartiges Verbot von irreführenden Preisangaben, das in Section 21(1) CPA durch Beispiele spezifiziert wurde.[425] Zuständig für die Durchsetzung waren weiterhin die lokalen Behörden (Trading Standards Offices), denn auch der CPA fällt in die Kategorie des „regulatory crime“. Mit der Einführung der Consumer Protection Regulations 2008 wurde Part III Section 20–26 des Consumer Protection Acts 1987 vollständig abgeschafft. Die Regelung irreführender Preisangaben ist nun hauptsächlich in Regulation 5 CPR geregelt. Der folgende Vergleich zwischen den beiden Rechtsakten gibt Aufschluss darüber, welche

---

424 *Howells/Weatherill*, Consumer Protection Law, S. 417; *Woodroffe/Lowe*, Consumer Law, 7. Aufl. 2007, S. 257 Rn. 14.07.

425 *Howells/Weatherill*, Consumer Protection, S. 417; *Woodroffe/Lowe*, Consumer Law, 7. Aufl. 2007, S. 257 Rn. 14.07.

Auswirkungen der Erlass der CPR auf den Schutz des Verbrauchers vor irreführenden Preisangaben hat.

a) Unternehmer-/Verbraucherverhältnis

Im Gegensatz zu dem Trade Descriptions Act, der den Verbraucher nicht ausdrücklich nennt, war in Section 20 CPA eindeutig festgelegt, dass der Unternehmer die Aussage in irgendeiner Weise gegenüber einem Verbraucher tätigen musste. Damit war der Consumer Protection Act nicht auf das Verhältnis zwischen Unternehmern anwendbar.[426] Es handelte sich um ein reines Verbraucherschutzgesetz. Der Verbraucher war in Section 20(6) CPA definiert als Person, die Waren für den eigenen Verbrauch oder Gebrauch erwirbt oder Dienstleistungen, Einrichtungen oder Unterkünfte für andere als geschäftliche Zwecke nutzt. Zudem wurde das Erfordernis des Handelns im geschäftlichen Verkehr („in the course of any business of his") strenger verstanden als in Section 1 und 14 TDA. Das House of Lords entschied, dass darunter nur fiel, wer Eigentümer war oder eine sonstige Kontrollposition inne hatte.[427] So wurde ein angeklagter Abteilungsleiter von einem Verstoß gegen den CPA frei gesprochen, da einfache Angestellte den Tatbestand nicht erfüllen konnten. Nach Section 20(3) CPA spielte es für den Verstoß jedoch keine Rolle, ob der Unternehmer die Angabe in eigenem oder in fremden Namen getätigt hat und ob er selbst die Waren, Dienstleistungen, Unterkunft oder Einrichtungen zur Verfügung stellte. Umfasst war jedes Handeln des Unternehmers im geschäftlichen Verkehr, unabhängig davon, ob vertraglich oder nicht. So konnte eine irreführende Angabe über den Preis auch schon bei einem Preisschild im Fenster vorliegen, das grundsätzlich lediglich eine unverbindliche „invitation to treat" darstellt.[428]

b) Preisangaben zu Waren, Dienstleistungen, Unterkunft oder Einrichtungen

Nach Section 20(1) CPA waren irreführende Angaben über den Preis von Waren („goods"), Dienstleistungen („services"), Unterkunft („accomodation") oder

---

426 *Harvey/Parry*, Consumer Protection, S. 421; *Woodroffe/Lowe*, Consumer Law, 7. Aufl. 2007, S. 258 Rn. 14.10.

427 *Warwickshire County Council v Johnson* [1993] 1 All ER, S. 299 f.; *Harvey/Parry*, Consumer Protection, S. 421; *Woodroffe/Lowe*, Consumer Law, 7. Aufl. 2007, S. 258 Rn. 14.09.

428 *Harvey/Parry*, Consumer Protection, S. 423.

Einrichtungen („facilities") unzulässig. In Section 20(2) CPA wurde der Anwendungsbereich auf Angaben erweitert, die nachträglich irreführend wurden, sofern vernünftigerweise vorhergesehen werden konnte, dass der Verbraucher auf die Angaben auch nachträglich vertraute und der Unternehmer es unterlassen hatte, alle erforderlichen Schritte einzuleiten, um einen Irrtum des Verbrauchers zu verhindern. Damit sollten insbesondere die Fälle von falschen Preisangaben in Reisekatalogen erfasst werden, die nach dem Trade Descriptions Act als nicht verifizierbare Aussage über die Zukunft nicht sanktioniert werden konnten.[429] Die Begriffe „services" und „facilities" wurden in Section 22(1) CPA näher erläutert. Davon waren insbesondere die Bereitstellung eines Kredits, Finanzleistungen und Versicherungsleistungen umfasst, der Kauf oder Verkauf einer fremden Währung, Bereitstellen von Strom, Parkplätzen oder Campingplätzen. Im Gegensatz zu Section 14 TDA, wonach falsche Angaben über den Preis eines Geschäftsraums keine irreführende Bezeichnung darstellen konnten, ist nach dem CPA genau diese Situation umfasst.[430] In Section 23 CPA wurde festgelegt, was unter „accomodation or facilities" fiel. Der Anwendungsbereich der Vorschrift wurde dadurch eingeschränkt, dass nur die Eröffnung von Geschäftsräumen und nicht von privat genutzten Räumen umfasst war und auch die private Miete lediglich nur dann, wenn es sich um eine Laufzeit von mehr als 21 Jahren handelte oder sofern die Zahlung der Miete in einer Summe erfolgen sollte.

c) Irreführende Preisangabe

Den Kern des Verstoßes bildete die Irreführung des Verbrauchers über den Preis. Section 20(1) CPA enthielt ein generalklauselartiges Verbot irreführender Preisangaben, das wiederum sowohl unwahre als auch wahre irreführende Angaben umfasste.[431] Die Lücke, die der Trade Descriptions Act im Bezug auf den Preis von Dienstleistungen, Unterkunft und anderen Einrichtungen ließ, wurde damit von dem Act 1987 geschlossen.[432] Section 21(1) CPA enthielt eine abschließende Liste von falschen Angaben über den Preis, die in jedem Fall eine irreführende Preisangabe darstellten.[433] Dazu gehörte sowohl die Angabe eines geringeren als des tatsächlichen Preises (lit. a) als auch die Angabe, dass der Preis an keine bestimmten

---

429 Siehe oben Kap. 3, II. 1. b) aa).

430 *Harvey/Parry*, Consumer Protection, S. 424.

431 *Woodroffe/Lowe*, Consumer Law, 7. Aufl. 2007, S. 257 f. Rn. 14.08; *Howells/Weatherill*, Consumer Protection Law, S. 417.

432 *Harvey/Parry*, Consumer Protection, S. 424.

433 *Woodroffe/Lowe*, Consumer Law, 7. Aufl. 2007, S. 258 Rn. 14.15 zum abschließenden Charakter der Liste.

Bedingungen geknüpft ist, obwohl dieser Preis beispielsweise nur für das Sofa in einer bestimmten Farbe gilt (lit. b). Des Weiteren gehörte dazu auch die Angabe, dass der Preis schon alle Steuern enthält, während in Wirklichkeit noch weitere Kosten dafür erhoben werden (lit. c), sowie die Angabe einer Person, der Preis werde in Zukunft steigen oder sinken oder ein bestimmtes Preisniveau werde gehalten, wenn dies tatsächlich nicht der Fall ist (lit. d). Auch eine Angabe über Umstände, aus denen der Verbraucher den Wert des Produkts ableiten konnte, konnte eine irreführende Preisangabe darstellen (lit. e).

In der Entscheidung *A G Stanley Ltd (t/a) Fads v Surrey City Council Trading Standards Office* hielt das Gericht den Preisvergleich „was 7,99 now 4,99" für eine irreführende Preisangabe nach Section 21(1)(d) CPA.[434] Nachdem schon in einem früheren Schlussverkauf der Preis auf 4,99 GBP heruntergesetzt wurde und nach dem Ende dieser Aktion so blieb, warb das Unternehmen im Weihnachtsschlussverkauf weiterhin mit obigem Vergleich. Das Gericht äußerte sich in dieser Entscheidung zu der „28-Tage-Regel" (Regel 1.2.2. des Code on Price Indications), die besagt, dass ein solcher Vergleich nur zulässig ist, wenn der genannte Preis der frühere Preis ist, der für mindestens 28 Tage in Folge in demselben Geschäft galt. Dabei bezieht sich der frühere Preis auf den letzten regulären Preis, der hier 4,99 GBP und nicht 7,99 GBP betrug.

Nach Section 21(1) CPA kam es darauf an, ob die Angabe im Hinblick auf einen der in lit. a) bis e) aufgelisteten Punkte irreführend für den Verbraucher war. Dabei handelte es sich nach dem Wortlaut „what is conveyed by the indication" um einen objektiven Maßstab. Die zweite Tatbestandsalternative mit der Formulierung „or what those consumers might reasonably infer from the indication" (oder wie diese Verbraucher die Angabe vernünftigerweise verstehen) ist jedoch dahin gehend zu verstehen, dass Gerichte auch darauf abstellen konnten, wie die angesprochenen Verbraucher („those consumers") die Angabe verstehen durften.[435] Somit konnte ein unterschiedlicher Maßstab für verschiedene Situationen angelegt werden. Es war nicht erforderlich, dass eine Angabe stets und unter allen Umständen objektiv irreführend war. Es kam auch nicht darauf an, dass ein Verbraucher tatsächlich irregeführt wurde und eine Ware gekauft oder Dienstleistungen tatsächlich in Anspruch genommen hat.[436]

---

434 *A G Stanley Ltd (t/a) Fads v Surrey City Council Trading Standards Office* (1994) 159 JP, S. 691 f.; vgl. *Schulze/Janssen*, EuLF 2004, S. 77 (84).

435 *Woodroffe/Lowe*, Consumer Law, 7. Aufl. 2007, S. 261 Rn. 14.15; *Harvey/Parry*, Consumer Law, S. 422.

436 *MFI Furniture Centres Ltd v Hibbert* [1995] JP, S. 178: die Anklage muss nicht nachweisen, dass die irreführende Preisangabe tatsächlich gegenüber einem bestimmten Verbraucher abgegeben wurde; *Harvey/Parry*, Consumer Law, S. 422.

d) Code on Price Indications

In Section 25 des Consumer Protection Act 1987 war die Einführung eines Kodexes, der die Vorschriften des Acts näher definiert, vorgesehen. Auf Empfehlung des Inter-Departmental Committee (über-ministerialer Ausschuss) wurde der Act dann auch um einen Verhaltenskodex erweitert, den „Code of Practice for Traders on Price Indications", der vom Secretary of State erlassen wurde. Er enthielt praktische Anleitungen für Angaben über Preise und beschrieb darüber hinaus sowohl rechtswidrige als auch Preisangaben, die nicht irreführend waren und daher gefördert werden sollten. Zudem enthielt er in Regel 1.2.2. die „28 Tage Regel", die immer wieder Gegenstand von Gerichtsverfahren war. In Section 25(2) CPA war festgelegt, dass ein Verstoß gegen die Vorschriften dieses Kodexes nicht automatisch einen Verstoß gegen den Act darstellte. Allerdings hatte er Indizwirkung und der Kläger konnte sich genauso wie der Angeklagte auf den Kodex berufen, wenn er einen Verstoß nach dem Act nachweisen oder sich dagegen verteidigen wollte.[437]

e) Vergleich des Verbraucherschutzniveaus nach dem CPA und den CPR

aa) Anwendungsbereich

In Regulation 5 CPR sind alle irreführenden Angaben in einer sogenannten kleinen Generalklausel geregelt. Angaben über den Preis oder seine Berechnungsmethode sind lediglich in der Aufzählung in Regulation 5(4) CPR als Anknüpfungspunkt für die Irreführung genannt. Die Regelung irreführender Preisangaben ist durch Einführung der Consumer Protection Regulations 2008 weniger Änderungen unterworfen als die Regelung der irreführenden Angaben über Waren und Dienstleistungen nach dem Trade Descriptions Act 1968. Ein Grund dafür ist, dass es sich bei dem Consumer Protection Act 1987 um ein vergleichsweise junges Gesetz handelt, das auf neuen Regelungsansätzen beruhte. Trotzdem enthielt es weder das Konzept des Durchschnittsverbrauchers, wie es den CPR zu Grunde liegt, noch die Voraussetzung der Geeignetheit zur Beeinflussung der wirtschaftlichen Entscheidung des Verbrauchers. Beides müssen die Wettbewerbsbehörden nunmehr bei der Verfolgung irreführender Preisangaben beachten. Im Gegensatz zum Trade Descriptions Act war der Consumer Protection Act 1987 über irreführende Preisangaben nicht

---

437 *Howells/Weatherill*, Consumer Protection Law, S. 420; *Harvey/Parry*, Consumer Protection, S. 427.

auf das Verhältnis zwischen Unternehmern anwendbar. Ein Verstoß konnte nur dann vorliegen, wenn die irreführende Angabe gegenüber Verbrauchern getätigt wurde. In dieser Beschränkung des Anwendungsbereichs auf das Verhältnis zwischen Unternehmer und Verbraucher stimmt der CPA mit den neu erlassenen Consumer Protection Regulations 2008 überein. Allerdings war der Anwendungsbereich des CPA im Vergleich zu den Consumer Protection Regulations dadurch beschränkt, dass der Begriff des geschäftlichen Handelns enger ausgelegt wurde. Die Definition des Unternehmers in Regulation 2(1) CPR umfasst sowohl den Unternehmer selbst als Eigentümer des Unternehmens als auch alle Personen, die in seinem Namen oder in seinem Auftrag handeln. Damit können auch Hilfspersonen einen Verstoß gegen die CPR begehen, sofern sie geschäftlich handeln. Der persönliche Anwendungsbereich der CPR ist somit gegenüber der alten Rechtslage nach dem CPA erweitert worden. Der Schutz der Verbraucher vor irreführenden Preisangaben ist nicht mehr davon abhängig, ob die Angabe von dem Eigentümer des Unternehmens oder einer anderen Person in einer Kontrollposition getätigt wurde, sondern besteht umfassend. Auch die speziellen Einschränkungen des Anwendungsbereichs der CPA im Bereich der Miete von Privaträumen finden sich in den CPR nicht wieder. Irreführende Angaben über Mietangebote, die einem Verbraucher von einem Unternehmer vermittelt werden, werden grundsätzlich nach der Vorschrift über irreführende Angaben in Regulation 5 CPR beurteilt.

bb) Irreführende Preisangaben

Die Regelung der irreführenden Preisangaben im CPA erfolgte in einer Generalklausel in Section 20(1) CPA, der in Section 21(1) CPA eine Liste mit Beispielen stets irreführender Angaben folgte. Diese Regelung ähnelte der Struktur in den CPR, die ebenfalls eine sogenannte Scharze Liste mit Verboten ohne Wertungsmöglichkeit enthält. Regulation 5(1) CPR enthält die sogenannte kleine Generalklausel zu irreführenden Angaben. Regulation 5(4)(g) CPR sieht unter anderem vor, dass insbesondere eine Angabe, die eine Aussage über den Preis oder über die Methode seiner Berechnung enthält, irreführend im Sinne von Regulation 5(2)(a) CPR sein kann. Weiterhin enthalten die CPR in der Schwarzen Liste Tatbestände zu speziellen irreführenden Angaben im Zusammenhang mit dem Preis des Produkts, insbesondere das Verbot aus Ziffer 20 Schedule 1 CPR, ein Produkt als „gratis“ zu bezeichnen, wenn dafür mehr als die für das Eingehen auf das Angebot unvermeidbaren Kosten anfallen. Die in Section 21(1) lit. a) bis d) CPA genannten Angaben fallen unzweifelhaft unter den Tatbestand von Regulation 5(4)(g) CPR, denn es handelt sich dabei stets um eine Irreführung über den Preis selbst. Section 21(1)(e) CPA umfasste Umstände, die dazu führten, dass der Verbraucher die

Berechnung des Preises nicht korrekt vornehmen konnte. Diese Variante stellt eine Irreführung über die Methode der Preisberechnung dar und ist damit auch von Regulation 5(4)(g) CPR erfasst. Zwar enthalten die CPR keine genaue Beschreibung mehr von Umständen, die in jedem Fall zu einer irreführenden Angabe führen, sondern lediglich ein generelles Verbot irreführender Preisangaben. Damit wird die Entwicklung zu flexibleren Regelungen fortgesetzt. Es ist nicht mehr erforderlich, dass die Angabe in eine der Kategorien von Section 21(1) lit. a) bis e) CPA fällt. Die flexible Regelung verhindert, dass die Wettbewerbsbehörden machtlos gegenüber neuen innovativen Geschäftspraktiken unlauterer Unternehmer sind.

Mit Einführung der CPR würde grundsätzlich auch der aufgrund der Befugnis in Section 25 CPA erlassene Code of Practice for Traders on Price Indications entfallen, der bisher wichtige detaillierte Regelungen zu den Vorschriften des Acts enthielt und von der Rechtsprechung als Nachweis unlauteren (und lauteren) Handelns herangezogen werden konnte. Dieser Code wurde allerdings nicht vollständig für unwirksam erklärt, sondern behält als unverbindliche „Guidance“ für Unternehmer auch nach Einführung der CPR seine Gültigkeit.[438] Somit bleibt grundsätzlich auch die Regel, dass ein Produkt mindestens 28 Tage zu einem bestimmten Preis angeboten werden muss, wenn dieser als der „letzte Preis“ gelten soll, zumindest als Richtschnur für die Unternehmen bestehen.

Das Vorliegen einer irreführenden Preisangabe im Sinne des CPA wurde anhand einer „reasonable person“ bestimmt. Dabei handelte es sich grundsätzlich um denselben Maßstab wie im TDA, denn beide Gesetze zählten zu dem Bereich des „regulatory crime“. Zu beachten ist allerdings, dass die CPA originär verbraucherschützende Regelungen enthielten, so dass der primäre Zweck der Schutz der Verbraucher ist und andere Interessen erst nachrangig zu berücksichtigen sind.[439] Generell lag der Schwerpunkt der Beurteilung jedoch ebenso auf den Umständen des Einzelfalls, den Fähigkeiten des konkreten Verbrauchers sowie auf Nachweisen tatsächlicher Irreführungen und auf Beschwerden von Verbrauchern.[440] Für das Vorliegen einer irreführenden Preisangabe kommt es nach Regulation 5 CPR jedoch stets darauf an, wie der Durchschnittsverbraucher die Angabe des Unternehmers versteht. Für einen Verstoß muss nicht nachgewiesen werden, dass sich ein Verbraucher tatsächlich geirrt hat oder aufgrund der irreführenden Angabe

438 *Ramsay*, Consumer Law, S. 320.

439 Siehe oben Kap. 2, II. 4. a) aa).

440 Siehe oben a.a.O.; *Woodroffe/Lowe*, Consumer Law, 7. Aufl. 2007, S. 260 Rn. 14.13 zu dem Verbrauchermaßstab in *Doble v David Greig*; *Weatherill*, National Report UK, in Schulze/Schulte-Nölke, S. 17.

einen Kauf getätigt hat. Es handelt sich vielmehr um einen normativen Test. Das Gericht kann grundsätzlich aus eigener Anschauung selbst feststellen, ob die Angabe irreführend ist.[441] Die Einführung des Maßstabs des Durchschnittsverbrauchers im früheren Geltungsbereich des CPA hat ähnliche Folgen wie im im Bereich des TDA. Der Fokus verschiebt sich hin zu den abstrakten Fähigkeiten des Durchschnittsverbrauchers und weg von den Umständen des Einzelfalls.[442]

III. Vollharmonisierung des Rechts über irreführende Angaben

1. Vereinheitlichung der Vorschriften zu irreführenden Handlungen durch die Richtlinie

Die Kommission beabsichtigt, durch die Richtlinie gegen unlautere Geschäftspraktiken einen hohen Standard des Verbraucherschutzes in der Europäischen Union zu etablieren. Gleichzeitig zielt sie mit der Richtlinie darauf ab, eine einheitliche gesetzliche Regelung in den Mitgliedstaaten einzuführen, um Hindernisse für den grenzüberschreitenden Handel abzubauen und das Vertrauen des Verbrauchers in Angebote ausländischer Unternehmen zu stärken. Das Verbot irreführender Handlungen müsste demnach in allen Mitgliedstaaten inhaltsgleich sein. Ob die Richtlinie geeignet ist, im Bereich der irreführenden Angaben zu einer solchen einheitlichen Regelung zu führen, wird im Folgenden am Beispiel der Umsetzung in Deutschland und England untersucht. Dazu werden mögliche Lücken bei der Vollharmonisierung in der Richtlinie betrachtet sowie ihre Auswirkungen auf die Umsetzungsgesetze. Abschließend wird der Effekt von Unterschieden in der Umsetzung der Richtlinie auf das Ziel der Vollharmonisierung und auf den einheitlichen Schutz des Verbrauchers untersucht.

a) Irreführende Handlung durch unwahre Angaben

aa) Ansatz der objektiven Unwahrheit, Art. 6 Abs. 1, 1. Variante

Der Tatbestand der irreführenden Handlungen in Art. 6 Abs. 1 enthält zwei Varianten, sowohl unwahre als auch wahre irreführende Angaben sind umfasst. Die

441 Erwägungsgrund 18.

442 Siehe oben Kap. 3, II. 1. c) dd).

Regelung ist jedoch nicht eindeutig im Hinblick darauf, welche Voraussetzungen in den verschiedenen Varianten erfüllt sein müssen. Insbesondere ist unklar, ob auch die unwahren Angaben zur Täuschung des Verbrauchers geeignet sein müssen oder ob eine objektiv unwahre Angabe schon den Tatbestand erfüllt. Ausgehend vom Schutzweck der Richtlinie, dem Schutz der informierten Entscheidung des Verbrauchers, wäre anzunehmen, dass nur solche Angaben umfasst sind, die den Verbraucher tatsächlich täuschen. Auch nach der Vorgängerregelung in der Irreführungsrichtlinie 84/450/EWG waren unwahre Angaben nur dann unzulässig, wenn sie sich zur Täuschung des Verbrauchers eigneten. Daher wird teilweise vertreten, dass auch unwahre Angaben nur dann unlauter sind, wenn sie geeignet sind, den Verbraucher zu täuschen.[443] Gegen diese Auslegung kann der Wortlaut des Art. 6 angeführt werden, der durch die Formulierung „in jedem Fall" bzw. „in either case" vor dem Merkmal der Beeinflussung der geschäftlichen Entscheidung („transactional decision") klarstellt, dass eine Beeinflussung in beiden Varianten erforderlich ist. Vor der Voraussetzung der Täuschungseignung fehlt gerade eine entsprechende Formulierung. Zudem ist die Täuschungseignung Bestandteil der Definition der zweiten Variante, des Verbotes der wahren irreführenden Angaben. Noch deutlicher wird diese Zuordnung der Voraussetzungen in der englischen Sprachversion, in der die Voraussetzung der Täuschungseignung in die Definition der wahren irreführenden Angaben eingebettet ist und lautet „if it contains false information and is therefore untruthful or in any way, including overall presentation, deceives or is likely to deceive the average consumer, even if the information is factually correct, …". Daher wird überwiegend angenommen, dass die Richtlinie im Bezug auf unwahre Angaben dem Ansatz der objektiven Unwahrheit folgt.[444]

bb) Anknüpfungspunkte für irreführende Angaben

Die Regelung der irreführenden Handlungen in Art. 6 Abs. 1 enthält in lit. a) bis lit. g) eine Vielzahl von Anknüpfungspunkten für irreführende Angaben, die zumindest teilweise als offen formulierte Aufzählung von Beispielen gestaltet sind. Die Formulierung der Tatbestandsvoraussetzungen in Art. 6 Abs. 1 ist nicht vollkommen eindeutig im Hinblick darauf, ob sich nur die wahren irreführenden Angaben auf die nachstehenden Anknüpfungspunkte des Tatbestands beziehen

---

443 *Radeideh*, Fair Trading, S. 270; *Sosnitza*, WRP 2008, S. 1014 (1028).

444 Howells/Micklitz/*Wilhelmsson*, European Fair Trading Law, S. 128 f.; Harte-Bavendamm/Henning-Bodewig/*Glöckner*, UWG, Einl. B Rn. 304; Harte-Bavendamm/Henning-Bodewig/*Dreyer*, UWG, § 5 Rn. 144; Köhler/*Bornkamm*, UWG, § 5 Rn. 1.25b; Piper/*Ohly*/Sosnitza, UWG, Einf. C Rn. 54.

müssen oder ob dies auch für die erste Variante der objektiv unwahren Angaben gilt.[445] Der Wortlaut der Vorschrift deutet auf eine Unabhängigkeit der beiden Varianten voneinander hin. Denn der Verweis auf die Liste mit den Anknüpfungspunkten steht in engem begrifflichen Zusammenhang mit der zweiten Variante der wahren irreführenden Angaben, die lautet „oder wenn sie in irgendeiner Weise, einschließlich sämtlicher Umstände ihrer Präsentation, selbst mit sachlich richtigen Angaben den Durchschnittsverbraucher in Bezug auf einen oder mehrere der nachstehend aufgeführten Punkte täuscht oder ihn zu täuschen geeignet ist". Zudem legt ein Vergleich mit der Formulierung des Merkmals der Beeinflussung der geschäftlichen Entscheidung, vor dem ausdrücklich „in jedem Fall" bzw. „in either case" steht, nah, dass die anderen Voraussetzungen sich ausschließlich auf wahre irreführende Angaben beziehen sollen. Daher wird überwiegend vertreten, dass unwahre Angaben in jedem Fall unzulässig sind, auch wenn sie sich nicht auf einen der genannten Anknüpfungspunkte beziehen.[446]

b) Irreführung durch unwahre Angaben, Regulation 5 CPR

aa) Objektive Unwahrheit

Die Regelung irreführender Angaben in Regulation 5(2)(a) CPR trennt klar zwischen der Unlauterkeit unwahrer Angaben und irreführenden wahren Angaben, die nur unlauter sind, wenn sie geeignet sind, den Verbraucher zu täuschen. Sie lautet „if it contains false information and is therefore untruthful in relation to any of the following matters in paragraph (4) or if it or its overall presentation in any way deceives or is likely to deceive the average consumer …". Die Formulierung des Tatbestands in den CPR weist noch stärker als die englische Fassung der Richtlinie auf eine Eigenständigkeit der beiden Varianten hin. Dementsprechend wird ganz überwiegend vertreten, dass unwahre Angaben unabhängig von ihrer Täuschungseignung unlauter sind.[447] Diese Auslegung entspricht auch dem generellen englischen

---

445 *Twigg-Flesner/Howells/Parry/Nordhausen,* Analysis and Scope, S. 43 Rn. 3.17; für die erforderliche Anknüpfung auch unwahrer Angaben an die genannten Punkte Harte-Bavendamm/Henning-Bodewig/*Dreyer*, UWG, § 5 Rn. 6. 15.

446 *Twigg-Flesner/Howells/Parry/Nordhausen*, Scope and Application, S. 43, Rn. 3.17; Howells/Micklitz/*Wilhelmsson*, European Fair Trading Law, S. 139 f. halten die gesamte Liste für nicht abschließend, sondern eher für unverbindliche Anhaltspunkte, danach müssen sich sowohl unwahre als auch wahre irreführende Angaben nicht zwingend auf einen der genannten Punkte beziehen.

447 *Philpott*, Consumer Credit, S. 487, Rn. 12.151 ff.; *Smith*, Justice of the Peace, 172 (34), S. 536 (537).

Verständnis vom Verbraucherschutz. Auf der einen Seite besteht ein Widerstreben dagegen, den Unternehmern ungebührlich enge Fesseln anzulegen, auf der anderen Seite wird bei der Verwendung falscher Informationen streng sanktioniert, ohne unbedingt die tatsächlichen Auswirkungen auf den Verbraucher in die Bewertung des unternehmerischen Verhaltens einzubeziehen.[448] Die Rechtsauffassung zu der Unlauterkeit unwahrer Angaben nach Regulation 5 CPR entspricht der Vorgängerregelung in Section 1 TDA. Der Vorwurf der unkritischen Übernahme des früheren englischen Rechts ist an dieser Stelle jedoch nicht gerechtfertigt, da auch im Bezug auf die Vorschrift der Richtlinie die herrschende Ansicht dahin geht, die Unlauterkeit schon bei objektiv unwahren Angaben zu bejahen.[449]

bb) Anknüpfungspunkte unwahrer Angaben

Auch wenn in England dem Ansatz der objektiven Unwahrheit der Vorzug gegeben wird, wird eine vollständige Unabhängigkeit der beiden Varianten voneinander verneint. Der Tatbestand der unwahren Angaben ist nicht vollkommen offen. Vielmehr ist stets eine Anknüpfung an die in Regulation 5(4) und Abs. 5 CPR genannten Punkte erforderlich.[450] Nach dem eindeutigen Wortlaut von Regulation 5(2)(a) CPR kann eine unwahre Angabe daher nur unzulässig sein, wenn sie unwahr im Bezug auf einen der genannten Anknüpfungspunkte ist.[451] Diese Eingrenzung des Tatbestands auf klar umrissene Merkmale beruht auf der Einordnung der CPR als „regulatory crime“. Ein Verstoß kann strafrechtliche Konsequenzen haben, so dass die Umstände der Strafbarkeit im Vorhinein deutlich erkennbar sein müssen.[452] Aus diesem Grund ist es in England auch von größerer Bedeutung, ob die Aufzählung der wesentlichen Merkmale des Produkts abschließende Anknüpfungspunkte für die unlauteren Angaben darstellen und ob die Liste in Regulation 5(5) CPR abschließend ist.[453]

c) Irreführung durch unwahre Angaben, § 5 Abs. 1 UWG

Die Regelung aus Art. 6 Abs. 1 der Richtlinie wurde in dem neu gefassten § 5 Abs. 1 UWG umgesetzt. Die Vorschrift bezieht sich nunmehr nicht mehr

448 Siehe oben Kap. 2, II. 4. a) aa).
449 Siehe oben Kap. 3, III. 1. a) aa).
450 Vgl. *Philpott*, Consumer Credit, S. 480 Rn. 12.131.
451 Howells/Micklitz/*Wilhelmsson*, European Fair Trading Law, S. 138.
452 *Howells/Weatherill*, Consumer Protection Law, S. 404, 417.
453 Siehe oben Kap. 3, III. 1. a) bb).

lediglich auf irreführende Werbung, sondern auf alle irreführenden geschäftlichen Handlungen. Die Regelung ist nicht wörtlich, sondern in reduzierter Form aus der Richtlinie übernommen worden. Die ausführliche Regelung aus der Richtlinie wurde auf ihre wesentliche Aussage reduziert. Die Liste der Anknüpfungspunkte ist dahingegen in vollem Umfang mit lediglich geringen Änderungen übernommen worden.

aa) Objektive Unwahrheit

Die Regelung zur Umsetzung von Art. 6 Abs. 1 in § 5 Abs. 1 UWG spricht von „unwahren Angaben [...] oder sonstigen zur Täuschung geeigneten Angaben". Ob dabei dem Ansatz der objektiven Unwahrheit gefolgt werden soll oder ob auch unwahre Angaben nur dann unlauter sind, wenn sie zur Täuschung geeignet sind, ist umstritten. Teile der Literatur sind der Ansicht, dass auch unwahre Angaben nur dann unlauter sein können, wenn sie ein gewisses Täuschungspotential haben und zu einer Irreführung führen können.[454] Dafür spricht der Wortlaut „sonstige zur Täuschung geeignete Angaben", der impliziert, dass auch unwahre Angaben zur Täuschung geeignet sein müssen. Für dieses Verständnis spricht auch der Schutzzweck, der sich auf den Schutz der informierten Entscheidung des Verbrauchers bezieht. Unterliegt der Verbraucher aber keiner Fehlvorstellung, weil er die Unrichtigkeit der Aussage kennt und sich von ihr somit nicht irreführen lässt, ist der Schutzzweck nicht beeinträchtigt. Dann besteht grundsätzlich auch kein Raum für die Unlauterkeit der geschäftlichen Handlung mehr. Andererseits wird aus der Formulierung in § 5 Abs. 1 UWG geschlossen, dass es sich um zwei voneinander unabhängige Varianten des Tatbestands handele und dass die erste objektiv unwahre Angaben erfasse, ohne dass es auf die Täuschungseignung ankäme.[455] Als Argument für den strengeren Maßstab wird angeführt, dass an der Verwendung unwahrer Angaben schon von vorneherein kein schutzwürdiges Interesse bestehen könne.[456] Ob diese unterschiedliche Auslegung die Vollharmonisierung gefährdet, wird im Folgenden untersucht.

---

454 Piper/Ohly/*Sosnitza*, UWG, § 5 Rn. 160; *Sosnitza*, WRP 2008, S. 1014 (1028); *Sosnitza*, GRUR 2007, S. 462 (466, 468).

455 Harte-Bavendamm/Henning-Bodewig/*Dreyer*, UWG, § 5 Rn. 144; dies zu Grunde legend auch Köhler/*Bornkamm*, UWG, § 5 Rn. 1.25b, 2.36; *Steinbeck*, WRP 2006, S. 632 (634).

456 Harte-Bavendamm/Henning-Bodewig/*Dreyer*, UWG, § 5 Rn. 144; Fezer/*Peifer*, UWG, Band 2, § 5 Rn. 234.

bb) Anknüpfungspunkte unwahrer Angaben

Neben der Frage, ob unwahre Angaben nur dann unlauter sind, wenn sie auch zur Täuschung des Verbrauchers geeignet sind, wirft der Tatbestand von § 5 Abs. 1 UWG weitere Auslegungsfragen im Bezug auf die Anknüpfung unwahrer Angabe an die aufgelisteten Punkte auf. Die Vorschrift könnte so verstanden werden, dass es sich bei der ersten Alternative um einen vollkommen von der zweiten Alternative und ihren Voraussetzungen losgelösten Tatbestand handelt. Unwahre Angaben wären dann unlauter, ohne dass es auf eine Anknüpfung an einen der aufgelisteten Punkte ankäme. Dafür spricht zunächst der Wortlaut von § 5 Abs. 1 UWG „Eine geschäftliche Handlung ist irreführend, wenn sie unwahre Angaben enthält oder sonstige zur Täuschung geeignete Angaben über folgende Umstände enthält: ...“. Die Trennung der beiden Varianten wird insbesondere durch die doppelte Verwendung des gleichen Verbs deutlich. Hätte der deutsche Gesetzgeber auch die Anknüpfung der unwahren Angaben an die aufgelisteten Punkte beabsichtigt, so wäre das erste Verb „enthält“ überflüssig. Aus diesen Gründen wird überwiegend vertreten, dass die unwahre Angabe sich nicht auf einen der genannten Anknüpfungspunkte beziehen muss, sondern unabhängig davon unlauter ist.[457] Nach anderer Ansicht ist aus Gründen der Rechtssicherheit und -bestimmtheit auch in der Variante der unwahren Angaben eine Anknüpfung an die Liste der Merkmale in § 5 Abs. 1 UWG erforderlich.[458] Die Bedeutung dieser Frage für die Vollharmonisierung wird im Folgenden geklärt.

2. Beeinträchtigung des Prinzips der Vollharmonisierung

Die Regelung der irreführenden Handlungen für einen weitergehenden Bereich als den der irreführenden Werbung ist in England und Deutschland positiv aufgenommen und umgesetzt worden. In ihrer Grundstruktur gleichen sich die Vorschriften in Regulation 5 CPR und in § 5 UWG, die zur Umsetzung von Art. 6 erlassen oder geändert wurden. Nichtsdestotrotz bestehen in einigen Punkten Unterschiede, die sich auch auf das Ziel der Vollharmonisierung auswirken könnten.

a) Einheitlicher Ansatz der objektiven Unwahrheit

Die Regelung der Unlauterkeit unwahrer Angaben in Art. 6 Abs. 1 ist nicht ohne Widersprüche. Daraus resultiert die Problematik, welche Voraussetzungen in der

457 So Köhler/*Bornkamm*, UWG, § 5 Rn. 1.25b; Piper/Ohly/*Sosnitza*, UWG, § 5 Rn. 230.

458 Harte-Bavendamm/Henning-Bodewig/*Dreyer*, UWG, § 5 Rn. 206.

ersten Variante der Unlauterkeit unwahrer Angaben erfüllt sein müssen. Der überwiegend vertretene Ansatz der objektiven Unwahrheit, wird wegen seiner fehlenden Übereinstimmung mit dem Ziel der Richtlinie, die informierte Entscheidung des Verbrauchers zu schützen, kritisiert.[459] Diese fehlende Rechtsklarheit zeigt Auswirkungen auf die Auslegung der nationalen Vorschriften. Die Diskussion, ob unwahre Angaben auch unlauter sind, wenn kein Verbraucher getäuscht wird, setzt sich in England und in Deutschland fort. In beiden Ländern geht die Entwicklung jedoch parallel dahin, die unwahren Angaben als unabhängigen Tatbestand zu sehen und keine Täuschungseignung zu fordern. Endgültige Gewissheit über die Voraussetzungen der Unlauterkeit unwahrer Angaben sind allerdings erst bei einer Klarstellung durch den Europäischen Gerichtshof anhand einer geeigneten Vorlagefrage zu erwarten. Bis dahin besteht die Gefahr, dass die Mitgliedstaaten unterschiedliche Voraussetzungen an die Unlauterkeit unwahrer Angaben stellen und das Konzept der Vollharmonisierung in diesem Punkt beeinträchtigt wird.

Allerdings könnte das Prinzip der Vollharmonisierung selbst dann nicht schwerwiegend beeinträchtigt sein, wenn sich unterschiedliche Ansichten zu der Frage nach der Erforderlichkeit der Täuschungseignung bei unwahren Angaben herausbilden würden. Denn neben der Eignung zur Täuschung muss die unwahre Angabe in jedem Fall auch geeignet sein, die geschäftliche Entscheidung des Verbrauchers zu beeinflussen. Es ist jedoch fast undenkbar, dass jemand eine Kaufentscheidung auf der Grundlage von erkennbar falschen Informationen tätigt. Vorstellbar ist lediglich die seltene Situation, dass der Verbraucher die Unwahrheit der Angabe zwar kennt, das Produkt aber trotzdem kauft, weil er ausprobieren möchte, ob es nicht doch der wissentlich falschen Angabe entspricht. Die ausgleichende Funktion der Voraussetzung der Eignung zur Beeinflussung der geschäftlichen Entscheidung greift z. B. ein, wenn der Hersteller mit einer unwahren Angabe wirbt, die in räumlicher und zeitlicher Nähe jedoch von einem hinreichenden aufklärenden Hinweis des Verkäufers begleitet wird. Der Durchschnittsverbraucher erkennt dadurch, dass die Angabe unwahr ist und wird nicht getäuscht. Diese Situation könnte in den Mitgliedstaaten jedoch unterschiedlich beurteilt werden, je nachdem, ob eine Täuschungseignung der unwahren Angabe gefordert wird oder ob eine objektiv unwahre Angabe genügt. Allerdings muss die Geschäftspraxis jedenfalls stets geeignet sein, die geschäftliche Entscheidung des Verbrauchers zu beeinflussen. Da eine solche Beeinflussung schwer vorstellbar ist, wenn der Verbraucher die Unwahrheit der Angabe erkennt, ist die Frage nach der Täuschungseignung eher theoretischer Natur. Demnach entfaltet die Regelung der Irreführung durch

459 *Sosnitza*, WRP 2008, S. 1014 (1028).

unwahre Angaben aufgrund des Ausgleichs durch das Erfordernis der Eignung zur Beeinflussung der geschäftlichen Entscheidung im Ergebnis keine unterschiedliche Wirkung. Obwohl die formellen Tatbestandsvoraussetzungen umstritten sind, führt die Richtlinie zu einer einheitlichen Regelung in den Mitgliedstaaten. Das Prinzip der Vollharmonisierung bleibt trotz der Möglichkeit der unterschiedlichen Auslegung von Art. 6 Abs. 1, 1. Variante gewahrt.

b) Keine einheitliche Regelung der Anknüpfungspunkte unwahrer Angaben

Im Zusammenhang mit der Unlauterkeit unwahrer Angaben ist nicht nur zweifelhaft, ob sie zur Täuschung geeignet sein müssen, sondern auch, ob sie sich auf die Liste der in Art. 6 Abs. 1 genannten Anknüpfungspunkte beziehen müssen. Zu der Regelung in der Richtlinie wird überwiegend mit dem Hinweis auf einen umfassenden Verbraucherschutz vertreten, dass unwahre Angaben nicht an einen der Punkte aus der Liste anknüpfen müssen, sondern dass sie per se unlauter sind.[460] Diese Ansicht hat sich auch in Deutschland durchgesetzt. Die Variante der unwahren Angaben wird überwiegend als offener Tatbestand angesehen, der vollständig zu unterscheiden ist von der Regelung der wahren Angaben, die irreführend im Bezug auf eines der aufgelisteten Merkmale sein müssen.[461] Damit wird der Anwendungsbereich der Vorschrift noch einmal erweitert und auf jegliche unwahre Angaben gleich welchen Inhalts ausgedehnt. In der englischen Vorschrift spiegelt sich die gegenteilige Ansicht wieder. Nach dem eindeutigen Wortlaut von Regulation 5(2)(a) CPR müssen sich sowohl unwahre als auch wahre irreführende Angaben auf einen der in den Absätzen 4 und 5 aufgezählten Punkte beziehen. Diese Beschränkung des Tatbestands wird dadurch verstärkt, dass in England wegen der Möglichkeit der strafrechtlichen Sanktionen die Tendenz dazu besteht, Tatbestandsmerkmale enger auszulegen und die Liste als insgesamt abschließend zu betrachten. Dies führt dazu, dass ein Unternehmer, der bestimmte Angaben verwendet, eventuell in Deutschland unlauter nach § 5 Abs. 1 UWG handelt, da keine Anknüpfung an die aufgelisteten Punkte erforderlich ist, während in England keine Irreführung nach Regulation 5 CPR vorliegt. Die Richtlinie gegen unlautere Geschäftspraktiken führt im Bereich der irreführenden Handlungen durch unwahre Angaben folglich nicht zu einer vollständig einheitlichen Regelung in den Mitgliedstaaten. Das Prinzip der Vollharmonisierung ist in diesem Punkt beeinträchtigt.

---

460 *Twigg-Flesner/Howells/Parry/Nordhausen*, Scope and Application, S. 43 Rn. 3.17; Howells/Micklitz/*Wilhelmsson*, European Fair Trading Law, S. 139 f.

461 Köhler/*Bornkamm*, UWG, § 5 Rn. 1.25b; Piper/Ohly/*Sosnitza*, UWG, § 5 Rn. 230.

Kapitel 4: Schutz vor Irreführung durch Verwendung fremder Kennzeichen

I. Irreführung über die betriebliche Herkunft

Die Richtlinie über unlautere Geschäftspraktiken enthält an verschiedenen Stellen Regelungen der Irreführung des Verbrauchers durch Verwendung fremder Kennzeichen. Ziffer 13 der Schwarzen Liste enthält ein absolutes Verbot für Werbung mit einem Produkt, das einem anderen ähnlich ist, und das den Verbraucher absichtlich zu einer Fehlvorstellung über die betriebliche Herkunft verleiten soll. Des Weiteren handelt es sich bei Art. 6 Abs. 2 lit. a) um einen speziellen Irreführungstatbestand, wonach jede Geschäftspraxis zur Vermarktung eines Produkts einschließlich vergleichender Werbung unlauter ist, wenn sie bei dem Verbraucher eine Verwechslungsgefahr mit dem Produkt, Warenzeichen, Warennamen oder sonstigen Kennzeichen eines anderen Mitbewerbers hervorruft und dazu geeignet ist, dessen geschäftliche Entscheidung zu beeinflussen. Zudem werden in dem allgemeinen Irreführungstatbestand des Art. 6 Abs. 1 in lit. b) die „geografische und kommerzielle Herkunft“ als Anknüpfungspunkte für irreführende Angaben genannt.

II. Schutz des Verbrauchers vor Irreführung durch Verwendung fremder Kennzeichen nach Regulation 5(3)(a) CPR

Nach Regulation 5(3)(a) CPR kann die Verwendung fremder Kennzeichen, die zu einer Verwechslungsgefahr führt, eine unzulässige irreführende Geschäftspraxis darstellen. Die Irreführung kann sich auf das Produkt selbst, auf die Marke, den Handelsnamen oder andere unterscheidungskräftige Kennzeichen beziehen. Der Inhalt und Wortlaut von Regulation 5(3)(a) CPR ist identisch zu Art. 6 Abs. 2 lit. a) der Richtlinie. Zudem ist die Gefahr der Irreführung über die betriebliche Herkunft auch in Regulation 5(2)(a) und 5(5)(p) CPR sowie in Ziffer 13 der Schwarzen Liste geregelt. In dem allgemeinen Irreführungstatbestand von Regulation 5(2)(a) CPR stellt die geographische oder die kommerzielle Herkunft, wie in der Vorschrift aus der Richtlinie, ein wesentliches Merkmal des Produkts dar, über das der Unternehmer eine irreführende Angabe tätigen kann. Auch die

Ziffer 13 aus der Schwarzen Liste hat der englische Gesetzgeber identisch in Schedule 1 zu Regulation 3(4)(d) CPR übernommen.

Eine Irreführung über die betriebliche Herkunft konnte schon nach der nun aufgehobenen Regelung in Section 2(1)(i) TDA 1968 als irreführende Angabe über die Person des Herstellers oder Händlers verfolgt werden, allerdings nur im Wege der Beschwerde bei den zuständigen Durchsetzungsbehörden.[462] Daneben stellen vor allem die Klagen wegen Passing-off und Injurious Falsehood eine Möglichkeit dar, gegen die irreführende Verwendung fremder Kennzeichen vorzugehen.[463] Diese Möglichkeit besteht auch nach der Umsetzung der Richtlinie in den CPR weiterhin, denn es handelt sich bei Passing-off und Injurious Falsehood um Rechtsinstitute des Common Law, die von der Umsetzung der Richtlinie gegen unlautere Geschäftspraktiken nicht unmittelbar betroffen sind. In dem folgenden Abschnitt werden die Voraussetzungen und der Anwendungsbereich von Passing-off und Injurious Falsehood untersucht, um im Anschluss zu bewerten, ob sich der Schutz des Verbrauchers vor der Irreführung durch Verwendung fremder Kennzeichen durch die Einführung der CPR verbessert hat. Daneben geht es auch um die Frage, ob sich Passing-off über seinen Kernbereich zu einem allgemeinen Verbot unlauteren Wettbewerbs entwickelt hat, also zu einem sogenannten „tort of unfair competition“.[464]

1. Anwendungsbereich und Voraussetzungen von Passing-off

Die Klage wegen Passing-off stellt den zentralen Schutz des Common Law vor irreführenden Verwechslungen von unterscheidungskräftigen Kennzeichen dar.[465]

---

462 *Howells/Voigt*, United Kingdom, in Micklitz/Keßler, S. 361 (412 f.).

463 *Ohly*, Leistungsschutz, in Hilty/Henning-Bodewig, S. 181 (185); *Ohly/Spence*, Comparative Advertising, S. 78; *Wadlow*, Passing-off, S. 26, 40, Rn. 1–041, 1–058; vgl. *Bernitz*, Copycats and Look-alikes, in Ezrachi/Bernitz, S. 217 (223); *Harvey/Parry*, Consumer Protection, S. 389; *Griffiths*, Commsunications Law 2007, 12 (6), S. 196 (199); *Horner v Kingsley Clothing Ltd* [1989] Crim LR, S. 911 f.; *J Bollinger v Costa Brava Wine Co Ltd* [1959] 3 All ER, S. 800 f. (in Spanien hergestellter Wein wurde „Spanish Champagne“ genannt).

464 Vgl. *Arsenal v Reed* [2003] EWCA Civ, S. 696 (715); *Irvine v Talksport Ltd* [2002] WLR, S. 2355 (2340, 2368, Rn. 13, 14, 39); *Vine Products Ltd v Mackenzie* [1967] FSR, S. 402 (427); *Connor*, UK Report, S. 20; *Henning-Bodewig*, Unfair Competition Law, S. 138.

465 *Wadlow*, Passing-off, S. 110 Rn. 3–005; *Drysdeale/Silverleaf*, Passing-off, Rn. 1.04; *Ohly*, Leistungsschutz, in Hilty/Henning-Bodewig, S. 181 (185); *Lettl*, Werbung in Europa, S. 221; *Puttemanns*, Report für die „Liga gegen den unlauteren Wettbewerb“, S. 6.

Der Geschädigte kann klagen, wenn er die klassischen drei Voraussetzungen („classical trinity“) geltend machen kann, die von Lord Oliver in der Entscheidung *Jif Lemon* festgelegt wurden. Danach muss der Kläger (i) „goodwill“ oder einen guten Ruf der Marken oder ihrer Aufmachung geltend machen, auf den in Verbindung mit den Waren oder Dienstleistungen vertraut wird. Des Weiteren muss (ii) die Nutzung des Zeichens oder der Gestaltung durch den Beklagten eine Irreführung („misrepresentation“) darstellen, die sich im geschäftlichen Verkehr auf eine erhebliche Anzahl von Personen auswirkt oder sich voraussichtlich auswirken wird (Verwechslungsgefahr). Aufgrund der Täuschung muss (iii) der Kläger einen Schaden erlitten haben oder voraussichtlich erleiden.[466]

Die Klagebefugnis liegt also bei dem Unternehmer, dessen Goodwill durch die Irreführung über die betriebliche Herkunft geschädigt wird.[467] Dennoch wird durch Passing-off auch der Verbraucher geschützt, denn er profitiert reflexartig von der Klage wegen Passing-off. Ähnlich wie im deutschen Wettbewerbsrecht, das den Schutz des Verbrauchers unter anderem durch die Klagebefugnis der Mitbewerber verwirklicht, wird durch Passing-off auch der Verbraucher vor unlauteren Unternehmern geschützt, die ihre Produkte als fremde ausgeben und von der Gütevorstellung des Verbrauchers von bestimmten Kennzeichen profitieren wollen.

Es ist nicht erforderlich, dass der Unternehmer die Irreführung vorsätzlich herbeiführt.[468] Er muss keine Kenntnis davon haben, dass sein Verhalten irreführend ist und er den Goodwill eines anderen schädigt. Das Recht des Passing-off schützt den Goodwill des Unternehmers. Es schützt nicht seinen Namen, eine Marke, eine bestimmte Aufmachung des Produkts oder andere unterscheidungskräftige Kennzeichen, sondern allein den darin verkörperten Goodwill des Unternehmens, den die Allgemeinheit anerkennt.[469] Folglich ist es für Passing-off nicht zwingend

---

466 *Reckitt & Colman v Borden* [1990] 1 WLR, S. 491 (493) = GRUR Int. 1991, S. 142 (143); *Wadlow*, Passing-off, S. 10 Rn. 1–014; *Cornish-Llewelyn*, Intellectual Property, S. 629 Rn. 17–05; *Connor*, UK Report, S. 14 f.; *Bernitz*, Copycats and Look-alikes, in Ezrachi/Bernitz, S. 217 (223 f.); Harte-Bavendamm/Henning/*Bodewig*, UWG, Einl. E Rn. 258.

467 *Wadlow*, Passing-off, S. 309 Rn. 5–021; *Weir*, Tort Law, S. 197.

468 *Wadlow*, Passing-off, S. 10 Rn. 1–014; *Cornish/Llewelyn*, Intellectual Property, S. 642 Rn. 17–22; *Henning-Bodewig*, Unfair Competition Law, S. 139; Harte-Bavendamm/Henning/*Bodewig*, UWG, Einl. E Rn. 258.

469 *Wadlow*, Passing-off, S. 110 Rn. 3–005; *Cornish/Llewelyn*, Intellectual Property, S. 631 Rn. 17–08; *Henning-Bodewig*, Unfair Competition Law, S. 138; Harte-Bavendamm/Henning/*Bodewig*, UWG, Einl. E Rn. 258; *Ohly*, Richterrecht, S. 24.; *L'Oréal v Bellure* [2007] ETMR, S. 1 (45).

notwendig, dass der Unternehmer fremde Kennzeichen verwendet, sondern es genügt auch, wenn er z. B. eine Bestellung erhält und statt der gewünschten Produkte des Wettbewerbers seine eigenen versendet.[470] Die Irreführung („misrepresentation") kann sowohl durch unwahre als auch durch wahre zweideutige Angaben herbeigeführt werden.[471] Es kann jedoch kein Passing-off vorliegen, wenn niemand durch die unwahre oder zweideutige Angabe irregeführt wird.[472] Da das Recht des Passing-off nicht das Kennzeichen als solches schützt, sondern den Goodwill des Unternehmers, der sich in dessen Kennzeichen nieder schlägt, genügt die Verwendung fremder Kennzeichen als solche nicht.[473] Die Irreführung muss geeignet sein, sich materiell auszuwirken, also zu einem Schaden des Unternehmers zu führen.[474] Das ist zumindest dann der Fall, wenn ein Käufer tatsächlich irregeführt wurde, wohingegen ein Verhalten, das keinen Verbraucher irreführt, nur ausnahmsweise unter besonderen Umständen zu Passing-off führen kann, z. B. wenn eine langfristige Schädigung des Goodwills zu befürchten ist.[475]

2. Passing-off als „Tort of Unfair Competition"?

Das Recht des Passing-off richtet sich in seiner ursprünglichen Form dagegen, dass ein Unternehmer seine Produkte als die eines anderen ausgibt.[476] Aufgrund der weiten Umschreibung des Tatbestands und seiner Voraussetzungen steht dieses Rechtsinstitut eher als andere „Common Law Torts" (Deliktstatbestände) einer Entwicklung durch die Rechtsprechung offen. Über die klassische Irreführung durch Verwendung fremder Kennzeichen hinaus sind weitere Entscheidungen ergangen, die den Anwendungsbereich des Passing-off zu erweitern scheinen, vielleicht bis hin zu einem „Tort of Unfair Competition".

Schon in den sechziger Jahren begannen die Gerichte Passing-off nicht nur dann anzuwenden, wenn ein Unternehmer seine Produkte als die eines anderen ausgab, sondern auch bei Irreführungen über die geographische Herkunft. In den

470 *Cornish/Llewelyn*, Intellectual Property, S. 627 Rn. 17–01; *Bostitch v Mc Garry* [1964] RPC, S. 173.

471 *Wadlow*, Passing-off, S. 301 Rn. 5–010; *Drysdale/Silverleaf*, Passing-off, S. 78 Rn. 4.07.

472 *Wadlow*, Passing-off, S. 304 Rn. 5–013.

473 *Cornish/Llewelyn*, Intellectual Property, S. 647 Rn. 17–29; Ulmer/*Westerholt*, Unlauterer Wettbewerb - Großbritannien, S. 96 f.

474 *Wadlow*, Passing-off, S. 254 f., 308 Rn. 4–001 f., 5–019.

475 *Wadlow*, Passing-off, S. 308 Rn. 5–019.

476 *Cornish/Llewelyn*, Intellectual Property, S. 654 Rn. 17–36.

Entscheidungen *Spanish Champagne* und *Scotch Whisky* sahen die Gerichte Passing-off schon durch die Irreführung der Verbraucher über die geographische Herkunft und die damit verbundene Qualität als erfüllt an sowie durch die Schädigung des Goodwills durch Verwässerung der Bezeichnung.[477] In der viel besprochenen Entscheidung *Advocaat* gab das House of Lords der Passing-off Klage statt, obwohl die Bezeichnung „Advocaat" weder ein Kennzeichen noch eine geographische Herkunftsangabe war, sondern eine Angabe, die mit einem bestimmten Getränk in Verbindung gebracht wurde und die erhebliche Verkehrsgeltung erworben hatte.[478] Trotzdem nahm Lord Justice Diplock überraschender Weise an, dass die Verwendung dieser Angabe durch Dritte irreführend sei und den Goodwill des Unternehmers schädigen könne. Teile der Common Law Richter nutzen demzufolge die Klage wegen Passing-off, um das Recht den neuen Marktgegebenheiten anzupassen. In dieser Entscheidung wurde Abstand genommen von der bisherigen Einschränkung, Passing-off nur bei Irreführungen über Kennzeichen zuzulassen, die auf die betriebliche Herkunft hinweisen.[479]

Ein anderer Aspekt von Passing-off wurde insbesondere in der Entscheidung *Puffin* zu sogenannten „look-a-like" Produkten (Nachahmungen) erweitert.[480] Justice Walker sah Passing-off wegen Übernahme der Verpackungsgestaltung als begründet an, obwohl das Nachahmungsprodukt „Puffin" eine offensichtlich andere Marke als das Original „Penguin" verwendete. Bei Identität der Waren und Übernahme der Verpackung und der Aufmachung („get-up") sah das Gericht eine ausreichende Irreführung schon darin, dass bei den Verbrauchern der Eindruck entstehen könne, es handele sich um denselben Hersteller, selbst wenn die Produkte als solche nicht verwechselt würden.[481] Diese Fallkonstellation ist auch unter dem Stichwort „misappropriation" im Gegensatz zur „misrepresentation" bekannt. Bei der Verwendung einer unterscheidungskräftigen Gestaltung über einen langen Zeitraum sei einem neuen Mitbewerber eine besondere Verpflichtung, einen ausreichenden Abstand einzuhalten, zumutbar.[482] Denn der Verkehr entscheide dann häufig nur noch aufgrund der prägenden Merkmale.

---

477 *Bollinger v Costa Brava* [1961] WLR 1, S. 277 f.; *Walker (John) v Ost* [1970] WLR, S. 917 f.; *Taittinger v Allbev* [1993] FSR, S. 641 f. (668 ff., 674, 678); *Cornish/Llewelyn*, S. 656 Rn. 17–38.

478 *Erven Warnik v Townend* [1980] RPC, S. 31 = GRUR Int. 1980, S. 120 – Advocaat; *Ohly*, Richterrecht, S. 28.

479 *Cornish/Llewelyn*, Intellectual Property, S. 655 Rn. 17–38.

480 *United Biscuits v Asda* [1997] RPC, S. 513 (524).

481 A.a.O., S. 537 f.

482 A.a.O., S. 513, 524.

Auch das Erfordernis der Irreführung über die betriebliche Herkunft wird in Teilen der Rechtsprechung zunehmend liberaler ausgelegt. Justice Laddie gab in *Irvine v Talksport Limited* der Klage wegen Passing-off statt.[483] Der Formel 1 Rennfahrer Eddie Irvine wurde von dem Radiosender Talksport 1 mit einem bearbeiteten Foto abgebildet, auf dem er mit seinem Mobiltelefon Talksport hörte. Der Kläger konnte beweisen, dass er solche Werbung gewöhnlich nur gegen die Zahlung einer Lizenzgebühr erlaube, so dass durch die unerlaubte Verwendung seines Abbildes sein Goodwill an der Vermarktung seiner Person und Bekanntheit ausgenutzt wurde. Es bestand jedoch keine Verwechslungsgefahr bezüglich der betrieblichen Herkunft, sondern lediglich eine Irreführung der Verbraucher über die Lizenzbeziehung zwischen Talksport und Eddie Irvine. Justice Laddie sah jedoch Passing-off nicht auf den herkömmlichen Fall beschränkt, dass jemand minderwertige Produkte verkaufe und sie als diejenigen eines Konkurrenten ausgebe. Vielmehr seien die Voraussetzungen auch dann erfüllt, wenn der Goodwill in einer Weise ausgenutzt wird, die nicht zu der Gefahr von unmittelbaren Verwechslungen führt, sondern zu der irrigen Annahme des Vorliegens einer wirtschaftlichen Verknüpfung in Form von Lizenzbeziehungen.[484] In einem Obiter Dictum zu der Entscheidung des Court of Appeal *Arsenal v Reed* erläuterte Lord Justice Aldous die Entwicklung der Klage wegen Passing-off und sprach sich dafür aus, die „classical trinity“ nicht als fest geschriebene Voraussetzungen bis in alle Ewigkeit zu fordern, sondern dem Common Law seine Flexibilität und Anpassungskraft zu lassen und das Tort des Passing-off vielmehr als umfassenden Tatbestand gegen unlauteren Wettbewerb zu begreifen.[485] Die Klage wegen Passing-off kann daher auch bei der Irreführung durch Werbe- oder Verpackungsslogans Anwendung finden.[486]

Trotz dieser modernen Entwicklung hat auch die traditionelle Ansicht, die die Passing-off Klage nur im klassischen Bereich der Verwechslungsgefahr aufgrund Verwendung fremder Kennzeichen, die einen Schluss auf die betriebliche Herkunft zulassen, anwenden will, Fürsprecher.[487] So wurde in der Entscheidung *Pub Squash* eine Irreführungsgefahr bei Übernahme von Stil und Thematik der

483 *Irvine v Talksport Limited* [2002] WLR, S. 2355.

484 A.a.O., S. 2367 f.

485 *Arsenal v Reed* [2003] EWCA Civ, S. 696 (715); *Connor*, UK Report, S. 20.

486 *Henning-Bodewig*, Unfair Competition Law, S. 138; Harte-Bavendamm/Henning/*Bodewig*, UWG, Einl. E Rn. 258.

487 *Wadlow*, Passing-off, S. 45 f. Rn. 2–003; diese Entwicklung sieht auch *Bernitz*, Copycats, and Look-alikes, in Ezrachi/Bernitz, S. 217 (218).

bekannten Werbekampagne verneint, da es nicht genüge, dass bei den angesprochenen Verkehrskreisen eine bloße Gedankenverbindung mit dem etablierten Produkt hervorgerufen werde, während gleichzeitig eindeutig unterschiedliche Kennzeichen vorliegen.[488] In der Entscheidung *Jif* wurde der Klage wegen Passing-off zwar stattgegeben, die Bedenken von Lord Bridge, Passing-off wegen der fast identischen Übernahme der Verpackung anzunehmen, obwohl gleichzeitig deutlich das unterschiedliche Zeichen „ReaLemon" sichtbar war, kommen jedoch klar zum Ausdruck.[489] In diesen und weiteren Entscheidungen ist die Skepsis einiger Common Law Richter vor einer Ausweitung von Passing-off über den traditionellen Anwendungsbereich hinaus deutlich zu spüren.[490] In dieser Reihe der Rechtsprechung, die den Anwendungsbereich von Passing-off zu begrenzen sucht, steht auch die erst kürzlich ergangene Entscheidung des High Courts *L'Oréal v Bellure*.[491] Justice Lewison weist darin die Entwicklung von Passing-off zu einem allgemeinen „Tort of Unfair Competition" ausdrücklich zurück und erteilt jedem Versuch, eine Verletzung anzunehmen, ohne dass eine Irreführung der Verbraucher über die betriebliche Herkunft vorliegt, eine Absage.[492] Diese Aussage wird in der Folgeentscheidung des Court of Appeal von Lord Justice Jacobs bestätigt.[493]

3. Vergleich von Passing-off mit den CPR

Die Regelung von Irreführungen durch Verwendung fremder Kennzeichen erfolgte somit vor Erlass der CPR vor allem über die Klage wegen Passing-off. Der Vergleich der Rechtslage vor und nach Einführung der CPR zeigt, inwieweit sich der Schutz des Verbrauchers vor Irreführungen über die betriebliche Herkunft durch die ausdrückliche Normierung in Regulation 5 CPR verbessert hat. Die Common

---

488 *Cornish/Llewelyn*, S. 657, Rn. 17–40; Harte-Bavendamm/Henning/*Bodewig*, UWG, Einl. E Rn. 258; *Cadbury-Schweppes v Pub Squash* [1981] RPC, S. 429, 491.

489 *Reckitt & Colman v Borden* [1990] 1 WLR, S. 491 (493) = GRUR Int 1991, S. 142 (143): Lord Bridge sah sich an die vom Instanzgericht festgestellten Fakten, die auf eine Irreführung hinwiesen, gebunden; *Cornish/Llewelyn*, Intellectual Property, S. 631 Rn. 17–08; *Wadlow*, Passing-off, S. 324 f. Rn. 5–046.

490 *Scott v Nice Pak* [1989] F.S.R., S. 14 (blaue Behälter für Babytücher); *Financial-Times v Evening Standard* [1991] F.S.R., S. 17 (rosa Seiten in einer Zeitung); dazu auch *Cornish/Llewelyn*, S. 657 Rn. 17–39; *Ohly*, Richterrecht, S. 27, 29; *Lettl*, Werbung in Europa, S. 221.

491 *L'Oréal SA v Bellure NV* [2007] ETMR, S. 1 ff.

492 A.a.O., S. 47 f.; vgl. auch *Cornish/Llewelyn*, S. 657, Rn. 17–40.

493 *L'Oréal SA & others v Bellure & others* [2007] EWCA Civ 968, Rn. 127b.

Law Klage wegen Passing-off bleibt auch nach Umsetzung der Regulations bestehen, denn die CPR haben keinen direkten Einfluss auf das Common Law. Allerdings ist nicht auszuschließen, dass das vom Parlament verabschiedete Gesetzesrecht über die Jahre hinweg das von den Gerichten entwickelte Common Law verändern wird. Es ist denkbar, dass die weite Regelung der Irreführung durch Verwendung fremder Kennzeichen auf das Richterrecht ausstrahlen und zu einer Erweiterung des Tatbestands von Passing-off führen könnte.

a) Schutzbereich

Der Schutzzweck des Passing-off ist auf die Verletzung des Goodwill beschränkt. Der singuläre auf den Goodwill beschränkte Schutzzweck führt dazu, dass Passing-off in seinem Anwendungsbereich auf solche Unternehmen beschränkt ist, die schon längere Zeit auf dem Markt tätig sind und sich somit einen Ruf aufbauen konnten. Für junge Unternehmen, deren Kennzeichen nachgeahmt werden, besteht möglicherweise kein Schutz vor Passing-off, da ihnen der nötige Goodwill fehlt.[494] Damit besteht die Gefahr, dass besonders die Investitionen neuer Marktteilnehmer in innovative Produkte und Aufmachung ungeschützt bleiben. Dies wirkt sich durch eine Reduzierung der Auswahl und durch die Ermöglichung faktischer Monopole der etablierten Unternehmen, die dann die Bedingungen und Preise diktieren können, nachteilig für den Verbraucher aus. Gerade diese Wechselwirkung von Verbraucher- und Unternehmerschutz liegt auch Regulation 5(3)(a) CPR zu Grunde. Allerdings wurden die CPR zur Umsetzung der Richtlinie erlassen, deren primärer Zweck der Schutz der Verbraucher ist. Die CPR schützen unterscheidungskräftige Kennzeichen nicht vorrangig wegen ihres Wertes für den Unternehmer, sondern damit der Verbraucher eine bewusste und informierte geschäftliche Entscheidung treffen kann. Er soll frei und ohne Irreführung entscheiden können, ob er das originale Produkt kauft, mit dem er bestimmte Gütevorstellungen verbindet, oder die häufig preisgünstigere Nachahmung. Damit kommt es aufgrund der Betonung des Verbraucherschutzes in den CPR nicht darauf an, wie lange ein Unternehmen, dessen Zeichen unbefugt verwendet werden, schon am Markt ist und ob es sich einen Ruf erworben hat. Die Schädigung des Goodwill ist nach Regulation 5(3)(a) CPR keine Voraussetzung einer unlauteren irreführenden Geschäftspraxis. Der Schutz der Verbraucher vor Irreführungen ist demzufolge durch die Regelung in Regulation 5 CPR erweitert worden.[495]

494 *Bernitz*, Copycats, and Look-alikes, in Ezrachi/Bernitz, S. 217 (224).

495 *Howells/Weatherill*, Consumer Protection Law, S. 433.

Ursprünglich musste sich die Irreführung im Rahmen von Passing-off auf ein Kennzeichen beziehen, in dem der Goodwill des Unternehmers verkörpert ist und das eine Angabe über die betriebliche Herkunft darstellt. Dazu gehören jegliche Marken, Namen, die Aufmachung des Produkts und weitere unterscheidungskräftige Zeichen. Diese Voraussetzung wurde auf geographische Herkunftsangaben erweitert, die einen Rückschluss auf die Qualität zulassen. Auch in der Richtlinie und in Regulation 5 CPR werden als Anknüpfungspunkte für die Irreführung die Ähnlichkeit des Produkts, der Warenzeichen, Warennamen oder sonstigen Kennzeichen sowie die geographische oder kommerzielle Herkunft genannt. Obwohl der Regelung in den CPR und der Klage wegen Passing-off unterschiedliche Schutzzwecke zu Grunde liegen, besteht Übereinstimmung darüber, welche Punkte so zur Unterscheidungskraft des Produkts beitragen, dass eine Nachahmung Folgen für das geschäftliche Verhalten der Verbraucher und somit für den Kennzeicheninhaber hat.

b) Irreführung

Für Passing-off ist zumindest nach der restriktiven Ansicht ebenso wie für eine unlautere Irreführung durch Verwendung fremder Kennzeichen nach Regulation 5 CPR eine Irreführung der Verbraucher erforderlich. Das Vorliegen einer Irreführung wird im Rahmen von die Passing-off anhand des Verständnisses einer „reasonable person" beurteilt. Dieser Maßstab weist grundsätzlich Übereinstimmungen mit dem des Durchschnittsverbrauchers aus der Richtlinie und den CPR auf. Er ist jedoch insgesamt stärker am Einzelfall orientiert und an dem Schutzzweck des Gesetzes ausgerichtet. Hinzu kommt, dass in der Rechtsprechung teilweise das Erfordernis der Irreführung der Allgemeinheit sehr weit ausgelegt wird. Durch die Bestrebungen Passing-off nicht nur auf die irreführende Übernahme fremder Kennzeichen zu begrenzen, sondern erweitert auch auf andere Fälle von Nachahmungen („copy-cats") anzuwenden, verliert das Merkmal der Irreführung an Bedeutung. Es kommt zu einer gewissen Umgehung der Voraussetzung der Verwechslungsgefahr, dadurch dass an das Vorliegen einer Irreführung einer „reasonable person" keine hohen Voraussetzungen gestellt werden und teilweise von einer nur flüchtigen Aufmerksamkeit ausgegangen wird.[496] Dahingegen ist die zentrale Voraussetzung einer unlauteren Nachahmung nach Regulation 5 CPR die Irreführung des Durchschnittsverbrauchers. Das Verbot der irreführenden Verwendung fremder Kennzeichen ist primär auf den Schutz der Verbraucher

496 Zum Beispiel in den Entscheidungen *Puffin* und *Jif Lemon*, a.a.O.

ausgerichtet, was sich im Vergleich zu der Prüfung der Irreführung im Rahmen von Passing-off positiv auf den Verbraucherschutz auswirkt.[497]

c) Zeitpunkt der Irreführung

Ein weiterer Unterschied zwischen den Regelungen über irreführende Angaben in Regulation 5 CPR und den Voraussetzungen von Passing-off liegt darin, dass der Geschädigte sich grundsätzlich nur dann gegen die Verwendung seiner Kennzeichen oder seines Goodwill wehren kann, wenn die Wahrscheinlichkeit besteht, dass die Täuschung zum Zeitpunkt des Kaufs noch andauert. Dies wird durch den recht bildlichen Ausspruch des Gerichts in der Entscheidung *Morning Star*[498], dass das Recht des Passing-off nicht dazu entwickelt worden sei, um einen „moron in a hurry" zu schützen, deutlich.[499] Eine Irreführung im Sinne der CPR und der Richtlinie liegt aber auch schon bei Handlungen im Vorfeld des Kaufs vor, was sich schon aus Art. 3 Abs. 1 ergibt. Es ist keinesfalls erforderlich, dass der Verbraucher das Produkt aufgrund der Irreführung tatsächlich kauft. Der Schutz des Verbrauchers im vor- und nachvertraglichen Bereich vor Irreführungen wird mithin durch Regulation 5 CPR ebenfalls verbessert.

d) Eignung zur Beeinflussung des wirtschaftlichen Verhaltens des Verbrauchers

Der Richtlinie und somit auch den CPR liegt der Schutz der informierten Entscheidung des Verbrauchers zu Grunde. Daher ist es für eine unlautere Irreführung nach Regulation 5 CPR stets erforderlich, dass die Geschäftspraxis des Unternehmers geeignet ist, die wirtschaftliche Entscheidung des Verbrauchers zu beeinflussen. Diese Voraussetzung findet sich in den Anforderungen für Passing-off nicht wieder, da dabei der Schutz des Goodwill des Unternehmers im Vordergrund steht. Allerdings ist auch dieser grundsätzlich erst dann verletzt, wenn zumindest die Wahrscheinlichkeit besteht, dass die Verbraucher aufgrund der Verwendung des fremden Zeichens ihr geschäftliches Verhalten ändern, denn der Unternehmer muss einen konkreten Schaden nachweisen. Eine Ausnahme von dem Nachweis eines konkreten Schadens besteht lediglich bei Konstellationen wie in *Irvine v Talksport*, in denen eine langfristige Schädigung des Goodwill zu befürchten ist,

497 Siehe oben Kap. 2, II. 4. a) bb).

498 *Morning Star Co-operative v Express Newspapers Ltd* [1979] FSR, S. 113.

499 *Connor*, UK Report, S. 24.

unabhängig davon, ob die Verbraucher zum jetzigen Zeitpunkt in ihrer geschäftlichen Entscheidung beeinflusst werden. Dabei handelt es sich jedoch um eine restriktiv anzuwendende Ausnahme von dem Grundsatz, dass stets ein konkreter Schaden nachgewiesen werden muss. Die Voraussetzung der Geeignetheit zur Beeinflussung der geschäftlichen Entscheidung des Durchschnittsverbrauchers stellt demgegenüber eine geringere Hürde dar. Dementsprechend sind die Voraussetzungen einer Irreführung durch Verwendung fremder Kennzeichen nach Regulation 5 CPR weniger restriktiv als die Voraussetzungen für Passing-off. Dadurch wird der Schutz des Verbrauchers verbessert.

4. Kein allgemeines „Tort of Unfair Competition"

Die anfangs aufgeworfene Frage, ob Passing-off die Flexibilität und das Potential aufweist, sich zu einem allgemeinen „tort of unfair competition" zu entwickeln, ist bisher noch nicht abschließend beantwortet. Die Relevanz dieser Frage liegt darin begründet, dass die Harmonisierung unlauterer Geschäftspraktiken besonders in England Kritik hervorgerufen hat. In Teilen der Literatur wird argumentiert, dass es nicht sinnvoll sei, ein so divergentes Gebiet maximal zu harmonisieren, sondern dass es besser gewesen wäre, auf eine eigenständige kohärente Entwicklung der nationalen Rechte der Mitgliedstaaten hinzuwirken.[500] Das Recht des Passing-off steht grundsätzlich modernen Entwicklungen offen, da es sich um ein Institut des Common Law handelt, dessen Voraussetzungen in der Rechtsprechung entwickelt wurden. Der Court of Appeal hat die Möglichkeit, alte Präzedenzfälle für überholt zu erklären und eine neue Interpretation zu entwickeln. Allerdings sind dieser Freiheit nach dem Selbstverständnis der Common Law Richter Grenzen gesetzt. Ein Vordringen in einen bisher nicht geregelten Bereich, den lauteren Wettbewerb als solchen, würde die Rechtsfortentwicklungsbefugnisse der Gerichte überschreiten.[501] Zumal dies gegen die traditionelle Überzeugung im Common Law, dass der Wettbewerb nicht behindert werden darf, verstoßen würde.[502] Der Grundsatz der Nachahmungsfreiheit wird gerade in den Common Law Ländern nach dem Motto des US Supreme Court „Imitation is the lifeblood of a competitive economy" hochgehalten.[503]

---

500 *Howells*, UCPD – A Missed Opportunity, in Weatherill/Bernitz, S. 103 (108 f.).

501 Lord Jacobs in *L'Oréal v Bellure* [2007] EWCA Civ 968, Rn. 141 f.; *Carty*, IPQ 2007, S. 237 (266).

502 *Hodgkinson Corby Limited Ors v Wards Mobility Services* [1995] FSR S, 169; Lord Diplock in *Erven Warnik v Townend* (1980), GRUR Int. 1980, S. 120 – *Advocaat.*

503 *Bonito Boats, Inc. v Thunder Craft Boats, Inc.*, 489 U.S. 141, 147 (1989).

Nichtsdestotrotz hat sich Passing-off in der Vergangenheit von seinem ursprünglichen Anwendungsbereich, wobei ein Unternehmer seine Produkte als die eines anderen ausgibt, dahin entwickelt, dass die Irreführung über ein breites Spektrum von Angaben, darunter auch über die geographische Herkunft und die Inhaltsstoffe, Passing-off begründen kann.[504] In einigen Entscheidungen wird Passing-off auch bei Übernahme bestimmter Merkmale, wie der Verpackungsgestaltung angenommen, selbst wenn die Marken klar unterschiedlich sind, und es grundsätzlich zu keiner Irreführung der Verbraucher kommen kann.[505] An dieser Entwicklung, so wird argumentiert, erkenne man, dass Passing-off im Grunde jedes nicht anständige Marktverhalten sanktioniere und so einen Schutz vor unlauterem Wettbewerb darstelle.[506] Diese Rechtsprechung ist jedoch in jüngster Zeit zurückgewiesen worden und es wurde verstärkt auf die Voraussetzungen der „classical trinity“ und besonders auf das Irreführungselement Bezug genommen.[507] Damit bleibt es bei dem Grundsatz, dass Passing-off nur in Ausnahmefällen in den Wettbewerb eingreift und kein allgemeines Verbot unlauteren Wettbewerbs darstellt.[508]

Die begrenzten Möglichkeiten der Gerichte, das Recht fortzuentwickeln, und die starke Tradition der Wettbewerbsfreiheit im Common Law sowie das Widerstreben gegenüber einer allgemeinen Regelung des unfairen Wettbewerbs verhindern, dass

---

504 *Bollinger v Costa Brava* [1961] WLR 1, S. 277 f.; *Erven Warnik v Townend* (1980), GRUR Int. 1980, S. 120 ff. – *Advocaat.*

505 *United Biscuits v Asda* [1997] RPC, S. 513 (524); *Reckitt & Colman v Borden* [1990] 1 WLR 491 (493) = GRUR Int 1991, S. 142 (143).

506 Siehe für eine ausführliche Diskussion der Entwicklung der Rechtsprechung *Cadbury-Schweppes v Pub Squash* [1981] RPC, S. 429 (462); vgl. auch *L'Oréal SA v Bellure NV* [2007] ETMR, S. 1, 46 Rn. 164; *Henning-Bodewig*, Unfair Compeititon Law, S. 138 hält Passing-off für „the most likely candidate for fulfilling the function of a general clause against unfair competition“.

507 *Cornish/Llewelyn*, Intellectual Property, S. 657 Rn. 17–40; Harte-Bavendamm/Henning/*Bodewig*, UWG, Einl. E Rn. 258; *Henning-Bodewig*, Unfair Comeptition Law, S. 139; *Cadbury-Schweppes v Pub Squash* [1981] RPC, S. 429 (462); *L'Oréal SA v Bellure NV* [2007] ETMR, S. 1, 47.

508 *Bently/Sherman*, Intellectual Property, S. 714; *Wadlow*, Passing-off, S. 45 f. Rn. 2–003; *Howells/Voigt*, United Kingdom, in Micklitz/Keßler, S. 361 (411); Lord Jacobs in *L'Oréal v Bellure* [2007] EWCA Civ, S. 968, Rn. 161; *Hodgkinson Corby Limited & Ors v Wards Mobility Services Limited* [1995] FSR, S. 169 (174); *Glöckner*, Europäisches Lauterkeitsrecht, S. 356 f.; *Leistner*, Unfair Competition, in Bell/Kilpatrick, S. 141 (144); vgl. auch *Bernitz*, Copycats, and Look-alikes, in Ezrachi/Bernitz, S. 217 (218, 223); *Marsland*, Misleading Packaging, in Weatherill/Bernitz, S. 191 (196); *Connor*, UK-Report, S. 8.

sich Passing-off zu einem sogenannten „tort of unfair competition“ entwickelt. Hinzu kommt, dass Passing-off nicht vorrangig auf den Verbraucherschutz ausgerichtet ist und dass sich jede Weiterentwicklung primär an den Bedürfnissen der Unternehmer ausrichtet. Dies ist schon daran zu erkennen, dass sofern eine Ausweitung von Passing-off überhaupt in Betracht gezogen wird, die Anforderungen an das Erfordernis der Irreführung verringert werden. Im Bereich des Verbraucherschutzes vor unlauteren Geschäftspraktiken der Unternehmer sind jedoch die Irreführung und die Beeinträchtigung der informierten Entscheidung des Verbrauchers die zentralen Voraussetzungen. Die Bedeutung von Passing-off bleibt daher zumindest bisher auf den Bereich der Beeinträchtigung des unternehmerischen Goodwills aufgrund Verwendung fremder Kennzeichen beschränkt. Ein allgemeiner Verbotstatbestand gegen jedes unlautere Verhalten, der stärkere Relevanz für den Schutz der Verbraucher hätte, kann zu diesem Zeitpunkt nicht daraus abgeleitet werden.

5. Injurious Falsehood

Der Schutz vor irreführenden Angaben wird im Common Law nicht nur über die Klage wegen Passing-off verwirklicht, sondern findet seine Ergänzung auch in dem Delikt der Injurious oder Malicious Falsehood (arglistige Täuschung).

a) Anwendungsbereich

Inhalt dieses Delikts sind veröffentlichte falsche Angaben, die zu einem konkreten Schaden führen. Der Schutzgegenstand ist nicht wie bei Passing-off auf die Verletzung des Goodwill beschränkt, sondern umfasst eine größere Breite von geschützten Interessen.[509] Die Voraussetzungen von Injourious Falsehood folgen dem Muster der „classical trinity“, jedoch stimmen sie nicht vollständig mit denen der Klage wegen Passing-off überein. In *Kaye v Robertson*, einer Entscheidung über ein Interview, das von einem Reporter mit einem sich kaum bei Bewusstsein befindenden Schauspieler geführt wurde, werden die Voraussetzungen einer Klage ausdrücklich genannt. Zunächst ist wiederum (i) eine Irreführung erforderlich, also eine falsche Aussage über Tatsachen, die (ii) mit Schädigungsabsicht getätigt worden ist und (iii) zu einem konkreten Schaden (special damage) führen muss.[510]

509 *Connor*, UK Report, S. 29.

510 *Kaye v Robertson* [1991] FSR, S. 62; *Cornish/Llewelyn*, Intellectual Property, S. 664 f. Rn. 17.48 ff.; *Connor*, UK Report, S. 29.

Zum Nachweis der Schädigungsabsicht genügt es, zu belegen, dass der Beklagte die Aussage oder Angabe in der Absicht veröffentlicht hat, dem Kläger einen geldwerten Schaden zuzufügen und dass er Kenntnis oder zumindest grob fahrlässige Unkenntnis von der Unwahrheit der Aussage hatte.[511] Wenn es sich um die Aussage eines Konkurrenten handelt, besteht eine allgemeine Vermutung dahin gehend, dass sie eher getätigt wurde, um den eigenen Absatz zu steigern als dem anderen Konkurrenten zu schaden.[512] Die Aussage muss jedoch falsch im Sinne von unwahr sein, es genügt nicht, dass sie zweideutig verstanden werden kann.[513] Injurious Falsehood ist nicht auf geschriebene irreführende Angaben beschränkt, sondern auch bei gesprochenen Aussagen anwendbar.[514] Dabei muss allerdings zwischen Injurious Falsehood und Defamation (Verleumdung) nach dem Defamation Act 1952 unterschieden werden. Eine Trennung der jeweiligen Anwendungsbereiche erfolgt nach dem Schutzobjekt. Während Defamation (schriftlich = „libel"; mündlich = „slander") auf den Schutz gegenüber Verletzungen des persönlichen Rufes und der Reputation beschränkt ist, ist Injurious Falsehood immer dann anwendbar, wenn es um irreführende Angaben über die Waren oder Dienstleistungen des Klägers sowie über sein Geschäft oder seine Person (ohne Rufschädigung) geht.[515]

Ein Beispiel für eine falsche Aussage über eine Person, die nicht zwingend gleichzeitig ihren Ruf schädigt, ist, dass der Verkäufer nicht auch der Eigentümer der Güter ist. Wenn es sich dabei um eine falsche Aussage handelt, die absichtlich getätigt wurde und zu einem Schaden geführt hat, kann sich der Geschädigte mit einer Klage wegen Injurious Falsehood gegen diese Aussage wehren. Weitere Klagen wegen Injurious Falsehood wurden bei den Aussagen zugelassen, die verkauften Güter seien von schlechter Qualität,[516] würden geistige Eigentumsrechte verletzen,[517] würden mehr kosten[518] oder nicht den amtlichen Standards entsprechen.[519]

---

511 *Kaye v Robertson* [1991] FSR, S. 62; *Compaq v Dell*, GRUR Int. 1993, S. 782 (783) – *Computervergleich*; *Wadlow*, Passing-off, S. 440 Rn. 6–042; *Connor*, UK Report, S. 29; *Ohly*, Richterrecht, S. 31; Harte-Bavendamm/Henning/*Bodewig*, UWG, Einl. E Rn. 260.

512 *Connor*, UK Report, S. 31.

513 *Drsydale/Silverleaf*, Passing-off, S. 204 Rn. 8.07; *Ludwig*, Irreführende und vergleichende Werbung, S. 155.

514 *Connor*, UK Report, S. 30.

515 *Cornish/Llewelyn*, Intellectual Property, S. 664 f. Rn. 17.48 ff.; *Connor*, UK Report, S. 31.

516 *London Ferro-Concrete v Justicz* [1951] 68 RPC, S. 261 f.

517 *Greers Ltd v Pearman Corder Ltd* [1922] 39 RPC, S. 406 f.

518 *DSG Retail v Comet Group* [2002] EWHC, S. 116 ff.

519 *Ucan Products Ltd v Hilti (Great Britain) Ltd* [1998] FSR, S. 248 f.

b) Vergleich Injurious Falsehood – CPR

Die Unterschiede gegenüber den CPR bei den Voraussetzungen einer Irreführung (misrepresentation) wurden schon ausführlich oben im Zusammenhang mit der Klage wegen Passing-off behandelt. Bei Injurious Falsehood kommt nun noch erschwerend eine weitere subjektive Komponente hinzu, der Nachweis der Arglist und die Absicht, einem anderen einen geldwerten Schaden zuzufügen. Aus diesem Grund ist die Klage wegen Injurious Falsehood in England weit weniger populär als Passing-off, obwohl sie sogar Gegenstand von Prozesskostenhilfe ist. Der Grund dafür liegt vor allem in der Schwierigkeit, die Arglist des Unternehmers nachzuweisen. Diese subjektive Komponente stellt eine hohe Barriere für eine Klage dar und verhindert so auch die Entwicklung von Injurious Falsehood hin zu einer breiteren Anwendung des Torts auf weitere Fälle des unlauteren Wettbewerbs.[520] Zudem sieht das englische Recht für die Klage wegen Injurious Falsehood nur in Ausnahmefällen den Erlass einer einstweiligen Unterlassungsverfügung vor.[521] Hintergrund dieser restriktiven Handhabung ist, dass in der Hauptsacheverhandlung einer Klage wegen Injurious Falsehood früher eine Jury eingesetzt wurde, deren Entscheidung nicht vorweggenommen werden sollte. Obwohl die Jury heutzutage nur noch bei Klagen wegen Defamation entscheidet, hat sich die Situation nicht wesentlich verändert. Begründet wird dieser restriktive Ansatz nun damit, dass jeder frei seine Meinung äußern dürfe, nur müsse er später in der Hauptverhandlung dann gegebenenfalls die Konsequenzen dafür tragen.[522]

III. Vollharmonisierung der Regelung der Irreführung durch Verwendung fremder Kennzeichen

Die Richtlinie gegen unlautere Geschäftspraktiken enthält in Art. 6 Abs. 2 lit. a) und Art. 6 Abs. 1 lit. b) sowie in Ziffer 13 der Schwarzen Liste Vorschriften zum Schutz der Verbraucher vor Irreführungen über die betriebliche Herkunft. Somit handelt es sich dabei um eine unlautere Geschäftspraxis, die in den Bereich der

---

520 *Connor*, UK Report, S. 29, 31; *Ohly*, Richterrecht, S. 31.

521 *Ohly*, Richterrecht, S. 31; zu den Voraussetzungen vgl. *Coulson v Coulson* [1887] 3 TLR, S. 846; *Kaye v Robertson* [1991] FSR, S. 62 (67); *Compaq v Dell*, GRUR Int. 1993, S. 782 (784) – *Computervergleich*.

522 *Bestobell Paints v Bigg* [1975] FSR, S. 421 (430 ff.); *Ohly*, Richterrecht, S. 32; *Ohly*, GRUR Int. 1993, S. 730 (734).

Vollharmonisierung fällt. Es lässt sich die berechtigte Frage stellen, mit welcher Rechtfertigung Sachverhalte, die nach bisherigem Verständnis vorrangig dem Schutz des Unternehmers dienten, in einer Richtlinie enthalten sind, die unlautere Geschäftspraktiken im Hinblick auf den Verbraucher harmonisiert. Zunächst einmal stellt der Verbraucherschutz nicht durchgängig in aller Strenge den primären Schutzzweck der Richtlinie dar.[523] Die Richtlinie selbst erkennt in Erwägungsgrund 6 an, dass die Vorschriften indirekt auch dem Schutz des Unternehmers dienen können, zum einen da sich Geschäftspraktiken häufig an beide Adressaten wenden, zum anderen da lautere Unternehmer durch die Reflexwirkung der Richtlinie, die unlauteres Verhalten sanktioniert, in tatsächlicher Hinsicht profitieren. Darüber hinaus können Irreführungen über die betriebliche Herkunft nicht isoliert in ihren Auswirkungen auf die Wettbewerber betrachtet werden. Kennzeichen, die einen Hinweis auf die betriebliche Herkunft ermöglichen, dürfen in ihrer Funktion für den Verbraucher nicht unterschätzt werden. Erst durch unterscheidungskräftige Merkmale, die im geschäftlichen Verkehr kommuniziert werden, wird ermöglicht, dass der Verbraucher genau das gewünschte Produkt kaufen kann, mit dem er bestimmte Gütevorstellungen verbindet.[524] Folglich stimmen das Interesse der Kennzeicheninhaber daran, dass ihre Produkte nicht in unlauterer Weise nachgeahmt werden und das Interesse der Verbraucher, bei der Produktwahl nicht irregeführt zu werden, zumindest teilweise überein.[525]

Die nationalen Rechte der Mitgliedstaaten enthielten vor Umsetzung der Richtlinie unterschiedliche Regelungen des ergänzenden wettbewerbsrechtlichen Schutzes vor irreführender Verwendung von Kennzeichen.[526] Diesen unterschiedlichen Rechtsauffassungen in der Europäischen Union wurde mit einer Vorschrift in der Richtlinie begegnet, die die Vollharmonisierung der unlauteren Geschäftspraktiken in dem Bereich der Irreführung über die betriebliche Herkunft durch Verwendung fremder Kennzeichen herbeiführen soll. Es bestehen jedoch auch nach Umsetzung der Richtlinie Zweifel daran, ob es insoweit zu einer einheitlichen

523 Siehe oben Kap. 1, II. 1. b) bb).

524 *Bernitz*, Copycats, and Look-alikes, in Ezrachi/Bernitz, S. 217 (220); *Marsland*, Misleading Packaging, in Weatherill/Bernitz, S. 191 (192 f.); *Cornish/Llewelyn*, Intellectual Property, S. 607 Rn. 16–04; die Garantiefunktion einer Marke für die betriebliche Herkunft gegenüber dem Verbraucher wird auch ausdrücklich vom EuGH berücksichtigt in der Entscheidung C-206/01 Slg. 2002, I-10273, Rn. 48 Arsenal Football Club plc v Matthew Reed.

525 *Marsland*, Misleading Packaging, in Weatherill/Bernitz, S. 191 (194).

526 *Ohly*, WRP 2008, S. 177 (184); *Cornish/Llewelyn*, Intellectual Property, S. 604 f. Rn. 16–02.

europäischen Rechtsauffassung kommen wird.[527] Denn die Richtlinie enthält keine ausdrückliche Aussage darüber, in welchem Verhältnis der Irreführungstatbestand in der Richtlinie zu den Sonderschutzrechten, insbesondere zum Markenrecht, steht.[528] Die Abgrenzungsschwierigkeiten liegen darin begründet, dass die markenrechtlichen Regelungen auf den Individualschutz des Kennzeicheninhabers ausgerichtet sind, während dem europäischen Lauterkeitsrecht der Schutz der Verbraucher zu Grunde liegt. Diese Interessen müssen nicht stets einheitlich sein, sondern können sich auch konträr gegenüber stehen, z. B. wenn der Kennzeicheninhaber sich gerade in Lizenzverhandlungen befindet, während von dritter Seite eine Klage gegen den Verletzer wegen Verstoßes gegen das Wettbewerbsrecht angestrengt wird. Die Formulierung von Art. 6 Abs. 2 lit. a) der Richtlinie in ihrer deutschen Fassung scheint mit dem Begriff „Verwechslungsgefahr" an die markenrechtliche Verwechslungsgefahr anzuknüpfen und legt die Annahme nah, dass eine markenrechtlich relevante Verwechslungsgefahr gleichzeitig eine wettbewerbswidrige Irreführung darstellen kann. Die speziellen Voraussetzungen an einen markenrechtlichen Verstoß bei Verwendung fremder Zeichen könnten dann jedoch durch die Regelung in der Richtlinie gegen unlautere Geschäftspraktiken unterlaufen werden.

Unter Hinweis auf den Wortlaut der Richtlinie in der englischen und der französischen Fassung „confusion" (beide Fassungen) wird in der Literatur darauf hingewiesen, dass der Wortlaut der Richtlinie korrekt mit „Verwechslungen" übersetzt werden müsse und dass damit ein Unterschied zwischen der markenrechtlichen Verwechslungsgefahr und der nach Art. 6 Abs. 2 lit. a) erforderlichen Gefahr konkreter Verwechslungen bestehe.[529] Danach stehe die Regelung in der Richtlinie der Annahme einer Subsidiarität des Wettbewerbsrechts gegenüber den Sonderschutzrechten nicht grundsätzlich entgegen.[530] Die Interessenabwägung, die in den speziellen Gesetzen der Eigentumsschutzrechte vorgenommen wird, solle durch die unbegrenzte Anwendung der wettbewerbsrechtlichen Vorschrift nicht unterlaufen werden.[531] Das ergebe sich auch schon aus Erwägungsgrund 9 der Richtlinie, der ausdrücklich den Schutz des geistigen Eigentums in europäischen und nationalen Gesetzen unberührt lasse.[532]

527 *Henning-Bodewig,* GRUR Int. 2007, S. 986 (988, 990).

528 Piper/Ohly/*Sosnitza*, UWG, § 5 Rn. 417.

529 *Steinbeck*, WRP 2006, S. 632 (637) zieht das Erfordernis konkreter Verwechslungsgefahr aus einem Vergleich des Wortlauts „Verwechslungen" mit Art. 3a lit. d) der Richtlinie über vergleichende Werbung; so auch Köhler/*Bornkamm*, UWG, § 5 Rn. 4.238.

530 Piper/Ohly/*Sosnitza*, UWG, § 5 Rn. 417, 700; *Steinbeck*, WRP 2006, S. 632 (637 ff.).

531 *Steinbeck*, WRP 2006, S. 632 (639); *Köhler/Bornkamm, UWG*, § 5 Rn. 4.212.

532 Piper/Ohly/*Sosnitza*, UWG, § 5 Rn. 700; *Steinbeck*, WRP 2006, S. 632 (639).

Die Subsidiarität des Wettbewerbsrechts gegenüber den Sonderschutzrechten könnte auch auf Art. 3 Abs. 4 gestützt werden, der den allgemeinen Rechtsgrundsatz „lex specalis" in der Richtlinie gegen unlautere Geschäftspraktiken normiert.[533] Auf der anderen Seite könnte jedoch auch das Wettbewerbsrecht „lex specialis" sein, wenn die Verwendung fremder Kennzeichen zu einer Irreführung der Verbraucher führt. Gegen eine Spezialität des Markenrechts spricht, dass die europäische Gemeinschaftsmarkenverordnung in Art. 14 Abs. 2 GMV das nationale Wettbewerbsrecht ausdrücklich unbeschadet lässt und dass in den Erwägungsgründen der Markenrechtsrichtlinie festgelegt wird, dass auch Vorschriften gegen den unlauteren Wettbewerb auf Marken Anwendung finden.[534] Dazu gehört auch die Richtlinie gegen unlautere Geschäftspraktiken, die durch die Umsetzung in den Mitgliedstaaten zu einem Bestandteil der nationalen Rechtsordnungen geworden ist.

Auf der anderen Seite wird argumentiert, dass der Grundsatz von dem Vorrang des Markenrechts gegenüber wettbewerbsrechtlichen Ansprüchen zumindest im Bezug auf die Irreführung des Verbrauchers keine Gültigkeit mehr beanspruchen kann, sondern dass in diesem Bereich von einer Gleichrangigkeit auszugehen sei.[535] Ebenso wenig wie die Irreführungsrichtlinie 84/450/EWG einen Vorrang des Markenrechts enthalten habe, liege dieser auch nicht der neuen Richtlinie gegen unlautere Geschäftspraktiken zu Grunde. Folglich seien die Vorschriften zum Schutz des geistigen Eigentums und die Regelungen aus der Richtlinie nebeneinander anwendbar.[536] Für diese Ansicht spricht, dass im Falle einer Subsidiarität des Wettbewerbsrechts der in der Richtlinie vorgesehene umfassende Schutz des Verbrauchers vor Irreführungen verkürzt würde.[537] Die Formulierung der Vorschrift

---

533 So Piper/Ohly/*Sosnitza*, UWG, § 5 Rn. 700.

534 Erwägungsgrund 6 der Richtlinie 89/104/EWG und Erwägungsgrund 7 der Richtlinie 2008/95/EG; Harte-Bavendamm/Henning-Bodewig/*Dreyer*, UWG, § 5 Abs. 2 Rn. 10; *Köhler*, GRUR 2007, S. 548 (551); *Henning-Bodewig/Schricker*, EIPR 2002, S. 271 (272).

535 *Glöckner*, Europäisches Lauterkeitsrecht, S. 145 ff.; *Köhler*, GRUR 2008, S. 841 (846); *Köhler*, GRUR 2007, S. 548 (553); Fezer/*Fezer*, UWG, Band 1, Einl. E Rn. 183, 334 f.; *Fezer*, WRP 2006, S. 781, 789 ff.; *Hennig-Bodewig*, GRUR Int. 2007, S. 986 (988, 990); *Seichter*, WRP 2005, S. 1087 (1092); *Münker*, Verbandsklagen, in FS Ullmann, S. 781 (787 f.); Harte-Bavendamm/Henning-Bodewig/*Dreyer*, UWG, § 5 Abs. 2 Rn. 10 f.

536 Harte-Bavendamm/Henning-Bodewig/*Dreyer*, UWG, § 5 Abs. 2 Rn. 11 f.; *Köhler*, GRUR 2008, S. 841 (846).

537 *Münker*, *Verbandsklagen*, in FS Ullmann, S. 781 (787); Harte-Bavendamm/Henning-Bodewig/*Dreyer*, UWG, § 5 Abs. 2 Rn. 11 f.

in einem eigenen Absatz als eigenständige Regelung weist zudem daraufhin, dass sie gegenüber dem Markenrecht nicht subsidiär sein soll.[538] Denn der europäische Gesetzgeber hat den Tatbestand der Irreführung der Verbraucher durch die Verwendung fremder Kennzeichen in Kenntnis der durch die Markenrechtsrichtlinie weitgehend harmonisierten Vorschriften ohne einen Hinweis darauf erlassen, dass diese unbeschadet bleiben sollen.[539] Daher kann das einzig entscheidende Kriterium sein, ob der Verbraucher irregeführt wird.[540]

1. Verhältnis der englischen Sonderschutzrechte zur betrieblichen Irreführungsgefahr im Common Law und nach den CPR

Die Consumer Protection Regulations enthalten in Regulation 5(3)(a) CPR eine der Richtlinie entsprechende Regelung der Irreführung der Verbraucher durch Verwendung fremder Kennzeichen. Es stellt sich nun die Frage, wie in England das Verhältnis von Wettbewerbs- und Markenrecht ausgestaltet ist, insbesondere ob eine Begrenzung der Ansprüche wegen Irreführung durch Verwendung fremder Kennzeichen aus Regulation 5 CPR durch das Markenrecht erfolgt. Der englische Gesetzgeber hat in den Gesetzesmaterialien zu den CPR keine Aussage über das Verhältnis der Regelung der Irreführung über die betriebliche Herkunft in Regulation 5(3)(a) CPR zu den Sonderschutzrechten wie dem Markenrecht getroffen. Dieses Schweigen könnte darauf beruhen, dass die wettbewerbsrechtlichen Ansprüche bisher hauptsächlich durch das nicht geschriebene Common Law Tort Passing-off geregelt wurden und nicht als Gegenstand eines Konflikts im geschriebenen Gesetzesrecht gesehen wurden. Das Verhältnis zwischen den CPR und dem Markenrecht kann daher nur unter Berücksichtigung des Verhältnisses von Passing-off und dem Markenrecht beurteilt werden.[541] Denn die Regelung der Irreführung durch Verwendung fremder Kennzeichen in Regulation 5(3)(a) CPR stellt in gewisser Weise eine gesetzesrechtliche Fortentwicklung des Common Law Torts Passing-off

538 Vgl. Köhler/*Bornkamm*, UWG, § 5 Rn. 4.215.

539 *Seichter*, WRP 2005, S. 1087 (1092).

540 Howells/Micklitz/*Wilhelmsson*, European Fair Trading Law, S. 146.

541 *Howells/Weatherill*, Consumer Protection Law, S. 433; *Cornish/Llewelyn*, Intellectual Property, S. 625 Rn. 16–29 sieht in Passing-off den passenden Vergleichsgegenstand für die Beziehung zwischen Wettbewerbsrecht und Sonderschutzrechten; vgl. auch *Ohly*, GRUR 2007, S. 731 (738); *Puttemanns*, Report für die „Liga gegen den unlauteren Wettbewerb", S. 6.

dar, allerdings mit Fokussierung auf den Verbraucher. Fraglich ist daher zunächst, inwieweit Passing-off Schutz vor betrieblicher Irreführung neben und über das Markenrecht hinaus gewähren kann. In einem nächsten Schritt wird untersucht, inwieweit sich das Verhältnis von Passing-off zu den Markenrechten auch auf die Regelung der betrieblichen Irreführungsgefahr durch die CPR übertragen lässt.

a) Passing-off

Zunächst einmal ist es in England möglich, den Anspruch aus der Markenverletzung neben dem Anspruch aus Passing-off oder Injurious Falsehood in einer Klage gemeinsam geltend zu machen.[542] Ein genereller Anwendungsvorrang des sondergesetzlichen Markenrechts vor der Common Law Klage wegen Passing-off besteht folglich nicht. Darüber hinaus ist jedoch fraglich, ob der Anspruch aus Passing-off über den aus dem Markenrecht hinaus gehen kann oder ob er an die materiellen Grenzen des markenrechtlichen Schutzes gekoppelt ist. Ein Großteil der Rechtsprechung ist zu Fällen ergangen, in denen es um Kennzeichen geht, die entweder nicht als Marke eingetragen werden können, die erst gar nicht registriert wurden oder deren Registrierung abgelaufen ist. Eine Sperrwirkung des Markenrechts dahin gehend, dass der spezialgesetzliche Schutz abschließend ist, existiert folglich nicht.[543] Dies wird in der Entscheidung *Inter Lotto v Camelot* deutlich, in der der Kläger Rechte wegen Passing-off geltend machen konnte, obwohl sein Kennzeichen nicht als Marke eingetragen war. Besonders bei dem Schutz der Produktaufmachung in ihrer Gesamtheit, bei geographischen Herkunftsangaben und bei Werbeslogans kann der Schutz durch Passing-off weiter gehen als der Schutz durch das Markenrecht.[544] Der wohlwollende Ansatz des Passing-off gegenüber geographischen Herkunftsangaben wird in der Entscheidung *Chelsea Man Menswear v Chelsea Girl* deutlich, in der der Beklagte einen Laden mit der identischen Bezeichnung „Chelsea Man" eröffnet hatte.[545] Obwohl Chelsea eine Ortsbezeichnung für einen Stadtteil in London ist, der häufig mit

542 *Wadlow*, Passing-off, 3. Aufl. 2004, S. 34 Rn. 1–48; *Bently/Sherman*, Intellectual Property, S. 709; *Drysdale/Silverleaf*, Passing-off, S. 229; *Marsland*, Misleading Pakkaging, in Weatherill/Bernitz, S. 191 (197); *Carty*, IPQ 2007, S. 237 (246); Ulmer/*Westerholt*, Unlauterer Wettbewerb - Großbritannien, S. 100; *Connor*, UK-Report, S. 9, 13 f.; *Puttemanns*, Report für die „Liga gegen den unlauteren Wettbewerb", S. 6.

543 *Ludwig*, Irreführende und vergleichende Werbung, S. 160; *Weatherill*, National Report UK, in Schulze/Schulte-Nölke, S. 10.

544 Für einen detaillierten Vergleich siehe *Shúilleabháin*, IIC 2003, S. 722 ff. (749 f.).

545 *Chelsea Man Menswear v Chelsea Girl* [1987] RPC, S. 189; vgl. auch *CPC v Keenan* [1986] FSR, S. 527 - Schutz des Kennzeichens „Oxford" für Marmelade; *Shúilleabháin*, IIC 2003, S. 722 (730).

Mode in Verbindung gebracht wird, sah das Gericht Passing-off für begründet an. Anders als in der Entscheidung des Europäischen Gerichtshofs *Windsurfing Chiemsee v Huber* zu der Schutzfähigkeit von Gemeinschaftsmarken hielt das Gericht es nicht für erforderlich, dass das Zeichen bekannt und über eine lange Zeit intensiv genutzt worden sein musste.[546] Eine Begrenzung der Ansprüche aus Passing-off aufgrund der Grenzen des markenrechtlichen Schutzes wurde nicht angenommen. Die Registrierung von Werbeslogans und der Aufmachung des Produkts ist zwar auch nach dem Trade Marks Act 1994 möglich. Es entstehen jedoch immer dann Schwierigkeiten, wenn eine Benutzung erfolgt, die sich nicht mehr im Rahmen der Eintragung bewegt oder wenn sich das Zeichen nicht in Wörtern oder einem Logo ausdrücken lässt. In solchen Situationen ist das Recht des Passing-off flexibler und kann über das Markenrecht hinaus Schutz gewähren.[547] Dies entspricht auch dem Willen des englischen Gesetzgebers, der in dem Trade Marks Act 1994 ausdrücklich erklärt, dass die Klage wegen Passing-off unbeschadet bleibt.[548] Der vergleichbar weite Anwendungsbereich von Passing-off gegenüber den Sonderschutzrechten, wie dem Markenrecht, liegt vor allem darin begründet, dass nicht das Kennzeichen als solches geschützt ist, sondern der darin verkörperte Goodwill. Somit muss das Kennzeichen nicht wie bei einer Registrierung bestimmte Voraussetzungen erfüllen, vielmehr kommt es darauf an, ob das Kennzeichen einen Schluss auf die Herkunft des Produkts zulässt und damit einen Teil des Goodwill des Unternehmers verkörpert. Prinzipiell kann jedes Zeichen im weiteren Sinne als Verkörperung des Goodwills angesehen werden.

Allerdings wird auch in England kritisch diskutiert, dass ein ergänzender Schutz vor Irreführung durch Verwendung fremder Kennzeichen außerhalb der Sonderschutzrechte geeignet ist, deren Interessenabwägungen und Voraussetzungen zu unterlaufen.[549] Im Bereich der Klagen wegen Injurious Falsehood und wegen Verstoßes gegen den Trademarks Act 1994 entscheiden die Gerichte häufig einheitlich mit der Begründung, dass der Anspruch aus dem Common Law nicht weiter reichen könne, als der aus dem Statutory Law.[550] Dasselbe gilt, wie oben

---

546 EuGH C-108-9/97, Slg. 1999, I-2779 Rn. 50 *Windsurfing Chiemsee v Huber.*

547 *Cadbury-Schweppes v Pub Squash* [1981] RPC, S. 429 (490); *Shúilleabháin*, IIC 2003, S. 722 (736 f.); Ulmer/*Westerholt*, Unlauterer Wettbewerb - Großbritannien, S. 100; *Puttemanns*, Report für die „Liga gegen den unlauteren Wettbewerb", S. 6, 13.

548 Section 10(6)) Trade Marks Act 1994.

549 *Carty*, IPQ 2007, S. 237 (265).

550 *Wadlow*, Passing-off, 3. Aufl. 2004, S. 34 Rn. 1–48; *Cornish/Llewelyn*, Intellectual Property, S.669 Rn. 17.56; *Cable & Wireless v BT* [1998] FSR, S. 383 (385); siehe für einen guten Vergleich der Reichweite von Injurious Falsehood und Trade Marks Act 1994 *British Airways v Ryanair* [2001] ETMR 24, S. 235 (241) Rn. 9–14.

gesehen, jedoch nicht zwingend auch für das Verhältnis von Passing-off zu dem Trade Marks Act 1994.[551] Das Verhältnis zwischen dem Common Law und den Sonderschutzrechten wird somit nicht durchgehend einheitlich beurteilt. Generell kennt das englische Recht allerdings keine Subsidiarität des Schutzes wegen Passing-off gegenüber den Sonderschutzrechten. In bestimmten Konstellationen kann der Anspruch aus Passing-off daher selbst dann begründet sein, wenn nach dem Markenrecht kein Anspruch gegeben wäre.[552] Die englischen Gerichte gewähren im Rahmen von Passing-off unabhängig von einem markenrechtlichen Anspruch Schutz, wenn der Vertrieb nachgeahmter Produkte eine Verwechslungsgefahr durch die Verwendung fremder Kennzeichen hervorruft.[553] Auch der Gesetzgeber wollte offensichtlich das Common Law als selbstständigen Zweig des Schutzes vor betrieblicher Irreführung bestehen lassen, denn der Trade Marks Act 1994 lässt nach Section 10(6) das Recht des Passing-off ausdrücklich unbeschadet.[554] Hintergrund ist, dass der eigenständige flexible Schutz durch Passing-off gegenüber dem Markenrecht eine bessere Abwägung der Interessen zwischen dem älteren Nutzer der Marke und dem neuen ermöglicht. Denn dabei kommt es auf das tatsächliche Marktgeschehen an, anstatt auf eine formale Registrierung, die die Marke unabhängig von jeglicher Nutzung schützt.[555] Der Schutz von Kennzeichen außerhalb des Markenrechts durch Passing-off richtet sich folglich nach den allgemeinen Voraussetzungen dieses Common Law Torts. Der Fokus liegt auf der Schädigung des Goodwills durch eine Irreführung der Allgemeinheit. Zusätzliche Anforderungen, wie im deutschen Recht der Nachweis einer wettbewerblichen

---

551 *Drysdale/Silverleaf*, Passing-off, S. 229; Ulmer/*Westerholt*, Unlauterer Wettbewerb - Großbritannien, S. 100.

552 *Bently/Sherman*, Intellectual Property, S. 714; *Cornish/Llewelyn*, Intellectual Property, S. 605, Rn. 16–02; *Carty*, IPQ 2007, S. 237 (246); Ulmer/*Westerholt*, Unlauterer Wettbewerb - Großbritannien, S. 100; *Connor*, UK-Report, S. 10, 28; *Smith*, Justice of the Peace 2008, 172 (34), S. 536 (537); Justice Laddie in *Inter Lotto v Camelot* [2003] EWHC 1256, Rn. 35 (bestätigt in der Entscheidung des Court of Appeal [2003] EWCA Civ 1132, Rn. 51 ff.); *Puttemanns*, Report für die „Liga gegen den unlauteren Wettbewerb", S. 6, 13.

553 Lord Jacob in *L'Oréal v Bellure* [2007] EWCA Civ 968, Rn. 135 ff.; vgl. *Hodgkinson Corby v Wards Mobility Services,* GRUR Int. 1996, S. 954 – *Rollstuhlkissen*, m. Anm. v. Ohly; *Ohly*, Richterrecht, S. 45.

554 Siehe zu Section 10(6) TMA 1994 *Cornish/Llewelyn*, Intellectual Property, S. 719, Rn. 18–54; Ulmer/*Westerholt*, Unlauterer Wettbewerb - Großbritannien, S. 99 zu der gleich lautenden Vorgängerregelung in Section 2 TMA 1938.

555 *Cornish/Llewelyn*, Intellectual Property, S. 605 Rn. 16–02; *Shúilleabháin*, IIC 2003, S. 722 (750); *Wadlow*, Passing-off, S. 366 ff. Rn. 5–119 ff.

Eigenart, der Bekanntheit oder der vermeidbaren Herkunftstäuschung zur Abgrenzung vom Schutzbereich des Markenrechts, sind nicht erforderlich. Es bleibt bei den Voraussetzungen der „classical trinity“.

b) CPR

Es besteht kein Exklusivitätsverhältnis zwischen dem Anspruch aus Common Law wegen Passing-off und dem Markenrecht. Zur Frage steht nun, ob dieser Grundsatz auch für das Verhältnis zwischen den neu erlassenen Consumer Protection Regulations und dem Markenrecht gilt. Dabei ist zu beachten, dass es sich bei den CPR um Statutory Law handelt, also um Gesetzesrecht, das vom Parlament verabschiedet wurde, im Gegensatz zu dem Rechtsinstitut des Passing-off, das aus dem Common Law stammt und in der Rechtsprechung entwickelt wurde. Dabei gilt der Grundsatz, dass der Wille des Gesetzgebers zu dieser Regelungsmaterie sich abschließend im Gesetz geäußert hat. Nun hat der Gesetzgeber die Regelung der Irreführung über die betriebliche Herkunft in die CPR übernommen, ohne sie unter einen Vorbehalt zu stellen. Hätten die CPR erst nachrangig Anwendung finden sollen, hätte der englische Gesetzgeber voraussichtlich ähnlich wie im Trademarks Act 1994 eine Klausel zur Nachrangigkeit der CPR gegenüber dem Markenrecht eingeführt. Entscheidend ist auch der Schutzzweck des Gesetzes. Die Consumer Protection Regulations dienen nach eindeutiger Vorgabe aus der Richtlinie und Aussage des DTI primär dem Verbraucherschutz. Zur Durchsetzung der Verbraucherinteressen berechtigt sind vor allem die öffentlichen Behörden, die Trading Standards Offices und das Office of Fair Trading. Zwar ist Berechtigter der Klage wegen Passing-off grundsätzlich der Unternehmer selbst, allerdings dient auch Passing-off nicht allein dazu, den Goodwill des Unternehmers zu schützen, sondern es basiert grundlegend auf der Beeinträchtigung des öffentlichen Interesses indiziert durch die Irreführung der Allgemeinheit („public interest“).[556] Wenn also schon keine Subsidiarität zwischen dem aus der Rechtsprechung entwickelten Common Law Tort Passing-off und den Sonderschutzrechten besteht, dann kann grundsätzlich erst recht keine Subsidiarität eines jüngeren geschriebenen Gesetzes, das primär den Schutz der Verbraucher bezweckt, gegenüber dem älteren Markengesetz angenommen werden. Dies gilt umso mehr, da sowohl Passing-off als auch die CPR den Regelungsbereich des unlauteren Wettbewerbs betreffen.[557] Die generelle Gleichrangigkeit der Ansprüche aus Passing-off und aus dem

---

556 *Carty*, IPQ 2007, S. 237 (265).
557 *Ohly*, GRUR 2007, S. 731 (738); vgl. auch *Wadlow*, Passing-off, S. 102 Rn. 2–073.

Markenrecht ist daher auch auf das Verhältnis zwischen den CPR und dem Markenrecht übertragbar. Folglich ist davon auszugehen, dass kein Vorrang des Markenrechts gegenüber einem Vorgehen der Behörden aus den CPR im Falle einer Irreführung der Verbraucher durch Verwendung fremder Kennzeichen besteht.

2. Lauterkeitsrechtlicher Leistungsschutz in Deutschland

Im Anwendungsbereich von Art. 6 Abs. 2 lit. a), Art. 6Abs. 1 lit. b) und der Ziffer 13 des Anhang I der Richtlinie liegen § 4 Nr. 9 UWG sowie § 5 Abs. 2 UWG und § 5 Abs. 1 S. 2 Nr. 1 UWG („geographische und betriebliche Herkunft"). Die neu gefasste Vorschrift des § 5 Abs. 2 UWG dient explizit der Umsetzung von Art. 6 Abs. 2 lit. a). Es handelt sich um einen Irreführungstatbestand, der jede geschäftliche Handlung, die eine Verwechslungsgefahr mit einer Ware oder Dienstleistung oder mit der Marke oder einem anderen Kennzeichen eines Mitbewerbers hervorruft, für unlauter erklärt. Die Relevanz dieser Vorschrift liegt darin, dass sie in dem Regelungsbereich der kennzeichenrechtlichen Ansprüche nach §§ 14, 15 Markengesetz liegt. Bisher ging die ganz überwiegende Meinung in der Rechtsprechung und in der Literatur davon aus, dass eine Subsidiarität des wettbewerbsrechtlichen Leistungsschutzes gegenüber den Sonderrechten besteht.[558] Daher wurde für die Unlauterkeit stets eine qualifizierte betriebliche Herkunftsangabe im Sinne einer besonderen Gütevorstellung gefordert, um dem Vorrang des Markenrechts gegenüber dem Lauterkeitsrecht Rechnung zu tragen.[559] In seiner Begründung zu dem Gesetzesentwurf für die UWG-Novelle 2008 nimmt der Gesetzgeber Bezug auf die bislang zu diesem Thema ergangene höchstrichterliche Rechtsprechung, die einen wettbewerbsrechtlichen Anspruch in Übereinstimmung mit der herrschenden Literaturmeinung nur bei Vorliegen einer qualifizierten betrieblichen Herkunftsangabe und bei einer gewissen Bekanntheit bejahte, wenn also der Verkehr die Angabe nicht nur als reinen Hinweis auf die betriebliche Herkunft versteht, sondern bestimmte Gütevorstellungen damit verbindet.[560] Der deutsche Gesetzgeber hat sich in der UWG-Novelle 2008 dafür entschieden, die Vorschrift des § 4 Nr. 9 UWG

558 Vgl. MüKo/*Wiebe*, UWG, § 4 Rn. 19 ff.; Hefermehl/*Köhler*/Bornkamm, UWG 25. Aufl. 2007, § 4 Rn. 9.5 ff.; Harte-Henning/Bavendamm/*Sambuc*, UWG 1. Aufl. 2004, § 4 Nr. 9 Rn. 4; BGH WRP 2002, S. 694 (696) - shell.de; BGH WRP 1998, S. 1181 (1182) - MAC Dog.

559 Vgl. Piper/Ohly/*Sosnitza*, UWG, § 5 Rn. 412 f.

560 Gesetzesentwurf, BT-Drucksache 16/10145, S. 17; BGH WRP 2002, S. 694 (696) - shell.de; BGH WRP 1998, S. 1181 (1182) - MAC Dog.

unverändert beizubehalten, da sie selbstständig neben den Umsetzungsvorschriften der Ziffer 13 des Anhang I des UWG anwendbar sei. Denn in der Vorschrift der Schwarzen Liste sei ausschließlich die Irreführung durch die Ähnlichkeit mit einer fremden Ware oder Dienstleistung geregelt, die dazu noch absichtlich vom Unternehmer herbeigeführt werden muss, und nicht die Irreführung durch Verwendung verwechslungsfähiger Kennzeichen.[561] Die Regelung des § 4 Nr. 9 UWG stehe zudem auch selbstständig neben § 5 Abs. 2 UWG, der Art. 6 Abs. 2 lit. a) umsetzt, da sie dem Leistungsschutz der Mitbewerber und nicht dem Schutz der Verbraucher vor Irreführung diene.[562] Aus dem von der Rechtsprechung entwickelten Grundsatz, das im Rahmen des Leistungsschutzes nach § 4 Nr. 9 UWG nur der Hersteller des Originals klagebefugt sei,[563] folge, dass die Täuschung über die betriebliche Herkunft nach dieser Vorschrift den Regelungsbereich der Richtlinie nicht berühre. Das Verhältnis dieser beiden Vorschriften zueinander bleibt ausdrücklich einer Klärung durch die Rechtsprechung vorbehalten.[564]

Die Subsidiarität der wettbewerbsrechtlichen Ansprüche war in Deutschland schon vor Umsetzung der Richtlinie umstritten.[565] Sie wird angesichts der Umsetzung der Vorschriften über die Irreführung durch Verwendung fremder Kennzeichen aus der Richtlinie vermehrt kritisiert. Die europäischen Vorschriften haben einen weiteren Anwendungsbereich als § 4 Nr. 9 UWG, da Verwechslungsgefahr nicht nur durch das Angebot von irreführenden Produkten („Waren oder Dienstleistungen anbietet"), sondern auch auf andere Weise begründet werden kann, indem z. B. andere Ware in ein Regal mit dem Namen des Originalherstellers gelegt wird.[566] Die Norm des § 4 Nr. 9 UWG regelt daher nur einen Teil der irreführenden Produktvermarktung, die eine Verwechslungsgefahr begründen kann. In dem übereinstimmenden Regelungsbereich steht jedoch zur Frage, ob der Vorrang des Markenrechts und die erweiterten Tatbestandsvoraussetzungen, die für § 4 Nr. 9 lit. a) UWG erforderlich sind, auch auf die Irreführung des Verbrauchers nach § 5 Abs. 1 Nr. 2 und § 5 Abs. 2 UWG anzuwenden sind. Im Hinblick auf die Ziffer 13 der Schwarzen Liste bestehen diese Schwierigkeiten nicht in derselben Form, da für einen Verstoß eine Absicht des Unternehmers erforderlich ist.

---

561 Gesetzesentwurf, BT-Drucksache 16/10145, S. 32.

562 Gesetzesentwurf, BT-Drucksache 16/10145, S. 17.

563 BGH GRUR 2005, 519, 520 – Vitamin-Zell-Komplex.

564 Gesetzesentwurf, BT-Drucksache 16/10145, S. 17.

565 Vgl. z. B. *Glöckner*, Europäisches Lauterkeitsrecht, S. 594 f.

566 *Köhler*, GRUR 2008, S. 841 (846).

In der Literatur wird vertreten, dass der Grundsatz des Vorrangs des Markenrechts gegenüber dem wettbewerbsrechtlichen Leistungsschutz zumindest im Bezug auf die Irreführung des Verbrauchers durch Täuschung über die betriebliche Herkunft keine Gültigkeit mehr beanspruchen könne, sondern dass von einer Gleichrangigkeit des Lauterkeitsrechts und der Sonderschutzrechte auszugehen sei.[567] Der Wortlaut der Richtlinie spreche ausdrücklich nur noch von dem Hervorrufen einer Verwechslungsgefahr und einer Irreführung der Verbraucher. Damit sei das Erfordernis der qualifizierten Herkunftsangabe nicht mehr zu halten und die Grenze zu den Sonderschutzrechten, insbesondere zum Markenrecht, unklar.[568] Auch eine Rechtfertigung der Vorrangthese mit dem Argument, dass bei einer Gleichrangigkeit der wettbewerbsrechtlichen Ansprüche die Rechtsharmonisierung durch die Markenrechtsrichtlinie unterlaufen würde, sei aufgrund der Regelung dieses Bereichs in Art. 6 Abs. 2 lit. a) und Ziffer 13 des Anhangs I der UGP-Richtlinie nicht mehr haltbar.[569] Eine Subsidiarität von § 5 Abs. 1 Nr. 2 und § 5 Abs. 2 UWG sei mit dem Zweck der UGP-Richtlinie, dem Schutz der Verbraucher vor Irreführung durch Verwendung fremder Kennzeichen, nicht vereinbar.[570]

Andererseits wird vertreten, dass die zum bisherigen Recht überwiegend vertretene These vom Vorrang des Markenrechts auch nach Umsetzung der Richtlinie in das deutsche Recht weiterhin aufrecht erhalten werden kann.[571] Denn auch wenn der europäische Gesetzgeber die betriebliche Irreführung in die Richtlinie gegen unlautere Geschäftspraktiken aufgenommen hat, sei damit keine Aussage zu dem Verhältnis der Vorschriften zu dem Markenrecht getroffen worden.[572] Der deutsche Gesetzgeber hat das Problem zwar erkannt, in der Gesetzesbegründung die Klärung des Verhältnisses zwischen § 4 Nr. 9 lit. a) UWG und § 5 Abs. 1 Nr. 2 und Abs. 2 UWG, also die Entscheidung, ob die bisherigen Abgrenzungsmerkmale

567 Harte-Bavendamm/Henning-Bodewig/*Dreyer*, UWG, § 5 Abs. 2 Rn. 1; *Fezer,* GRUR 2009, S. 451 (454 f.); *Köhler*, WRP 2009, S. 109 (114f.); *Köhler*, GRUR 2008, S. 841 (846); *Hennig-Bodewig*, GRUR Int. 2007, S. 986 (988, 990).

568 *Fezer,* GRUR 2009, S. 451 (454); *Köhler*, WRP 2009, S. 109 (114 f.); *Hennig-Bodewig*, GRUR Int. 2007, S. 986 (988); *Bornkamm,* Irreführungsverbot, in FS v. Mühlendahl, 2005, S. 9 (14 ff.).

569 *Köhler*, GRUR 2007, S. 548 (551).

570 Harte-Bavendamm/Henning-Bodewig/*Dreyer*, UWG, § 5 Abs. 2 Rn. 11 ff., 15; *Ullmann* in Ullmann/juris-PK, UWG, § 4 Nr. 9 Rn. 24; *Hennig-Bodewig*, GRUR Int. 2007, 986 (990).

571 Piper/Ohly/*Sosnitza*, UWG, § 5 Rn. 699; *Ohly*, WRP 2008, S. 177 (185); *Ohly*, GRUR 2007, S. 731 (737); *Steinbeck*, WRP 2006, S. 632 (639).

572 Piper/Ohly/*Sosnitza*, UWG, § 5 Rn. 417.

auch im Bereich der verbraucherschützenden Ansprüche eingreifen sollen, ausdrücklich der Rechtsprechung anheim gestellt.[573] Die Beachtung der markenrechtlichen Grenzen des Kennzeichenschutzes soll daher nach Teilen der Literatur auch weiterhin im Rahmen der Ansprüche aus § 5 Abs. 1 Nr. 2 und § 5 Abs. 2 UWG eine Rolle spielen.[574] Dies soll insbesondere für das Bestehen von Markenschutz auch als Voraussetzung für den wettbewerbsrechtlichen Anspruch sowie für die Einschränkungen, die sich aus dem markenrechtlichen Erschöpfungsgrundsatz und Lizenzvereinbarungen ergeben können, gelten.[575]

3. Einheitlicher Schutz der Verbraucher vor betrieblicher Irreführung

Die Richtlinie gegen unlautere Geschäftspraktiken enthält Vorschriften über die Irreführung der Verbraucher durch Verwendung fremder Kennzeichen, die eine einheitliche Regelung in allen Mitgliedstaaten schaffen sollen. Aufgrund des unklaren und umstrittenen Verhältnisses der Vorschriften der Richtlinie gegenüber dem ebenso harmonisierten Markenrecht, konnte sich bisher allerdings keine einheitliche Rechtsauffassung durchsetzen.[576] Verstärkt wird dieser Effekt noch dadurch, dass in den Mitgliedstaaten vor Umsetzung der Richtlinie unterschiedliche Ansätze zu dem Verhältnis von Wettbewerbs- und Markenrecht vertreten wurden.[577] Mangels einer deutlichen Aussage des europäischen Gesetzgebers in den Erwägungsgründen oder in den Vorarbeiten zur Richtlinie setzt sich diese Kontroverse in den nationalen Rechten fort. Bemerkenswert ist allerdings, dass

---

573 Gesetzesbegründung, S. 31; Piper/Ohly/*Sosnitza*, UWG, § 5 Rn. 697.

574 Köhler/*Bornkamm*, UWG, § 5 Rn. 4.240 ff.; Piper/Ohly/*Sosnitza*, UWG, § 5 Rn. 701; *Ohly*, GRUR 2007, S. 731 (738); *Steinbeck*, WRP 2006, S. 631 (638 f.); *Seichter*, WRP 2005, S. 1087 (1092); für einen „modifizierten Vorrang“ des Markenrechts *Bornkamm*, GRUR 2011, 1 (7); *Ohly*, GRUR 2007, S. 731 (737) möchte den UWG-Schutz nur bei Vorliegen eines besonderen Unlauterkeitselement eingreifen lassen, das noch nicht im Markenrecht berücksichtigt ist - die Irreführung der Verbraucher genüge dazu nicht, denn sie sei auch der markenrechtlichen Verwechslungsgefahr enthalten; vgl. auch Piper/Ohly/*Sosnitza*, UWG, § 5 Rn. 701.

575 Köhler/*Bornkamm*, UWG, § 5 Rn. 4.241 ff.; *Bornkamm*, GRUR 2011, 1 (7).

576 Vgl. Piper/Ohly/*Sosnitza*, UWG, § 5 Rn. 417; *Glöckner*, Europäisches Lauterkeitsrecht, S. 594 f.; *Steinbeck*, WRP 2006, S. 632 (638).

577 *Ohly*, Leistungsschutz, in Hilty/Henning-Bodewig, S. 181 (185); *Ohly*, WRP 2008, S. 177 (184); *Cornish/Llewelyn*, Intellectual Property, S. 604 f. Rn. 16–02; *Puttemanns*, Report für die „Liga gegen den unlauteren Wettbewerb“, S. 1 ff., 29 ff.

die Vereinheitlichung der Regelung der betrieblichen Irreführung nicht durch eine unvollständige Umsetzung der Richtlinie durch die Mitgliedstaaten beeinträchtigt wird. Vielmehr haben die Gesetzgeber sowohl in England als auch in Deutschland die Vorschriften ordnungsgemäß umgesetzt, so dass die formelle Gesetzeslage einheitlich ist. Dies führt jedoch nicht zwingend zu einer Vereinheitlichung des materiellen Schutzstandards für den Verbraucher.

An dem Beispiel der untersuchten Rechtslage in England und in Deutschland ist zu erkennen, dass es sich bei dem in Deutschland angenommenen Vorrang der Sonderschutzrechte keineswegs um einen allgemeingültigen überall anerkannten Rechtsgrundsatz handelt.[578] Vielmehr wird in England nach den unterschiedlichen Schutzwecken getrennt und es ist anerkannt, dass der Anspruch aus Passing-off wegen Irreführung der Allgemeinheit über die betriebliche Herkunft weiter reichen kann als der aus den Sonderschutzrechten. Dieser Grundsatz behält seine Gültigkeit auch im Verhältnis zu den Consumer Protection Regulation 2008.[579] Der Schutz der Verbraucher, der den CPR zu Grunde liegt, kann in England folglich nicht durch Gesetze mit einem individualrechtlichen Schutzzweck, wie dem Markenrecht, beschränkt werden.

Die Auswirkungen dieser unterschiedlichen Rechtsauffassungen können zu divergierenden Entscheidungen in den Mitgliedstaaten führen. Während der deutsche Gesetzgeber in der Gesetzesbegründung zur UWG-Novelle 2008 das Verhältnis von § 5 Abs. 2 zu § 4 Nr. 9 lit. a) UWG ausdrücklich einer Klärung durch die Rechtsprechung überlässt und damit die Möglichkeit einer einschränkenden Auslegung des verbraucherschützenden Tatbestands in § 5 Abs. 2 UWG eröffnet, hängt der Anspruch nach Regulation 5(3)(a) CPR in England ausschließlich von den Auswirkungen der Geschäftspraxis auf die Verbraucher ab. Daraus folgt, dass der Schutz des Verbrauchers vor Irreführung durch Verwendung fremder Kennzeichen trotz formell einheitlichen Rechts in den Mitgliedstaaten unterschiedlichen Voraussetzungen und Beschränkungen unterliegen kann. Ein Sachverhalt wie in der Entscheidung *Chelsea Man Menswear v Chelsea Girl* könnte in England und in Deutschland unterschiedlich beurteilt werden.[580] In Deutschland kann das Zeichen „Chelsea Girl" nach der bisherigen Rechtsprechung zur Vorrangthese des Bundesgerichtshofs nur wettbewerbsrechtlichen Schutz genießen, sofern es eingetragen ist

578 *Puttemanns*, Report für die „Liga gegen den unlauteren Wettbewerb", S. 1 ff., 29 ff.

579 Vgl. *Ohly*, GRUR 2007, S. 731 (738 f.)

580 Vgl. auch *CPC v Keenan* [1986] FSR, S. 527, wo angenommen wurde, dass das Kennzeichen „Oxford" für Marmelade von Passing-off geschützt sei; *Shúilleabháin*, IIC 2003, S. 722 (730).

und der Verkehr eine besondere Gütevorstellung damit verbindet. Sofern dem Zeichen als geografische Herkunftsbezeichnung mangels Verkehrsgeltung der Schutz versagt würde, entfiele nach der bisher in Deutschland vorherrschenden Ansicht auch der wettbewerbsrechtliche Schutz. In England hingegen hat das Gericht die Klage wegen Passing-off als begründet angesehen und aller Voraussicht nach wäre demzufolge auch ein Anspruch wegen Verstoßes gegen die CPR gegeben.[581] In der Folge kann das Niveau des Verbraucherschutzes in den Mitgliedstaaten divergieren und ein Unternehmer, der grenzüberschreitend tätig wird, kann sich nicht darauf verlassen, dass seine in Deutschland wettbewerbsrechtlich zulässige Geschäftspraxis in England nicht möglicherweise einen Verstoß gegen Regulation 5(3)(a) CPR darstellt. Die unterschiedlichen Regelungen der Irreführung durch Verwendung fremder Kennzeichen in den Mitgliedstaaten können das Konzept der Vollharmonisierung somit beeinträchtigen.

581 Vgl. *Bornkamm*, GRUR 2011, 1 (6, 8), der aber insgesamt davon ausgeht, dass der bestehende Markenschutz Voraussetzung für den wettbewerbsrechtlichen Irreführungsschutz ist.

Kapitel 5: Irreführung durch Unterlassen

I. Regelung in der Richtlinie, Art. 7

Der Unternehmer begeht nicht nur dann eine unlautere Handlung, wenn er den Verbraucher aktiv irreführt, sondern nach Art. 7 auch dann, wenn er ihm wesentliche Informationen vorenthält. Wesentlich sind solche Angaben, die dem Verbraucher eine informierte geschäftliche Entscheidung ermöglichen. Nach Art. 7 Abs. 1 liegt dann ein Verstoß vor, wenn der Unternehmer es in der konkreten Situation unterlässt, die wesentlichen Informationen beizufügen. Nach Art. 7 Abs. 2 liegt solch ein irreführendes Unterlassen auch schon dann vor, wenn der Unternehmer Informationen verheimlicht oder in unklarer, unverständlicher oder zweideutiger Weise oder nicht rechtzeitig beifügt. Genauso kann die fehlende Kenntlichmachung des geschäftlichen Zwecks zu einem irreführenden Unterlassen führen, wenn der Zweck sich nicht schon unmittelbar aus den Umständen ergibt. In den „travaux preparatoires" zu der Richtlinie gegen unlautere Geschäftspraktiken äußerten sich einige Mitgliedstaaten aufgrund der zusätzlichen Kosten und der Belastung für die Unternehmer kritisch gegenüber der Einführung einer positiven Pflicht zur Darlegung von Informationen.[582] In ihrer endgültigen Fassung enthält die Richtlinie daher in Artikel 7 eine Regelung über irreführende Unterlassungen durch das Vorenthalten von Informationen. In der Sache ergibt sich dadurch keine Änderung. Dem Verbraucher müssen bestimmte Informationen, die für seine informierte Entscheidung wesentlich sind, zugänglich gemacht werden. Auch die Regelung der Beschränkungen der Informationsanforderungen je nach Art des Kommunikationsmediums in Art. 7 Abs. 3 ist in diesem Zusammenhang zu sehen.

1. Wesentliche Informationen

Einen ersten Hinweis darauf, welche Informationen wesentlich im Sinne von Art. 7 Abs. 1 sind, gibt der Schutzzweck der Vorschrift, die informierte Entscheidung des Verbrauchers. Der Unternehmer ist danach verpflichtet, Informationen beizufügen,

---

582 *Schulte-Nölke/Busch*, ZeuP 2004, S. 99 (105); KOM (2002) 289 endg., S. 9 f.; KOM(2003) 356 endg., S. 8 Rn. 30.

die es dem Verbraucher ermöglichen, einen freien geschäftlichen Willen zu bilden, der nicht durch fehlende oder unvollständige wesentliche Informationen beeinträchtigt wird. Dabei kommt es auf den konkreten Fall unter Berücksichtigung der tatsächlichen Umstände an sowie nach Art. 7 Abs. 3 auf das Medium der kommerziellen Kommunikation. Wirbt der Unternehmer beispielsweise per SMS, sind an den Umfang der Informationen weniger strenge Anforderungen zu stellen als bei Anzeigen in einer Zeitschrift über mehrere Seiten. Darüber hinaus sind nach Art. 7 Abs. 3 auch die Maßnahmen in Betracht zu ziehen, die der Unternehmer unternimmt, um dem Verbraucher die Informationen anderweitig zugänglich zu machen. Diese Möglichkeit der Auslagerung bestimmter Informationen aus der kommerziellen Kommunikation darf allerdings nicht dazu führen, dass alle wesentlichen Angaben erst im Nachhinein, zum Beispiel auf einer Internetseite, verfügbar sind. Die wichtigsten Informationen, wie der Preis oder elementare Vertragskonditionen, müssen gleichzeitig mit der kommerziellen Kommunikation für den Verbraucher sichtbar sein, damit das Regel-Ausnahme-Verhältnis von Art. 7 Abs. 1 und Abs. 3 nicht umgekehrt wird.[583]

In Art. 7 Abs. 4 und Abs. 5 sind weitere Angaben enthalten, die als wesentliche Informationen gelten. Die unionsrechtlichen Informationspflichten nach Art. 7 Abs. 5 gelten bei jeder kommerziellen Kommunikation im Sinne von Art. 7 Abs. 1 als wesentlich, während die Angaben in Art. 7 Abs. 4 nur bei einer „Aufforderung zum Kauf" als wesentliche Information zählen. Der Wortlaut der Absätze 4 und 5 „gilt als wesentlich" zeigt eindeutig, dass sich die dortigen Informationspflichten auf die Pflicht zur Angabe der wesentlichen Informationen aus Art. 7 Abs. 1 beziehen. Entgegen einer Ansicht in der Literatur sollen sie nicht die Pflicht zur Darlegung der Informationen, die der Verbraucher für eine informierte Entscheidung benötigt, ersetzen und auch nicht ohne die weitere Voraussetzung des Art. 7 Abs. 1, der Geeignetheit zur Beeinflussung der geschäftlichen Entscheidung des Durchschnittsverbrauchers, anwendbar sein.[584] Es handelt sich vielmehr um eine Konkretisierung der wesentlichen Informationen im Sinne von Art. 7 Abs. 1, so dass die Anforderungen von Art. 7 Abs. 4 und Abs. 5 neben den allgemeinen Anforderungen aus Art. 7 Abs. 1 stehen.[585]

583 *Apostolopoulos*, WRP 2004, S. 841 (848).

584 So angedeutet in Howells/Micklitz/*Wilhelmsson*, European Fair Trading Law, S. 154 f., 157.

585 *Nordhausen*, Information Requirements, in Howells/Janssen/Schulze, S. 93 (99).

2. Aufforderung zum Kauf

Nach Art. 7 Abs. 4 lit. a) bis e) gelten über Abs. 1 hinaus weitere Angaben als wesentlich, wenn es sich bei der kommerziellen Kommunikation des Unternehmers um eine Aufforderung zum Kauf handelt. Dazu zählen die wesentlichen Produkteigenschaften, Anschrift und Identität des Unternehmers, der Preis oder die Art der Preisberechnung, die Zahlungs-, Lieferungs- und Leistungsbedingungen sowie gegebenenfalls das Bestehen eines Widerrufs- oder Rücktrittsrecht. In Art. 2 lit. i) wird der Begriff „Aufforderung zum Kauf“ so definiert, dass die kommerzielle Kommunikation die Merkmale des Produkts und den Preis enthalten und den Verbraucher in die Lage versetzen muss, eine Kaufentscheidung treffen zu können. Eine direkte oder indirekte Aufforderung an den Verbraucher, das Produkt zu kaufen, ist anders als bei Ziffer 28 der Schwarzen Liste, die Kaufappelle an Kinder regelt, nicht erforderlich.[586] Lag noch nach der Definition in der Gemeinsamen Stellungnahme nur dann eine Aufforderung zum Kauf vor, wenn die wesentlichen Merkmale des Produkts genannt wurden, nimmt die jetzige Fassung der Richtlinie lediglich auf die Merkmale des Produkts Bezug. Nach der Definition des Entwurfs hätte nur eine Aufforderung zum Kauf vorgelegen, wenn die wesentlichen Merkmale genannt worden wäre, mit der Folge, dass erst dann die wesentlichen Informationen nach Art. 7 Abs. 4 hätten beigefügt werden müssen. Die Definition enthielt also schon in ihren Voraussetzungen bestimmte wesentliche Merkmale, die erst in der Folge der Aufforderung zum Kauf hätten vorgelegt werden müssen. Auch in der heutigen Version der Richtlinie besteht dieser Widerspruch fort, wenn auch in geringerem Maße, denn der Preis ist z. B. immer noch Bestandteil der Definition in Art. 2 lit. i) sowie wesentliche Information im Sinne von Art. 7 Abs. 4 lit. c).[587] Allerdings sind die wesentlichen Merkmale nach Art. 7 Abs. 4 nicht vollumfänglich gleichzusetzen mit den Merkmalen, die für eine Aufforderung zum Kauf vorliegen müssen. Wenigstens bei geringwertigen Angeboten scheint beispielsweise die Anschrift des Unternehmers, sein Handelsname oder der Umgang mit Beschwerden kein Merkmal zu sein, das zwingend vorliegen muss, damit es sich um eine Aufforderung zum Kauf handelt. Zum besseren Verständnis der Definition der Aufforderung zum Kauf in Art. 2 lit. i) muss diese Vorschrift in Zusammenhang mit dem Anwendungsbereich der Richtlinie insgesamt gesehen werden. Es muss sich bei der kommerziellen Kommunikation um eine

---

586 Howells/Micklitz/*Wilhelmsson*, European Fair Trading Law, S. 154.
587 *Radeideh*, Fair Trading, S. 273.

Geschäftspraxis handeln, die sich zielgerichtet genug an den Verbraucher richtet, damit die Informationsanforderungen von Art. 7 Abs. 4 sinnvoll eingreifen können.[588] Allgemeine marken- und produktbezogene Werbung überschreitet nach Ansicht der Kommission diese Schwelle nicht.[589] Der unmittelbare Zusammenhang der Geschäftspraxis mit der Absatzförderung muss daher in der Situation einer Aufforderung zum Kauf enger sein als bei den irreführenden Unterlassungen nach Art. 7 Abs. 1.

3. Unionsrechtliche Informationspflichten

Nach Art. 7 Abs. 5 sind unionsrechtliche Informationspflichten gegenüber Verbrauchern „wesentlich" und das Unterlassen ihrer Bereitstellung stellt eine unzulässige Handlung nach Art. 7 Abs. 1 dar. Die Vorschrift des Art. 7 Abs. 5 verweist auf Anhang II, der eine Auflistung zahlreicher relevanter unionsrechtlicher Vorschriften enthält. Die Aufzählung unionsrechtlicher Informationspflichten ist nach dem ausdrücklichen Wortlaut von Art. 7 Abs. 5 nicht abschließend.[590] Daher können auch weitere nicht aufgeführte Richtlinien oder Verordnungen wesentliche Informationen im Sinne von Art. 7 Abs. 5 enthalten. In der Folge werden nun Verstöße gegen Informationspflichten aus dem Unionsrecht einheitlich als irreführendes Unterlassen nach Art. 7 Abs. 1 i.V.m Art. 7 Abs. 5 behandelt.[591] Eine lauterkeitsrechtliche Sanktionierung von Verstößen gegen Informationspflichten, die auf einer überschießenden Umsetzung von Richtlinien mit einer Mindestharmonisierungsklausel beruhen, ist gemäß Erwägungsgrund 15 nicht möglich.[592] Dies gilt erst recht für Informationspflichten mit rein nationalem Ursprung.

---

588 *Radeideh*, Fair Trading, S. 274; Howells/Micklitz/*Wilhelmsson*, European Fair Trading Law, S. 154; *Schulte-Nölke/Busch,* ZEuP 2004, S. 99 (106); *Henning-Bodewig*, GRUR Int. 2004, S. 183 (192).

589 KOM (2003) 356 endg., S. 17.

590 Howells/Micklitz/*Wilhelmsson*, European Fair Trading Law, S. 157; *Micklitz/Keßler*, VuR 2009, S. 88 (94); *Twigg-Flesner/Howells/Parry/Nordhausen*, Scope and Application, S. 44 Rn. 3.21.

591 *Nordhausen*, Information Requirements, in Howells/Janssen/Schulze, S. 93 (101); *Radeideh*, Fair Trading Law, S. 272; *Schulte-Nölke/Busch*, ZEuP 2004, S. 99, 108 f.

592 *Köhler*, GRUR 2008, S. 841 (844).

II. Irreführende Unterlassungen in England

Der englische Gesetzgeber hat das Verbot irreführender Unterlassungen aus Art. 7 der Richtlinie in die CPR übernommen. Die Umsetzung dieser Vorschrift stellt ein Novum für das englische Recht dar, galt doch bisher der Grundsatz, dass niemand verpflichtet ist, Informationen ungefragt offen zu legen.[593] Die Vorschrift aus Art. 7 wurde in Regulation 6 CPR zwar mit Änderungen im systematischen Aufbau, aber im Wesentlichen mit dem gleichen Inhalt umgesetzt. Regulation 6(1) CPR enthält die allgemeine Vorschrift aus Art. 7 Abs. 1, dass eine Geschäftspraxis als irreführend gilt, wenn sie im konkreten Fall („factual context") wesentliche Informationen vorenthält und geeignet ist, den Durchschnittsverbraucher zu einer anderen geschäftlichen Entscheidung zu veranlassen. Das Erfordernis der Wesentlichkeit der Information für die informierte geschäftliche Entscheidung des Verbrauchers ist in Regulation 6(3)(a) CPR enthalten. Des Weiteren enthält Regulation 6(1) in lit. b) bis d) CPR auch die Regelung aus Art. 7 Abs. 2 über versteckte und unklare wesentliche Information sowie über die fehlende Angabe des kommerziellen Zwecks. Nach Regulation 6(2)(a) CPR müssen bei der Beurteilung, ob es sich um eine irreführende Unterlassung handelt, alle Umstände berücksichtigt werden. Des Weiteren enthalten Regulation 6(2)(b) und (c) CPR die Beschränkung durch das Kommunikationsmedium aus Art. 7 Abs. 3 und die darüber hinaus von dem Unternehmer getroffenen Maßnahmen. All diese Umstände müssen bei der Bewertung der Geschäftspraxis nach Regulation 6(1) CPR einbezogen werden. In Regulation 6(3)(b) CPR wird Art. 7 Abs. 5 umgesetzt, der die Informationsanforderungen, die sich aus Regelungen der kommerziellen Kommunikation im Unionsrecht ergeben, für wesentlich erklärt. In den englischen CPR wurde der Anhang II der Richtlinie nicht umgesetzt und auch in den Gesetzesmaterialien findet sich keine Auflistung der darunter fallenden Vorschriften. Die besondere Regelung der wesentlichen Informationen, die im Fall einer Aufforderung zum Kauf vorliegen müssen, ist in Regulation 6(4) lit. a) bis g) CPR enthalten. Während zu Art. 7 der Richtlinie vereinzelt noch Zweifel geäußert wurden, ob die Voraussetzungen aus den Absätzen 4 und 5 der Vorschrift zusätzlich zu den Voraussetzungen aus Absatz 1 vorliegen müssen oder ob sie eine eigenständige Regelung darstellen, ist diese Frage in England deutlich zugunsten der erstgenannten Ansicht entschieden

---

593 *Schulze/Schulte-Nölke*, Analysis of National Fairness Laws, S. 35; *Twigg-Flesner/Howells/Parry/Nordhausen*, Scope and Application, S. 53 Rn. 4.11.
Howells/Weatherill, Consumer Protection Law, S. 432; Law Commission, Consumer Redress, S. 80 Rn. 6.1.

worden. Denn die unionsrechtlichen Informationspflichten sind in Regulation 6(3) CPR von der Definition der wesentlichen Informationen im Sinne von Regulation 6(1) CPR umfasst.[594] Auch in Regulation 6(4) CPR, der die wesentlichen Informationen bei einer Aufforderung zum Kauf regelt, steht im ersten Satz eindeutig, dass die dort aufgeführten Punkte zusätzlich zu der allgemeinen Regelung in Regulation 6(1)(3) CPR als wesentliche Information gelten.[595]

Die Definition der Aufforderung zum Kauf aus Art. 2 lit. j) ist in Regulation 2(1) CPR enthalten. Die Schwelle zur „invitation to purchase" ist wie in der Richtlinie bereits dann überschritten, wenn die Eigenschaften des Produkts und der Preis in einer Weise kommuniziert werden, die dem Verbraucher eine Entscheidung über den Kauf ermöglichen. Dies ist nicht zu verwechseln mit dem Konzept der „invitation to treat" aus dem englischen Vertragsrecht.[596] Denn dabei handelt es sich um eine Aufforderung des Verkäufers, ein Angebot abzugeben, ähnlich der Rechtsfigur der „invitatio ad offerendum" im deutschen Recht, die über den Rechtsbindungswillen von einer „offer" (Angebot) abzugrenzen ist.[597] Im Gegensatz dazu wird das Vorliegen einer „invitation to purchase" im Sinne von Regulation 2(1) CPR rein objektiv bestimmt. Es kommt nicht darauf an, ob der Verkäufer überhaupt eine Verkaufsabsicht hegt oder ob er einen Vertrag mit einem bestimmten Kunden eingehen möchte. Das Vorliegen einer „invitation to purchase" führt dazu, dass der Unternehmer dem Verbraucher bestimmte Informationen offen legen muss. Wirbt der Unternehmer somit für ein Produkt und macht die Angaben, die dem Verbraucher eine Entscheidung über den Kauf ermöglichen, ist er verpflichtet, auch die erforderlichen Informationen nach Regulation 6(4) CPR beizufügen. Der Einwand, es handele sich nicht um ein konkretes Angebot oder das Produkt sei gar nicht verkäuflich, ist dabei irrelevant. Es kommt allein darauf an, dass der Verbraucher bestimmte Angaben erhält, um eine informierte Entscheidung zu treffen, und dass er nicht durch das Vorenthalten von Informationen falsche Vorstellungen entwickelt und zu einer anderen geschäftlichen Entscheidung verleitet wird.[598]

594 Regulation 6(3) CPR lautet „In Paragraph (1) „material information" means-".

595 Regulation 6(4) CPR lautet „the following information will be material [...] in addition to any other information which is material under paragraph (3)-".

596 *Griffiths*, Communications Law 2007, 12 (6), S. 196 (197).

597 Treitel/*Peel*, Law of Contract, S. 13 Rn. 2–007.

598 *Schulte-Nölke/Busch*, ZEuP 2004, S. 99 (106 f.).

1. Rechtslage vor Einführung der CPR – Das englische Konzept der „Non-disclosure“

Das englische Recht kannte bisher keine allgemeine Pflicht, ungefragt Informationen offen zu legen, mit Ausnahme des Versicherungsvertragsrechts.[599] Im Common Law gilt das Prinzip der „Non-Disclosure“, wonach Schweigen selbst keinen Rechtsverstoß begründen kann. Allerdings durften die Informationen, die der Unternehmer offen legte, weder nur halbwahr sein noch durfte der Unternehmer willentlich Informationen verschleiern.[600] Auch bestand eine Pflicht, Informationen, die der Unternehmer bereitstellte und die sich vor Vertragsschluss geändert hatten, zu ergänzen.[601] Unter bestimmten Umständen konnte daher auch eine Unterlassung den Tatbestand der falschen Warenbezeichnung im Sinne des Trade Descriptions Act 1968 erfüllen.[602] Lord Widgery nahm in der Entscheidung *R v Haesler* an, dass ein Fahrzeugbrief, in dem die ursprüngliche Beschreibung „Ex-Channel-Islands“ nicht mehr vorhanden war, eine falsche Warenbezeichnung darstellt.[603] Denn dadurch erhielt der Käufer den falschen Eindruck, dass das Zulassungsdatum des Wagens der Zeitpunkt der Anmeldung in England war. Er wurde also darüber irregeführt, dass der Wagen vorher schon auf den Kanalinseln angemeldet war und somit ein wertminderndes Vorleben hatte. Diese Entscheidung steht nicht in Widerspruch zu dem oben genannten Grundsatz, dass Schweigen allein nicht irreführend sein kann. Denn hier führte die Unterlassung nicht isoliert zu einer Irreführung, sondern nur in Verbindung mit dem weiteren Datum der Anmeldung des Wagens in England, das durch die nicht gegebene Information „Ex-Channel Islands“ als Zeitpunkt der Erstzulassung erschien. Die bereitgestellte Information wurde erst durch das Unterlassen irreführend. Die Täuschung bestand daher nicht isoliert darin, dass die Information weggelassen wurde. Vielmehr wurde die Wahrheit durch nicht vollständige Informationen verschleiert. Eine ähnliche Situation der irreführenden Unterlassung durch nicht vollständige Informationen wurde durch Section 20 Consumer Protection Act 1987 geregelt. Die Angaben über den Preis mussten danach vollständig sein und es durften keine Rechnungsposten oder

---

599 *Howells/Weatherill*, Consumer Protection Law, S. 432; *Cartwright*, Non-Disclosure, Rn. 16.01, 16.04, 16.07; *Twigg-Flesner/Howells/Parry/Nordhausen*, Scope and Application, S. 53 Rn. 4.11; *Schulze/Schulte-Nölke*, Analysis of National Fairness Laws, S. 35; Weatherill, National Report UK, in Schulze/Schulte-Nölke, S. 14, 17.

600 *Syborn Corp. v Rochem Ltd* (1984) Rn. 112.

601 *Twigg-Flesner/Howells/Parry/Nordhausen*, Scope and Application, S. 53 Rn. 4.11.

602 *Ramsay*, Consumer Law, S. 308.

603 *R v Haesler* [1973] RTR, S. 486 (490).

Ausnahmen fehlen. Die Vorschrift regelte somit auch einen Fall des irreführenden Unterlassens, allerdings wiederum nur in der Form einer Irreführung durch unvollständige Angaben. Sowohl im Rahmen des Trade Descriptions Act als auch des Consumer Protection Act konnte somit auch ein Unterlassen zu einer unzulässigen Irreführung führen, allerdings lediglich in Verbindung mit unvollständigen Informationen.

Auch wenn das englische Common Law keine generelle Pflicht zur Offenlegung von Informationen anerkennt und im Gesetzesrecht ein Unterlassen nur unter bestimmten Umständen rechtswidrig ist, enthalten einige Gesetze spezielle Informationspflichten, wie z. B. der Weights and Measures Act 1985.[604] Besonders auf europäische Initiative haben in jüngerer Zeit Informationspflichten Eingang in das geschriebene englische Gesetzesrecht (Statutory Law) gefunden.[605] Viele der in Anhang II der Richtlinie aufgeführten Informationspflichten sind daher schon integraler Bestandteil des englischen Rechts. Beispielhaft sei die Verbrauchsgüterkaufrichtlinie 99/44/EG genannt, die den Verkäufer indirekt dazu verpflichtet, Informationen über das Produkt offenzulegen, wenn der Käufer es ausdrücklich zu einem bestimmten Zweck kaufen möchte oder wenn es nicht den öffentlich gemachten Angaben des Herstellers entspricht.[606] Wichtige Informationspflichten enthalten ebenso die Consumer Protection (Distance Selling) Regulations 2000 zur Umsetzung der Fernabsatzrichtlinie 97/7/EG sowie die neuen Cancellation of Contracts Made in a Consumer's Home or Place of Work Regulations 2008, die die Vorschriften der Haustürwiderrufsrichtlinie 85/577/EWG in das nationale Recht umsetzen.[607] Das Unterlassen der Bereitstellung der in diesen Rechtsakten geforderten Informationen wird mit den darin vorgesehen Rechtsfolgen sanktioniert, ein allgemeiner Haftungstatbestand für fehlende Informationen hat sich daraus jedoch nicht entwickelt.

Besonders im Bereich des Verbraucherkreditrechts hat sich in jüngerer Zeit die Erkenntnis durchgesetzt, dass der Schutz der Verbraucher durch zwingende Informationen und Transparenz verbessert werden kann.[608] Auch kann im englischen Recht unter Umständen bei zulässigen Fragen oder bei bestimmten Vertragstypen oder besonderen Beziehungen zwischen den Parteien eine Pflicht bestehen, bestimmte Informationen zu offenbaren. Allerdings ist dies

---

604 *Twigg-Flesner/Howells/Parry/Nordhausen*, Scope and Application, S. 73 Rn. 5.21.

605 *Twigg-Flesner/Howells/Parry/Nordhausen*, Scope and Application, S. 54 Rn. 4.13.

606 *Weatherill*, National Report UK, in Schulze/Schulte-Nölke, S. 14.

607 *Twigg-Flesner/Howells/Parry/Nordhausen*, Scope and Application, S. 54 Rn. 4.13.

608 *Howells/Weatherill*, Consumer Protection, S. 65.

grundsätzlich beschränkt auf den vertraglichen Bereich und wird von den Gerichten anhand des Einzelfalls entschieden.[609] Aus der Einführung von Informationspflichten in speziellen Bereichen kann damit nicht der Schluss gezogen werden, dass sich der Gedanke einer allgemeinen Pflicht, Informationen darzulegen, generell im Bereich des englischen Verbraucherschutzrechts durchgesetzt hätte.[610]

2. Veränderung der Rechtslage durch die Einführung von Regulation 6 CPR

Der Schutz des Verbrauchers vor irreführenden Unterlassungen bestand in England nach alter Rechtslage ausschließlich bei Unterlassungen im Zusammenhang mit unvollständigen Angaben. Zwar hat das Gericht in *R v Haesler* ausdrücklich von einer irreführenden Unterlassung gesprochen.[611] Allerdings enthielt weder der Trade Descriptions Act noch der Consumer Protection Act eine Vorschrift, die das irreführende Unterlassen ausdrücklich für unzulässig erklärte. Die Bedeutung der Einführung einer ausdrücklichen Regelung der irreführenden Unterlassung in Regulation 6 CPR für den Schutz der Verbraucher lässt sich dann besser beurteilen, wenn zuvor eine Abgrenzung zwischen irreführender Handlung und Unterlassung vorgenommen wird. Ein Hinweis für die Abgrenzung könnte sich aus dem Wortlaut von Art. 6 und 7 ergeben. Von der Vorschrift über irreführendes Unterlassen ist nicht nur das vollständige Weglassen der wesentlichen Informationen umfasst, sondern in Art. 7 Abs. 2 ausdrücklich auch die Irreführung durch das Verheimlichen von Informationen oder durch unklare, unverständliche oder zweideutige Angaben. Danach liegt eine irreführende Unterlassung stets dann vor, wenn gegenüber dem Verbraucher Angaben getätigt werden, die unvollständig oder missverständlich sind und dazu führen, dass dem Verbraucher eine für seine informierte Entscheidung wesentliche Information vorenthalten wird. Demgegenüber wäre von einer irreführenden Handlung nur bei Angaben zu sprechen, die grundsätzlich vollständig aber missverständlich sind und die bei dem Verbraucher einen falschen Eindruck erwecken. Eine irreführende Unterlassung aufgrund von zweideutigen Angaben liegt daher nur dann vor, wenn dem Verbraucher durch die

---

609 *Cartwright*, Non-Disclosure, Rn. 16.08.

610 *Cartwright*, Non-Disclosure, Rn. 16.07; *Weatherill*, National Report UK, in Schulze/Schulte-Nölke, S. 14.

611 *R v Haesler* [1973] RTR, S. 486 (490).

zweideutige Angabe Informationen vorenthalten werden. Der Fokus bei irreführenden Unterlassungen liegt somit auf dem Fehlen und Verschleiern von Informationen im Gegensatz zu den irreführenden Handlungen, bei denen missverständliche Angaben im Zentrum stehen.[612]

Danach würden Fälle wie *R v Haesler*, in dem die frühere Registrierung des Wagens auf den Kanalinseln durch Entfernen der Angabe aus dem Fahrzeugbrief verschwiegen wurde, auch unter den CPR in die Gruppe der irreführenden Unterlassung fallen. Auch das vollständige Fehlen eines Rechnungspostens würde als irreführendes Unterlassen angesehen werden. In beiden Situationen liegt der Fokus darauf, dass eine wichtige Information vollkommen weggelassen wurde. Erst durch die Unterlassung wird die andere Information missverständlich. Dies ist gemäß Regulation 6 CPR unlauter. Im Gegensatz dazu handelt es sich bei der Veränderung des Tachostands grundsätzlich eher um eine aktiv irreführende Handlung. Denn die Information, der Kilometerstand des Tachos, wird zwar angegeben, ist aber falsch. Das Unterlassen der Mitteilung des richtigen Tachostandes tritt hinter die aktive Handlung des Zurückstellens zurück. Die Irreführung erfolgt direkt durch eine Information, die der Unternehmer dem Verbraucher gegeben hat, und stellt somit eine irreführende Handlung nach Regulation 5 CPR dar.

Die Vorschrift in Regulation 6 CPR über die Unlauterkeit irreführender Unterlassungen führt aufgrund verschiedener Aspekte zu einer Fortentwicklung des Schutzes vor Irreführung im englischen Recht.[613] Die Pflicht aus Regulation 6 CPR, irreführende Unterlassungen zu vermeiden, zeichnet sich durch ihren umfassenden Anwendungsbereich aus.[614] Der Unternehmer muss jegliche Geschäftspraktiken an den Anforderungen aus Regulation 6 CPR über wesentliche Information prüfen. Beschränkten sich die Informationspflichten in früheren europäischen Richtlinien häufig auf vertragliche oder vorvertragliche Situationen, so ist die Pflicht, irreführende Unterlassungen zu verhindern, vollumfänglich im geschäftlichen Verkehr anwendbar.[615] Der Verbraucher kann nunmehr erwarten, dass der Unternehmer bei jedem Verhalten, das als Geschäftspraxis in den Anwendungsbereich der Richtlinie fällt, alle wesentlichen Informationen offen legt. Der Schutz der informierten Entscheidung des Verbrauchers ist in dem Moment besonders ausgeprägt, wenn die kommerzielle Kommunikation genügend

---

612 Howells/Micklitz/*Wilhelmsson*, European Fair Trading Law, S. 148; vgl. Law Commission, Consumer Redress, S. 189 Rn. 13.74.

613 *Howells/Weatherill*, Consumer Protection Law, S. 433.

614 *Twigg-Flesner*, Pre-Contractual Duties, in Schulze, S. 97 (109).

615 *Schulte-Nölke/Busch*, ZEuP 2004, S. 99 (107 f.).

Informationen enthält, um den Verbraucher zu einem Kaufentschluss zu bewegen, da Regulation 6(4) CPR für eine „invitation to purchase" weitere Informationen für wesentlich erklärt.

Der Verbraucher profitiert somit in zweierlei Hinsicht von der Einführung der Regelung über irreführende Unterlassungen in Regulation 6 CPR. Zum einen werden Unternehmer angehalten, aktiv Informationen offenzulegen. Die Angaben über ein Produkt müssen umfassend und übersichtlich gestaltet werden und ein Unterlassen kann als unlautere Handlung sanktioniert werden. Die effektive Durchsetzung dieser Bestimmung könnte im besten Fall dazu führen, dass ein Wandel im unternehmerischen Denken dahin gehend einsetzt, dass unzureichend ausgestaltete kommerzielle Kommunikation vom Markt verschwindet oder zumindest verringert wird. Zum anderen wird der Verbraucher in seiner informierten Entscheidung gestützt. Seine wirtschaftliche Autonomie wird dadurch verbessert, dass er schon in dem Moment, in dem er auf Absatz gerichtete Werbung oder auf zielgerichtete Produktangebote trifft, gleichzeitig alle für ihn wesentlichen Informationen erhält.[616] Das Schutzniveau wird damit insgesamt und besonders außerhalb vertraglicher Beziehungen verbessert.[617]

III. Vollharmonisierung von Informationspflichten

1. Europäischer Rechtsbruchtatbestand

Das Verbot irreführender Unterlassungen hat den Zweck, den Unternehmer dazu anzuhalten, dem Verbraucher die für seine geschäftliche Entscheidung wesentlichen Informationen zur Verfügung zu stellen. Dazu zählen nach Art. 7 Abs. 5 auch die Informationspflichten aus dem Unionsrecht. Diese Regelung erlangt durch den Grundsatz der Vollharmonisierung in allen Mitgliedstaaten einheitlich Geltung. Fraglich ist jedoch, wie weit diese Regelung im Hinblick auf Verstöße gegen Informationspflichten und gegen andere gesetzliche Vorschriften reicht. Im Einzelnen kommt es darauf an, ob Art. 7 Abs. 5 ausschließlich Auswirkungen auf die Sanktionierung von Informationspflichten hat oder ob die Regelung darüber

616 Howells/Micklitz/*Wilhelmsson*, European Fair Trading Law, S. 148; *Howells,* Journal of Business Law 2009, S. 183 (185, 194); *Schulte-Nölke/Busch*, ZEuP 2004, S. 99 (104 f.); *Twigg-Flesner/Howells/Parry/Nordhausen*, Scope and Application, S. 54 Rn. 4.13.

617 *Howells*, Journal of Business Law 2009, S. 183 (186).

hinaus ein umfassendes Transferverbot für weitere gesetzliche Vorschriften in das Lauterkeitsrecht enthält. In letzterem Falle würde Art. 7 Abs. 5 als europäischer Rechtsbruchtatbestand eine abschließende Regelung von gesetzlichen Verstößen, die als unlautere Geschäftspraxis behandelt werden dürfen, enthalten. Dabei ist vor allem fraglich, ob weitere gesetzliche Rechtsbruchtatbestände neben der Regelung von Verstößen gegen Informationspflichten in der Richtlinie bestehen können. Es ist unumstritten, dass Art. 7 Abs. 5 Verstöße gegen unionsrechtliche Informationspflichten abschließend regelt.[618] Unsicherheit besteht allenfalls darüber, welche europäischen Rechtsakte unter Art. 7 Abs. 5 fallen, da es sich bei der Aufzählung in Anhang II lediglich um eine nicht abschließende Aufzählung mit Beispielcharakter handelt. Vorschriften, die Verstöße gegen nationale gesetzliche Informationspflichten für unlauter erklären, sind schon aufgrund des Prinzips der Vollharmonisierung unzulässig.[619] Dies ergibt sich implizit auch aus Erwägungsgrund 15. Grundsätzlich kann gemäß Erwägungsgrund 15 auch der Verstoß gegen Informationspflichten, die auf der überschießenden Umsetzung einer Mindestharmonisierungsklausel beruhen, nicht zu einem irreführenden Unterlassen nach Art. 7 Abs. 5 führen.[620] Allerdings besteht für solche Regelungen eine Übergangsfrist nach Art. 3 Abs. 5 bis zum 12. Juni 2013, wenn sie für den Schutz der Verbraucher unbedingt erforderlich sind.[621]

Darüber hinaus wird vertreten, dass Art. 7 Abs. 5 in Verbindung mit dem Prinzip der Vollharmonisierung eine abschließende Regelung der Möglichkeit, Verstöße auch gegen andere Gesetze lauterkeitsrechtlich zu sanktionieren, enthält.[622] Aus Art. 7 Abs. 5 ließe sich schließen, dass eine Vorschrift, die Verstöße gegen andere gesetzliche Vorschriften, außer den unionsrechtlichen Informationspflichten, sanktioniert, unzulässig sei. Diese Auslegung wird durch den Charakter der Richtlinie als vollharmonisierender Unionsrechtsakt unterstützt. Denn das Ziel der Vollharmonisierung wird allzu leicht unterlaufen, wenn es den Mitgliedstaaten möglich wäre, über einen Rechtsbruchtatbestand beliebig andere gesetzliche

618 *Köhler*/Bornkamm, UWG, § 4 Rn. 11.6a; *Micklitz*/Reich/Rott, Understanding EU Consumer Law, S. 64 (97); *Busch*, GPR 2008, S. 158 (163).

619 *Köhler*, GRUR 2008, S. 841 (844, 848).

620 *Köhler*, WRP 2009, S. 109 (117); *Körber/Heinlein*, WRP 2009, S. 780 (788).

621 *Busch*, GPR 2008, S. 158 (163); *Schulte-Nölke/Busch*, ZEuP 2004, S. 99.

622 *Köhler*/Bornkamm, UWG, § 4 Rn. 11.6a; *Köhler*, GRUR 2005, S. 793 (799); *Köhler*, GRUR 2008, S. 841 (848); MüKo/*Micklitz*, UWG 2006, EG F, Rn. 2.64; *Steinbeck*; GRUR 2008, S. 848 (852) mit dem Hinweis auf die richtlinienkonforme Auslegung der Norm bei Marktverhaltensregelungen, die das Verhältnis von Verbraucher und Unternehmer betreffen.

Verstöße zu sanktionieren. Das europäische Lauterkeitsrecht würde dadurch auf einen nicht überschaubaren Bereich erweitert, der zwischen den Mitgliedstaaten vollkommen unterschiedlich sein kann.[623]

2. Rechtsbruchtatbestand in England

Regulation 6(3)(b) CPR über Verstöße gegen unionsrechtliche Informationspflichten ist nicht die einzige Vorschrift im englischen Recht, nach der Rechtsbrüche verfolgt werden können. Nach Section 212 Enterprise Act 2002 (EA) Part 8 können das Office of Fair Trading und die lokalen Wettbewerbsbehörden, die unter anderem auch für die Durchsetzung der CPR zuständig sind, gegen die Verletzung von bestimmten Unionsrechtsakten vorgehen („community law infringement“). Daneben sind die Behörden nach Section 211 Enterprise Act 2002 Part 8 auch befugt gegen Verstöße gegen Rechtsakte nationalen Ursprungs vorzugehen („domestic law infringement“). Folglich können Unternehmen, die Rechtsbrüche begehen, die den Interessen der Verbraucher entgegenstehen, von den Wettbewerbsbehörden belangt werden. Wenn dieser Rechtsbruch im Rahmen einer Geschäftspraxis des Unternehmers erfolgt, ist der Anwendungsbereich der Richtlinie und des Verbots der irreführenden Unterlassung nach Art. 7 eröffnet. Dann gilt aber auch das Prinzip der Vollharmonisierung, das restriktivere Vorschriften im Anwendungsbereich der Richtlinie verbietet. Ein Verstoß, z. B. gegen Section 40 des Administration of Justice Act 1970, der den Schuldner vor Belästigungen des Gläubigers schützt, kann nach Section 211 EA i. V. m. der Enterprise Act (Part 8 Domestic Infringement) Order 2003 verfolgt werden.[624] Ebenso können die Behörden gegen Verstöße gegen den Weights and Measures Act und gegen zahlreiche weitere Rechtsakte vorgehen.[625] Der Administration of Justice Act 1970 wurde mit Erlass der CPR dahin gehend ergänzt, dass seine Vorschriften in Situationen, die eine Geschäftpraxis im Sinne der CPR darstellen, keine Anwendung mehr finden. Damit wurde dem Vorrang der Richtlinie und dem Prinzip der Vollharmonisierung entsprochen. Dennoch können Verstöße gegen den Administration of Justice Act als Rechtsbruch nach Section 211 EA verfolgt werden. Voraussetzung für ein

---

623 *Köhler*, GRUR 2005, S. 793 (799).

624 *Lowe/Woodroffe*, Consumer Law, 7. Aufl. 2007, S. 306 Rn. 17.17, S. 422 ff. A. 3.02.

625 Enterprise Act 2002 einsehbar unter http://www.opsi.gov.uk/Acts/acts2002/ukpga_20020040_en_19#pt8-pb1-l1g210; Liste der relevanten Vorschriften nach Section 210 EA 2002 unter http://www.opsi.gov.uk/SI/si2003/20031593.htm.

Vorgehen der Behörden ist gemäß Section 211(1)(c) EA allein die Verletzung von Verbraucherinteressen durch den Rechtsbruch. Der in Section 211 EA geschaffene Rechtsbruchtatbestand betrifft somit das Verhältnis zwischen Unternehmer und Verbraucher und kann im Anwendungsbereich der Richtlinie eine restriktivere Regelung darstellen. Demnach stellt der Tatbestand für Verstöße gegen unionsrechtliche Informationspflichten in Regulation 6(3)(b) CPR in England keinen abschließenden Rechtsbruchtatbestand dar.

3. Lauterkeitsrechtliche Informationspflichten im UWG

Die Neufassung des UWG enthält in § 5a Abs. 1 UWG in Übereinstimmung mit Art. 7 eine ausdrückliche Regelung der Irreführung durch Unterlassen. Die Informationen, die der Unternehmer im Falle eines Angebots nach § 5a Abs. 2, § 5a Abs. 3 Nr. 1 bis Nr. 5 UWG leisten muss, stimmen mit den Pflichten aus der Richtlinie überein. In § 5 Abs. 4 UWG werden unionsrechtliche Informationspflichten für wesentlich im Sinne von § 5a Abs. 1 UWG erklärt.

Des Weiteren fällt in den Anwendungsbereich von Art. 7 der Richtlinie auch die Regelung des Vorsprungs durch Rechtsbruch in § 4 Nr. 11 UWG. Der deutsche Gesetzgeber hat diese Vorschrift im Zuge der Umsetzung der Richtlinie gegen unlautere Geschäftspraktiken unverändert in das neue UWG übernommen. Unter anderem können nach § 4 Nr. 11 UWG Verstöße gegen Informationspflichten, wie z. B. über das Widerrufsrecht bei Fernabsatzverträgen nach §§ 312d, 355 BGB, als unlautere Handlung sanktioniert werden. Der Anwendungsbereich von § 4 Nr. 11 UWG ist jedoch weiter als der von Art. 7 Abs. 5 und nicht auf Verstöße gegen Informationspflichten beschränkt. Es handelt sich um einen umfassenden Rechtsbruchtatbestand.[626] Zudem wurden die Vorschriften des § 4 Nr. 4 und Nr. 5 UWG über Informationspflichten bei Verkaufsförderungsmaßnahmen in das neue UWG übernommen. Die Regelungen in § 4 Nr. 4 und Nr. 5 UWG gehen über Art. 6 lit. c) und lit. d) der Richtlinie über den elektronischen Geschäftsverkehr hinaus, indem sie den gesamten Geschäftsverkehr sowohl online als auch offline regeln.[627]

---

626 Piper/*Ohly*/Sosnitza, UWG, § 4 Rn. 11/7; *Köhler*, GRUR 2005, S. 793 (799); *Steinbeck*; GRUR 2008, S. 848 (852); *Köhler*/Bornkamm, UWG, § 4 Rn. 11.6b sieht noch Klärungsbedarf.

627 BGH WRP 2009, S. 1229 (1231); *Köhler*, GRUR 2008, S. 841 (844).

4. Auswirkungen auf die Rechtsvereinheitlichung

a) Unterschiedliche Rechtslage in England und in Deutschland

Sowohl in England als auch in Deutschland hat der Gesetzgeber die Vorschrift über irreführende Unterlassungen in das nationale Umsetzungsgesetz übernommen. Das europäische Verbot des Unterlassens wesentlicher unionsrechtlicher Informationen aus Art. 7 Abs. 5 wurde in Regulation 6(3)(b) CPR und in § 5a Abs. 1 UWG übernommen. In Deutschland ist in dem neuen UWG neben der Regelung irreführender Unterlassungen allerdings noch die Vorschrift über Vorsprung durch Rechtsbruch in § 4 Nr. 11 UWG und über Informationen bei Verkaufsförderungsmaßnahmen in § 4 Nr. 4 und Nr. 5 UWG enthalten. In England ist der Tatbestand des Rechtsbruchs zwar nicht in den CPR selbst, aber in Section 210 EA 2002 als „domestic law infringement" geregelt. In beiden Ländern besteht damit die Möglichkeit, außerhalb der Vorschriften der Richtlinie weitere Verstöße gegen gesetzliche Vorschriften (lauterkeitsrechtlich) zu sanktionieren.

b) Einordnung unter die Bereichsausnahmen

Zu beachten ist jedoch, wenn man von einem abschließenden europäischen Rechtsbruchtatbestand ausgeht, dass die Richtlinie nur in ihrem Anwendungsbereich abschließend sein kann. Der Anwendungsbereich der lauterkeitsrechtlichen Informationspflichten ist von vornherein durch Art. 3 Abs. 4 eingeschränkt. In speziellen Bereichen, die durch andere europäische Rechtvorschriften geregelt werden, finden die sektorspezifischen Regelungen Anwendung. Dies hat zur Folge, dass die lauterkeitsrechtliche Regelung in Art. 7 verdrängt wird.[628] Die Verletzung von sektorspezifischen Informationspflichten stellt stets ein irreführendes Unterlassen nach Art. 7 Abs. 5 dar. Während also der allgemeine Anwendungsbereich der UGP-Richtlinie in den speziellen Bereichen, wie z. B. bei Fernabsatzverträgen, beschränkt ist, können die Informationspflichten aus der Fernabsatzrichtlinie über Art. 7 Abs. 5 in das harmonisierte Lauterkeitsrecht einstrahlen. Ein Verstoß gegen die Informationspflichten aus der Fernabsatzrichtlinie erfüllt folglich auch den „europäischen Rechtsbruchtatbestand" und stellt eine irreführende Unterlassung dar. Von dem Anwendungsbereich der Richtlinie bestehen verschiedene Bereichsausnahmen in Art. 3. In diesem Bereich können die Mitgliedstaaten strengere Vorschriften errichten oder aufrechterhalten. Selbst

---

628 *Schulte-Nölke/Busch*, ZEuP 2004, S. 99 (108 f.).

wenn man von einer abschließenden Regelung von Rechtsbruchtatbeständen in der Richtlinie ausgeht, bleibt es den Mitgliedstaaten nach Erwägungsgrund 9 möglich, Verstöße gegen Gesetze, die unter die Bereichsausnahmen fallen, als unlauteren Rechtsbruch einzuordnen.[629] Die Richtlinie und das Konzept der Vollharmonisierung beziehen sich nicht auf das Verhältnis der Unternehmer zueinander. Marktverhaltensregelungen, die nicht den Interessen der Verbraucher dienen, sondern dem Schutz anderer Marktteilnehmer und Wettbewerber, können daher weiterhin durch nationale Regelungen der Mitgliedstaaten, wie z. B. § 4 Nr. 11 UWG in Deutschland, sanktioniert werden.[630]

Für den englischen Rechtsbruchtatbestand in Section 211 EA 2002 ist diese Beschränkung des Anwendungsbereichs der Richtlinie jedoch irrelevant. Denn ein „domestic law infringement" liegt von vorneherein nur dann vor, wenn die verletzte Norm Verbraucherinteressen berührt. Weitere Bereichsausnahmen von der Richtlinie und der maximalen Harmonisierung finden sich in Art. 3 Abs. 3, Abs. 8 und Abs. 9. Die Verletzung von gesetzlichen Vorschriften zu Gesundheits- und Sicherheitsaspekten, von Regelungen im Zusammenhang mit Finanzdienstleistungen und Immobilien sowie im Bereich reglementierter Berufe ist von dem Grundsatz der Vollharmonisierung ausgenommen. Auch für das Vertragsrecht besteht eine Ausnahme nach Art. 3 Abs. 2, so dass der Verstoß gegen vertragsrechtliche Informationspflichten auch weiterhin lauterkeitsrechtlich sanktioniert werden kann. Sofern ein Rechtsakt unter eine dieser Ausnahmen fällt, kann ein Verstoß auch Gegenstand eines lauterkeitsrechtlichen Rechtsbruchtatbestands sein.

In England kommt ein Rechtsbruch nur bezüglich der Gesetze in Betracht, die in der Enterprise Act (Part 8 Domestic Infringements) Order 2003 genannt sind.[631] Ein Großteil dieser Gesetze fällt jedoch unter eine der Bereichsausnahmen der Richtlinie und ist damit nicht Gegenstand der Vollharmonisierung. Die Einordnung von Verstößen gegen solche Gesetze unter einen lauterkeitsrechtlichen Rechtsbruchtatbestand verstößt nicht gegen den Grundsatz der maximalen Harmonisierung. Die Order 2003 enthält 40 Gesetze, die entweder ganz oder in Teilen, Gegenstand des Rechtsbruchtatbestands in Section 211 EA sein können. Einige dieser Rechtsakte, wie der Mock Auctions Act 1961, Part III des Consumer Protection Acts 1987 und Teile des Trade Descriptions Act 1968 wurden mit

629 Piper/*Ohly*/Sosnitza, UWG, § 4 Rn. 11/7.

630 *Köhler*, GRUR 2005, S. 793 (799).

631 Siehe *Lowe/Woodroffe*, Consumer Law, 7. Aufl. 2007, S. 422 ff. A. 3.02; http://www.opsi.gov.uk/SI/si2003/20031593.htm.

Erlass der Consumer Protection Regulations 2008 schon aufgehoben.[632] Zahlreiche weitere Gesetze fallen unter die Bereichsausnahmen in Art. 3. Zu nennen sind beispielsweise die Rechtsakte zur Beschränkung des Verkaufs von Tabakwaren sowie der Explosives Act 1875 und die Fireworks Regulations 1997, die unter die Ausnahmen nach Art. 3 Abs. 3 für Gesetze im Zusammenhang mit Gesundheits- und Sicherheitsaspekten fallen. Hinzu kommen Ausnahmen für Finanzdienstleistungen und Immobilien in Art. 9, die z. B. den Consumer Credit Act 1974 und den Property Misdescriptions Act 1991 betreffen. Zudem regelt Art. 3 Abs. 2, dass die Richtlinie die Vorschriften des Vertragsrechts unberührt lässt. Rechtsverstöße gegen den Supply of Goods (Implied Terms) Act 1973, den Unfair Contract Terms Act 1977, den Sale of Goods Act 1979 sowie den Supply of Goods and Services Act 1982 können daher weiterhin nach Section 211 EA geahndet werden.

Auch der Lotteries and Amusement Act 1976 und der National Lottery Act 1993 zu Lotterie und Glücksspiel fallen ausweislich des Erwägungsgrund 9 aus dem Anwendungsbereich der Richtlinie. Einige der in der Order 2003 aufgeführten Rechtsakte fallen jedoch weder unter einen der Ausnahmetatbestände der Richtlinie noch beruhen sie auf europäischen Rechtsakten. Die Übergangsregelung aus Art. 3 Abs. 5 für überschießende Informationspflichten, die auf Mindestklauseln einer Richtlinie beruhen, ist daher nicht anwendbar. Beispielhaft sei auf den Torts (Interference with Goods) Act 1977, den Protection from Harassment Act 1997, Sections 60, 61, 63 („information requirements") und den Charities Act 1992 hingewiesen. Ihre Einordnung unter den Rechtsbruchtatbestand in Section 211 EA widerspricht der Regelung in Art. 7 Abs. 5, sofern man darin einen umfassenden europäischen Rechtsbruchtatbestand sieht.

In Deutschland ist die Regelung in § 4 Nr. 11 UWG richtlinienkonform zu dem europäischen Rechtsbruchtatbestand in Art. 7 Abs. 5, soweit es um die Verletzung von Normen geht, die auf unionsrechtlichen Mindeststandards beruhen. Auch ein Großteil der von der Regelung in § 4 Nr. 11 UWG erfassten Verstöße gegen andere gesetzliche Vorschriften fällt unter eine der in Art. 3 genannten Bereichsausnahmen.[633] So kann beispielsweise der Verstoß gegen gesetzliche Vorschriften, die die freien Berufe regeln, weiterhin als unlauterer Rechtsbruch eingeordnet werden, da Art. 3 Abs. 8 eine Ausnahme für regelmentierte Berufe enthält.[634] Zudem können

---

632 Siehe Schedule 4 Part 1 CPR.

633 Piper/*Ohly*/Sosnitza, UWG, § 4 Rn. 11/7; *Köhler*/Bornkamm, UWG, § 4 Rn. 11.6c; *Köhler*, GRUR 2008, S. 841 (844, 848); *Köhler*, GRUR 2005, S. 793 (799).

634 *Köhler*, GRUR 2008, S. 841 (844, 848); *Köhler*, GRUR 2005, S. 793 (799).

Verstöße gegen Informationspflichten, die auf einer überschießenden Umsetzung von Mindestharmonisierungsrichtlinien beruhen, derzeit grundsätzlich aufgrund der Übergangsfrist in Art. 3 Abs. 5 noch lauterkeitsrechtlich nach § 4 Nr. 11 UWG sanktioniert werden. Darunter fällt beispielsweise die Pflicht zur Angabe von Registernummern nach § 1 Abs. 1 Nr. 1 zu Art. 246 EGBGB und zur Angabe eines Vertreters im Wohnsitzstaat des Verbrauchers nach § 1 Abs. 1 Nr. 2 zu Art. 246 EGBGB.[635]

In dem Bereich des nicht elektronischen Geschäftsverkehrs besteht eine Lücke in der Richtlinie gegen unlautere Geschäftspraktiken. Denn zur Zeit des Erlasses der Richtlinie ging der Unionsgesetzgeber noch davon aus, dass dieser Bereich durch die Verordnung zur Verkaufsförderung abgedeckt würde. Dieser Entwurf wurde allerdings nicht verabschiedet, sondern von der Kommission zurückgezogen.[636] Diese Lücke wird im deutschen UWG von § 4 Nr. 4 und Nr. 5 geschlossen, die Informationspflichten für den Geschäftsverkehr „online" und „offline" enthalten. Solange man nicht von einer planwidrigen Regelungslücke ausgeht, steht die lauterkeitsrechtliche Regelung von Informationspflichten in § 4 Nr. 4 und Nr. 5 UWG jedoch in Widerspruch zu Art. 7 Abs. 5 und Erwägungsgrund 15.[637]

c) Rechtsbrüche als irreführendes Unterlassen nach Art. 7 Abs. 1

Die fehlende Anerkennung von Art. 7 Abs. 5 als abschließender europäischer Rechtsbruchtatbestand in den Mitgliedstaaten und die daraus resultierenden unterschiedlichen nationalen Regelungen von Rechtsbrüchen gefährden den Grundsatz der Vollharmonisierung allerdings dann nicht, wenn es möglich wäre, Verstöße gegen andere gesetzliche Vorschriften als unlauteren Rechtsbruch zumindest unter die sogenannte kleine Generalklausel in Art. 7 Abs. 1 über irreführendes Unterlassen zu fassen. Voraussetzung dafür wäre zum einen, dass die weiteren Merkmale, wie die Eignung zur Beeinflussung der geschäftlichen Entscheidung des Verbrauchers, vorliegen und zum anderen, dass unter die kleine Generalklausel überhaupt Rechtsbrüche fallen können, die nicht von Art. 7 Abs. 5 i. V. m. Art. 7 Abs. 1 erfasst sind.

In Teilen der Lehre und in der Rechtsprechung wird vertreten, dass Verstöße gegen bestimmte nicht in Art. 7 Abs. 5 genannte gesetzliche Vorschriften zu

---

635 *Busch*, GPR 2008, S. 158 (163); *Körber/Heinlein*, WRP 2009, S. 780 (788).

636 *Köhler*, GRUR 2008, S. 841 (844); *Howells*, UCPD – A Missed Opportunity?, in Weatherill/Bernitz, S. 103 (104).

637 *Köhler*, WRP 2009, S. 109 (117); *Köhler*, GRUR 2008, S. 841 (844).

einem Fehlen von wesentlichen Informationen und damit zu einem irreführenden Unterlassen nach Art. 7 Abs. 1 führen können.[638] Die Regelung des Verstoßes gegen europäische Informationspflichten stelle keinen abschließenden Rechtsbruchtatbestand dar. Erst kürzlich hat der Bundesgerichtshof in dem Urteil *„Geld-zurück-Garantie II“* entschieden, dass es sich bei der in Frage stehenden „Geld-zurück-Garantie“ um eine unzulässige Verkaufsförderungsmaßnahme nach § 4 Nr. 4 UWG handele, da die Bedingungen der Inanspruchnahme lediglich auf einer Internetseite oder nach dem Öffnen auf der Innenseite der Verpackung einsehbar waren. [639] Der Senat nahm an, dass die Vorschrift des § 4 Nr. 4 UWG der Richtlinie nicht entgegenstehe, da sie unter den Tatbestand der kleinen Generalklausel in Art. 7 Abs. 1 falle.[640] Die Informationspflichten im nichtelektronischen Verkehr seien den Pflichten im elektronischen Verkehr gleichzusetzen, die durch die Richtlinie 2000/31/EG über Art. 7 Abs. 5 eine unlautere Geschäftspraxis darstellen.[641] Die Einordnung des Verstoßes gegen nationale Informationspflichten unter die kleine Generalklausel sei zulässig, da dem nationalen Gesetzgeber die Befugnis zukomme, die Generalklauseln zu konkretisieren.[642] Ob die sogenannte kleine Generalklausel in dieser Weite ausgelegt werden kann, erscheint jedoch zumindest fragwürdig. Es wäre sicher von Vorteil gewesen, wenn der Europäische Gerichtshof die Gelegenheit erhalten hätte, sich zu dieser Frage zu äußern.

Allerdings handelt es sich bei den § 4 Nr. 4 und Nr. 5 UWG um einen Sonderfall, da sich diese Vorschriften auf Informationspflichten beziehen, die durch die geplante europäische Verordnung über Verkaufsförderungsmaßnahmen in das Unionsrecht aufgenommen worden wären. Es ist daher auch nicht vollkommen fernliegend, von einer planwidrigen Regelungslücke auszugehen und den Verstoß gegen solche Informationspflichten als irreführendes Unterlassen im Sinne der Richtlinie einzuordnen.[643] Darüber hinaus lässt sich aus der Argumentation des Bundesgerichtshofs auch nicht ableiten, dass Verstöße gegen andere nationale Gesetze außerhalb von Art. 7 Abs. 5 i. V. m. Anhang I stets zu einem irreführenden Unterlassen nach Art. 7 Abs. 1 führen können. Indem der BGH § 4 Nr. 4 und Nr. 5 UWG als Konkretisierung der Generalklausel einordnet, erkennt er möglicherweise gerade

---

638 Harte-Bavendamm/Henning-Bodewig/*Bruhn*, UWG, § 4 Nr. 4 Rn. 18; Piper/Ohly/*Sosnitza*, UWG, § 4 Rn. 4/2; *Steinbeck*, WRP 2008, S. 1046 (1051).
639 BGH GRUR 2009, S. 1064 Rn. 12.
640 A.a.O. Rn. 18.
641 A.a.O. Rn. 18.
642 A.a.O. Rn. 19; BGH GRUR 2008, S. 807 Rn. 20.
643 *Köhler*/Bornkamm, UWG, § 4 Rn. 4.5.

den abschließenden Rechtsbruchtatbestand in Art. 7 Abs. 5 an. Denn der wesentliche Unterschied liegt darin, dass in § 4 Nr. 4 und Nr. 5 Informationspflichten konkretisiert werden, während in § 4 Nr. 11 Verstöße gegen externe Gesetze als unlautere Rechtsbrüche sanktioniert werden. Allein letzteres steht der Regelung in Art. 7 Abs. 5 entgegen, der zu entnehmen ist, dass einzig der Verstoß gegen unionsrechtliche Informationspflichten zu einem irreführenden Unterlassen führen kann.

d) Stellungnahme

Die Vorschrift in Art. 7 führt bisher nicht zu einer vollständigen Harmonisierung der Informationspflichten. Denn aufgrund der verschiedenen Bereichsausnahmen können die Mitgliedstaaten höhere Informationsanforderungen, als in Art. 7 eigentlich vorgesehen, stellen. Eine Gefahr für die Vollharmonisierung liegt weiter darin, dass neben den Regelungen der Richtlinie und trotz des Grundsatzes der Vollharmonisierung in England und in Deutschland an eigenen Rechtsbruchtatbeständen festgehalten wird. Über die Vorschrift des § 4 Nr. 11 UWG und die Regelung in Section 211 EA können Verstöße gegen andere gesetzliche Vorschriften in den Bereich des Lauterkeitsrechts transferiert werden. Ein solches Vorgehen birgt die Gefahr, dass die Harmonisierung des Lauterkeitsrechts durch das Hineinziehen von Verstößen gegen nationale Vorschriften unterlaufen wird. Daher nimmt der Bundesgerichtshof nunmehr eine einschränkende Auslegung der Regelung in § 4 Nr. 11 UWG vor und beschränkt ihren Anwendungsbereich auf Bestimmungen mit unionsrechtlichem Ursprung.[644] Darüber hinaus betreffen diese Regelungen sowohl in England als auch in Deutschland vor allem Rechtsbrüche von Vorschriften, die unter eine der Bereichsausnahmen fallen. Es bleibt also festzuhalten, dass im Bereich der Informationspflichten und des Rechtsbruchtatbestands bisher kein einheitliches Recht durch die Richtlinie verwirklicht wird. Eine Annäherung der Regelungen in den Mitgliedstaaten wird jedoch erreicht, insbesondere sobald die Übergangsregelung für strengere Vorschriften, die auf Mindestharmonisierungsklauseln beruhen, abgelaufen ist.

644 BGH, GRUR 2010, S. 1117 Rz. 16 - Gewährleistungsausschluss im Internet; vgl. auch *Köhler*, GRUR 2010, S. 1047 /1051).

Kapitel 6: Aggressive Geschäftspraktiken

I. Regelung der aggressiven Geschäftspraktiken in der Richtlinie

Die Regelung der irreführenden Geschäftspraktiken wird flankiert von den Vorschriften über aggressive Geschäftspraktiken. Dabei handelt es sich um den zweiten großen Regelungsbereich der Richtlinie. In Art. 8 ist geregelt, dass eine Geschäftspraxis dann aggressiv ist, wenn sie unter Berücksichtigung aller tatsächlichen Umstände die Entscheidungs- oder Verhaltensfreiheit des Durchschnittsverbrauchers durch Belästigung, Nötigung, einschließlich der Anwendung körperlicher Gewalt, oder durch unzulässige Beeinflussung tatsächlich oder voraussichtlich erheblich beeinträchtigt und dieser dadurch tatsächlich oder voraussichtlich dazu veranlasst wird, eine geschäftliche Entscheidung zu treffen, die er andernfalls nicht getroffen hätte. Nachfolgend nennt Art. 9 Umstände, auf die bei der Bewertung, ob es sich um eine Belästigung, Nötigung oder eine unzulässige Beeinflussung handelt, abzustellen ist. Dazu zählen der Zeitpunkt, Ort, Art und Dauer der Geschäftspraxis (lit. a), die Verwendung drohender Formulierungen oder Verhaltensweisen (lit. b), die Ausnutzung von Unglückssituationen (lit. c), das Abhalten des Verbrauchers von der Ausübung seiner vertraglichen Rechte, einschließlich Kündigung und Anbieterwechsel (lit. d), sowie Drohungen mit rechtlich unzulässigen Handlungen (lit. e).

Während die Belästigung und die Nötigung nicht weiter definiert werden, enthält Art. 2 lit. j) eine Definition der unzulässigen Beeinflussung: „Die Ausnutzung einer Machtposition gegenüber dem Verbraucher zur Ausübung von Druck, auch ohne die Anwendung oder Androhung von körperlicher Gewalt, die die Fähigkeit des Verbrauchers zu einer informierten Entscheidung wesentlich einschränkt.“. Eine Machtposition soll bei jeglichen Subordinationsverhältnissen zwischen Unternehmern und Verbrauchern vorliegen, seien sie rechtlicher, wirtschaftlicher, gesellschaftlicher oder intellektueller Art.[645]

Die Unlauterkeit der Geschäftspraxis kann sich nicht nur daraus ergeben, dass sie aggressiv im Hinblick auf einen der in Art. 9 genannten Umstände ist, sondern

---

645 *Howells*/Micklitz/Wilhelmsson, European Fair Trading Law, S. 188; *Köhler*/Bornkamm, UWG, § 4 Rn. 1.13; Harte-Bavendamm/Henning-Bodewig/*Stuckel*, UWG, § 4 Nr. 1 Rn. 15; *Steinbeck*, WRP 2008, S. 865 (866); *Köhler*, WRP 2008, S. 700 (706); *Hecker*, WRP 2006, S. 640 (642); *Köhler/Lettl*, WRP 2003, S. 1019 (1046).

die Einstufung des unternehmerischen Verhaltens als aggressive Geschäftspraxis kann sich auch aus anderen Umständen ergeben.[646] Die systematische Trennung in zwei verschiedenen Artikeln verdeutlicht, dass eine Geschäftspraxis auch dann verboten werden kann, wenn sie aggressiv im Hinblick auf andere als die in Art. 9 genannten Umstände ist. In erster Linie kommt es darauf an, ob es sich bei der Geschäftspraxis um eine Belästigung, Nötigung oder unzulässige Beeinflussung handelt. Die in Art. 9 genannten Umstände sollen bei dieser Beurteilung Anhaltspunkte geben, sie sind jedoch keine zwingenden Tatbestandsvoraussetzungen. Vielmehr stellen sie lediglich eine nähere Ausgestaltung des in Art. 8 angelegten Grundsatzes, dass unter Berücksichtigung aller Umstände beurteilt wird, ob es sich um eine aggressive Geschäftspraxis handelt, dar.[647]

II. Umsetzung des Verbots der aggressiven Geschäftspraktiken in England in Regulation 7 CPR

Die Umsetzung der Regelung der aggressiven Geschäftspraktiken in Regulation 7 CPR lehnt sich an die Vorschriften in Art. 8 und Art. 9 der Richtlinie an. Bis auf einige Änderungen in Satzstellung und Änderungen im Wortlaut wurden Art. 8 und 9 identisch in Regulation 7(1) und (2) CPR übernommen. Auch die Definition der unzulässigen Beeinflussung aus Art. 2 lit. j) wird in Regulation 7(3)(b) CPR übernommen.

Im Unterschied zu Regulation 7(1) CPR, der Art. 8 entspricht und für die Beeinträchtigung der Entscheidungsfreiheit und für die Beeinflussung der geschäftlichen Entscheidung noch ausdrücklich auf den Durchschnittsverbraucher abstellt, ist in den Beispielen verschiedener relevanter Umstände in Regulation 7(2) CPR lediglich noch von dem „Verbraucher" die Rede. In Regulation 7(2) lit. c) geht es um das Ausnutzen von Unglückssituationen, die die Urteilsfähigkeit des Verbrauchers beeinträchtigen und in lit. d) ist die Rede von unverhältnismäßigen Hindernissen, die dem „Verbraucher" bei der Ausübung seiner vertraglichen Rechte in den Weg gelegt werden. In keinem dieser Beispiele ist die Rede davon, dass

646 *Howells*/Micklitz/Wilhelmsson, European Fair Trading Law, S. 190; *Smith*, Justice of the Peace 2008, 172 (34), S. 543; *Twigg-Flesner/Howells/Parry/Nordhausen*, Scope and Application, S. 55 Rn. 4.20; *Hecker*, WRP 2006, S. 640 (641).

647 *Howells*/Micklitz/Wilhelmsson, European Fair Trading Law, S. 190; *Micklitz*/Reich/Rott, Understanding EU Consumer Law, S. 64 (109).

die Urteilsfähigkeit des Durchschnittsverbrauchers durch die Unglückssituation beeinträchtigt sein müsste oder dass sich der Durchschnittsverbraucher in der Ausübung seiner vertraglichen Rechte gehindert fühlen müsste. Das Vorliegen dieser besonderen Umstände ließe sich auch nur schwer an einem durchschnittlichen Verbraucher bestimmen, da jede Person in unterschiedlichen Situationen anders reagiert. Manche Verbraucher mögen nach einem Unfall im Krankenhaus klar denken und sich mit einem Rechtsanwalt, der anbietet, die Schadenersatzklage zu führen, rational unterhalten können, andere hingegen werden sich in dieser Situation durch das Angebot des Rechtsanwalts belästigt fühlen. Daher kann das Vorliegen der besonderen Umstände anhand des Verbrauchers in der konkreten Situation bestimmt werden. Daraus folgt jedoch nicht, dass es sich insgesamt um eine subjektive Prüfung handelt. Denn auch wenn das Vorliegen einer Belästigung, Nötigung oder unzulässigen Beeinflussung anhand der Auswirkungen auf den einzelnen Verbraucher bestimmt werden kann, ist stets erforderlich, dass die Geschäftspraxis die Entscheidungs- und Verhaltensfreiheit des Durchschnittsverbrauchers tatsächlich oder voraussichtlich beeinträchtigt. Auch wenn der Prüfung also ein subjektives Element im Hinblick darauf inne wohnt, ob eine Belästigung, Nötigung oder unzulässige Beeinflussung vorliegt, sind letztendlich die objektiven Auswirkungen auf die Entscheidungs- und Verhaltensfreiheit des Durchschnittsverbrauchers entscheidend.[648]

Der Gedanke, dass auch und besonders der Entscheidungsvorgang eines Verbrauchers im geschäftlichen Verkehr in einer unlauteren Weise durch aggressive Geschäftspraktiken beeinflusst werden kann, stellt einen neuen Regelungsansatz im englischen Recht dar. Zwar gab es auch schon vor Umsetzung der Richtlinie einzelne Gesetze, die aggressive Verhaltensweisen verboten, allerdings nicht in einem übergreifenden Zusammenhang mit Hinblick auf die Beeinträchtigung der informierten Entscheidung des Verbrauchers. Zu den Gesetzen in diesem Bereich gehören insbesondere der Administration of Justice Act 1970, der in Section 40 die Belästigung von Schuldnern verbietet, und der Protection from Harassment Act 1997, der jede Form von Belästigung unter Strafe stellt.[649] Aufgrund der Überschneidungen mit den CPR wurde in Schedule 2 Part 1 Nr. 13 CPR festgelegt, dass die zentrale Bestimmung in Section 40 des Administration of Justice Act 1970 dahin ergänzt wird, dass der Act 1990 keine Anwendung

648 *Howells*/Micklitz/Wilhelmsson, European Fair Trading Law, S. 178; *Twigg-Flesner/Howells/Parry/Nordhausen*, Scope and Application, S. 64 Rn. 4.62.

649 *Howells*/Micklitz/Wilhelmsson, European Fair Trading Law, S. 180; *Philpott*, Consumer Credit, S. 493 f. Rn. 12.168.

findet, wenn das Verhalten eine Geschäftspraxis gegenüber einem Verbraucher im Sinne der CPR darstellt.

Die in den CPR enthaltenen Rechtsbegriffe „harassment“, „coercion“ und „undue influence“ waren zum Teil auch schon vor Erlass der CPR im englischen Recht enthalten. Der Begriff der Belästigung ist Herzstück des schon erwähnten Protection from Harassment Act 1997, der Begriff der Nötigung ist aus dem Common Law als „duress“ bekannt und wird in den CPR als „coercion“ bezeichnet und auch die unzulässige Beeinflussung ist aus dem Bereich des Equity-Rechts bekannt.[650] Die beiden letztgenannten spielen häufig im Vertragsrecht eine Rolle, wenn eine Partei genötigt wird, in den Vertrag einzutreten oder einer Änderung zuzustimmen oder in unzulässiger Weise beeinflusst wird. Sie unterliegen als vertragsrechtliche Regelungen wegen der Bereichsausnahme in Art. 3 Abs. 2 nicht direkt der Vollharmonisierung durch die Richtlinie und bestehen daher neben den CPR fort.[651] Ein Vergleich der Rechtslage vor und nach Umsetzung der Richtlinie mit dem Ziel, ihre Auswirkungen auf den Schutz des Verbrauchers zu beurteilen, erfordert daher einen Vergleich zwischen den auf der Richtlinie beruhenden Konzepten der CPR und den Konzepten aus dem Common Law sowie der Rechtsakte, die nach früherer Rechtslage einen Bereich der aggressiven Geschäftspraktiken regelten. Das neu eingeführte Verbot der aggressiven Geschäftspraktiken in Regulation 7 CPR in einem über das Vertragsrecht hinaus gehenden Bereich könnte zu einer Stärkung der Autonomie des Verbrauchers im geschäftlichen Leben führen.

1. Harassment

Ein Vergleich der drei möglichen Oberbegriffe der aggressiven Geschäftspraktiken, Belästigung, Nötigung und unzulässige Beeinflussung ergibt eine Einteilung in zwei Kategorien. Auf der einen Seite Belästigung und Nötigung, die den Verbraucher durch aktive Ausübung von massivem Druck beeinflussen, und auf der anderen Seite die subtilere Manipulation des Verbrauchers durch unzulässige Beeinflussung.[652] Weder die Richtlinie noch die CPR enthalten eine Definition der

650 *Philpott*, Consumer Credit, S. 494 Rn. 12.169; *Ramsay*, Consumer Law, S. 322; *Twigg-Flesner/Howells/Parry/Nordhausen*, Scope and Application, S. 56 Rn. 4.22; *Apetz*, Das Verbot aggressiver Geschäftspraktiken, S. 37 f.

651 *Twigg-Flesner/Howells/Parry/Nordhausen*, Scope and Application, S. 56 Rn. 4.22; *Twigg-Flesner*, Law Quarterly Review 2005, S. 386 f.

652 *Schulze/Schulte-Nölke*, Analysis of National Fairness Laws, S. 34, 37; *Howells*/Micklitz/Wilhelmsson, European Fair Trading Law, S. 173.

Belästigung. Nach ihrem Zweck, dem Schutz der wirtschaftlichen Entscheidungsfreiheit der Verbraucher, müssen davon solche Geschäftspraktiken umfasst sein, die sich dem Verbraucher ohne oder gegen seinen Willen aufdrängen und in seine private oder berufliche Sphäre eingreifen.[653] Im Gegensatz zu den Regelungen über unzulässige Beeinflussung und Nötigung, die aus dem Common Law stammen, finden sich Vorschriften über „harassment" im Statutory Law, insbesondere in Section 40 des Administration of Justice Act 1970 und im Protection from Harassment Act 1997.[654] In dem Act 1970 geht es um den Schutz des Schuldners vor belästigenden Maßnahmen zum Eintreiben der Schulden. Der Act 1997 enthält strafrechtliche Regeln und verbietet generell jede Belästigung einer anderen Person.

a) Harassment im englischen Recht vor Einführung der CPR

In Section 40(1)(a) des Administration of Justice Acts 1970 wird „harassment" als ein Verhalten verstanden, das darauf abzielt, bei dem belästigten Schuldner oder seiner Familie „alarm" (Angst), „distress" (Unbehagen) oder „humiliation" (Beschämung) zu verursachen. Es ist jedoch nicht erforderlich, dass das Opfer in Folge der Belästigung seine Schulden zahlt, es genügt für „harassment", wenn das Verhalten zu den oben genannten Auswirkungen führt.[655] Der Protection from Harassment Act 1997 enthält keine Definition von „harassment". In Section 1(2) des Acts wird jedoch festgelegt, dass ein Verhalten eine Belästigung darstellt, „if a reasonable person in possession of the same information would think the course of conduct amounted to harassment" (wenn eine vernünftige Person im Besitz derselben Informationen das Verhalten als Belästigung empfinden würde). Es kommt folglich darauf an, welche Konsequenzen das Verhalten auf eine vernünftige Person in der konkreten Situation hätte. Dadurch soll verhindert werden, dass die Schwelle zur Straftat von besonders sensiblen Personen bestimmt wird. In Section 7(2) Act 1997 wird weiter ausgeführt, „harassment" beinhalte „alarming the person or causing the person distress" (eine Person aufzuschrecken oder ihr Unbehagen zu verursachen). Das Verständnis der Belästigung ähnelt folglich dem in Section 40(1)(a) des Administration of Justice Acts 1970, bis auf die Tatsache,

---

653 *Köhler*/Bornkamm, UWG, § 4 Rn. 1.10; *Hecker*, WRP 2006, S. 640 (641); *Steinbeck*, WRP 2008, S. 865 (867); *Howells*/Micklitz/Wilhelmsson, European Fair Trading Law, S. 174.

654 *Philpott*, Consumer Credit, S. 493 f. Rn. 12.168; *Twigg-Flesner/Howells/Parry/Nordhausen*, Scope and Application, S. 62 Rn. 4.52.

655 *Twigg-Flesner/Howells/Parry/Nordhausen*, Scope and Application, S. 62 Rn. 4.53.

dass „humiliation“ nicht als eine der möglichen Konsequenzen der Belästigung genannt wird. Das Verständnis von „harassment“ nach dem Protection from Harassment Act 1997 wird in dem Präzedenzfall *Thomas v News Group Newspapers Ltd.*[656] näher von Lord Philipps näher erläutert. Danach beschäftige sich der Act 1997 nicht mit der Frage, welches Verhalten zu einer Belästigung führen kann, da es sich dabei um einen allgemein verständlichen Begriff handele. Vielmehr beschreibe der Act lediglich, welche Auswirkungen ein Verhalten haben müsse, damit es als „harassment“ eingestuft werden könne. Das beste Beispiel für ein Verhalten, das „harassment“ darstelle, sei Stalking. Zu dem Hervorrufen von Angst oder Unbehagen müsse noch hinzutreten, dass es sich um ein unvernünftiges und beängstigendes Verhalten handele (unreasonable and oppressive). „Harassment“ im Sinne des Acts 1997 könnte also am besten als ein Verhalten beschrieben werden, das darauf abzielt, die in Section 7(2) Act 1997 beschriebenen Auswirkungen herbeizuführen.[657] Es muss sich um eine fortdauernde Verhaltensweise („course of conduct“) handeln, einzelne Handlungen können nicht zu „harassment“ führen. Hinzu kommt, dass das Verhalten „unreasonable“ sein muss. Dieses Erfordernis leitet sich aus Section 1(3)(c) Act 1997 ab, der regelt, dass kein Verstoß vorliegt, wenn das Verhalten unter den bestimmten Umständen angemessen war. Diese Voraussetzung führt dazu, dass dem Test, ob ein Verhalten belästigend ist, ein objektives Element hinzugefügt wird.[658]

b) Vergleich mit dem Konzept des Harassment in Regulation 7 CPR

aa) Beeinflussung der geschäftlichen Entscheidung

Die Regelung in Regulation 7 CPR zielt darauf ab, den Schutz des Verbrauchers vor Belästigungen, die geeignet sind, seine wirtschaftliche Entscheidungsfreiheit zu beeinträchtigen, zu verbessern. Die Belästigung allein kann daher nicht zur Unlauterkeit führen, die Geschäftspraxis muss stets geeignet sein, neben dem Hervorrufen von Angst oder Unbehagen auch die geschäftliche Entscheidung des Verbrauchers zu beeinflussen. Dahingegen kommt es beispielsweise nach Section 40 des Administration of Justice Act 1970 nicht darauf an, ob der Schuldner seine Schulden wegen der Belästigung zahlt. Eine Beeinflussung der geschäftlichen

---

656 *Thomas v News Group Newspapers Ltd* [2002] E.M.L.R. 4, S. 78 (90).

657 *Thomas v News Group Newspapers Ltd* [2002] E.M.L.R. 4, S. 78, 90; *Addison/Lawson-Cruttenden*, Harassment, S. 14 f.

658 *Twigg-Flesner/Howells/Parry/Nordhausen*, Scope and Application, S. 63 Rn. 4.58; *Thomas v News Group Newspapers Ltd* [2002] E.M.L.R. 4, S. 78 (90).

Entscheidung des Verbrauchers ist nicht erforderlich. Für eine Belästigung nach englischem Statutory Law genügt folglich schon der Nachweis von Angst oder Unbehagen. Es ist nicht erforderlich, dass weitere Folgen, wie z. B. Auswirkungen auf das wirtschaftliche Verhalten, dargelegt werden.[659]

bb) Objektive Beurteilung aggressiver Geschäftspraktiken

Der Tatbestand von Regulation 7 CPR knüpft zwar grundsätzlich an den Durchschnittsverbraucher an, für das Vorliegen einer Belästigung selbst, insbesondere für die besonderen Umstände nach Regulation 7(2) CPR, kann jedoch das Empfinden des einzelnen Verbrauchers einbezogen werden. Der Maßstab bleibt allerdings insgesamt objektiv, da es stets darauf ankommt, dass die Belästigung zu einer spürbaren Beeinträchtigung der Entscheidungs- und Verhaltensfreiheit des Durchschnittsverbrauchers führt.[660] Für das Vorliegen einer Belästigung nach dem Protection from Harassment Act 1997 kommt es grundsätzlich auf die bestimmte Person in der konkreten Situation an. Diese Voraussetzung wird jedoch dadurch verobjektiviert, dass eine „resonable person" in derselben Situation sich auch belästigt fühlen müsste, damit ein Verstoß vorliegt. Allerdings ist der Test der „reasonable person" wiederum auf die konkrete Person in einer bestimmten Position bezogen.[661] Daneben besteht für den Unternehmer nach Section 1(3)(c) Act 1997 auch die Möglichkeit einzuwenden, angemessen gehandelt zu haben. Durch diese Einwendung könnten die Unterschiede zwischen dem Act 1997 und den CPR nivelliert werden. Denn eine Belästigung, die nicht unangemessen („unreasonable") ist, und somit keinen Verstoß gegen den Act 1997 darstellt, dürfte auch regelmäßig keine spürbaren Auswirkungen auf die Entscheidungs- und Verhaltensfreiheit des Durchschnittsverbrauchers haben.[662]

Für einen Verstoß gegen den Protection from Harassment Act 1997 ist neben dem objektiven Element des unangemessenen Handelns auch eine subjektive Komponente erforderlich. Der Schädiger muss wissen oder hätte wissen müssen, dass sein Handeln zu einer Belästigung führt.[663] Eine aggressive Geschäftspraxis wegen Belästigung des Verbrauchers durch den Unternehmer nach Regulation 7 CPR kann jedoch schon bei objektivem Vorliegen der Voraussetzungen

---

659 *Twigg-Flesner/Howells/Parry/Nordhausen*, Scope and Application, S. 64 Rn. 4.61; *Addison/Lawson-Cruttenden*, Harassment, S. 15.

660 Siehe oben Kap. 6, II.

661 *Addison/Lawson-Cruttenden*, Harassment, S. 36 f.

662 So *Twigg-Flesner/Howells/Parry/Nordhausen*, Scope and Application, S. 64 Rn. 4.62.

663 *Twigg-Flesner/Howells/Parry/Nordhausen*, Scope and Application, S. 65 Rn. 4.63.

vorliegen. Auf einen Vorsatz oder fahrlässige Unkenntnis des Unternehmers kommt es nicht an.

cc) Stellungnahme

Mithin bestehen Unterschiede zwischen dem Konzept des „Harassment“ aus dem Protection from Harassment Act 1997 und dem Administration of Justice Act 1970 und dem Begriff des „Harassment“ aus den Consumer Protection Regulations 2008. Durch die Regelung in den CPR wird ein einheitlicher Schutz vor aggressivem Handeln des Unternehmers im gesamten geschäftlichen Bereich eingeführt. Im Gegensatz zu dem Administration of Justice Act 1970, der nur das Eintreiben von Schulden aus einem Vertrag umfasst, erstreckt sich der Anwendungsbereich von Regulation 8 CPR auch auf vor- und nachvertragliche Handlungen.[664] Damit einher geht jedoch das Erfordernis der Eignung zur Beeinflussung der geschäftlichen Entscheidung. Diese neue Voraussetzung führt dazu, dass Handlungen im rein privaten Bereich nicht erfasst sind. Des Weiteren stellt die notwendige tatsächliche oder voraussichtliche Beeinträchtigung der Entscheidungs- und Verhaltensfreiheit ein über die Anforderungen der älteren „Harassment“-Gesetze hinausgehendes Merkmal dar. Neben dem Empfinden einer Belästigung muss der Durchschnittsverbraucher auch tatsächlich oder voraussichtlich in seiner Entscheidungs- oder Verhaltensfreiheit beeinträchtigt werden. Diese zusätzliche Voraussetzung könnte dort zu einer Verringerung des Schutzes führen, wo die CPR Anwendungsvorrang vor dem Administration of Justice Act genießen, da es nach Regulation 7 CPR auf den objektiven Maßstab des Durchschnittsverbrauchers ankommt. Denn der Maßstab des Durchschnittsverbrauchers kann zur Folge haben, dass besonders empfindliche Personen, die sich schnell belästigt und dadurch beeinträchtigt fühlen, diesem Verhalten ausgesetzt bleiben, wenn es nicht der typischen Reaktion des Durchschnittsverbrauchers entspricht.[665] Dahingegen führt die Regelung in den CPR im Bezug auf das Erfordernis einer subjektiven Absicht des Unternehmers eindeutig zu einer Verbesserung des Verbraucherschutzes. Denn es kommt für eine aggressive Geschäftspraxis nicht darauf an, ob der Unternehmer die Belästigung beabsichtigte oder Kenntnis von dem Handeln seiner Angestellten hatte.

Das große Verdienst der Regelung der aggressiven Geschäftspraktiken in den CPR ist, dass sie ein einheitliches Verbot von Belästigungen, Nötigungen und

664 Vgl. Law Commission, Consumer Redress, S. 38 Rn. 3.44.

665 *Twigg-Flesner*, Law Quarterly Review 2005, S. 386; *Twigg-Flesner/Howells/Parry/Nordhausen*, Scope and Application, S. 64 Rn. 4.62; *Koch*, Richtlinie gegen unlautere Geschäftspraktiken, S. 295.

unzulässigen Beeinflussungen im geschäftlichen Bereich schaffen. Die Kompetenz zur Durchsetzung der Regelung liegt bei den Wettbewerbsbehörden, die nun ein effektives Instrument zur Verfolgung aggressiv auftretender Unternehmer haben. Gegenüber dem Protection from Harassment Act 1997, der vor Belästigungen generell ohne Beschränkung auf den geschäftlichen Bereich schützt und der vor allem auf die Auswirkungen auf die belästigte Person abstellt, sind die Voraussetzungen von Regulation 7 CPR zwar strenger, da sie eine tatsächliche oder voraussichtliche Beeinträchtigung der Entscheidungs- und Verhaltensfreiheit fordern sowie die Eignung zur Beeinflussung der geschäftlichen Entscheidung. Nichtsdestotrotz ist die Regelung geeignet, die Autonomie des Verbrauchers im geschäftlichen Verkehr effektiv zu schützen und den Schutz der Verbraucher vor Belästigungen insgesamt zu verbessern.[666]

2. Coercion

a) Duress im Common Law

Der Begriff der Nötigung („coercion") ist aus dem Common Law bekannt als „duress".[667] Es ist ein widerrechtlicher Akt erforderlich, der die andere Partei dazu nötigt, den Forderungen des Drohenden Folge zu leisten.[668] Ursprünglich bestand dieser Akt in einer Drohung mit Gewalt gegen eine Person, es ist jedoch seit langem anerkannt, dass sich die Drohung auch gegen eine Sache richten kann.[669] Davon umfasst ist beispielsweise die Situation, dass eine Werkstatt ein Auto repariert und anschließend damit droht, es nicht wieder zusammenzubauen, sofern der Kunde nicht einen höheren Betrag zahlt.[670] In jüngerer Zeit, etwa seit den 70er Jahren, wurde von den englischen Gerichten die weitere Fallgruppe des „economic duress" entwickelt. Sie findet insbesondere Anwendung auf den Fall, dass einer Partei die Zustimmung zur Änderung der Vertragsbedingungen durch Drohung mit Vertragsbruch abgenötigt wird.[671] Im Gegensatz zu dem Konzept von „duress"

---

666 *Ramsay*, Consumer Law, S. 325.

667 *Philpott*, Consumer Credit, S. 494 Rn. 12.169,

668 Treitel/*Peel*, Law of Contract, S. 442 Rn. 10–002; *Ramsay*, Consumer Law, S. 323; *Twigg-Flesner/Howells/Parry/Nordhausen*, Scope and Application, S. 56 Rn. 4.24.

669 *Ramsay*, Consumer Law, S. 323; *Twigg-Flesner/Howells/Parry/Nordhausen*, Scope and Application, S. 56 Rn. 4.25.

670 *Bradgate/Brownsword/Twigg-Flesner,* Duty to Trade Fairly, S. 70 Rn. 5.21.

671 *North Ocean Shipping Co. Ltd. v Hyundai Construction Co. Ltd and Another (the Atlantic Barone)* [1979] QB, S. 705, 719.

in seinen Anfängen, das stets eine Drohung mit einem physischen Übel für eine Person erforderte, wurde das Konzept durch die Fallgruppe „economic duress" auch auf Drohungen mit einem nicht körperlichen monetären Übel ausgedehnt. Dafür sind die Voraussetzungen an das Vorliegen auch höher als bei „duress" im traditionellen Sinne. Während es bei der Drohung mit einer physischen Einwirkung genügt, wenn die Drohung nur ein Grund unter anderen ist, muss sie für „economic duress" der signifikante Grund gewesen sein, warum die genötigte Partei den Forderungen des Drohenden nachgekommen ist.[672] Es handelt sich dabei um den sogenannten „but for" Test, das heißt der Vertrag dürfte ohne die Nötigung (but for) überhaupt nicht zustande gekommen sein oder zumindest nicht zu diesen Bedingungen.[673] Weiterhin kommt es bei „economic duress" entscheidend darauf an, dass die abgenötigte Handlung Ergebnis einer unfreiwilligen Entscheidung ist, zu der es keine vernünftige Alternative gibt.[674] Da es sich bei „economic duress" noch um ein verhältnismäßig junges Konzept im Common Law handelt, sind die Voraussetzungen für dessen Vorliegen noch nicht in aller Schärfe festgelegt. Die Gerichte behelfen sich mit verschiedenen Faktoren, wie zum Beispiel, ob es sich um eine rechtswidrige Drohung handelte, ob es andere ernsthaft in Betracht zu ziehende Handlungsoptionen gab oder ob die genötigte Partei Schritte unternommen hat, um die Durchführung eines Vertrags mit abgenötigten geänderten Bedingungen zu verhindern, sowie mit der Frage danach, ob es sich um eine freie oder eine aufgezwungene Entscheidung handelte („overborne will theory").[675] Das führt zwar zu einer gewissen Flexibilität des Common Law Konzept „duress", ebenso ist jedoch festzustellen, dass das Konzept aus dem Vertragsrecht stammt und dass es den Gerichten erheblich schwerer fallen würde, die Voraussetzungen von „economic duress" im allgemeinen Geschäftsverkehr, insbesondere im Bereich der Werbung, zu bejahen, sofern nicht ein eindeutig rechtswidriger Akt vorliegt.[676]

---

672 Treitel/*Peel*, Law of Contract, S. 444 Rn. 10–005; *Twigg-Flesner/Howells/Parry/Nordhausen*, Scope and Application, S. 56 Rn. 4.26 f.; *Barton v Armstrong* [1976] AC, S. 104, 120 - zur Drohung mit einem physischen Übel; *DSDN Subsea Ltd v Petroleum Geo-Services ASA* [2000] BLR, S. 530 (545) - zur Drohung mit einem nichtphysischen Übel.

673 Treitel/*Peel*, Law of Contract, S. 444 Rn. 10–005; *Huyton SA v Peter Cremer GmbH* [1999] 1 Llyod's Report, S. 620 (636).

674 Treitel/*Peel*, Law of Contract, S. 445 Rn. 10–005; *Twigg-Flesner/Howells/Parry/Nordhausen*, Scope and Application, S. 57 Rn. 4.28 ff; *Pao On v Lau Yiu Long* [1980] A.C. 614 (635 f.); *Atlas Express v Kafco Ltd.* [1989] QB, S. 833 (839).

675 *Ramsay*, Consumer Law, S. 323.

676 *Bradgate/Brownsword/Twigg-Flesner,* Duty to Trade Fairly, S. 70 Rn. 5.22.

b) Vergleich des Konzepts der Nötigung im Common Law mit den CPR

Die CPR verbieten im gesamten geschäftlichen und nicht nur im vertraglichen Bereich Geschäftspraktiken, die zu einer Nötigung führen. Davon eingeschlossen sind auch vor- und nachvertragliche Handlungen. Der Schutz des Verbrauchers vor Nötigungen im geschäftlichen Verkehr besteht damit umfassend. Während es für eine Nötigung im Sinne von Regulation 7 CPR erforderlich ist, dass die Entscheidungs- und Verhaltensfreiheit des Durchschnittsverbrauchers tatsächlich oder voraussichtlich beeinträchtigt wird, kommt es bei „duress" im Common Law allein auf die Person in der konkreten Situation an.[677] Das Konzept der Nötigung aus der Richtlinie und in den CPR kann also restriktiver sein als im Common Law, da es auf den durchschnittlichen Verbraucher abstellt. Es genügt für das Vorliegen einer aggressiven Geschäftspraxis nicht allein, zu zeigen, dass die konkrete Person genötigt wurde, sondern die Durchsetzungsbehörden stehen vor der Aufgabe darzulegen, dass ein durchschnittlich vernünftiger und kritischer Verbraucher in seiner Verhaltens- und Entscheidungsfreiheit tatsächlich oder voraussichtlich beeinträchtigt und in seiner geschäftlichen Entscheidung beeinflusst worden wäre.[678] Allerdings stellt Regulation 7 CPR keine unterschiedlichen Anforderungen an das Vorliegen einer Nötigung durch Drohung mit einem physischen oder mit einem psychischen Übel. Für eine Drohung mit einem wirtschaftlichen Übel ist nach dem Common Law erforderlich, dass die Nötigung das primäre Motiv für die Handlung war, während bei der Drohung mit einem Übel für eine Person oder eine Sache ein Motivbündel genügt.[679] Die genötigte Person darf keine andere vernünftige Handlungsmöglichkeit gehabt haben. Nach Regulation 7 CPR kommt es allein auf die Wahrscheinlichkeit der Beeinflussung der geschäftlichen Entscheidung des Verbrauchers durch die Nötigung an. Auch die Voraussetzung für „economic duress", dass der Verbraucher keine andere vernünftige Handlungsmöglichkeit haben durfte, muss nicht erfüllt sein. Es genügt, wenn die Geschäftspraxis dazu führt, dass die Entscheidungs- oder Verhaltensfreiheit tatsächlich oder voraussichtlich erheblich beeinträchtigt wird und der Verbraucher dadurch tatsächlich oder voraussichtlich eine andere geschäftliche Entscheidung trifft.[680] Insgesamt ist

---

677 *Twigg-Flesner/Howells/Parry/Nordhausen*, Scope and Application, S. 58 Rn. 4.33; *Twigg-Flesner*, Law Quarterly Review 2005, S. 386 f.

678 *Twigg-Flesner/Howells/Parry/Nordhausen*, Scope and Application, S. 61 RN. 4.50.

679 *Barton v Armstrong* [1976] AC, S. 104, 120; Law Commission, Consumer Redress, S. 93 f. Rn. 7.17; 7.20.

680 *Twigg-Flesner/Howells/Parry/Nordhausen*, Scope and Application, S. 58 Rn. 4.32 f.

der Schutz der Verbraucher vor Nötigung insbesondere dadurch verbessert worden, dass die Regelung der Nötigung in den CPR nicht auf das Vertragsrecht beschränkt ist, sondern im gesamten geschäftlichen Bereich anwendbar ist.

c) Emotional exploitation marketing

Vor Einführung der CPR bestand ein besonderes Problem im Rahmen von „duress“ in der Einordnung von Werbepraktiken, die den Verbraucher durch Anregung seiner Gefühle oder durch einen Appell an sein Gewissen zum Kauf verleiten wollten. Aufgrund der Einschränkungen im Bereich der unzulässigen Beeinflussung durch das Erfordernis einer besonderen Beziehung zwischen Unternehmer und Verbraucher kam der Nötigung dabei die größere Bedeutung zu. Insbesondere kann der psychische Kaufzwang unter „economic duress“ fallen.[681] Allerdings sind die Voraussetzungen für eine Nötigung durch wirtschaftlichen Druck noch umstritten und entwickeln sich erst langsam aus den unterschiedlichen Ansätzen der Gerichte heraus. Während häufig ein illegitimer wirtschaftlicher Druck darin gesehen wird, wenn ein Unternehmer im Nachhinein den Preis für die vertragliche Leistung erhöhen will, beurteilen die Gerichte das Vorliegen wirtschaftlichen Drucks ohne Zusammenhang mit einem Vertragsbruch eher zurückhaltend.[682]

Die Einordnung von Werbung, die über einen Appell an die Gefühle oder das Gewissen Verbraucher zum Kauf anregen will, ist auch nach Umsetzung der Richtlinie nicht eindeutig.[683] In den Mitgliedstaaten existierten schon vor Umsetzung der Richtlinie zahlreiche spezielle Vorschriften, die bestimmte Werbepraktiken verboten, wie z. B. das Ausnutzen der Angst der Verbraucher vor Krankheiten in einer Werbung für Arzneimittel.[684] In Betracht kommt nach Einführung der CPR auch eine Anwendung der Vorschriften über aggressive Geschäftspraktiken, insbesondere der unzulässigen Beeinflussung oder der Nötigung. Im Gegensatz zu „duress“ im Common Law, unterliegt die Nötigung nach Regulation 7 CPR keinen besonderen Beschränkungen bei der Anwendung wirtschaftlichen Drucks. Ob davon allerdings auch der psychische Kaufzwang umfasst ist, ist fraglich. Zu Art. 8 und 9 der Richtlinie, die im Wesentlichen identisch in Regulation 7 CPR übernommen wurden, wird vertreten, dass schon der psychische Kaufzwang eine unzulässige Beeinflussung darstelle, da selbst bei

---

681 *Ramsay*, Consumer Law, S. 323.

682 *Ramsay*, Consumer Law, S. 323; vgl. auch Law Commission, Reforming Consumer Redress, S. 7 Rn. 1.21.

683 *Howells*/Micklitz/Wilhelmsson, S. 173, 184; *Schulte-Nölke/Busch*, ZEuP, S. 99 (103).

684 *Schulze/Schulte-Nölke*, Analysis of National Fairness Laws, S. 37 ff.; *Schulze/Janssen*, EuLF 2004, S. 77 (82).

der Ansprache einer Vielzahl von Verbrauchern durch Werbung eine Machtposition des Unternehmers vorläge, die aus seinem überlegenen Wissen und seiner Nähe zum Produkt resultiere.[685] Fasst man den Begriff der Machtposition weniger weitreichend auf, so verbleibt für eine Regelung des psychischen Kaufzwangs, der die Gefühlswerbung sowie Appelle an das Gewissen umfasst, vor allem die Kategorie der Nötigung.[686] Auf die exakte Einordnung kommt es jedoch letzlich nicht an, da es sich bei den drei Oberbegriffen nur um Unterkategorien der aggressiven Geschäftspraktiken handelt, die jeweils zu den gleichen Rechtsfolgen führen. Die Richtlinie selbst enthält zumindest Hinweise darauf, dass der psychische Kaufzwang eine aggressive Geschäftspraxis darstellt. In Ziffer 30 der Schwarzen Liste ist die Regelung enthalten, dass ein „ausdrücklicher Hinweis gegenüber dem Verbraucher, dass Arbeitsplatz oder Lebensunterhalt des Gewerbetreibenden gefährdet sind, falls der Verbraucher das Produkt oder die Dienstleistung nicht erwirbt", unzulässig ist. Das per se Verbot dieser Geschäftspraxis zeigt, dass die Richtlinie grundsätzlich auch ein Einwirken des Unternehmers auf das Gewissen oder die Gefühle des Verbrauchers als unlauter anerkennt.[687] Der psychische Kaufzwang liegt damit jedenfalls nicht außerhalb des Regelungsbereichs der Richtlinie. Für den Schutz des englischen Verbrauchers vor Beeinträchtigung seiner rationalen geschäftlichen Entscheidung durch psychischen Kaufzwang seitens des Unternehmers bedeutet die Einbeziehung in die Richtlinie und somit auch in die entsprechende Vorschrift in Regulation 7 CPR, dass die speziellen von der Rechtsprechung entwickelten Anforderungen an das Vorliegen von „economic duress" nicht mehr vorliegen müssen. Insbesondere kommt es nicht mehr darauf an, ob der psychische Kaufzwang das entscheidende Motiv für den Kauf war oder nur eines unter vielen. Der Schutz vor nötigender Einflussnahme durch einen Appell an die Gefühle oder das Gewissen des Verbrauchers dürfte sich somit durch Regulation 7 CPR entscheidend verbessern.

3. Undue Influence

a) Undue Influence im Common Law

Der Begriff der unzulässigen Beeinflussung spielt im englischen Vertragsrecht eine große Rolle. Auf Grundlage des Equity-Rechts kann der Einwand erhoben werden, dass ein Vertrag nur wegen einer unzulässigen Beeinflussung abgeschlossen wurde.

---

685 *Henning-Bodewig*, WRP 2006, S. 621 (625).

686 *Howells*/Wilhelmsson/Micklitz, European Fair Trading Law, S. 184.

687 *Henning-Bodewig*, WRP 2006, S. 621 (625, 627 f.).

Der Kläger muss zeigen, dass der Beklagte eine unzulässige Beeinflussung ausgeübt hat, die die kausale Ursache für seinen Eintritt in den Vertrag war.[688] An das Vorliegen von unzulässigem Druck sind weniger strenge Voraussetzungen geknüpft als an das Vorliegen von „duress", denn eine unzulässige Beeinflussung setzt keine Drohung mit einem körperlichen oder materiellen Übel voraus.[689] Die Voraussetzungen sind erfüllt, wenn nachgewiesen werden kann, dass eine unzulässige Beeinflussung vorliegt, die auch tatsächlich ausgenutzt wurde. Voraussetzung von „undue influence" ist nach der Rechtsprechung der englischen Gerichte, dass eine Vertrauensbeziehung besteht und dass diese Vertrauensbeziehung ausgenutzt wurde, um ein bestimmtes Geschäft zu verwirklichen, das eine Erklärung erfordert oder nicht mit der Beziehung zwischen den Parteien erklärt werden kann.[690] Eine unwiderlegbare Vermutung für das Vorliegen einer unzulässigen Beeinflussung besteht, wenn es sich um eine Vertrauensbeziehung zwischen Eltern und Kind, Rechtsanwalt und Mandant oder Doktor und Patient handelt, jedoch gewöhnlich nicht bei Verbraucher und Unternehmer.[691] Soweit es um einen Vertrag zwischen anderen Personen, also z. B. Verbraucher und Unternehmer oder Bankier geht, besteht eine widerlegbare Vermutung für eine unzulässige Beeinflussung, wenn die Vertrauensbeziehung tatsächlich nachgewiesen werden kann.[692] Allerdings muss das unzulässige Ausnutzen dieser Beziehung grundsätzlich gesondert nachgewiesen werden. Es kann jedoch auch für die Ausübung eine widerlegbare Vermutung bestehen, wenn der Kläger beweisen kann, dass es sich um ein Geschäft handelt, das gewöhnlich einer Erklärung bedarf („unconscionable bargain").[693]

b) Vergleich des Konzept der unzulässigen Beeinflussung mit den CPR

Im Vergleich zu dem Konzept der unzulässigen Beeinflussung in Regulation 7 CPR ist wiederum festzustellen, dass die auf der Richtlinie beruhende Vorschrift

---

688 *Twigg-Flesner/Howells/Parry/Nordhausen*, Scope and Application, S. 59 Rn. 4.37; Law Commission, Consumer Redress, S. 95 Rn. 7.30.

689 Treitel/*Peel,* Law of Contract, S. 447 Rn. 10–009.

690 *Ramsay*, Consumer Law, S. 324 f.; *Royal Bank of Scotland plc v Etridge (No. 2)* [2002] 2 AC 773.

691 Treitel/*Peel,* Law of Contract, S. 451 Rn. 10–016; Law Commission, Consumer Redress, S. 97 Rn. 7.36.

692 *Howells*/Micklitz/Wilhelmsson, European Fair Trading Law, S. 188; Treitel/*Peel,* Law of Contract, S. 44 Rn. 10–013.

693 *Twigg-Flesner/Howells/Parry/Nordhausen*, Scope and Application, S. 59 Rn. 4.40 ff.; *Ramsay*, Consumer Law, S. 325.

mit der Beeinträchtigung der Entscheidungs- und Verhaltensfreiheit des Durchschnittsverbrauchers einen objektiven Standard setzt, während es im nationalen englischen Recht vor allem auf die konkrete Person in der bestimmten Situation ankommt.[694] Es genügt daher für eine unzulässige Beeinflussung nach Regulation 7 CPR nicht, dass die Ausübung unzulässiger Beeinflussung tatsächlich nachgewiesen wird, denn es kommt vor allem auf die voraussichtlichen Auswirkungen auf den Durchschnittsverbraucher an. Sofern im Common Law die Ausübung von „undue influence" nicht tatsächlich nachgewiesen werden kann, ist das Vorliegen einer besonderen Beziehung zwischen den Parteien erforderlich, also entweder eine „position of power" oder eine „relationship of confidence and trust". Anders als nach Regulation 7 CPR genügt dabei für „undue influence" im Common Law nicht jedes Subordinationsverhältnis, sondern der Einwand der unzulässigen Beeinflussung ist auf bestimmte Beziehungen begrenzt, die das Verhältnis zwischen Unternehmer und Verbraucher grundsätzlich nicht einschließen.[695] Vorschläge, für die Machtposition jedes Verhältnis genügen zu lassen, das zu einer Ungleichheit in den Vertragsverhandlungen führt, wurden von den englischen Gerichten bisher stets zurückgewiesen.[696] Im Gegensatz dazu ist die Regelung in Regulation 7 CPR gerade auf die Machtposition zwischen Unternehmer und Verbraucher ausgerichtet. Sie kann allerdings nicht vermutet werden, sondern muss auf besonderen Umständen beruhen. Damit sind von der unzulässigen Beeinflussung gemäß Regulation 7 CPR auch zahlreiche Konstellationen umfasst, auf die das Konzept der unzulässigen Beeinflussung wegen der strengen Voraussetzungen an das Vorliegen einer Vertrauensbeziehung bisher nicht angewendet werden konnte. Unzweifelhaft kann die Situation, dass der Unternehmer sein überlegenes Wissen und seine überlegenen Handlungsmöglichkeiten gegenüber dem Verbraucher ausnutzt, nunmehr eine unzulässige Beeinflussung im Sinne von Regulation 7 CPR darstellen.[697] Der Schutz des Verbrauchers vor unzulässiger Beeinflussung durch den Unternehmer wird durch die Regelung in den CPR umfassend im gesamten geschäftlichen Bereich verwirklicht. Die Vorschrift reicht in ihrem Anwendungsbereich weiter als die vertragsrechtliche Regelung der unzulässigen Beeinflussung

---

694 *Twigg-Flesner*, Law Quarterly Review 2005, S. 386 f.

695 Law Commission, Consumer Redress, S. 146 Rn. 10.60.

696 *Ramsay*, Consumer Law, S. 325.

697 *Howells*/Micklitz/Wilhelmsson, European Fair Trading Law, S. 188; zur Parallelvorschrift der Richtlinie *Köhler*/Bornkamm, UWG, § 4 Rn. 1.13; Harte-Bavendamm/Henning-Bodewig/*Stuckel*, UWG, § 4 Nr. 1 Rn. 15; *Steinbeck*, WRP 2008, S. 865 (866); *Köhler*, WRP 2008, S. 700 (706); *Hecker*, WRP 2006, S. 640 (642); *Köhler/Lettl*, WRP 2003, S. 1019 (1046).

und ist auch in ihren Voraussetzungen großzügiger. Es ist daher zu erwarten, dass der Schutz der Verbraucher vor Geschäftspraktiken, die zu einer unzulässigen Beeinflussung führen, durch Einführung der CPR verbessert wird.

III. Vollharmonisierung der Regelungen über aggressive Geschäftspraktiken

1. Regelung der aggressiven Geschäftspraktiken in der Richtlinie

Die speziellen Verbote unlauteren Verhaltens in der Richtlinie beschäftigen sich hauptsächlich mit zwei Gruppen, den irreführenden und den aggressiven Geschäftspraktiken. Das Verbot aggressiver Geschäftspraktiken soll verhindern, dass der Unternehmer in unlauterer Weise durch aggressive Methoden Einfluss auf die geschäftliche Entscheidung des Verbrauchers nimmt. Im Gegensatz zu der Ausganglage bei den irreführenden Geschäftspraktiken, wo zumindest ein genereller Konsens zwischen den Mitgliedstaaten bestand, gingen die Ansichten über die Unlauterkeit von aggressiven Geschäftspraktiken weit auseinander.[698] Im Zusammenhang mit diesen Differenzen über die rechtliche Bewertung ist auch die Ausnahmeregelung in Erwägungsgrund 7 zu sehen, die es den Mitgliedstaaten erlaubt, aus Gründen der guten Sitten und des Anstands über die in der Richtlinie enthaltenen Regelungen hinauszugehen.[699]

In den Erwägungsgründen 6 und 16 wird verdeutlicht, dass die Richtlinie dem Schutz der wirtschaftlichen Interessen der Verbraucher dient. Mit dem Verbot aggressiver Geschäftspraktiken in Art. 8 bezweckte der Richtliniengeber, die Gefahr einzugrenzen, dass der Verbraucher sich für ein Produkt nicht aufgrund seines frei gebildeten Willens entscheidet, sondern weil seine geschäftliche Entscheidung durch eine aggressive Geschäftspraxis beeinträchtigt wurde.[700] Diese Zielsetzung ist jedoch nicht in allen Vorschriften der Richtlinie klar erkennbar. Gerade im Bereich der aggressiven Geschäftspraktiken bestehen einige Regelungen, die eher dem Schutz der Privatsphäre als dem Schutz der informierten

---

698 *Howells*/Micklitz/Wilhelmsson, European Fair Trading Law, S. 167; *Micklitz*/Reich/Rott, Understanding EU Consumer Law, S. 64 (107); *Stuyck/Terryn/van Dyck*, CMLR 2006, 43 (1), S. 107 (119); vgl. *Schulze/Janssen*, EuLF 2004, S. 77 (82).

699 *Micklitz*/Reich/Rott, Understanding EU Consumer Law, S. 64 (84).

700 *Radeideh*, Fair Trading Law, S. 275.

geschäftlichen Entscheidung zuzuordnen sind und die daher zu Auslegungsschwierigkeiten führen.[701] Die Vollharmonisierung der Regelung der aggressiven Geschäftspraktiken könnte auch beeinträchtigt werden, wenn die Mitgliedstaaten extensiven Gebrauch von der Ausnahme in Erwägungsgrund 7 machen. Zudem könnte besonders in dem Bereich der aggressiven Geschäftspraktiken der Vorrang spezieller Richtlinien gemäß Art. 3 Abs. 4 zu einer Lücke in der Vollharmonisierung des Schutzes der Verbraucher vor aggressiven Geschäftspraktiken führen. Denn die Konkretisierung dieses Grundsatzes in der Regelung der Werbung über Fernkommunikationsmittel in Ziffer 26 lässt in Satz 2 ausdrücklich mehrere Richtlinien unbeschadet, die ihrerseits nur Mindestanforderungen enthalten.

a) Schutz der informierten wirtschaftlichen Entscheidung

Die Regelung in der Richtlinie erfordert, dass die aggressive Geschäftspraxis zwei Voraussetzungen erfüllen muss, um unlauter zu sein. Zum einen muss sie die Entscheidungs- oder Verhaltensfreiheit des Verbrauchers erheblich beeinträchtigen und zum anderen muss sie dazu geeignet sein, die geschäftliche Entscheidung des Verbrauchers zu beeinflussen. In den Fällen einer Nötigung oder unzulässigen Beeinflussung werden diese Merkmale zumeist erfüllt sein.[702] Denn sogar wenn die individuelle Person der Beeinflussung widersteht, dürfte die Geschäftspraxis häufig geeignet sein, die Entscheidungs- oder Verhaltensfreiheit des Durchschnittsverbrauchers zu beeinträchtigen und dessen geschäftliche Entscheidung zu beeinflussen. Das bedeutet nicht, dass bei dem Verbraucher der Eindruck entstehen muss, er habe keine andere Möglichkeit, als auf die aggressive Geschäftspraxis einzugehen. Die Schwelle der erheblichen Beeinträchtigung muss jedoch überschritten werden. Diese Voraussetzung ist laut der Begründung zum Richtlinienentwurf jedenfalls dann nicht erfüllt, wenn es sich um bloße Anreize, wie eine kostenlose Busfahrt zu der entfernt gelegenen Verkaufsstelle oder Erfrischungen während des Einkaufs, handelt.[703] Die Zwecksetzung des Schutzes der wirtschaftlichen Entscheidungs- und Verhaltensfreiheit des Verbrauchers könnte allerdings in der Variante der Belästigung weniger konsequent umgesetzt sein, denn dabei geht es zumeist auch

---

701 *Howells*/Micklitz/Wilhelmsson, European Fair Trading Law, S. 183; vgl. auch *Schulze/Janssen*, EuLF 2004, S. 77 (82) zu der Ausgangslage in den Mitgliedstaaten.

702 *Howells*/Micklitz/Wilhelmsson, European Fair Trading Law, S. 175.

703 KOM (2003) 356 endg., S. 18.

um den Schutz der Privatsphäre.[704] Als Beispiel sei nur das Versenden ungewollter Emails genannt, das eine belästigende Geschäftspraxis im Sinne der Richtlinie darstellt und in die Privatsphäre eingreift. Allerdings antworten wohl nur wenige Verbraucher auf diese Emails, so dass sie weder in ihrer Verhaltens- oder Entscheidungsfreiheit beeinträchtigt noch in ihrer geschäftlichen Entscheidung beeinflusst sind. Ein angemessen aufmerksamer und kritischer Verbraucher wird auch keinen Vertrag am Telefon abschließen, wenn er unerwünschte Telefonanrufe erhält. Denkbar ist sogar, dass ein solches Verhalten eher entgegengesetzte Wirkung entfaltet und der Verbraucher gerade keinen Vertrag abschließt, wenn er mit solchen Praktiken konfrontiert wird.[705] Dieses Geschäftsverhalten wird aber grundsätzlich in den Mitgliedstaaten als aggressiv beurteilt und es ist davon auszugehen, dass auch der Richtliniengeber dieses Verhalten erfassen wollte, zumal auch in Anhang I in Ziffer 26 das hartnäckige und unerwünschte Ansprechen über Fernkommunikationsmedien ausdrücklich geregelt wird.[706] Die Kriterien der tatsächlichen oder voraussichtlichen Beeinträchtigung der Entscheidungs- oder Verhaltensfreiheit sowie der Beeinflussung der geschäftlichen Entscheidung müssen daher in diesen Tatbeständen entsprechend weit ausgelegt werden.[707] Darüber hinaus erscheint es auch nicht vollkommen abwegig, dass der Verbraucher einen Vertrag schon aus dem Grund abschließen wird, um in Ruhe gelassen zu werden.[708]

b) Versteckte Öffnungsklausel – Gute Sitten und Anstand

Daneben ist Erwägungsgrund 7 zu beachten, der es den Mitgliedstaaten ermöglicht, aus Gründen des Anstands und der guten Sitten Geschäftspraktiken zu verbieten, die nicht von der Richtlinie für unzulässig erklärt werden. Als Beispiel für eine solche Geschäftspraxis wird in Erwägungsgrund 7 das Ansprechen von Personen zu Verkaufszwecken auf der Straße genannt. Diese Geschäftspraxis kann unter den Begriff der Belästigung eingeordnet werden.[709] In den meisten Mitgliedstaaten

---

704 *Hecker*, WRP 2006, S. 640 (644); *Howells*, UCPD – A Missed Opportunity?, in Weatherill/Bernitz, S. 103 (106); *Leistner*, Unfair Competition, in Bell/Kilpatrick, S. 141 (164).

705 *Howells*/Micklitz/Wilhelmsson, European Fair Trading Law, S. 175, 178; *Howells*, UCPD – A Missed Opportunity?, in Weatherill/Bernitz, S. 103 (107).

706 *Howells*/Micklitz/Wilhelmsson, European Fair Trading Law, S. 175.

707 *Howells*/Micklitz/Wilhelmsson, European Fair Trading Law, S. 176.

708 *Sosnitza*, WRP 2006, S. 1 (4).

709 *Leistner*, ZEuP 2009, S. 56 (70f.); *Ohly*, WRP 2006, S. 1401 (1410); *Howells*/Micklitz/Wilhelmsson, European Fair Trading Law, S. 183.

würde man ein Ansprechen auf der Straße jedoch nicht ohne zusätzliche Umstände als Verstoß gegen die guten Sitten oder den Anstand verstehen. In Deutschland ist nach der höchstrichterlichen Rechtsprechung darin grundsätzlich nur dann ein unlauteres Verhalten zu sehen, wenn der Ansprechende äußerlich nicht erkennbar als Werbender auftritt.[710] Sofern der Werbezweck erkennbar ist, kann nur bei Vorliegen weiterer Umstände, wie z. B. einer fehlenden Ausweichmöglichkeit in einer engen Straße, von einer Unlauterkeit ausgegangen werden.[711] Auch in England ist lediglich das Ansprechen auf der Straße zum Verkauf von Krediten verboten.[712] Umso erstaunlicher ist, dass in der Richtlinie das Beispiel des Ansprechens auf der Straße genannt wird. Denn wenn die Ausnahme tatsächlich so weit auszulegen ist, wie es nach Erwägungsgrund 7 den Anschein hat, dann könnte diese Bereichsausnahme die einheitliche europäische Auslegung des Begriffs der Belästigung und die Vollharmonisierung der aggressiven Geschäftspraktiken insgesamt in Frage stellen.

c) Fernabsatzmedien

Der Bereich der Werbung durch Fernkommunikationsmittel ist in der Richtlinie in Ziffer 26 der Schwarzen Liste geregelt. Die Kommission sah in dem hartnäckigen und unerwünschten Ansprechen über Telefon, Fax, Email oder andere für den Fernabsatz geeignete Medien eine absolut unlautere Geschäftspraxis. Diese Einordnung führt jedoch nicht dazu, dass diese Vorschrift ohne Unterschied in den Mitgliedstaaten umgesetzt werden müsste. Denn in dem zweiten Satz von Ziffer 26 wird in Klarstellung des Grundsatzes aus Art. 3 Abs. 4 ausdrücklich festgelegt, dass Art. 10 der Fernabsatzrichtlinie 97/7/EG sowie die Datenschutzrichtlinien 95/46/EG und 2002/58/EG unberührt bleiben. Diese Öffnungsklausel erlaubt es den Mitgliedstaaten im Bereich der Werbung durch Fernkommunikationsmittel unterschiedliche Vorschriften, die auf der Umsetzung der oben genannten Richtlinien mit Mindestharmonisierungsklauseln beruhen, aufrechtzuerhalten.[713] Dies könnte zur Folge haben, dass sich kein einheitlicher Standard in den Mitgliedstaaten entwickelt.

---

710 Vgl. zur Änderung der Rechtslage *Schulze/Janssen*, EuLF 2004, S. 77 (84).

711 BGH GRUR 2004, S. 699 – Ansprechen in der Öffentlickeit I; BGH, GRUR 2005 S. 443 (444) – Ansprechen in der Öffentlichkeit II.

712 *Howells*/Micklitz/Wilhelmsson, European Fair Trading Law, S. 183; *Howells/Voigt*, United Kingdom, in Micklitz/Keßler, S. 361 (395); *Koch*, Richtlinie gegen unlautere Geschäftspraktiken, S. 103.

713 Harte-Bavendamm/Henning-Bodewig/*Ubber*, UWG, § 7 Rn. 3; *Leistner*, Unfair Competition, in Bell/Kilpatrick, S. 141 (165).

2. Regelung aggressiver Geschäftspraktiken in England

a) Ausschließliche Regelung durch die CPR

Die Regelung der aggressiven Geschäftspraktiken in den Consumer Protection Regulations 2008 müsste in dem durch die Richtlinie vollharmonisierten Bereich grundsätzlich die einzig verbindliche Regelung sein. Daher wurde Section 40 des Administration of Justice Act 1970 auch für nicht anwendbar erklärt, wenn das Verhalten des Unternehmers in den Anwendungsbereich der CPR fällt.[714] Der Protection from Harassment Act 1997 wurde hingegen unverändert aufrecht erhalten, obwohl er auch auf alle Situationen im geschäftlichen Verkehr zwischen Unternehmer und Verbraucher anwendbar ist.[715] Seine Voraussetzungen sind teilweise restriktiver, da die Auswirkungen auf die geschäftliche Entscheidung des Durchschnittsverbrauchers nicht geprüft werden müssen.[716]

Fraglich ist, ob und wie sich das Aufrechterhalten dieser Vorschriften ohne die Einschränkung, dass sie in dem von der Richtlinie vollharmonisierten Bereich nicht anwendbar sind, rechtfertigen lässt. In Teilen der Literatur wird das Nebeneinander der Gesetze mit dem Hinweis darauf erklärt, dass der Protection from Harassment Act 1997 „public order purposes" diene.[717] Daher greife die Öffnungsklausel aus Erwägungsgrund 7 ein, die den Mitgliedstaaten freie Hand lasse bei der Regelung von Sachverhalten, die die guten Sitten und den Anstand betreffen. Unter Berücksichtigung des durchaus weitreichenden Beispiels in der Öffnungsklausel, das schon das Ansprechen in der Öffentlichkeit zu Verkaufszwecken als möglicherweise aus kulturellen Gründen unerwünscht einordnet, kann diese Begründung nicht schon von vorneherein abgelehnt werden. Denn bei einer Belästigung sind typischerweise die guten Sitten und der Anstand betroffen. Dieser Ansicht ist auch das zuständige englische Ministerium, das „Department for Business, Innovation and Skills" (BIS), das den Protection from Harassment Act 1997 durch seine andere Zielsetzung nicht in Konflikt mit den Consumer Protection Regulation 2008 sieht.[718] Das von der Richtlinie

714 Schedule 2 Part 1 Nr. 13.

715 Law Commission, Consumer Redress, S. 104 Rn. 7.68.

716 Siehe oben Kap. 6, II. 1. b).

717 *Howells*/Micklitz/Wilhelmsson, European Fair Trading Law, S. 181; kritisch in Anbetracht des Prinzips der Vollharmonisierung *Twigg-Flesner*, Law Quarterly Review 2005, S. 386 (388).

718 DTI, The Unfair Commercial Practices (UCP) Directive Consultation on Implementing the EU Directive on Unfair Commercial Practices and Amending Existing

verfolgte Ziel der Vollharmonisierung ist folglich durch die Öffnungsklausel in Erwägungsgrund 7 für Regelungen, die die guten Sitten und den Anstand betreffen, beeinträchtigt. Es existieren neben den CPR andere Gesetze, die in demselben Bereich Anwendung finden können und restriktivere Voraussetzungen haben.[719]

b) Remote Distance Advertising, Ziffer 26 des Anhang I CPR

Der englische Gesetzgeber hat die Vorschrift in Ziffer 26 über hartnäckige und unerwünschte Werbung mit Fernkommunikationsmitteln nicht im Zusammenhang mit den allgemeinen Bestimmungen über aggressive Geschäftspraktiken in Regulation 7 CPR umgesetzt, sondern in der Schwarzen Liste der absolut verbotenen Geschäftspraktiken. Der erste Satz der Regelung ist identisch aus der Richtlinie übernommen worden, auf die Umsetzung des zweiten Satzes, der die Regelung enthält, dass Art. 10 der Richtlinie 97/7/EG und die Richtlinien 95/46/EG und 2002/58/EG unbeschadet bleiben, hat der englische Gesetzgeber verzichtet. Allerdings ergibt sich dadurch kein anderer Regelungsinhalt, da der Grundsatz, dass spezielle europäische Rechtsvorschriften Vorrang vor der Richtlinie gegen unlautere Geschäftspraktiken haben, schon in Art. 3 Abs. 4 festgelegt ist. Trotz richtlinienkonformer Umsetzung kann sich folglich in den Mitgliedstaaten ein unterschiedlicher Schutzstandard ergeben, da die in diesem Bereich anwendbaren spezielleren Richtlinien keine vollharmonisierenden Vorschriften enthalten, sondern lediglich Mindeststandards.

In England ist die Werbung durch einen ersten unerwünschten Telefonanruf nach Ziffer 26 des Schedule 1 CPR nicht schon automatisch unlauter, denn ein erster Anruf kann kaum die Voraussetzung „hartnäckig" erfüllen.[720] Auch nach der Regelung in Art. 13 Abs. 3 der Datenschutzrichtlinie 2002/58/EG ist ein erster Anruf nicht automatisch unzulässig. Die Mitgliedstaaten haben die Wahl zwischen

---

Consumer Legislation, (URN 05/1815 London, DTI, Dec 2005), S. 24 Rn. 45; bestätigt durch Auskunft per E-Mail vom zuständigen Mitarbeiter des Ministeriums Peter Deft, BIS (das zuständige Ministerium hieß zunächst DTI, dann BERR und derzeit BIS); vgl. auch *Twigg-Flesner/Howells/Parry/Nordhausen*, Scope and Application, S. 65 Rn. 4.64 ff.

719 Vgl. *Twigg-Flesner/Parry*, UK Perspective, in Weatherill/Bernitz, S. 215 (222), die eine Ergänzung des Protection from Harassment Act 1997 für nötig halten.

720 *Howells*/Micklitz/Wilhelmsson, European Fair Trading Law, S. 181; *Köhler/Lettl*, WRP 2003, S. 1019 (1044).

der Einrichtung eines „opt-in“ oder „opt-out“ Modells.[721] England hat sich für die Einrichtung eines „opt-out“ Modells entschieden, somit müssen sich Verbraucher, die keine Werbeanrufe erhalten möchten, vorher in eine zentrale Liste eintragen.[722] Ein erstmaliger Telefonanruf, der bei einem Verbraucher eingeht, der sich nicht auf der sogenannten „Robinson-Liste“ eingetragen hat, stellt daher keine unzulässige Handlung dar.

3. Regelung der aggressiven Geschäftspraktiken im deutschen UWG

Schon das deutsche Gesetz gegen den unlauteren Wettbewerb von 2004 enthielt Tatbestände, in denen geschäftliche Handlungen wegen ihrer aggressiven Methoden als unlauter eingeordnet wurden. Die Unlauterkeit bezieht sich bei diesen Tatbeständen anders als bei der Irreführung nicht auf eine unzulässige Einflussnahme auf die Entscheidungsgrundlage, sondern auf eine unzumutbare Einwirkung auf den Entscheidungsvorgang. Die Vorschriften in § 4 Nr. 1 und Nr. 2 UWG regeln aggressive geschäftliche Praktiken. Die unsachliche unangemessene Beeinflussung und die Gefahr der Überrumpelung sind von § 4 Nr. 1 UWG erfasst, während § 4 Nr. 2 UWG die Ausnutzung einer Zwangslage für unlauter erklärt. Sie wurden fast unverändert von dem deutschen Gesetzgeber in das neue UWG übernommen. Sowohl § 4 Nr. 1 als auch § 4 Nr. 2 UWG stellen in den Kategorien der Richtlinie Regelungen der unzulässigen Beeinflussung dar, die auch Nötigung und Belästigung umfassen.[723] Die Voraussetzung, dass für eine unzulässige Beeinflussung eine Machtposition vorliegen muss, ist weder in § 4 Nr. 1 noch in § 4 Nr. 2 UWG ausdrücklich enthalten. Legt man das Erfordernis der Machtposition jedoch so weit aus, wie es überwiegend vertreten wird, ist kaum eine Konstellation denkbar, in der der Unternehmer den Verbraucher unzulässig beeinflusst, ohne dass in irgendeiner Weise eine strukturelle Überlegenheit vorliegt, die der Unternehmer zu seinen Gunsten ausnutzt.[724]

In § 7 UWG a. F. war die Belästigung geregelt. Diese Vorschrift wurde im Zuge der Umsetzung der Richtlinie geändert und ist nun nicht mehr abhängig von der

721 *Henning-Bodewig*, Unfair Competition Law, S. 146.

722 *Schulze/Janssen*, EuLF 2004, S. 77 (83).

723 Harte-Bavendamm/Henning-Bodewig/*Stuckel*, UWG, § 4 Nr. 1 Rn. 17; *Köhler*/Bornkamm, UWG, § 4 Rn. 1.13, 2.3; *Steinbeck*, WRP 2008, S. 865 (866).

724 *Steinbeck*, WRP 2008, S. 865 (867); *Henning-Bodewig*, WRP 2006, S. 621 (626).

Bagatellschwelle der Generalklausel in § 3 UWG, sondern stellt einen eigenständigen Unlauterkeitstatbestand dar. Das ergibt sich aus § 8 Abs. 1 S. 1 UWG, der von einer unzulässigen geschäftlichen Handlung nach § 3 oder § 7 UWG spricht.[725] Jedoch entspricht die reformierte Vorschrift nicht dem Modell der Richtlinie in Art. 8 und 9. Sie enthält weder ein generelles Verbot aggressiver Geschäftspraktiken noch nimmt sie Bezug auf die Untergruppen der Belästigung, der Nötigung und der unzulässigen Beeinflussung aus Art. 8. Stattdessen enthält § 7 UWG lediglich den Oberbegriff der unzumutbaren Belästigung.

a) Regelung der Belästigung in § 7 Abs. 1 UWG

Der Regelungsgehalt von § 7 Abs. 1 und Abs. 2 Nr. 1 hat sich im Vergleich zu der Vorschrift im UWG 2004 bis auf die Abkopplung von der Generalklausel in § 3 UWG kaum geändert. Ob dies den Schluss rechtfertigt, dass § 7 Abs. 1 UWG in keiner Beziehung zu der Regelung der aggressiven Geschäftspraktiken in der Richtlinie steht, ist zweifelhaft.[726] Denn die aggressiven Geschäftspraktiken werden im Verhältnis der Verbraucher zum Unternehmer grundsätzlich durch die Richtlinie, die dazu auch belästigendes Verhalten zählt, abschließend geregelt. Denn Belästigungen betreffen zwar häufig den Schutz der Privatsphäre, sie können aber auch die informierte geschäftliche Entscheidung des Verbrauchers beeinträchtigen. Wenn man also davon ausgeht, dass die Vorschrift in § 7 UWG zumindest auch in den Anwendungsbereich der Richtlinie fällt, stellt sich die Frage nach der Konformität mit der Regelung aggressiver Geschäftspraktiken in Art. 8 und 9 der Richtlinie. Denn nach dem Wortlaut von § 7 Abs. 1 UWG ist für einen Verstoß keine Beeinflussung der geschäftlichen Entscheidungsfreiheit des Verbrauchers erforderlich. Die überwiegende Ansicht in der Literatur spricht sich auch dagegen aus, ein solches Erfordernis in die Vorschrift hineinzulesen.[727] Zu der Vorschrift der Belästigung im UWG 2004 ging auch die höchstrichterliche Rechtsprechung davon aus, dass es nicht darauf ankomme, ob die geschäftliche Entscheidungsfreiheit des Verbrauchers beeinflusst wird, sondern sah die Unlauterkeit allein darin begründet, dass ein Eingriff in die Privatsphäre erfolgt.[728]

725 Gesetzesbegründung, S. 57; *Köhler*/Bornkamm, UWG, § 7 Rn. 15.

726 So aber *Steinbeck*, WRP 2008, S. 865 (866).

727 *Köhler*/Bornkamm, UWG, § 7 Rn. 3; Piper/*Ohly*, UWG, § 7 Rn. 1; *Steinbeck*, WRP 2008, S. 865 (866).

728 BGH, GRUR 2007, S. 164 f. – *Telefax-Werbung II*; BGH, GRUR 2005 S. 443 (444) – *Ansprechen in der Öffentlichkeit II.*

Demnach stellt die Regelung der Belästigung in § 7 Abs. 1 UWG eine restriktivere Vorschrift im Anwendungsbereich der Richtlinie dar, da sie auf das Erfordernis der Eignung zur Beeinflussung der geschäftlichen Entscheidung des Durchschnittsverbrauchers verzichtet.[729] Ein restriktiveres Verbot von Geschäftspraktiken im Anwendungsbereich der Richtlinie ist jedoch aufgrund des Prinzips der Vollharmonisierung grundsätzlich nicht zulässig. Eine Rechtfertigung dieser restriktiveren Vorschrift könnte sich jedoch unter Umständen aus der Richtlinie selbst ergeben. Denn das strikte Verbot der unzumutbaren Belästigung nach § 7 Abs. 1 UWG könnte unter die versteckte Öffnungsklausel in Erwägungsgrund 7 fallen. Danach können Geschäftspraktiken aus Fragen der guten Sitten und des Anstands verboten werden, wenn sie aus kulturellen Gründen unerwünscht sind, selbst wenn sie nicht geeignet sind, die geschäftliche Entscheidung der Verbraucher zu beeinflussen. Grundsätzlich trifft das auf die Vorschrift des § 7 Abs. 1 UWG zu, die primär den Schutz der Privatsphäre vor unzumutbarer Belästigung bezweckt.[730] Es bleibt somit festzuhalten, dass der Schutz der Verbraucher vor Belästigungen nach dem deutschen Lauterkeitsrecht weiter reicht als in der Richtlinie vorgesehen.

b) Unerwünschte Werbung über Fernkommunikationsmittel

In § 7 Abs. 2 UWG werden Geschäftspraktiken aufgezählt, die stets und ohne Wertungsmöglichkeit unlauter sind. Der Gesetzgeber ist an dieser Stelle davon abgewichen, alle Ziffern des Anhangs I der Richtlinie identisch in die Schwarze Liste der verbotenen Geschäftspraktiken in Anhang I zu § 3 Abs. 3 UWG zu übernehmen und hat wegen des Sachzusammenhangs mit der Belästigung die Ziffer 26 in § 7 Abs. 2 Nr. 1 UWG umgesetzt. Obwohl der Richtliniengeber in Ziffer 26 nur von dem hartnäckigen unerwünschten Ansprechen über Telefon, Fax und Email gleichermaßen spricht, hat der deutsche Gesetzgeber diese Tatbestände einzeln in § 7 Abs. 2 Nr. 2 und Nr. 3 UWG aufgenommen und schon die erstmalige Werbung ohne Einwilligung für unzulässig erklärt. Diese restriktivere Regelung als in der Richtlinie ist nach Art. 3 Abs. 4 zulässig, da sie auf der spezielleren europäischen Datenschutzrichtlinie 2002/58/EG beruht, die den Mitgliedstaaten zumindest für Werbung durch unerwünschte Telefonanrufe die

729 So auch *Apetz*, Das Verbot aggressiver Geschäftspraktiken, S. 760.
730 *Köhler*/Bornkamm, UWG, § 7 Rn. 9; Piper/*Ohly*, UWG, § 7 Rn. 13; Harte-Bavendamm/Henning-Bodewig/*Ubber*, UWG, § 7 Rn. 5; *Steinbeck*, WRP 2008, S. 865 (866).

Wahlmöglichkeit zwischen dem „opt-in“ und dem opt-out“ Modell gewährt.[731] Deutschland hat sich im Gegensatz zu England dafür entschieden, schon den ersten Versuch der Werbung für unzulässig zu erklären, wenn keine Einwilligung vorliegt („opt-in“). Fälle der erkennbar unerwünschten Werbung sind in Satz 2 zu § 7 Abs. 1 UWG geregelt. In § 7 Abs. 2 Nr. 1 UWG wird die Ziffer 26 des Anhangs I umgesetzt, die die hartnäckige unerwünschte Werbung über Fernkommunikationsmittel regelt. Daraus ergibt sich, dass Werbung durch Telefonanrufe nach § 7 Abs. 2 Nr. 2 UWG und über Fax oder Email nach § 7 Abs. 2 Nr. 3 UWG ohne erforderliche Einwilligung per se unzulässig ist, während es bei Werbung über andere Fernkommunikationsmittel darauf ankommt, ob sie hartnäckig und erkennbar unerwünscht ist (Nr. 1). Andere Formen von Werbung, wie z. B. das Ansprechen in der Öffentlichkeit oder Scheibenwischerzettel oder Werbung über Fernkommunikationsmittel, die nicht hartnäckig sind, fallen unter § 7 Abs. 1 S. 2 UWG, erfordern dann aber eine erkennbare Unerwünschtheit und eine Prüfung der Unzumutbarkeit.

4. Kein einheitlicher Schutz des Verbrauchers vor aggressiven Geschäftspraktiken

a) Versteckte Öffnungsklausel

Die versteckte Öffnungsklausel in Erwägungsgrund 7 führt somit dazu, dass das Niveau des Schutzes gegen belästigende Geschäftspraktiken in den Mitgliedstaaten unterschiedlich hoch ist. In England existiert neben der Regelung der Belästigung in Regulation 7 CPR, die an die Eignung zur Beeinflussung der wirtschaftlichen Entscheidung anknüpft, mit dem Protection from Harassment Act 1997 eine weite Regelung von Belästigungen für alle Bereiche des täglichen Lebens. In Deutschland hat der Gesetzgeber in das UWG eine allgemeine Regelung der Belästigung in § 7 Abs. 1 UWG eingefügt, die nicht an das Erfordernis der Eignung zur Beeinflussung der wirtschaftlichen Entscheidung anknüpft.

In Anbetracht dieser unterschiedlichen Regelungen wird in der Literatur vorgebracht trotz des weiten Beispiels in Erwägungsgrund 7, die Begriffe der guten Sitten und des Anstands sowie der kulturellen Gründe restriktiv auszulegen, damit die harmonisierende Funktion der Richtlinie im Bereich der belästigenden aggressiven

731 Gesetzesbegründung, S. 58; Hefermehl/*Köhler*/Bornkamm, UWG, 27. Aufl. 2009, § 7 Rn. 1; *Hecker,* WRP 2006, S. 640 (644).

Geschäftspraktiken nicht durch eine extensive Berufung auf die Bereichsausnahme unterlaufen wird.[732] Für die restriktive Auslegung dieser versteckten Öffnungsklausel spricht das der Richtlinie zu Grunde liegende Prinzip der Vollharmonisierung, wie es insbesondere in Art. 3 Abs. 5, in Art. 4 sowie in Erwägungsgrund 13 und den „travaux preparatoires" zum Ausdruck kommt.[733] So nahm die Kommission von der Aufnahme eines „echten" Herkunftslandprinzips nur mit der Begründung Abstand, dass es in einem voll harmonisierten Bereich keine Funktion mehr habe. Hinzu kommt, dass die Ausnahme in Erwägungsgrund 7 erst zum Ende der Verhandlungen durch die Gemeinsame Stellungnahme des Rates Eingang in die Lauterkeitsrichtlinie fand und nicht von Anfang an aus dem Regelungsbereich der Richtlinie ausgenommen war.[734] Der Zweck der Richtlinie, in den Mitgliedstaaten eine einheitliche Regelung unlauterer aggressiver Geschäftspraktiken zu schaffen, wird durch solch eine weite Ausnahme konterkariert. Die Tatsache, dass in der Richtlinie eine Regelung aggressiver Geschäftspraktiken enthalten ist, zeigt, dass das Ziel eines einheitlichen Standards auch in diesem Bereich verfolgt wird. Andernfalls wäre es nicht zweckmäßig gewesen, die aggressiven Geschäftspraktiken in der Richtlinie gegen unlautere Geschäftspraktiken zu regeln. Man hätte, wie im Fall der Verkaufsförderungsmaßnahmen andere Regelungsmechanismen, wie beispielsweise eine gesonderte Verordnung, anstreben können. Der Einwand, die Vollharmonisierung könne nur soweit reichen, wie sie intendiert sei, ist daher nicht zutreffend. Denn es handelt sich bei der Ausnahme in Erwägungsgrund 7 nicht wie in Art. 3 um eine ausdrückliche Bereichsausnahme vom Anwendungsbereich der Richtlinie, die von vorneherein nicht der Vollharmonisierung unterliegt, sondern lediglich um eine in den Erwägungsgründen enthaltene Klausel.[735] Darin wird geregelt, dass in dem Anwendungsbereich der Richtlinie bestimmte einzelne Geschäftspraktiken von dem Grundsatz der Vollharmonisierung ausgenommen sein können. Sie enthält allerdings keine vollumfängliche Bereichsausnahme für alle Geschäftspraktiken, die die guten Sitten und den Anstand betreffen. Das Prinzip der Vollharmonisierung umfasst daher grundsätzlich auch die Regelung belästigender aggressiver Geschäftspraktiken.

Für die Auslegung, dass die in Erwägungsgrund 7 versteckte Öffnungsklausel nicht eine allgemeine abweichende Regelung für Geschäftspraktiken, die die guten Sitten

---

732 *Howells*/Micklitz/Wilhelmsson, European Fair Trading Law, S. 183; *Leistner*, ZEuP 2009, S. 56 (71); so auch *Sosnitza*, WRP 2006, S. 1 (4 f.).

733 *Howells*/Micklitz/Wilhelmsson, European Fair Trading Law, S. 183.

734 Gemeinsamer Standpunkt des Rates v. 9.11.2004, 2003/0134 (COD).

735 Vgl. auch *Apetz*, Das Verbot aggressiver Geschäftspraktiken, S. 248.

und den Anstand betreffen, enthält, spricht auch ein Vergleich mit den Tatbeständen der Schwarzen Liste. In Anhang I der Richtlinie zu Art. 5 Abs. 5 sind Geschäftspraktiken enthalten, die in jedem Fall unlauter sind, ohne dass es auf die Eignung zur Beeinflussung des Durchschnittsverbrauchers ankommt. Als Ausnahme von dem generellen Prinzip, dass ein Nachweis der zumindest möglichen Beeinträchtigung der geschäftlichen Entscheidung des Verbrauchers erforderlich ist, wird für die Tatbestände der Schwarzen Liste von vornherein angenommen, dass sie den Durchschnittsverbraucher unzulässig beeinflussen. Neben dieser Liste von absoluten Verboten ohne Wertungsmöglichkeit können grundsätzlich keine anderen Geschäftspraktiken unabhängig von ihrer Eignung zur Beeinflussung der geschäftlichen Entscheidung als unlauter angesehen werden. In den beiden ersten Vorabentscheidungen zu der Richtlinie gegen unlautere Geschäftspraktiken hat der Europäische Gerichtshof entschieden, dass in der Schwarzen Liste erschöpfend die Geschäftspraktiken aufgezählt sind, die ohne Prüfung der Eignung zur Beeinflussung des geschäftlichen Verhaltens des Verbrauchers unlauter sind.[736] Eine Vorschrift, die darüber hinaus Geschäftspraktiken ohne Rücksicht auf die Umstände des Einzelfalls verbietet, ist richtlinienwidrig. Dieser Grundsatz würde in sein Gegenteil verkehrt, wenn im Rahmen der versteckten Öffnungsklausel in unbeschränkter Weite Geschäftspraktiken verboten werden könnten, ohne Rücksicht darauf, ob sie die informierte geschäftliche Entscheidung des Verbrauchers beeinflussen oder nicht.

Zu beachten ist auch, dass eine andere Regelung nach Erwägungsgrund 7 nur dann zulässig ist, wenn sie im Zusammenhang mit den Fragen der guten Sitten und des Anstands steht und aus kulturellen Gründen unerwünscht ist. Für die Bestimmung kultureller Gründe kann auf die Rechtsprechung des Europäischen Gerichtshof Bezug genommen werden, der den Begriff der „kulturellen Eigenheiten" in seiner Rechtsprechung zum Verbraucherleitbild dazu verwendet, die Erwartungshaltung des Verbrauchers zu bestimmen.[737] In diesem Urteil legt der Europäische Gerichtshof nicht fest, welche Anforderungen an kulturelle Gründe konkret zu stellen sind, da es hierzu keine europäische Gesetzgebung gibt. Vielmehr überlässt er dem nationalen Gericht die Feststellung der kulturellen Eigenheiten mit dem ausdrücklichen Hinweis, dass zu deren Bestimmung sowohl Verbraucherbefragungen als auch Sachverständigengutachten ein adäquates Mittel

736 EuGH C-261/07, C-299/07, Slg. 2009, I-02949 Rn. 63 *VTB-VBA NV v Total Belgium NV*; *Galatea BVBA v Sanoma Magazines Belgium NV*, (joined cases) = WRP 2009, S. 722 (727); EuGH C-304/08, Slg. 2010, I-0000 *Plus-Warenhandelsgesellschaft* = MMR 2010, S. 181 (183); *Köhler*, GRUR 2010, S. 177 (179).

737 EuGH, GRUR Int 2000, S. 354, (356) – *Lifting-Crème*.

seien. Daraus lässt sich der Schluss ziehen, dass kulturelle Gründe im Einzelfall festgestellt werden müssen und nicht generell als Rechtfertigung für eine pauschale Ausnahmeregelung dienen können. Darüber hinaus spricht schon der europäische Grundsatz des *effet utile* für eine enge Auslegung dieser Bereichsausnahme, ansonsten könnte die Zielsetzung der Richtlinie, einen einheitlichen Rechtsrahmen zu errichten, insgesamt in Frage gestellt sein.[738]

Demnach enthält Erwägungsgrund 7 zwar eine versteckte Öffnungsklausel, die in ihrem Anwendungsbereich aber auf die Regelung einzelner Ausnahmen beschränkt ist und keine pauschale Bereichsausnahme für Geschäftspraktiken darstellt, die die guten Sitten und den Anstand betreffen. Nichtsdestotrotz wird diese Öffnungsklausel in einigen Mitgliedstaaten als umfassend verstanden, was dazu führt, dass das Vorliegen einer unlauteren Belästigung in Deutschland nach § 7 UWG ohne jegliche Anknüpfung an die Eignung zur Beeinflussung der geschäftlichen Entscheidung bestimmt wird.[739] Im Bereich der aggressiven Geschäftspraktiken führt die Richtlinie gegen unlautere Geschäftspraktiken daher nicht zu einem einheitlichen Standard. Besonders die Regelungen des belästigenden Verhaltens unterscheiden sich. Diese Unterschiede sind zwar zum Teil in der Richtlinie angelegt, in dieser Weite beruhen sie aber hauptsächlich auf einem zu weiten Verständnis der Öffnungsklausel in Erwägungsgrund 7 der Richtlinie. Die Vereinheitlichung des verbraucherschützenden Lauterkeitsrechts ist damit durch die weite Auslegung der Öffnungsklausel in Erwägungsgrund 7 beeinträchtigt. Das Ziel der Richtlinie, die Binnenmarktfunktionalität durch Errichtung eines einheitlichen Rechtsrahmens zu verbessern, ist damit zumindest im Bereich aggressiver Geschäftspraktiken nicht erreicht worden.[740]

b) Werbung über Fernkommunikationsmittel

Die Richtlinie enthält in Ziffer 26 des Anhangs I eine Regelung zur Werbung über Fernkommunikationsmittel, die grundsätzlich der Vollharmonisierung unterliegt. Jedoch lässt die Vorschrift in Satz 2 der Ziffer 26 die Fernabsatzrichtlinie sowie die Datenschutzrichtlinien ausdrücklich unbeschadet. Regelungen, die nicht denjenigen in der Richtlinie entsprechen, können daher bestehen bleiben, sofern sie auf diesen europäischen Vorschriften beruhen. Diese wiederum folgen noch dem Prinzip der Mindestharmonisierung, so dass die Mitgliedstaaten auch strengere

---

738 *Leistner*, ZEuP 2009, S. 56 (70f.).

739 *Apetz*, Das Verbot aggressiver Geschäftspraktiken, S. 248 misst der Klausel auch eine weitreichende Ausnahmewirkung zu.

740 Siehe oben Kap. 6, III. 2. a), 4 a); *Glöckner*, Europäisches Lauterkeitsrecht, S. 74.

Vorschriften einführen durften, die nunmehr auch nach Umsetzung der Richtlinie gegen unlautere Geschäftspraktiken bestehen bleiben können. Die Öffnungsklausel in Ziffer 26 stellt folglich eine Lücke in dem Konzept der Vollharmonisierung dar, die zu einer unterschiedlichen Rechtslage in den Mitgliedstaaten führt. Wie oben ausgeführt, hat England sich für das Modell des „opt-out" entschieden, während in Deutschland das „opt-in"-Modell gilt. Dementsprechend ist die Werbung über Telefonanrufe in Deutschland nach § 7 Abs. 2 Nr. 1 UWG ohne vorherige Einwilligung unzulässig, wohingegen sich in England ein Verbraucher zunächst in die sogenannte „Robinson-Liste" eintragen muss, wenn er keine telefonische Werbung wünscht. Ein Unternehmer, der in England und in Deutschland über Telefonanrufe werben möchte, muss sich somit auf unterschiedliche Rechtslagen einstellen. Genauso ist auch der Schutz der Verbraucher nicht einheitlich ausgestaltet. In Deutschland steht der unbedingte Schutz der Privatsphäre im Mittelpunkt, während der englische Gesetzgeber die telefonische Werbung durchaus als adäquates Mittel ansieht, die Marktbekanntheit zu steigern, solange nicht der Verbraucher ausdrücklich seine Ablehnung erklärt. Diese unterschiedlichen Ansätze sind im Hinblick auf die unterschiedliche Rechtstradition beider Länder zu sehen. Im Common Law bestand stets eine Tendenz dazu, Unternehmern freie Hand zu lassen, solange sie nicht grob verbraucherschädlich handelten. Dahingegen hatte sich in Deutschland bis zu den Liberalisierungsbestrebungen durch den Europäischen Gerichtshof ein besonders strenger Schutz des Verbrauchers ausgebildet. Die Befürchtung, dass deutsche Verbraucher sich vermehrt telefonischer Werbung durch englische Unternehmer ausgesetzt sehen könnten, ist jedoch nicht eingetreten.[741] Zum einen war Werbung über Fernkommunikationsmittel schon vor Umsetzung der Richtlinie unterschiedlich geregelt, denn sie beruht auf auf Art. 13 Abs. 2 der Datenschutzrichtlinie 2002/58/EG, die nach Art. 3 Abs. 4 und Satz 2 der Ziffer 26 des Anhangs I von den Vorschriften der Richtlinie gegen unlautere Geschäftspraktiken unberührt bleibt. Zum anderen enthält Art. 4 in der endgültigen Version der Richtlinie lediglich noch eine Binnenmarktsklausel ohne Herkunftslandprinzip, so dass kein Zweifel daran besteht, dass englische Unternehmer sich auch vor deutschen Gerichten wegen ihrer telefonischen Werbung verantworten müssen. Es bleibt somit im Hinblick auf die Werbung über Fernkommunikationsmittel bei denselben unterschiedlichen nationalen Vorschriften, die auch vor Erlass der Richtlinie gegen unlautere Geschäftspraktiken anwendbar waren. Die Umsetzung der Richtlinie führt daher in dem Bereich der Werbung durch Fernkommunikationsmittel aufgrund der Fortgeltung speziellerer Richtlinien nicht zu einer vollständigen Vereinheitlichung des Rechts.

---

741 Vgl. *Howells*/Micklitz/Wilhelmsson, European Fair Trading Law, S. 181.

Kapitel 7: Durchsetzung

I. Anforderungen an die Durchsetzung aus der Richtlinie

Die Richtlinie gegen unlautere Geschäftspraktiken enthält keine detaillierten Vorschriften zur Durchsetzung. In Art. 11 und Art. 13 sind generelle Anforderungen an die Durchsetzung der Verbote enthalten. Sie erschöpfen sich jedoch in allgemeinen Prinzipien, ein bestimmtes Durchsetzungssystem wird den Mitgliedstaaten nicht vorgeschrieben.[742] Die Mitgliedstaaten genießen Freiheit in der Entscheidung, ob die Durchsetzung vor Gerichten oder durch Behörden geschehen soll und welche Art von Sanktionen für Verstöße geeignet ist. Die maximale Harmonisierung bezieht sich somit nicht auf die Vorschriften über die Durchsetzung der Richtlinie.[743] Dies ist darauf zurückzuführen, dass die Auswahl der Sanktionen mangels europäischer Rechtssetzungskompetenz in der Hand der Mitgliedstaaten liegt.[744] Solange die Mitgliedstaaten sicherstellen, dass ihre Durchsetzungsmaßnahmen den europäischen Vorschriften zu ihrer vollen Wirksamkeit verhelfen, handeln sie europarechtskonform.[745] Hinzu kommt, dass die nationalen Gerichte sehr verhalten sind, wenn es um die Auslegung europäischer Vorgaben zur Durchsetzung geht. Im Gegensatz zu Auslegungsfragen über das materielle Recht sind die Anforderungen an die Durchsetzung nur selten Gegenstand einer Vorlagefrage nach Art. 234 EG an den Europäischen Gerichtshof.[746]

Auch aus der Enforcement-Richtlinie 2004/48/EG lassen sich keine zwingenden Vorgaben für die Durchsetzung des Lauterkeitsrechts ableiten. Denn es wird den Mitgliedstaaten selbst überlassen, ob sie das Lauterkeitsrecht zu den gewerblichen Schutzrechten zählen. Nur dann fällt es in den Anwendungsbereich

742 Vgl. *Magnus*, Damages Rules, in Schulze, S. 211 (212 f.); *De Cristofaro*, Infringement, in Schulze, S. 115 f.

743 *Schulze*, Contours of European Private Law, in Schulze/Schulte-Nölke, S. 13 (19); Howells/*Micklitz*/Wilhelmsson, European Fair Trading Law, S. 219; *Abbamonte*, General Prohibition, in Weatherill/Bernitz, S. 11 (30); *Twigg-Flesner/Howells/Parry/Nordhausen*, Scope and Application, S. 48 Rn. 3.37; kritisch *De Cristofaro*, Infringement, in Schulze, S. 115 (129).

744 Howells/*Micklitz*/Wilhelmsson, European Fair Trading Law, S. 217.

745 *Schulze*, Contours of European Private Law, in Schulze/Schulte-Nölke, S. 7 (20).

746 Howells/*Micklitz*/Wilhelmsson, European Fair Trading Law, S. 220.

der Richtlinie.[747] Nach wie vor gibt es somit keine Vereinheitlichung der Durchsetzung des Lauterkeitsrechts, wenn man von der Erleichterung grenzüberschreitender Klagen durch die Unterlassungsklagen-Richtlinie 98/27/EG und die Verordnung 2006/2004/EG absieht.[748] Die Sanktionierung von Verstößen gegen die Vorschriften der Richtlinie kann aber auch nicht außer Acht gelassen werden, da sie entscheidenden Einfluss auf das Schutzniveau in den Mitgliedstaaten hat.[749]

1. Zur Durchsetzung berechtigte Personen, Art. 11

In der Richtlinie ist in Art. 11 Abs. 1 Satz 1 festgelegt, dass die Mitgliedstaaten geeignete und wirksame Mittel zur Einhaltung der Richtlinie einführen müssen. Art. 11 Abs. 1 Satz 2 spezifiziert dies dahin gehend, dass diese Mittel Rechtsvorschriften umfassen müssen, die es Personen oder Organisationen mit berechtigtem Interesse ermöglichen, gegen Verstöße vorzugehen. Die Befugnis von Organen mit berechtigtem Interesse ist auch ausdrücklich in Erwägungsgrund 21 festgehalten. Zur Frage steht, welche Bedeutung diese Begriffe haben und ob sich aus der Vorschrift eine Pflicht zur Einführung einer Klageberechtigung für bestimmte Personen oder Organisationen ableiten lässt.

a) Mitbewerber

Zunächst zeigt die Gemeinsame Stellungnahme des Rates, dass Einigkeit darüber besteht, dass unter Art. 11 Abs. 1 Mitbewerber fallen und dass die Mitgliedstaaten ihnen Klagebefugnis einräumen können.[750] Das entspricht auch dem Wortlaut in Art. 11 Abs. 1 Satz 2, der Mitbewerber ausdrücklich als Personen mit berechtigtem Interesse nennt. Teilweise wird in der Literatur angenommen, dass Art. 11 Abs. 1

747 *Glöckner*, Entwicklungslinien, in Hilty/Henning-Bodewig, S. 269.

748 *Glöckner*, Entwicklungslinien, in Hilty/Henning-Bodewig, S. 269; *Alexander*, Schadensersatz und Abschöpfung, S. 181.

749 *Alexander*, Schadensersatz und Abschöpfung, S. 181 f.; *Drexl*, Verbraucherschutz, in Hilty/Henning-Bodewig, S. 227 (236); *Leistner*, Unfair Competition, in Bell/Kilpatrick, S. 141 (148, 168); *de Vrey*, European Unfair Competition Law, S. 72; *Grynbaum,* Pre-contractual information duties, in Schulte-Nölke/Tichy, S. 7 (11); *Black*, Scots Law Times 2005, S. 182 (186).

750 Siehe Howells/Wilhelmsson/*Micklitz*, European Fair Trading Law, S. 221; *Alexander*, Schadensersatz und Abschöpfung, S. 182.

sogar eine Pflicht dazu enthalte, Mitbewerbern ein Klagerecht einzuräumen.[751] Als Argument wird angebracht, dass weder Verbraucher noch Behörden, wie die Trading Standards Offices, genügend Kapazitäten und Interesse daran hätten, einzelne Verstöße zu verfolgen.[752] Unter der Schwelle zur Pflicht kann jedoch auch der Schluss gezogen werden, dass die Richtlinie besonderen Wert auf die Einbeziehung von Mitbewerbern legt, da diese gesondert in der Richtlinie genannt werden.[753]

b) Verbraucher

In Art. 11 Abs. 2 wird neben dem Begriff des Mitbewerbers auch die Formulierung „Personen" verwendet. Davon ausgehend, dass die Befugnis der Mitgliedstaaten, eine Klagebefugnis für den Wettbewerber einzuführen, sich schon aus dem Begriff des Mitbewerbers ergibt, stellt sich die Frage nach der Bedeutung der Aufnahme von Personen mit einem berechtigten Interesse. Es scheint kein Zufall zu sein, dass der Wortlaut der Richtlinie für Interpretationen im Bezug auf die Ausgestaltung der Sanktionen offen ist. Denn der Richtliniengeber konnte sich offensichtlich nicht zu einer verbindlichen Einführung eines Verbraucherklagerechts durchringen, obwohl er es in bestimmten Konstellationen durchaus für sinnvoll erachtet. Zunächst nennt die Kommission in einer vor der Richtlinie ergangenen Mitteilung zu Folgemaßahmen zum Grünbuch über Verbraucherschutz in der Europäischen Union die Einführung eines Schadenersatzanspruchs des Verbrauchers bei eklatanten Verstößen gegen bestimmte Vorschriften als einen Punkt, der weiterer Konsultierung bedarf.[754] Als Beispiel für Vorschriften, die einen solchen Schadenersatzanspruch enthalten könnten, werden aggressive Geschäftspraktiken wie die Anwendung von Gewalt, Belästigung oder Nötigung genannt.[755] Letztendlich lässt sich die Kommission in ihrem endgültigen Vorschlag zur Richtlinie jedoch so ein, dass die Regelung der Sanktionen in der Richtlinie gegen unlautere Geschäftspraktiken, denen der Richtlinie gegen irreführende Werbung gleicht und den Mitgliedstaaten keine neuen Verpflichtungen im Bezug auf die Art und Weise oder Form der Durchsetzung auferlegt.[756] Daher wird teilweise angenommen, dass der Ansatz eines individuellen Rechtsbehelfs sich in den „travaux preparatoires"

---

751 *Marsland*, Misleading Packaging, in Weatherill/Bernitz S. 191 (199).
752 *Marsland*, Misleading Packaging, in Weatherill/Bernitz S. 191 (199).
753 *Black*, Scots Law Times 2005, S. 183 (186).
754 KOM (2002) 289 endg., S. 19.
755 KOM (2002) 289 endg., S. 19.
756 KOM (3003) 356 endg., S. 19 Rn. 77.

zur Richtlinie nicht gegen den kollektiven Ansatz der Rechtsverfolgung durch Organisationen durchsetzen konnte und dass die Richtlinie sich lediglich auf den Schutz der Allgemeinheit der Verbraucher beziehe und daher auch kein Klagerecht für den Einzelnen vorsehe.[757] Es gibt jedoch auch keine Anhaltspunkte dafür, dass die Richtlinie in ihrer jetzigen Form der Einführung eines Verbraucherklagerechts entgegensteht. Die Mitgliedstaaten haben daher zumindest die Möglichkeit, individuelle Verbraucherklagerechte einzuführen, wie es beispielsweise auch in Irland in den irischen Consumer Protection Regulations zur Umsetzung der Richtlinie geschehen ist.

c) Verbraucher- und Unternehmerorganisationen

Die Befugnis der Mitgliedstaaten, Verbraucher- und Unternehmerorganisationen ein Klagerecht zu verleihen, könnte sich aus dem Begriff „Organisationen" in Art. 11 Abs. 1 Satz 2 ergeben. Eine andere Auslegung wäre, dass davon nur öffentliche Behörden umfasst sein sollen. Gegen eine ausschließliche Einbeziehung öffentlicher Behörden spricht allerdings ein Vergleich mit anderen Richtlinien aus diesem Bereich, wie der Fernabsatzrichtlinie 97/7/EG. Art. 11 Abs. 1 der Fernabsatzrichtlinie enthält dabei ebenso wie Art. 11 Abs. 1 der UGP-Richtlinie den Hinweis auf geeignete und wirksame Mittel. In Art. 11 Abs. 2 lit. a) bis c) der Fernabsatzrichtlinie werden dann jedoch genauer als in der UGP-Richtlinie verschiedene Organisationen aufgezählt, die ein berechtigtes Interesse haben und denen daher eine Klagebefugnis zugesprochen werden kann. Dazu gehören ausdrücklich Verbraucher- und Unternehmerverbände. Deren Klagebefugnis stellt somit ein geeignetes und wirksames Mittel im Sinne von Art. 11 Abs. 1 der Fernabsatzrichtlinie dar. Die Regelung in Art. 11 Abs. 1 Satz 1 der UGP-Richtlinie verwendet den gleichen Wortlaut, so dass daraus der Rückschluss gezogen werden kann, dass von den Organisationen mit berechtigten Interesse nach Art. 11 Abs. 1 Satz 2 auch Verbraucher- und Unternehmerverbände umfasst sind.[758] Die Frage, ob sich die Möglichkeit der Einführung einer Klagebefugnis für Verbände in der Richtlinie gegen unlautere Geschäftspraktiken zu einer Pflicht verdichtet, ist damit aber noch nicht beantwortet. Für eine Pflicht, zumindest Verbraucherorganisationen zu befähigen, gegen Verstöße vorzugehen, spräche, dass die Richtlinie auf

757 Howells/Wilhelmsson/*Micklitz*, European Fair Trading Law, S. 221.

758 Howells/*Micklitz*/Wilhelmsson, European Fair Trading Law, S. 225; *Apostolopoulos*, WRP 2004, S. 841 (850 f.); so auch Law Commission, Consumer Redress, S. 444 Rn. 4.7.

den allgemeinen Schutz der Verbraucherinteressen zielt und somit den kollektiven Verbraucherorganisationen auch ein äquivalentes Recht in der Durchsetzung der Vorschriften zustehen könnte.[759] Auch wird die Wahrnehmung von Verbraucherschutzrechten durch entsprechende Organisationen auf der europäischen Ebene immer wichtiger. Dies ist unter anderem aufgrund von Art. 169 AEUV, der ausdrücklich das Recht, Verbraucherorganisationen zu gründen, betont, Gegenstand zahlreicher Aktionspläne und Beschlüsse der Unionsorgane.[760] Gegen eine solche Pflicht spricht zunächst der Wortlaut von Art. 11 Abs. 1. Der Wortlaut spricht eindeutig von Rechtsvorschriften, die es Personen oder Organisationen gestatten, gegen unlautere Geschäftspraktiken vorzugehen. Der Annahme, dass die Richtlinie hauptsächlich auf die Durchsetzung durch Verbände abziele und damit eine korrespondierende Pflicht zur Einführung einer entsprechenden Klagebefugnis einhergehe, widerspricht, dass ausdrücklich auch Personen mit berechtigtem Interesse sowie Mitbewerber genannt sind.

2. Zuständigkeit und Verfahren

Die Richtlinie lässt den Mitgliedstaaten in Art. 11 Abs. 1 lit. a) und b) ausdrücklich die Wahl zwischen der Einführung eines gerichtlichen oder eines behördlichen Verfahrens. Teilweise wird angenommen, dass die Einführung einer öffentlichen Behörde in den Mitgliedstaaten der beste Weg zu einer effektiven Durchsetzung der nationalen Vorschriften zur Umsetzung der Richtlinie sei.[761] Nur diese würden im Unterschied zu privaten Klägern die nötige Unabhängigkeit und Unparteilichkeit aufweisen und hätten den Anreiz und die Mittel, Verstöße zu verfolgen. Dies werde eindrücklich belegt durch den Misserfolg der Richtlinie zu Unterlassungsklagen 98/27/EG, die hauptsächlich Verbraucherorganisationen weitere Klagerechte zusprach und bis auf die Entscheidung *D Duchesne v OFT* des „Cour de Cassation" in Brüssel nicht zu einer regen Klagetätigkeit geführt habe.[762] Gegen die Verfolgung von Verstößen durch öffentliche Behörden spricht, dass Behörden häufig nur mit geringen Ressourcen ausgestattet und nicht in der Lage sind, alle Verstöße zu erfolgen. Zudem sieht Art. 11 Abs. 1 ausdrücklich eine Wahl zwischen den Alternativen vor, ohne eine davon zu präferieren oder gar eine Pflicht zur Einführung von

759 Howells/*Micklitz*/Wilhelmsson, European Fair Trading Law, S. 227.
760 Howells/*Micklitz*/Wilhelmsson, European Fair Trading Law, S. 227.
761 *Abbamonte*, General Prohibition, in Weatherill/Bernitz, S. 11 (30).
762 *Abbamonte*, General Prohibition, in Weatherill/Bernitz, S. 11 (19, 30).

Durchsetzungsbehörden vorzusehen. Jedoch ist auf europäischer Ebene ein Trend dahin zu beobachten, der Rolle von Behörden bei der Durchsetzung des europäisch harmonisierten Rechts eine größere Bedeutung einzuräumen.[763]

Nach Art. 11 Abs. 2 lit. a) und lit. b) sind die Mitgliedstaaten verpflichtet, den Gerichten oder Verwaltungsbehörden die Befugnis zum Erlass einer Unterlassungsanordnung sowie zu einer vorbeugenden Unterlassungsanordnung zur Verhinderung einer unlauteren Geschäftspraxis einzuräumen, ohne dass es des Nachweises eines Schadens oder vorsätzlichen oder fahrlässigen Handelns bedarf. Darüber hinaus sieht die Richtlinie gegen unlautere Geschäftspraktiken in Art. 11 Abs. 2 ein beschleunigtes Verfahren für einstweilige Verfügungen vor. Diese Regelung wurde aus der Irreführungsrichtlinie aus Art. 4 Abs. 2 übernommen und wird von dem Europäischen Gerichtshof als unverzichtbare Voraussetzung einer wirksamen Durchsetzung qualifiziert.[764]

3. Effektive Sanktionen, Art. 11 und Art. 13

Art. 13 ist ein Ausdruck der zwischen dem europäischen Richtliniengeber und den Mitgliedstaaten geteilten Kompetenz. In Satz 1 wird zunächst auf die Befugnis der Staaten hingewiesen, die Sanktionen für Verstöße gegen das nationale Recht zur Umsetzung der Richtlinie festzulegen. Satz 2 stellt sodann die Anforderung auf, dass die Sanktionen wirksam, verhältnismäßig und abschreckend sein müssen. Dieser Grundsatz ist auch in Art. 11 Abs. 1 zum Ausdruck gebracht, der festlegt, dass Sanktionen wirksam und geeignet sein müssen, um die Einhaltung der Richtlinie durchzusetzen. Dieses Erfordernis geht auf die Rechtsprechung des Europäischen Gerichtshofs zurück und ist auch schon in der Irreführungsrichtlinie sowie in anderen europäischen Rechtsakten enthalten.[765] Auch aus dem primären Unionsrecht folgen keine detaillierten Anforderungen an die Ausgestaltung der Sanktionen, solange die Durchsetzung dem *effet utile* genügt.[766]

---

763 Die Kommission hat mit der Richtlinie 2006/2004/EG ein Netzwerk europäischer Durchsetzungsbehörden ins Leben gerufen; *de Vrey*, European Unfair Competition Law, S. 72.

764 Howells/*Micklitz*/Wilhelmsson, European Fair Trading Law, S. 229; EuGH C-213/89 *Factortame,* Slg. 1990, I-02433, Rn. 21; *Schulze/Engel/Jones,* Europäisches Privatrecht, S. 97.

765 *Henning-Bodewig*, WRP 2005, S. 1311 (1334); *Magnus*, Damages Rules, in Schulze, S. 211 (212 f.); *de Vrey*, European Unfair Competition Law, S. 72.

766 *Alexander*, Schadensersatz und Abschöpfung, S. 180.

In Teilen der Literatur wird vertreten, dass sich Art. 13 lediglich auf Art. 11 beziehe und damit nur Unterlassungsanordnungen an diesem Maßstab gemessen werden müssen, so dass andere Sanktionen, die die Mitgliedstaaten freiwillig einführen, nicht darunter fallen.[767] Der Wortlaut lässt allerdings auch einen anderen Schluss zu. Im ersten Satz wird auf die Sanktionen Bezug genommen, die die Mitgliedstaaten festlegen. Den Staaten steht jedoch nur außerhalb der Einführung von Unterlassungsanordnungen die Freiheit zu, die Sanktionen selbst zu bestimmen, denn bezogen auf erstere enthält Art. 11 Abs. 2 eine Pflicht zur Einführung. Sinnvollerweise sind die Anforderungen des Art. 13 Satz 2 daher so zu verstehen, dass der europäische Richtliniengeber auch in dem Bereich der Sanktionen, den er nicht *en detail* selbst regelt, zumindest allgemeine Prinzipien aufstellt, an die sich die Mitgliedstaaten in der Auswahl und Durchsetzung ihrer Sanktionen halten müssen. Der Europäische Gerichtshof hat im Hinblick auf die Effektivität der Sanktionen den Grundsatz entwickelt, dass sie geeignet sein müssen, den Zielen der Richtlinie zum Erfolg zu verhelfen, effektiv vor den nationalen Gerichten durchgesetzt zu werden sowie den gesamten Schaden zu kompensieren.[768]

II. Durchsetzung der englischen CPR

Die Wirksamkeit von Verbraucherschutzgesetzen hängt stets von ihrer Durchsetzbarkeit ab. Der beste gesetzliche Schutz ist wertlos, wenn die Verbote nur auf dem Papier bestehen und Verstöße nicht effektiv verfolgt werden.[769] In England werden Verbraucherschutzgesetze traditionell von den Behörden durch administrative Befugnisse und strafrechtliche Sanktionen durchgesetzt.[770] Für die Durchsetzung der Sanktionen wegen Verstoßes gegen die CPR sind die lokalen Trading Standard Offices (TSO) und das Office of Fair Trading (OFT) zuständig. Die Verfolgung von Verstößen gegen die CPR kann sowohl zivilrechtlich als auch strafrechtlich erfolgen. Der Gesetzgeber sieht das zivilrechtliche Vorgehen als den üblichen Rechtsbehelf an, während die strafrechtliche Verfolgung auf schwerwiegende

767 Howells/*Micklitz*/Wilhelmsson, European Fair Trading Law, S. 230.

768 Siehe *Magnus*, Damages Rules, in Schulze, S. 211 (212 f.);*Howells/Wilhelmsson*, EC Consumer Law, S. 226; EuGH C-271/91, Slg. 1993, I-4367 *Marshall v Southampton AHA* (Nr. 2).

769 *Cartwright*, Criminal Law, S. 212; *Howells/Weatherill*, Consumer Law, S. 649.

770 *Twigg-Flesner/Parry*, UK-Perspective, S. 215 (229); *Ramsay*, Consumer Law, S. 388; *Howells/Weatherill*, Consumer Law, S. 612; *Cartwright*, Criminal Law; *Howells*, Journal of Business Law 2009, S. 183 (191).

Verstöße beschränkt sein soll.[771] Damit wird gegenüber der alten Rechtslage nach dem TDA das zivilrechtliche Vorgehen der Behörden durch Unterlassungsverfügungen gestärkt.

1. System der Sanktionen

a) Strafbarkeit des Verstoßes gegen die CPR

Ein Großteil der Regelungen der CPR kann strafrechtlich sanktioniert werden. Dies entspricht dem generellen Ansatz des englischen Verbraucherschutzrechts. Die in den CPR enthaltenen Vorschriften zum „enforcement" sind überwiegend dem Trade Descriptions Act 1968 nachempfunden. Regulation 8(1) CPR bestraft den Verstoß gegen die Generalklausel, wenn der Unternehmer vorsätzlich oder grob fahrlässig (knowingly or recklessly) gehandelt hat. Für ein grob fahrlässiges Handeln genügt es nach Regulation 8(2)CPR, wenn er ohne Rücksicht darauf gehandelt hat, ob sein Verhalten der beruflichen Sorgfalt entspricht. Die Verstöße gegen das Verbot irreführender Handlungen und Unterlassungen sowie gegen das Verbot aggressiver Geschäftspraktiken und gegen die Tatbestände der Schwarzen Liste sind nach Regulation 9 bis 11 CPR Gegenstand von „strict liability" (verschuldensunabhängiger Haftung). Es kommt nicht auf Vorsatz oder Fahrlässigkeit des Unternehmers an. In Regulation 17 CPR ist für die strafrechtlichen Tatbestände mit „strict liability" eine „due diligence defence" eingeführt worden. Danach ist der Verstoß des Unternehmers gerechtfertigt, (i) wenn er auf einem Fehler beruht, (ii) wenn er auf einer Information beruht, die er von einer verlässlichen Person erhalten hat, (iii) wenn er auf dem Verhalten oder dem Fehler einer anderen Person beruht, (iv) wenn es sich um einen Unfall handelt oder (v) wenn der Verstoß auf einem außerhalb seiner Kontrolle liegenden Umstand beruht und wenn er jeweils nachweisen kann, dass er alle vernünftigen Vorkehrungen und die verkehrsübliche Sorgfalt angewendet hat, um den Verstoß zu verhindern. Von der strafrechtlichen Haftung nach den CPR ausgenommen sind der Verstoß gegen einen Verhaltenskodex nach Regulation 5(3)(b) CPR sowie Verstöße gegen das Verbot der Werbung mit direkter Ansprache von Kindern aus Ziffer 28 und das Verbot als Information getarnter Werbung aus Ziffer 11 der Schwarzen Liste.

---

771 DTI, Government Response on how to frame criminal offences, Mai 2007, S. 5 Rn. 13; *Woodroffe/Lowe*, Consumer Law, 7. Aufl. 2007, 7. Aufl. 2007, S. 315 Rn. 17.42.

aa) Verhältnismäßigkeit strafrechtlicher Sanktionen nach Art. 13

Aufgrund des weiten Wortlauts steht fest, dass die Mitgliedstaaten sowohl zivilrechtliche als auch strafrechtliche Sanktionen einführen können.[772] In den letzten Jahren ist unter Common Lawyern jedoch eine Diskussion entbrannt über die Frage, ob die Verbindung des Verbraucherschutzes mit strafrechtlichen Sanktionen verhältnismäßig ist.[773] Die Kriminalisierung von Verstößen gegen Verbraucherschutzrecht („regulatory crime") und die damit verbundene Gleichstellung mit „echten" Straftatbeständen wird zum Teil als unverhältnismäßig und darüber hinaus als wenig effektiv angesehen.[774]

(1) Strict Liability

Die primäre Rechtfertigung einer verschuldensunabhängigen strafrechtlichen Haftung („strict liability") im Bereich des Verbraucherschutzes ist der abschreckende Effekt auf den Unternehmer, der verhindern soll, dass es überhaupt erst zu einer unlauteren Geschäftspraxis kommt.[775] In einem Report des *Better Regulation Executive* wird die Haftung ohne Nachweis des Vorsatzes oder der Fahrlässigkeit jedoch als kontraproduktiv bezeichnet, da sie nicht zwischen Unternehmern differenziert, die sich um ein legales Verhalten bemühen und Unternehmern, die kalkuliert unlautere Geschäftspraktiken einsetzen und die mögliche Strafe gegen den Gewinn rechnen.[776] Das führe dazu, dass die Gerichte sich sträubten, bei Verstößen hohe abschreckende Strafen auszusprechen.[777] Unter dem Trade Descriptions Act 1968 zum Beispiel betrug die durchschnittliche

---

772 *Stuyck/Terryn/van Dyck*, CMLR 2005, S. 107 (136); *Twigg-Flesner/Parry*, UK-Perspective, S. 215 (229); *Twigg-Flesner/Howells/Parry/Nordhausen*, Scope and Application, S. 71 Rn. 5.14; Howells/*Micklitz*/Wilhelmsson, European Fair Trading Law, S. 230.

773 Siehe *Ramsay*, Consumer Law, S. 359 ff. m.w.N.; vgl. auch *Williams/Hare*, Journal of Consumer Policy 2010, S. 377 (384 ff.).

774 Vgl. *Cartwright*, Criminal Law, S. 83 f.; DTI, Consultation on framing and enforcing criminal sanctions in the Regulations implementing the UCP Directive, Dezember 2006, S. 16 f. Rn. 3.6.

775 Lord Diplock in *Tesco v Nattrass* [1972] AC, S. 153 (193 f.) zu den strafrechtlichen Sanktionen des TDA 1968; DTI, Consultation on framing and enforcing criminal sanctions in the Regulations implementing the UCP Directive, Dezember 2006, S. 16 Rn. 3.3; *Cartwright*, Criminal Law, S. 112.

776 Better Regulation Executive, Regulatory Justice: Sanctioning in a post-Hampton World, Mai 2006, S. 19 Rn. 1.31 f.; *Cartwright*, Criminal Law, S. 112.

777 A.a.O.; *Ramsay*, Consumer Law, S. 361.

Strafe lediglich 1.524 GBP, obwohl im Gesetz eine maximale Strafe von 5000 GBP vorgesehen ist.[778]

Auf der anderen Seite werden diese Argumente zumindest im Bereich der CPR dadurch etwas entschärft, dass die „strict liability" von einer „due diligence defence" flankiert wird.[779] Dadurch kann zwischen Unternehmern unterschieden werden, die ihre Sorgfalt vernachlässigen, und solchen, die sich um ein lauteres Verhalten bemühen. Zudem schafft diese Möglichkeit der Einwendung einen Anreiz für Unternehmen, ihrer Sorgfaltspflicht nachzukommen, da sie dadurch die Strafbarkeit vermeiden können.[780] Des Weiteren unterliegt ein Verstoß gegen die Generalklausel, deren Tatbestand aufgrund seiner Weite besonders problematisch ist, nicht der „strict liability". Vielmehr ist in Regulation 8 CPR für eine strafrechtliche Haftung wegen Verstoßes gegen die Generalklausel das Erfordernis eines subjektiven Willenselements („mens rea") eingeführt worden.[781] Damit wird die Generalklausel weiteren Anforderungen unterworfen, die verhindern, dass Unternehmer sich strafbar machen, ohne dass klar ist, welche Geschäftspraktiken genau von der Vorschrift erfasst sind.[782] In den Vorbereitungsarbeiten zu den CPR drangen besonders die Unternehmerverbände darauf, nicht nur die Generalklausel, sondern auch die anderen Tatbestände, insbesondere die irreführende Unterlassung durch fehlende Information bei einer Aufforderung zum Kauf nach Art. 7 Abs. 4, dem „mens rea"-Erfordernis zu unterwerfen. Dagegen spricht allerdings, dass es den Behörden enorm erschwert wird, Verstöße zu verfolgen, wenn sie dem Unternehmer Vorsatz oder grobe Fahrlässigkeit nachweisen müssen und dass das primäre Ziel der Abschreckung der Unternehmer unterlaufen werden könnte. Dies trifft insbesondere auf die Strafverfolgung großer Unternehmen zu, die dadurch weiter erschwert wird, dass der subjektive Wille eines „directing mind" des Unternehmens nur schwer zu beweisen ist.[783] Letztendlich konnten sich die Unternehmerverbände nicht gegen das Argument der Durchsetzungsbehörden durchsetzen, dass es sich bei Art. 7 um eine einheitliche Vorschrift handele, die auch zu ein- und

---

778 DTI, Consultation on framing and enforcing criminal sanctions in the Regulations implementing the UCP Directive, Dezember 2006, S. 16 f. Rn. 3.6; *OECD,* Report on the Effectiveness of Enforcement Regimes, 2006, S. 42 Rn. 148; *Howells*, Journal of Business Law 2009, S. 183 (193).

779 *Ramsay*, Consumer Law, S. 361.

780 *Cartwright*, Criminal Law, S. 113.

781 *Ramsay*, Consumer Law, S. 361; *Twigg-Flesner/Parry*, UK-Perspective, S. 215 (229).

782 DTI, Government Response to the Consultation on how to frame criminal offences, Mai 2007, S. 4 Rn. 9.

783 *Cartwright*, Criminal Law, S. 123.

derselben Rechtsfolge führen müsse, da es ansonsten schwerwiegende Probleme bei der Anwendung und Abgrenzung gäbe. Auch der Vorschlag der Unternehmerverbände, für weite und unbestimmte Tatbeständen lediglich zivilrechtliche Sanktionen einzuführen, stieß auf keine Zustimmung seitens der Behörden. Denn die Zivilprozesse bergen für die Behörden die Gefahr erhöhter Kosten bei einer Niederlage aufgrund der Tatsache, dass Trading Standards Officers nicht vor Gericht auftreten dürfen und daher gezwungen sind, Rechtsanwälte in Anspruch zu nehmen.[784]

(2) Due Diligence Defence

Im Hinblick auf die Einführung einer Einwendung des unlauter handelnden Unternehmers gegen die „strict liabilty“ Tatbestände hat der englische Gesetzgeber die schon in dem Trade Descriptions Act 1968 enthaltene „due diligence defence“ in die CPR übernommen.[785] Betrachtet man die Rechtsprechung zu dieser Einwendung wird jedoch ersichtlich, dass hinsichtlich der Haftung großer Firmen für unlautere Handlungen ihrer Mitarbeiter Schwierigkeiten bestehen. In der Entscheidung *Tesco Supermarkets Ltd v Nattrass* wurde einer großen Supermarktkette gegen den Vorwurf irreführender Preise die Einwendung gewährt, sie hätte den handelnden Leiter des betroffenen Marktes ausreichend überwacht.[786] Der handelnde Angestellte war auch kein leitendes Organ („directing mind“) der Gesellschaft und somit dieser nicht zurechenbar. Somit war der Verstoß der Gesellschaft gegen Section 11(2) TDA 1968 nach Section 24 TDA gerechtfertigt. Diese Entscheidung des House of Lords wurde immer wieder kritisiert, da sie die Haftung von großen Gesellschaften einschränke, sie wurde jedoch bis heute nicht ausdrücklich aufgehoben („overruled“).[787] In einer jüngeren Entscheidung über irreführende Preisangaben nach Section 20(1) Consumer Protection Act 1987 wurde die „Nattrass“-Einrede jedoch ausdrücklich zurück gewiesen und das Unternehmen haftete für die unlautere Handlung des Angestellten.[788] Allerdings wurde die Einrede nicht als unanwendbar abgewiesen, sondern das betroffene Unternehmen hatte nicht ausreichend nachweisen können, dass es seiner Überwachungspflicht

784 DTI, Government Response to the Consultation on how to frame criminal offences, Mai 2007, S. 12 Rn. 18; *Howells*, Journal of Business Law 2009, S. 183 (191).

785 *Griffiths*, Communications Law 2007, S. 196 (202).

786 *Tesco Supermarkets Ltd v Nattrass* [1972] AC 153, S. (169–171; 174 f.).

787 *Ramsay*, Consumer Law, S. 366; *Howells/Weatherill*, Consumer Protection Law, S. 501; *Harvey/Parry*, Consumer Protection, S. 414 f.; *Cartwright*, Criminal Law, S. 98.

788 *DSG Retail Ltd v Oxfordshire County Council* [2001] WLR, S. 1765 (1774).

nachgekommen war. Das Gericht hat auch in dieser Entscheidung ausdrücklich darauf hingewiesen, dass grundsätzlich zwischen dem Handeln des Unternehmens und seiner Mitarbeiter unterschieden werden müsse.[789] Im Gegensatz zu anderen Rechtsgebieten, wie dem Umweltrecht oder Produktsicherheits- und Gesundheitsvorschriften, konnten Unternehmen im Bereich des Schutzes der Verbraucher vor irreführenden Preisangaben nach dem TDA 1968 und dem CPA 1987 sehr weitgehend von der in den Statutes enthaltenen „due diligence defence" Gebrauch machen.[790] Da die CPR diese Einwendung identisch aus dem TDA 1968 übernommen haben und aufgrund der Tatsache, dass es sich um dasselbe Regelungsbiet handelt, ist davon auszugehen, dass die Gerichte auch in Zukunft an dieser Rechtsprechung festhalten werden.

(3) Regulatory Crime

Insgesamt hat der englische Gesetzgeber mit der verschuldensunabhängigen strafrechtlichen Haftung, die über die „due diligence defence" gemildert wird, sowie mit dem „mens rea"-Erfordernis für den Verstoß gegen die Generalklausel einen Mittelweg zwischen den Interessen der Unternehmer, der Durchsetzungsbehörden und der Verbraucherverbände gewählt. Die Möglichkeit der „due diligence defence" stellt für die Unternehmen einen zusätzlichen Anreiz dar, ihrer Sorgfaltspflicht nachzukommen, da sie dadurch die Strafbarkeit vermeiden können.[791] Die „strict liability" entspricht den Anforderungen aus Art. 13, dass die Sanktionen wirksam, abschreckend und verhältnismäßig sein müssen, insbesondere da sie durch eine „due diligence defence" ergänzt wird.[792] Die Einführung eines „mens rea"-Erfordernisses für alle Verstöße ist für die Verhältnismäßigkeit der Sanktionen nicht zwingend erforderlich. Vielmehr kann die verschuldensunabhängige Strafbarkeit dadurch gerechtfertigt werden, dass es sich bei den CPR um „regulatory crime" handelt, dessen Zweck der Schutz der Verbraucher vor unlauteren Geschäftspraktiken ist, und nicht um „echte" Straftatbestände, die bestimmte Taten als gesamtgesellschaftlich schädlich pönalisieren. Die Verstöße gegen die

---

789 A.a.O.; vgl. auch *Ramsay*, Consumer Law, S. 368; *Howells/Weatherill*, Consumer Protection Law, S. 500.

790 *Howells/Weatherill*, Consumer Protection Law, S. 500 f.; *Harvey/Parry*, Consumer Protection, S. 414 f; *Cartwright*, Criminal Law, S. 242 f.

791 *Cartwright*, Criminal Law, S. 113.

792 *Cartwright*, Criminal Law, S. 115; *Twigg-Flesner/Parry*, UK-Perspective, S. 215 (229); *Twigg-Flesner/Howells/Parry/Nordhausen*, Scope and Application, S. 69 f. Rn. 5.9 ff.

CPR werden nicht von der Polizei verfolgt, sondern von öffentlichen Behörden wie dem Office of Fair Trading und den Trading Standards Offices und die Gerichte ordnen in der Regel auch keine Haftstrafe an.[793] Auch die Einführung eines subjektiven Willenselements für den Verstoß gegen die Generalklausel nimmt der Vorschrift nicht all ihre Wirksamkeit und abschreckende Wirkung. Es ist vertretbar, dass sie in Hinsicht auf das Verhältnismäßigkeitserfordernis in Art. 13 sogar geboten ist. Die Einführung strafrechtlicher Sanktionen, in der Form wie sie der englische Gesetzgeber erlassen hat, ist also durchaus verhältnismäßig im Sinne von Art. 13 der Richtlinie.

bb) Durchsetzung der strafrechtlichen Sanktionen aus den CPR durch OFT und TSO

Nach Regulation 19 CPR ist jede designierte Durchsetzungsbehörde („enforcement authority") dazu verpflichtet, für die Durchsetzung der Vorschriften Sorge zu tragen. Dazu zählen nach Regulation 2 CPR das Office of Fair Trading (OFT) und die „local weights and measures authorities". Anders als noch unter dem Trade Descriptions Act 1968 hat das OFT nun nach Regulation 19 CPR die direkte Befugnis, Verstöße von Unternehmern gegen die CPR strafrechtlich zu verfolgen.[794] Das OFT ist eine nationale Behörde und wurde durch den Fair Trading Act 1973 ins Leben gerufen und unter dem Enterprise Act 2002 reformiert. Sie ist sowohl mit dem Kartellrecht als auch mit dem Verbraucherschutz befasst und verwendet ihre Ressourcen für beide Aufgaben.[795] Aufgrund der Unterschiede in den Verfolgungsprinzipien der lokalen Tradings Standards Offices, die die *Hampton Review* als besondere Schwäche des englischen Systems identifizierte, wurde sie den regionalen Verbraucherschutzbehörden übergeordnet („champion of Trading Standards Offices") und nimmt eine koordinierende Funktion zwischen ihnen ein.[796] Zudem stellt das OFT das einzige „UK liaision office" in dem von der Kommission ins Leben gerufenen Netzwerk der europäischen Durchsetzungsbehörden dar (2006/2004/EG).[797] Das OFT spielt somit eine zentrale Rolle in der Durchsetzung der Vorschriften der CPR. Daneben sind auf regionaler Ebene die „local weights

793 *R v Haesler* [1973] RTR, S. 486 f.; *Lowe/Woodroffe*, Consumer Law, 7. Aufl. 2007, S. 253 Rn. 13.70; *Harvey/Parry*, Consumer Protection, S. 415; *Bragg*, Trade Description, S. 218.

794 *Ramsay*, Consumer Law, S. 348, 352, 485

795 *Howells/Weatherill*, Consumer Law, S. 574.

796 *Ramsay*, Consumer Law, S. 350 f.

797 *Ramsay*, Consumer Law, S. 485.

and measures authorities" als Trading Standards Offices (TSO) mit der Durchsetzung der Vorschriften der CPR betraut. Sie sind Teil der „county councils" oder in großen Städten, wie in London, in den „boroughs" eingegliedert.

b) Zivilrechtliche Befugnisse nach dem Enterprise Act 2002

Das Office of Fair Trading und die Trading Standards Offices können unlautere Unternehmer nicht nur auf strafrechtlichem Wege nach den CPR verfolgen, sondern sie haben auch Befugnisse nach Section 213 Part 8 des Enterprise Act 2002 (EA).[798] Danach sind sie klagebefugt vor den Zivilgerichten. Die CPR sollen neben den strafrechtliche Sanktionen vor allem auch auf zivilrechtlichem Wege von den Behörden durchgesetzt werden.[799] Der Weg vor die Zivilgerichte stellt für die handelnden Behörden jedoch nur eine Alternative dar, wenn das Verfahren kostengünstig und effektiv ist. Ein Hindernis für den Erfolg der zivilrechtlichen Rechtsbehelfe könnte dadurch entstehen, dass die Mitarbeiter der Behörden nicht selbst vor den Zivilgerichten auftreten dürfen, sondern Rechtsanwälte bestellen müssen, wodurch sich die Kosten für die Behörde erhöhen.[800] Der Vorschlag des Ministeriums, auch den Mitarbeitern der TSO Prozeßführungsbefugnis einzuräumen, wurde von der Vereinigung der District Judges entschieden abgelehnt und ist nun Gegenstand weiterer Beratungen.[801] Im Hinblick auf die zivilrechtliche Durchsetzung der Vorschriften der CPR haben nach dem Erlass des Enterprise Act 2002 nun die Tradings Standards Offices einen Zuwachs an Befugnissen, da nach dem Vorgängergesetz, dem Part III des Fair Trading Act 1973, allein das OFT berechtigt war, Unterlassungserklärungen zu fordern und Verfügungen zu erwirken. Die jetzigen Befugnisse beziehen sich nach Section 211(2)(a) des Acts auf Verstöße gegen nationales Recht, das strafrechtlich sanktioniert wird („domestic law infringement") und nach Section 212(1) des Acts auf Verstöße gegen bestimmtes Unionsrecht („community law infringement"). Darunter fällt nach Section 212(1)(a) i. V. m. Schedule 13 des Acts auch die Richtlinie gegen unlautere Geschäftspraktiken.

---

798 *Lowe/Woodroffe*, Consumer Law, 7. Aufl. 2007, S. 315 Rn. 17.42; *Ramsay*, Consumer Law, S. 382; 486.

799 DTI, Consultation on framing and enforcing criminal sanctions in the Regulations implementing the Unfair Commercial Practices Directive, S. 4; vgl. *Williams/Hare*, Journal of Consumer Policy 2010, S. 377 (386).

800 *Howells*, Journal of Business Law 2009, S. 183 (191); DTI, Government Response to the Consultation on how to frame criminal offences, Mai 2007, S. 12 Rn. 18.

801 *Howells*, Journal of Business Law 2009, S. 183 (191).

Bevor die Behörde bei Gericht einen Antrag auf eine „Enforcement Order" stellen kann, muss sie bestimmte Schritte eingehalten haben. Zunächst ist es nach Section 214 EA 2002 erforderlich, dass die Behörde mit dem Unternehmer in Gespräche eintritt und sich mit dem OFT abspricht, sofern der Verstoß von einer regionalen Behörde verfolgt wird. Neben dem Antrag bei Gericht hat die Behörde auch nach Section 219 EA 2002 die Möglichkeit, auf eine freiwillige Unterlassungsverpflichtungserklärung des Unternehmers hinzuwirken. Nach dem Wortlaut des Gesetzes steht diese Möglichkeit gleichberechtigt neben dem gerichtlichen Vorgehen, jedoch soll der Gang zu Gericht die letzte Stufe sein und die Behörde soll zunächst außergerichtlich die Abgabe einer Unterlassungsverpflichtungserklärung anstreben.[802] Zeigt der Unternehmer sich nicht kooperationsbereit, kann die Behörde eine „Enforcement Order" nach Section 217 EA vor Gericht beantragen. Damit kann der Unternehmer dann verpflichtet werden, die unlautere Geschäftspraxis zu beenden und auch nicht zu wiederholen sowie eine Unterlassungsverpflichtungserklärung abzugeben. In dem Falle, dass eine „Enforcement Order" begründet wäre, kann das Gericht nach Section 218 auch eine „Interim Enforcement Order" (einstweilige Verfügung) aussprechen, wenn es das Verbot der Geschäftspraxis für unbedingt sofort erforderlich hält. Ein Verstoß gegen die Anordnung des Gerichts stellt „contempt of court" dar und kann mit einer der Höhe nach unbegrenzten Geldstrafe oder Gefängnis geahndet werden.[803]

In jedem Fall liegt ein „Domestic" oder „Community Law Infringement" im Sinne des Acts erst dann vor, wenn auch das kollektive Interesse der Verbraucher beeinträchtigt ist („collective interest"). Die Auslegung dieses Erfordernisses ist Gegenstand einer Diskussion in Rechtsprechung und Literatur. In der Rechtsprechung bestehen Tendenzen dahin, eine Beeinträchtigung des „collective interest" zwar grundsätzlich durch wiederholte Verstöße in zahlreichen Fällen als indiziert anzusehen, darüber hinaus jedoch auch eine Schädigung der Verbraucher in ihrer Gesamtheit zu fordern.[804] In der Literatur wird dagegen protestiert, die Voraussetzung der Beeinträchtigung des kollektiven Interesses

802 *Lowe/Woodroffe*, Consumer Law, S. 280 Rn. 17.18; *Harvey/Parry*, Consumer Law, S. 355; siehe grafische Darstellung in Law Commission, Consumer Redress, S. 44 Rn. 4.8.

803 *Lowe/Woodroffe*, Consumer Law, S. 309 Rn. 17.27; *Harvey/Parry*, Consumer Law, S. 357; Law Commission, Private Right of Redress, S. 1 Rn. 1.2.

804 *OFT v MB Design* [2005] SLT, S.691 (696, 701 Rn. 14, 31); vgl. auch *Rott*, Implementation, Journal of Consumer Policy 2001, S. 401 (425), der einen „persistent breach" für erforderlich hält.

der Verbraucher so auszulegen, dass die Befugnisse aus Part 8 des Enterprise Act 2002 ausschließlich bei grob unlauteren Unternehmern greifen, die wiederholt schwere Verstöße begehen.[805] Fest steht jedenfalls, dass ein zivilrechtliches Vorgehen aus Part 8 des Enterprise Act 2002 grundsätzlich nicht gegen einen einzelnen Verstoß möglich ist.[806] Des Weiteren fällt auf, dass unterschiedliche Voraussetzungen für den Erlass einer einstweiligen Verfügung im Hinblick auf einen Verstoß gegen nationales Recht und auf einen Verstoß gegen Unionsrecht gestellt werden. Während es für die auf einem europäischem Rechtsakt beruhende Vorschrift genügt, wenn ein Verstoß in Zukunft wahrscheinlich ist („likely"), ist die in Zukunft bevorstehende Verletzung einer rein nationalen Norm überhaupt nicht umfasst.[807] Diese Unterscheidung liegt wohl darin begründet, dass die Richtlinie zu Unterlassungsklagen auch zukünftige Verstöße umfasst und der englische Gesetzgeber sich gezwungen sah, diese Entscheidung in dem Enterprise Act 2002 zu berücksichtigen, sie jedoch nicht auch auf nationale Normen ausdehnen wollte.

Nach Section 213(2) Part 8 des Enterprise Act 2002 kann der Secretary of State einer öffentlichen oder privaten Organisation Durchsetzungsbefugnisse verleihen.[808] Danach ist der in England landesweit tätigen Verbraucherorganisation „which?" Klagebefugnis vor den Zivilgerichten eingeräumt worden. Dementsprechend kann „which?" auch bei Verstößen gegen die CPR auf Unterlassung und Schadenersatz klagen.[809] Auch wenn einige öffentliche Organisationen zur Durchsetzung ermächtigt wurden, wurde im Hinblick auf private Verbände bisher noch nicht von der Vorschrift Gebrauch gemacht.[810] Die Kriterien dafür sind gemäß Section 213(4) EA in einer Order des Secretary of State festgelegt worden. Danach muss der Verband unabhängig und unparteilich sein sowie Erfahrung mit der Förderung des allgemeinen Verbraucherinteresses haben. Zudem muss er sich den Durchsetzungsprinzipien der Behörden anpassen und mit dem OFT kooperieren und Informationen austauschen.

805 *Ramsay*, Consumer Law, S. 497; *Howells*, Journal of Business Law 2009, S. 183 (192).
806 *Howells/Weatherill*, Consumer Law, S. 593.
807 *Howells/Weatherill*, Consumer Law, S. 599.
808 OFT, Enforcement of Comsumer Protection Legislation, Juni 2003, S. 5 Rn. 2.8.
809 *Howells*, Journal of Business Law 2009, S. 183 (192).
810 *Howells/Weatherill*, Consumer Law, S. 598; *Ramsay*, Consumer Law, S. 390.

2. Vor- und Nachteile der Durchsetzung der CPR durch Behörden

Die strafrechtlichen Sanktionen von Verstößen gegen die CPR werden gemeinsam von lokalen Behörden und dem nationalen OFT durchgesetzt. Die CPR sind die ersten Vorschriften aus dem Bereich des Verbraucherschutzes, die dem OFT direkte strafrechtliche Verfolgungsbefugnisse gewähren. Hintergrund dieser Änderung ist, dass in der *Hampton Review* und in einem Report des DTI die große Anzahl regionaler Behörden als Hindernis für eine einheitliche und effektive Durchsetzung des Verbraucherschutzrechts identifiziert wurde und das OFT als dessen „champion“ für eine Vereinheitlichung der Durchsetzung sorgen soll.[811] Daneben liegt seit dem Erlass des Enterprise Act 2002 die zivilrechtliche Befugnis, eine Unterlassungserklärung zu erwirken oder eine Verfügung des Gerichts zu beantragen, nicht mehr allein bei dem OFT, sondern auch bei den Trading Standards Offices, die in Absprache mit dem OFT handeln können.[812]

Der Vorteil einer nationalen übergeordneten Durchsetzungsbehörde liegt darin, dass die Gefahr einer Verfolgung durch das OFT größeren Druck auf unlautere Unternehmen ausüben kann als das regionale Vorgehen einer lokalen Behörde. Das OFT kann mit großen britischen Unternehmen auf Augenhöhe verhandeln und besser gegen landesweite Verstöße oder gegen Verstöße im Ausland vorgehen.[813] Für die Befugnis auch regionaler Behörden spricht die Nähe der „Enforcement Officers“ zu den Unternehmen und den lokalen Gegebenheiten. Die Behörden können leicht Informationen vor Ort einholen und Verstöße verfolgen, bevor sie „kalt“ sind, weil der betroffene Unternehmer seine Geschäftspraxis geändert hat oder nicht mehr in demselben Bezirk tätig ist.[814] Zudem kann im besten Falle die Vielfalt der lokalen Behörden zu einem innerbetrieblichen Wettbewerb führen, der zu einer effektiven Verfolgung und zu innovativen Verfolgungsmethoden führt.[815] Ein Nachteil der Durchsetzung durch regionale Behörden kann jedoch sein, dass diese in nächster Nähe zu der lokalen Bezirksregierung stehen und damit besonders anfällig für politische Intervention von Unternehmern, die sich über eine

---

811 DTI, Comparative Report on Consumer Policy Regimes, Oktober 2003, S. 22 f.; *Hampton*, Reducing Administrative Burdens: Effective Inspection and Enforcement (2005), S. 17; *Ramsay*, Consumer Law, S. 348.

812 *Ramsay*, Consumer Law, S. 486.

813 *Ramsay*, Consumer Law, S. 349.

814 *Howells/Weatherill*, Consumer Law, S. 577.

815 *Ramsay*, Consumer Law, S. 349, 352.

übermäßige Verfolgung von Verstößen beschweren, sind.[816] Dieser Interessenkonflikt kann jedoch genauso auch nationale Behörden betreffen, wenn sie gegen große, landesweit oder sogar international operierende Unternehmen vorgehen, die einen wichtigen Teil der britischen Wirtschaft darstellen.

3. Ermessensspielraum und Verfolgungspraxis

Das OFT und die TSO sind zwar nach Regulation 19 CPR dazu verpflichtet, die Durchsetzung der Vorschriften sicherzustellen. Diese Pflicht beinhaltet allerdings nicht, dass auch tatsächlich jeder Verstoß verfolgt wird. Vielmehr haben die Behörden einen Ermessensspielraum, gegen welche unlauteren Geschäftspraktiken sie vorgehen.[817] Das Vorgehen der Behörden zielt daher hauptsächlich auf schwere Verstöße ab, die rechtlich einfach gelagert sind.[818] Ein Faktor in der Ausübung des Ermessens reflektiert die oben erwähnte Diskussion, ob es sich bei den Tatbeständen um eine verschuldensunabhängige oder um eine Verschuldenshaftung handeln sollte: Verstöße, die mit Vorsatz begangen wurden, erhalten die besondere Aufmerksamkeit der Behörden.[819] Damit werden neben der „due diligence defence" die Auswirkungen der „strict liabilty" noch weiter abgefedert, ohne dass der Behörde zusätzliche Beweisanforderungen auferlegt werden, da sie nicht stets dazu gezwungen ist, einen Vorsatz nachzuweisen. Unlautere Geschäftspraktiken, die nur geringe Auswirkungen auf den Verbraucher haben oder keinen hohen monetären Schaden nach sich ziehen, stehen dahingegen nicht im Fokus der Behörden. Dasselbe Problem besteht bei Geschäftspraktiken zu deren rechtlicher Einordnung es noch keine Rechtsprechung gibt. Des Weiteren bestehen häufig Schwierigkeiten darin, einen Verstoß des Unternehmers zu verfolgen, bevor dieser seine Geschäftspraxis wieder ändert sowie darin, weitere nachfolgende unlautere Geschäftspraktiken aufzudecken, insbesondere wenn der Unternehmer unter einer neuen Firma oder in einem anderen Bezirk tätig wird.[820]

Neben der Ermessensausübung der Behörden ist auch die Aufdeckung von Verstößen relevant dafür, wie viele und welche unlauteren Geschäftspraktiken tatsächlich verfolgt werden. Die Aufdeckung erfolgt auf zweierlei Weise und zwar einmal durch

816 *Howells/Weatherill*, Consumer Law, S. 577; *Ramsay*, Consumer Law, S. 349.
817 *Ramsay*, Consumer Law, S. 373; *Howells*, Journal of Business Law 2009, S. 183 (193).
818 *Cranston*, Law and Consumer Agencies, S. 116; *Ramsay*, Consumer Law, S. 374.
819 *Cartwright*, Criminal Law, S. 246.
820 *Harvey/Parry*, Consumer Law, S. 357; *Cartwright*, Criminal Law, S. 222.

die Mitarbeiter der TSO und des OFT selbst und andererseits durch Verbraucher, die Beschwerden einreichen. Die Befugnisse der Behörden in der Ermittlungsphase gleichen denen unter dem Trade Descriptions Act 1968. Ein wichtiges Beispiel für solche Ermittlungsbefugnisse ist die Möglichkeit, nach Regulation 20 CPR Testkäufe durchzuführen. Diese Befugnis bestand auch schon nach Section 20 Consumer Protection Act 1987. In diesem Zusammenhang wurde in *Toys ,R' Us v Gloucestershire County Council* entschieden, dass es nicht darauf ankommt, dass die Mitarbeiter der Behörden bei den Testkäufen nicht als Verbraucher im Sinne der Definition im CPA handeln und dass ihre trotzdem Beobachtungen geeignet sind, um einen Verstoß nachzuweisen, da sie dieselbe Wahrnehmung wie jede andere Person haben.[821] Neben ihrer eigenen Ermittlungstätigkeit sind sie auf die Beschwerden von Verbrauchern angewiesen, da die Behörden mit ihrer Mitarbeiteranzahl gar nicht jeden Verstoß aufdecken können. Dabei wirkt sich auch die individuelle Höhe des Schadens, die häufig als Argument gegen ein individuelles Klagerecht angebracht wird, auf die Beschwerdetätigkeit aus. Studien haben gezeigt, dass sich nur ein Bruchteil der durch unlautere Geschäftspraktiken Geschädigten beschwert und dass, wenn Beschwerden eingehen, diese sich auf offensichtliche Fehler beziehen und selten auf rechtliche oder moralische Bewertungen des unternehmerischen Verhaltens.[822] Bevor es also überhaupt zu einer rechtlichen Verfolgung kommen kann, entgehen somit schon in der Phase der Aufdeckung zahlreiche Verstöße der Aufmerksamkeit der Behörden. Hinzu kommt, dass diejenigen Privatleute, die eine Beschwerde einreichen und von der Behörde abschlägig beschieden werden, auf ein behördliches Beschwerdeverfahren verwiesen werden, an dessen Ende erst eine rechtliche Überprüfung der Entscheidung steht.[823] In Anbetracht der Schnelllebigkeit von Verkaufstechniken und Marketingstrategien der Unternehmen, der wie in der Richtlinie vorgesehen grundsätzlich mit einer einstweiligen Verfügung begegnet werden sollte, ist der Privatmann damit in solchen Situationen faktisch rechtlos gestellt.

Angesichts der Tatsache, dass die Behörden nicht jeden Verstoß verfolgen können, da sie weder über ausreichende finanzielle Ausstattung noch über genügend Mitarbeiter verfügen, müssen sie ihr Ermessen sogar pflichtgemäß dahin gehend ausüben, nur bestimmte Verstöße zu verfolgen.[824] Das Vorgehen muss also entweder

---

821 *Toys ,R' Us v Gloucestershire County Council* (1994) 158 JP, S. 338.

822 Vgl. *Howells/Weatherill*, Consumer Protection Law, S. 608; *Cartwright*, Criminal Law, S. 218.

823 *Koch*, Richtlinie gegen unlautere Geschäftspraktiken, S. 66 sieht durch den großen Ermessensspielraum der Behörde eine hohe Missbrauchsgefahr begründet.

824 *Cranston*, Law and Consumer Agencies, S. 109.

eine abschreckende Wirkung haben oder Verstöße betreffen, die von betrügerischen Unternehmern begangen werden oder bei denen die Verbraucherinteressen besonders gefährdet sind, da ein hoher Schaden oder eine große Anzahl von Geschädigten droht.[825] Aufgrund der knappen Ressourcen ist es sogenannte „best practice“ der Behörden, dem Unternehmer vor Einleitung gerichtlicher Schritte eine Warnung zukommen zu lassen.[826] Diese Praxis hat den Vorteil, dass so unter Umständen langwierige Prozesse vermieden werden können. Auch unabhängig von den knappen Ressourcen ist der Ansatz der Behörden auf Zusammenarbeit mit den Unternehmen ausgelegt und auf freiwillige Einhaltung der Vorschriften. Genau diesem Zweck dienen die zahlreichen Leitlinien und Erklärungen, die das OFT und auch das DTI herausgeben. Diese Informationen sollen den Unternehmern die nötige Kenntnis der Rechtslage verschaffen und sie dazu anhalten, die Regeln zu befolgen. Nicht zu unterschätzen ist auch die Möglichkeit der Behörde, durch Veröffentlichungen in der Presse und Hinweise an Journalisten und Verbrauchermagazine unlautere Unternehmer der Öffentlichkeit vorzuführen („naming and shaming“).[827]

Zusammenfassend kann der grundsätzliche Ansatz der Behörden in der Verfolgung von Verstößen gegen die CPR so beschrieben werden, dass zunächst versucht wird, den Unternehmer durch Warnungen und rechtlichen Rat zur freiwilligen Einhaltung der Normen zu bewegen. Sollte er sich als resistent erweisen, kann die ermittelnde Behörde auf Unterzeichnung einer Unterlassungserklärung bestehen und ansonsten gerichtliche Schritte einleiten. Durch die Androhung strenger Konsequenzen, falls der Unternehmer sich nicht kooperativ verhalten sollte, sollen die Unternehmer zur Rechtstreue angehalten werden („tit for tat approach“). Allerdings wird kritisiert, dass durch diesen weiten Ermessensspielraum der Behörden ein Instrument zur marktfremdem Regulierung des Unternehmerverhaltens geschaffen werde.[828] Die britischen Behörden verteidigen ihre Herangehensweise der freiwilligen „compliance“ und der strafrechtlichen Verfolgung als „ultima ratio“ jedoch damit, dass sie nicht mit der Verfolgung jedes einzelnen Verstoßes, sondern vielmehr mit der Umsetzung des Verbraucherschutzrechtes als solchem befasst seien und eine konsistente Rechtsentwicklung gewährleisten.[829]

---

825 *Johnson*, Communications Law. 2005, S. 164 (169).

826 *Ramsay*, Consumer Law, S. 377 f.; *Cartwright*, Criminal Law, S. 213, 218.

827 *Harvey/Parry*, Consumer Law, S. 356; *R v Director General of Fair Trading, ex p F H Taylor & Co Ltd* [1981] ICR, S. 292 f.

828 *Weatherill*, National Report UK, in Schulze/Schulte-Nölke, S. 20.

829 *Cranston*, Law and Consumer Agencies, S. 169; *Bragg*, Trade Descriptions, S. 201 f.; *Cartwright*, Criminal Law, S. 222; vgl. auch Law Commission, Consumer Redress, S. 42 Rn. 4.2.

4. Vorgehen des OFT und der TSO in der Praxis

a) Verfolgte Verstöße

Nachdem die CPR seit Mai 2008 geltendes Recht in England sind, stellt sich die Frage, ob sich die Änderungen in der Rechtslage und die verbesserte rechtliche Position der Verbraucher auch in der Durchsetzungspraxis der Behörden widerspiegeln. Denn ein hohes Verbraucherschutzniveau, wie es die Richtlinie gegen unlautere Geschäftspraktiken vorsieht, wird nicht allein durch die Einführung entsprechender Gesetzesvorschriften erreicht, sondern vor allem durch die effektive Durchsetzung dieser Vorschriften.[830]

Die Behörden – darunter werden sowohl die lokalen TSO als auch das überregionale OFT gefasst – sind seit Erlass der CPR im Mai 2008 bis zum Oktober 2011 insgesamt 782 Mal aufgrund eines Verstoßes gegen die Consumer Protection Regulations tätig geworden („investigations").

Untersuchungen im Zeitraum Mai 2008 bis Oktober 2011 = 782

(Untersuchungen sind mehrfach unter die verschiedenen Tatbestände eingeordnet)

CPRs Regulations	
Regulation	**Anzahl der Untersuchungen**
Reg 3	208
Reg 4	3
Reg 5	514
Reg 6	302
Reg 7	124
Reg 8	1

Schwarze Liste nach Schedule 1 of the CPRs	
Practice	**Anzahl der Untersuchungen**
Sch 1.1	48
Sch 1.2	43
Sch 1.3	1
Sch 1.4	79
Sch 1.5	18
Sch 1.6	13

830 Vgl. *Drexl*, Verbraucherschutz, in Hilty/Henning-Bodewig, S. 227 (236); *Leistner*, Unfair Competition, in Bell/Kilpatrick, S. 141 (148, 168).

Schwarze Liste nach Schedule 1 of the CPRs	
Practice	**Anzahl der Untersuchungen**
Sch 1.7	15
Sch 1.8	1
Sch 1.9	23
Sch 1.10	10
Sch 1.12	2
Sch 1.13	9
Sch 1.14	2
Sch 1.15	3
Sch 1.17	3
Sch 1.20	7
Sch 1.22	4
Sch 1.24	1
Sch 1.25	16
Sch 1.26	18
Sch 1.27	3
Sch 1.29	1
Sch 1.30	4
Sch 1.31	8

Die Liste zeigt, dass die Behörden ihr Vorgehen vor allem auf die Vorschriften gegen irreführende Handlungen und gegen irreführende Unterlassungen stützen (Regulation 5 und 6; insgesamt: 816 Untersuchungen).[831] Die unlautere Irreführung der Verbraucher durch aktives Handeln ist für die Behörden vertrautes Terrain, denn auch der TDA 1968 enthielt schon Regelungen zu irreführenden Waren- und Dienstleistungsbezeichnungen. Zahlreiche der heute verfolgten Verstöße stellten auch schon nach alter Rechtslage einen Verstoß gegen den Trade Descriptions Act 1968 dar. Neu hingegen und in gewisser Weise überraschend ist, dass das Vorgehen auch häufig auf Regulation 6 CPR gestützt wird, wonach irreführende Unterlassungen unlauter sind. Entgegen Befürchtungen, dass das Konzept der irreführenden Unterlassungen sich nicht mit den Konzepten des englischen Rechts vertrage und Unklarheiten über die konkrete Anwendung eine effektive Verfolgung verhindern könnten, scheint sich Regulation 6 CPR zu einem „scharfen Schwert“ der Durchsetzungsbehörden entwickelt zu haben. Dies ist vermutlich vor allem darauf

831 Quelle: OFT, Email Martin Harvey, Goods and Consumer Group, vom 02.11.2011, Auskunft nach dem Freedom of Information Act 2000.

zurückzuführen, dass dem Unternehmer nun bestimmte Informationspflichten, die dem Verbraucher eine freie informierte Entscheidung ermöglichen sollen, auch schon im vorvertraglichen Bereich auferlegt werden.

Des Weiteren wird zumindest eine nicht unerhebliche Anzahl der verfolgten Verstöße auch auf Regulation 3 CPR gestützt, also auf die Generalklausel gegen den unlauteren Wettbewerb. Diese Vorschrift wurde vor allem in England als zu weitgehend kritisiert und sah sich dem Vorwurf ausgesetzt, zur Rechtsunsicherheit beizutragen, anstatt den Durchsetzungsbehörden ein effektives Mittel an die Hand zu geben, flexibel gegen nicht unter die Spezialtatbestände fallende Verstöße vorzugehen. Allerdings kann allein aus der obigen Tabelle nicht darauf geschlossen werden, dass die Behörden ihr Vorgehen gegen unlautere Unternehmer tatsächlich umfänglich auf die Generalklausel stützen. Denn die Verstöße sind nicht einzeln einer Vorschrift zugeordnet, sondern können auch auf mehrere Tatbestände gestützt werden. Es könnte also sein, dass die Generalklausel nicht allein Anwendung findet, sondern jeweils nur subsidiär in Verbindung mit einer speziellen Regelung. Dieser Punkt kann durch einen Blick auf die von den Behörden erwirkten Unterlassungsverpflichtungserklärungen, die nachfolgend analysiert werden, näher beleuchtet werden.

Im Hinblick auf die absoluten Verbote der Schwarzen Liste fällt auf, dass das Vorgehen sehr häufig auf die Ziffern 1, 2 und 4 gestützt wurde. Dabei handelt es sich um die Problematik des unwahren Behauptens zu den Unterzeichnern eines Verhaltenskodex zu gehören, des unerlaubten Verwendens eines Qualitätskennzeichens und der behaupteten Billigung des Produkts durch eine öffentliche Stelle. Die Vorschriften über Kodizes haben in England naturgemäß besonders große Bedeutung, da ein Großteil des unternehmerischen Vorgehens nicht durch strenge Gesetze, sondern durch freiwillige Kodizes geregelt ist. Zudem sind die Verbraucher gewohnt, dass die Verbraucherschutzbehörden umfassend Stellung zu bestimmten Alltagsprodukten nehmen, so dass ein großer Anreiz für unlautere Unternehmer besteht, dieses „approval" einfach zu behaupten, um die Verbraucher entsprechend anzulocken.[832]

Insgesamt erscheint die Zahl von 782 Verstößen, die landesweit von allen Behörden über einen Zeitraum von mehr als drei Jahren verfolgt wurden, recht gering. Allerdings ist zu beachten, dass der Ansatz der englischen Wettbewerbsbehörden auf die Verhinderung von Verstößen durch umfassende Information der Unternehmer abzielt und weniger auf Einhaltung der Normen durch eine strenge Verfolgung aller Verstöße. Darüber hinaus befanden sich die Wettbewerbsbehörden zunächst auch noch in einem Übergangszeitraum. Denn Verstöße, die vor dem Mai 2008

832 Vgl. auch Law Commission, Reforming Consumer Redress, S. 3 Rn. 1.13.

statt gefunden oder begonnen hatten, konnten nach Section 19(1)TDA noch für drei Jahre, also bis Mai 2011, nach den Vorschriften des TDA verfolgt werden.

b) Erwirkte Unterlassungsverpflichtungserklärungen

Genauere Informationen über den Umgang der Behörden mit unlauteren Unternehmern lassen sich aus der Liste der bisher erwirkten Unterlassungsverpflichtungserklärungen entnehmen.[833] In dem Zeitraum von August 2008 bis September 2011 wurden von dem Office of Fair Trading und den Trading Standards Offices landesweit insgesamt 33 Unterlassungsverpflichtungserklärungen von unlauteren Unternehmern erwirkt. Veröffentlicht werden die Namen des Unternehmens, die mit dem Verstoß befasste Behörde sowie der tatsächliche Vorwurf und die rechtlichen Vorschriften, auf die die Unterlassungserklärung gestützt wurde. Eine Auseinandersetzung mit diesen Informationen gibt Aufschluss darüber, in welchen Bereichen die Behörden von ihren Befugnissen Gebrauch machen und welche Vorschriften der CPR sie anwenden. Die Unterlassungserklärungen wurden entweder auf Aufforderung freiwillig von den Unternehmen abgegeben oder nachdem sie von einem Gericht dazu verurteilt wurden. Die Befugnis der Behörden, die Abgabe einer Unterlassungserklärung zu fordern und auch einzuklagen, stammt aus Section 217 und 219 Enterprise Act 2002.

aa) House Fittings and Appliances

Mit Abstand am meisten Unterlassungserklärungen sind in dem Bereich der Handwerksarbeiten an Häusern („House Fittings and Appliances") erwirkt worden. Die Behörde hat in diesem Bereich sechzehn Unterlassungserklärungen erwirkt. Nach Einführung der CPR ist die Behörde zunächst vor allem gegen irreführende Geschäftspraktiken vorgegangen. Dabei ging es um Geschäftspraktiken, die vortäuschen, eine Billigung oder Genehmigung durch eine öffentliche Stelle zu haben (Ziffer 4 Schedule 1 CPR), und um die falsche Behauptung, dass Produkte nur für eine bestimmte Zeitdauer verfügbar sind (Ziffer 7 Schedule 1 CPR). Daneben stützte die Behörde ihr Vorgehen auch auf einen Verstoß gegen Regulation 5 CPR wegen der Angabe falscher Informationen über die Lieferung, die Zahlung der Güter und ihrer Lieferdauer.

Nach einer Eingewöhnungsphase nützen die Behörden nun die gesamte Bandbreite der Vorschriften der CPR. Sie gehen verstärkt nach Regulation 6 CPR gegen

833 Verfügbar unter http://www.oft.gov.uk/OFTwork/consumer-enforcement/traders/regulation-by-period/, zuletzt eingesehen am 26.10.2011.

irreführende Unterlassungen und nach Regulation 7 CPR gegen aggressive Geschäftspraktiken vor. Auch das allgemeine Verbot unlauterer Geschäftspraktiken aus Regulation 3 CPR kommt vermehrt zur Anwendung. Die hohe Aktivität der Wettbewerbsbehörden erklärt sich dadurch, dass im Bereich von Haus und Wohnung häufig hochpreisige Waren und Dienstleistungen vertrieben werden. Daher besteht ein erhöhtes Interesse der Behörden, dass es in diesem Bereich nicht zu Täuschungen der Verbraucher oder zu einer Beeinflussung ihrer Entscheidungsfreiheit durch aggressives Verhalten kommt.

bb) Holiday and Entertainment

An zweiter Stelle folgen mit elf erwirkten Unterlassungserklärungen Verstöße im Bereich „Holiday and Entertainment“. Irreführende Angaben in dieser Branche gehörten schon nach alter Rechtslage nach dem Trade Descriptions Act 1968 zu einem der Haupttätigkeitsbereiche der Behörden. Das Vorgehen wird unter anderem mit einem Verstoß gegen das Verbot irreführender Handlungen nach Regulation 5 CPR begründet. Neu ist, dass die Behörden nun auch gegen irreführende Unterlassungen vorgehen können und diese Befugnis auch verstärkt wahrnehmen. Fünf der elf Unterlassungserklärungen in diesem Bereich wurden zumindest auch auf das Verbot irreführender Unterlassungen aus Regulation 6 CPR gestützt. Die Verstöße sind jedoch nicht ausschließlich mit den allgemeinen Vorschriften begründet worden, sondern häufig auch mit Verboten aus der speziellen Blacklist. Im Bereich der Reise- und Unterhaltungswirtschaft haben insbesondere Ziffer 20 und Ziffer 31 der Blacklist Anwendung gefunden. Dabei handelt es sich um das Verbot der irreführenden Darstellung eines Produkts als „umsonst“ oder „gratis“, wenn mehr als die unvermeidbaren Kosten anfallen, sowie um das Verbot den falschen Eindruck zu erwecken, einen Preis gewonnen zu haben. Damit soll die bei vielen Unternehmen beliebte Praxis, Urlaubsreisen oder andere Produkte als Gewinn darzustellen, wenn tatsächlich weitere hohe Kosten anfallen, eingedämmt werden. Des Weiteren ging es auch um einen Verstoß gegen Ziffer 4 der Schwarzen Liste der CPR. Dabei handelt es sich um den Vorwurf, behauptet zu haben, dass entweder die verkauften Produkte oder die eigene Person von einer öffentlichen Stelle gebilligt oder geprüft wurden.

cc) Gebrauchtwagen

Des Weiteren wurden bisher fünf Unterlassungserklärungen von unlauteren Unternehmern im Bereich „Motoring and Transport - Second Hand Cars“ abgegeben. Bemerkenswert ist, dass eine dieser Erklärungen ausschließlich auf Regulation 6 CPR über irreführende Unterlassungen gestützt wurde. Das zeigt, dass die Behörden sich nicht scheuen, auch aus neu eingeführten Vorschriften der CPR vorzugehen, die keinen Vorgänger im alten Recht haben. Es ist zu erwarten, dass sich das Verbot aus Regulation 6 CPR zu einem effektiven Mittel für die Bekämpfung unlauterer Unternehmer entwickelt. Die weiteren Unterlassungserklärungen sind allesamt auf das Verbot irreführender Geschäftspraktiken gestützt. Irreführende Angaben über Gebrauchtwagen waren auch schon nach alter Rechtslage einer der Haupttätigkeitsbereiche der Wettbewerbsbehörden.

dd) Aggressive Geschäftspraktiken

Die Vorschrift über die Unlauterkeit aggressiver Geschäftspraktiken wird seltener als die Vorschriften über irreführende Handlungen oder Unterlassungen als Grundlage einer Unterlassungsverpflichtungserklärung herangezogen. Schon aus der Statistik über die insgesamt verfolgten Verstöße ist abzulesen, dass Regulation 7 CPR weniger häufig als Grundlage für das Vorgehen gegen den Unternehmer herangezogen wurde als Regulation 5 und 6 CPR über irreführende Geschäftspraktiken. Ein Grund dafür könnte sein, dass es sich um eine neu eingeführte Regelung handelt, die es nach alter Rechtslage nicht gab. Darüber hinaus enthält Regulation 7 CPR Rechtsbegriffe, deren Bedeutung und Reichweite nicht abschließend geklärt ist. Hinzu kommt, dass schon auf europäischer Ebene kein Konsens über die Einordnung aggressiver Geschäftspraktiken besteht. Zudem bestehen in England neben der Regelung der aggressiven Geschäftspraktiken in den CPR weitere Regelungen von Belästigungen, wie z. B. im Protection from Harassment Act 1997. Dies führt dazu, dass die Behörden sich nur ungern und selten ausschließlich auf das Verbot aggressiver Geschäftspraktiken berufen.[834] Ein weiterer Grund dafür, dass weniger Verstöße gegen Regulation 7 CPR verfolgt werden, könnte auch darin liegen, dass die Analyse des Beschwerdeverhaltens von Verbrauchern ergeben hat, dass die Verbraucher nur dann Beschwerden einreichen, wenn es sich offensichtlich um eine rechtswidrige Geschäftspraxis handelt. Dahingegen erfolgen nur selten Beschwerden, wenn das zu beanstandende Verhalten mit einer rechtlichen oder moralischen Bewertung oder Abwägung einhergeht.[835] Dies ist aber gerade bei aggressiven Geschäftspraktiken häufig der Fall.

Allerdings ist in jüngerer Zeit ein Anstieg im Vorgehen gegen aggressive Geschäftspraktiken zu verzeichnen. Während die Wettbewersbehörden im ersten Jahr

---

834 *Ramsay*, Consumer Law, S. 285.

835 Vgl. *Howells/Weatherill*, Consumer Protection Law, S. 608; *Cartwright*, Criminal Law, S. 218.

der Geltung der CPR ihr Vorgehen nicht ausschließlich auf das Verbot aggressiver Geschäftspraktiken stützten, haben sie im Januar 2011 gleich zwei Unterlassungserklärungen allein mit einem Verstoß gegen dieses Verbot begründet.

ee) Vorgehen nach der Generalklausel

Zuletzt ist die Rolle der Generalklausel gegen den unlauteren Wettbewerb aus Regulation 3 CPR im Zusammenhang mit den Unterlassungserklärungen zu beurteilen. In der rechtlichen Begründung von elf der 33 Unterlassungserklärungen wird auf die Generalklausel in Regulation 3 CPR und den Verstoß gegen die berufliche Sorgfalt verwiesen. Diese Vorschrift bildete jedoch zumeist nicht allein die Grundlage des behördlichen Vorgehens, sondern stand ergänzend neben den spezielleren Vorschriften. Einerseits weist dies darauf hin, dass keine Rechtssicherheit über die Auslegung des Tatbestands und den zentralen Begriff der beruflichen Sorgfalt besteht. Andererseits dürfte diese Entwicklung nicht überraschen, denn die Kommission geht in ihrer Richtlinienbegründung selbst davon aus, dass die Generalklausel ihre Bedeutung erst in Zukunft beim Vorgehen gegen neuartige Geschäftspraktiken, die nicht unter eines der speziellen Verbote passen, entfalten wird.

Allerdings ist auch hier, ebenso wie bei den aggressiven Geschäftspraktiken zu beobachten, dass die Behörden in jüngerer Zeit vermehrt auf der Grundlage der Generalklausel Verstöße verfolgen. Sie wird in den Unterlassungserklärungen sowohl häufiger als ergänzende Vorschrift genannt als auch als einzige Rechtsgrundlage verwendet. So hat die Behörde insgesamt drei Unterlassungserklärungen allein aufgrund eines Verstoßes gegen die berufliche Sorgfalt im Sinne von Regulation 3(3) CPR erwirkt.

5. Self Regulation und Codes of Conduct

Die Richtlinie lässt in Art. 11 Abs. 1 i.V.m. Art. 10 den Mitgliedstaaten ausdrücklich die Möglichkeit, der gerichtlichen oder behördlichen Durchsetzung zunächst eine Kontrolle durch die sogenannten „established means“ vorzuschalten.[836] Diese Regelung ist auf das englische System der Selbstkontrolle durch private Organisationen zugeschnitten. Der englische Gesetzgeber hat ausdrücklich klargestellt, dass es sich bei der Tätigkeit der ASA um solche „established means“ handelt. Die Advertising Standards Authority (ASA) ist unter anderem für die

836 *Micklitz*/Reich/Rott, Understanding EU Consumer Law, S. 64 (113 f.).

Überwachung des British Code of Advertising and Sales Promotion (BCAP) zuständig, der Regelungen zu dem Inhalt und der Art und Weise von Werbung im Fernsehen und in Funk- und Printmedien enthält.[837] Zwar handelt es sich dabei um freiwillige Verhaltenskodizes, die Mehrzahl der Unternehmer ist jedoch Mitglied dieser Regelungswerke. Die Kodizes sind nicht anwendbar auf individuelle Kommunikation.

Sofern es in dem Geltungsbereich der Kodizes zu einem Verstoß durch einen Unternehmer kommt, bleibt es, wie nach alter Rechtslage, dabei, dass dem Vorgehen der Wettbewerbsbehörden das Verfahren der ASA vorgeschaltet ist.[838] Die ASA kann den verantwortlichen Unternehmer auffordern, die Werbung einzustellen. Im Falle einer Weigerung kann der Unternehmer aus dem Code ausgeschlossen und dadurch Gegenstand negativer Berichterstattung in der Presse werden. Das Mittel der schlechten Presse ist besonders wirkungsvoll in Bereichen, in denen der Markt transparent und der Kodex weithin anerkannt ist und respektiert wird.[839] Erst wenn die Mittel der ASA ausgeschöpft sind, greifen die TSO ein und sprechen eine formelle Warnung an den Unternehmer aus.

III. Individuelles Klagerecht für Verbraucher

Der Erlass von Vorschriften zur Durchsetzung der Regelungen aus der Richtlinie gegen unlautere Geschäftspraktiken liegt grundsätzlich in den Händen der Mitgliedstaaten. Der europäische Richtliniengeber stellt in Art. 11 und 13 lediglich generelle Anforderungen an die Durchsetzung. Denn im Bezug auf Sanktionen gilt der Grundsatz des Europäischen Gerichtshofs, dass es für eine richtlinienkonforme Umsetzung genügt, wenn die Durchsetzung den europäischen Vorschriften ihre volle Geltung verleiht. Dementsprechend wird die Möglichkeit einer individuellen Klage durch Private weder in der Richtlinie gegen unlautere Geschäftspraktiken noch in verwandten Rechtsakten, wie der E-Commerce Richtlinie oder der Irreführungsrichtlinie, genannt.[840] Fraglich ist aber, ob es für die Errichtung des angestrebten hohen Verbraucherschutzniveaus nicht erforderlich wäre, dem

837 *Weatherill,* National Report UK, in Schulze/Schulte-Nölke, S. 3.

838 BERR/OFT, Guidance on the UK Regulations, Mai 2008, S. 52 Rn. 11.7; vgl. *Harvey/ Parry*, Consumer Protection, S. 63; *Lowe/Woodroffe*, Consumer Law, 7. Aufl. 2007, S. 318 Rn. 17.48.

839 Law Commission, Consumer Redress, S. 132 Rn. 9.44.

840 Howells/*Micklitz*/Wilhelmsson, European Fair Trading Law, S. 217; *Apostolopoulos*, WRP 2004, S. 841 (850).

Verbraucher, dessen Schutz schließlich unmittelbar mit der Richtlinie bezweckt wird, auch ein eigenes individuelles Klagerecht zu gewähren.[841]

1. Europäische Vorgaben

Schon 1993 hat der Generalstaatsanwalt *van Gerven* in seinem Schlußantrag zur Entscheidung *Banks* die Frage nach einem horizontalen Klagerecht zwischen Personen des Privatrechts wegen Verstoßes gegen Unionsrecht aufgeworfen.[842] Zwar enthält die Richtlinie in Art. 11 keine Pflicht, einzelnen Verbrauchern oder Wettbewerbern eine Klagebefugnis einzuräumen. Allerdings könnte sich die Erforderlichkeit eines individuellen Klagerechts aus dem Grundsatz der Effektivität mitgliedstaatlicher Sanktionen in Art. 11 Abs. 1 und Art. 13 sowie dem Zweck der Richtlinie, dem unmittelbaren Schutz der Verbraucher, ergeben.[843]

Die Idee eines individuellen Rechtsbehelfs findet nicht nur im Prinzip der Effektivität der Sanktionen in Art. 11 Abs. 1 und Art. 13 einen Ansatzpunkt, sondern auch in der Rechtsprechung des Europäischen Gerichtshofs.[844] So hat der Gerichtshof in *Courage v Crehan*[845] und *Antonio Munoz Cia SA v Frumar Limited*[846] entschieden, dass es einen individuellen Rechtsbehelf geben muss, der sicherstellt, dass die europäischen Normen effektiv durchgesetzt werden. Auch wenn diese Rechtsprechung sich bisher nur auf Verordnungen bezieht, so ist es doch nicht auszuschließen, dass der Europäische Gerichtshof wegen des Prinzips der Vollharmonisierung, das die Unterschiede zwischen Richtlinien und Verordnungen nivelliert, diese Rechtsprechung auch auf die Effektivität der Durchsetzung einer Richtlinie übertragen wird.[847]

Allerdings geht der Gerichtshof in beiden Entscheidungen davon aus, dass eine Klagebefugnis des Wettbewerbers zu einer effektiveren Durchsetzung und

---

841 Vgl. *Collins*, ERCL 2005, S. 417 (426); *Fezer*, WRP 2006, S. 781 (788 f.); ablehnend: *De Cristofaro*, Infringement, in Schulze, S. 115 (118).

842 *Schulze/Engel/Jones,* Europäisches Privatrecht, S. 81; EuGH C-128/92, Slg. 1994, I-1209 *Banks*.

843 *Fezer*, WRP 2006, S. 781 (788 f.).

844 *Alexander*, Schadensersatz und Abschöpfung, S. 180.

845 C- 453/99 *Courage v Crehan* (2001).

846 C-253/00 *Antonio Munoz Cia SA v Frumar Limited* (2002).

847 *Collins*, ERCL 2005, S. 417 (426); vgl. zur Annäherung an den Rechtstyp der Verordnung auch *Tamm*, EuZW 2007, S. 756 f.; *Howells*, Sydney Law Review 2006, S. 63 (72).

verbesserten Einhaltung der unionsrechtlichen Vorschriften führt.[848] Ob auch ein Klagerecht für Verbraucher, die durch unlauteren Wettbewerb eines Unternehmers geschädigt wurden, zur Effektivität des Unionsrechts beiträgt, ist damit nicht ausdrücklich entschieden worden. Allerdings ist die Situation des Verbrauchers nach Umsetzung der UGP-Richtlinie mit der Situation des klagenden Wettbewerbers in *Antonio Munoz Cia SA v Frumar Limited* vergleichbar. Dort hatte der Wettbewerber sich mehrere Male bei der für die Kontrolle zuständigen öffentlichen Stellen in England beschwert, ohne dass die Behörde tätig wurde. Auch ein englischer Verbraucher, der durch eine unlautere Geschäftspraxis geschädigt wird, hat zurzeit keine Klagebefugnis vor den Zivilgerichten. Dabei zielt die Richtlinie gegen unlautere Geschäftspraktiken unmittelbar auf den Schutz der Verbraucher ab und betrifft vor allem Geschäftspraktiken direkt gegenüber dem Verbraucher. Der Verbraucher ist somit grundsätzlich in der besseren Position, unlauteres Verhalten aufzudecken. Es spricht also einiges dafür, auch dem betroffenen Verbraucher ein Klagerecht aus dem Unionsrecht gegenüber unlauteren Unternehmern zu gewähren. Diese Konsequenz wird in Teilen der Literatur auch schon gezogen mit der Begründung, dass die Normen der Richtlinie gegen unlautere Geschäftspraktiken unmittelbar den Schutz des Verbrauchers bezwecken, und dieser auch hinreichend von der Norm individualisiert wird, so dass effektive Sanktionen folglich ein Verbraucherklagerecht beinhalten müssen.[849]

Andererseits wird vertreten, dass sich die Idee eines individuellen Klagerechts für Verbraucher im Entstehungsprozess der Richtlinie nicht gegen den Ansatz der kollektiven Klage durch Organisationen habe durchsetzen können.[850] Die Wahrnehmung der Verfolgung von Verstößen gegen die Richtlinie, die die Verbraucher in ihrer Gesamtheit und nicht als Individuum schützt, sei effizienter durch Verbraucherorganisationen oder Behörden zu besorgen.[851] Tatsächlich findet sich in der Richtlinie kein Hinweis darauf, dass die Grundsätze der Effektivität und Verhältnismäßigkeit der Sanktionen die Einführung eines individuellen Verbraucherklagerechts zwingend erforderlich machen. Eine solche Pflicht ist auch schon aus dem Grund abzulehnen, dass die Richtlinie nicht den individuellen Schutz des Verbrauchers bezweckt, sondern dem allgemeinen Verbraucherschutz dient. Dies wird schon an der Verwendung des Maßstabs des Durchschnittsverbrauchers

---

848 *Alexander*, Schadensersatz und Abschöpfung, S. 180.

849 *Micklitz/Keßler*, VuR 2009, S. 88 (95); *Fezer*, WRP 2006, S. 781 (788 f.); vgl. auch *Schricker/Henning-Bodewig*, Neuordnung, S. 207.

850 Howells/Wilhelmsson/*Micklitz*, European Fair Trading Law, S. 221.

851 *Howells/Weatherill*, Consumer Protection Law, S. 601, 605, 649.

deutlich. Dahingegen genügt es gerade nicht für einen Verstoß, wenn nur ein einzelner Verbraucher getäuscht wird. Demzufolge ist nicht davon auszugehen, dass die Einführung eines Verbraucherklagerechts zwingend erforderlich ist, um dem Erfordernis der Effektivität der Sanktionen der aus der Richtlinie gerecht zu werden.[852]

2. Individuelles Verbraucherklagerecht in England

Die englischen Consumer Protection Regulations 2008 sehen keine individuelle Klagemöglichkeit (Private Right of Redress) für Verbraucher oder Mitbewerber vor.[853] Die Durchsetzung der Vorschriften erfolgt kollektiv für den Verbraucher durch das Office of Fair Trading und die Trading Standard Offices, die sowohl nach Part 8 des Enterprise Act 2002 vor den Zivil- als auch nach den CPR vor den Strafgerichten klagebefugt sind. Zur Einführung der CPR wurde die Frage nach einem Klagerecht für Verbraucher intensiv diskutiert. Besonders die englischen Verbraucherschutzorganisationen sprachen sich für die Einführung einer Klagebefugnis für den einzelnen Verbraucher aus und auch in der Debatte um die CPR im House of Lords fanden sich zahlreiche Fürsprecher für ein individuelles Klagerecht.[854] Der Gesetzgeber hat sich zunächst gegen eine ausdrückliche individuelle Klagebefugnis entschieden. Allerdings handelt es sich dabei nicht um eine endgültige Entscheidung, sondern die Frage nach der Einführung eines Verbraucherklagerechts wurde lediglich vertagt, indem sie zur Beratung zur Law Commission gegeben wurde.[855] Ein endgültiger Reformvorschlag ist nach Abschluss der Konsultationen für Anfang 2012 zu erwarten. Dieses Reformvorhaben hat dadurch noch an Bedeutung gewonnen, dass sich in einer Studie, die von der Verbraucherbehörde *Consumer Focus* durchgeführt wurde, herausgestellt hat, dass fast zwei Drittel der englischen Bevölkerung in den letzten zwei Jahren mit unlauteren Geschäftspraktiken in Berührung gekommen sind.[856]

---

852 So auch *De Cristofaro*, GRUR Int. 2010, S. 1017 (1018); *Alexander*, Schadensersatz und Abschöpfung, S. 184 f.

853 Law Commission, Private Right of Redress, S. 1.

854 http://www.parliament.the-stationery-office.co.uk/pa/ld200708/ldhansrd/text/80423-0011.htm.

855 Law Commission, Private Right of Redress, S. 1 ff.

856 Vgl. Law Commission, Consumer Redress, S. 1 Rn. 1.14.

a) Für und Wider eines Verbraucherklagerechts in England

Es spricht einiges dafür, die Überwachung und Einhaltung der Verbraucherschutzgesetze nicht nur in die Hand der Behörden zu legen, sondern auch direkt davon Betroffenene, also die Verbraucher, an der Durchsetzung zu beteiligen.[857] Eine solche Einbindung der Geschädigten würde den Verfolgungsdruck von den Behörden nehmen.[858] Denn eines der größten Hindernisse an einer umfassenden Verfolgung der Verstöße ist die knappe Ausstattung der Behörden, die es ihnen nicht erlaubt, jedem Verstoß nachzugehen.[859] Die Verfolgung von solchen Geschäftspraktiken, die nur einen kleinen Teil der Verbraucher betreffen oder die lediglich zu marginalen Schäden führen, könnte der freien Wahl des Geschädigten überlassen werden. In der jetzigen Situation sind die Behörden gezwungen, ihr Ermessen so auszuüben, dass ihre Mittel nicht vergeudet werden, sondern für Erfolg versprechende Fälle verwendet werden. Diese Ermessensausübung führt dazu, dass einige Personen in bestimmten Fällen, die durch das oben entworfene Raster fallen, faktisch keine rechtliche Handhabe gegen die unlautere Geschäftspraxis des Unternehmers haben. Denn nicht immer können die vertraglichen Rechte für den Einzelnen eine Alternative bieten, da sie häufig innerdoktrinären Grenzen, wie z. B. dem Prinzip der „Privity" (Beschränkung der vertraglichen Rechte auf die unmittelbaren Vertragsparteien), unterworfen sind.[860] Zudem sehen die englischen Verbraucherverbände einen weiteren Vorteil eines individuellen Klagerechts in der Rechtsvereinfachung und effektiven Abschreckung unlauterer Unternehmer.[861]

Von anderer Seite wird die Erstreckung eines Verbraucherklagerechts insbesondere auf die Generalklausel kritisch beurteilt. Denn aufgrund ihrer Weite und Unbestimmtheit könne es dann zu einer Gefahr für die gesamte koordinierte Durchsetzung durch die Behörden und zu nachteilhaften Auswirkungen auf den

---

857 *Collins*, ERCL 2005, S. 417 (426); *Weir*, Tort Law, S. 197; Lord Razzal in der Parlamentsdebatte im House of Lords zu den CPR, verfügbar unter http://www.parliament.the-stationery-office.co.uk/pa/ld200708/ldhansrd/text/80423-0011.htm.

858 *Ramsay*, Consumer Law, S. 389; *Yeung*, Private Enforcement, in McCrudden, S.48; *Howells/Weatherill*, Consumer Protection Law, S. 606.

859 *Ramsay*, Consumer Law, S. 390.

860 *Ramsay*, Consumer Law, S. 390.

861 Law Commission, Private Right of Redress, S. 1; für ein solches Recht sind zudem die Verbraucherorganisationen Citizens Advice, Which? und der National Consumer Council eingetreten, siehe DTI, Government Response to the Consultation Paper on Implementing the Unfair Commercial Practices Directive, Dezember 2006, S. 7.

Wettbewerb kommen.[862] Die englische Regierung steht einer Reform nicht vollkommen ablehnend gegenüber, befürchtet aber, dass die Einführung eines Verbraucherklagerechts für alle Bereiche der Richtlinie zu unerwarteten und unerwünschten Konsequenzen führen könnte.[863] Darüber hinaus wird bezweifelt, ob die Einführung eines individuellen Klagerechts überhaupt zu einer Verbesserung der Position der Verbraucher führen würde. Denn aus verschiedenen Gründen sei in England eine Zurückhaltung der Verbraucher vor dem Gang zu Gericht zu beobachten. Dies wird unter anderem darauf zurückgeführt, dass die geringe Höhe des individuellen Schadens die Rechtsverfolgung häufig als nicht sinnvoll erscheinen lasse. Darüber hinaus seien die hohen Kosten der Rechtsverfolgung abschrekkend und es bestünde die Schwierigkeit, dass Privatpersonen ihre Rechte oft nicht bekannt seien und dass sie Gerichte als ihnen fernstehend und wenig freundlich gesonnen wahrnehmen würden.[864] Als weiteres Argument gegen die Einführung eines individuellen Klagerechts wird genannt, dass die Behörden aufgrund ihrer Erfahrung und Kenntnis koordinierter gegen Verstöße vorgehen können sollen. Zudem soll sich ein einheitlicher Ansatz in dem Vorgehen gegen unlautere Unternehmer herausbilden, dessen Fokus auf der Abwendung von Schaden für die Allgemeinheit liegt („collective harm"). Die Verfolgung von Verstößen durch Private wird als Entwicklung in eine falsche Richtung gesehen, die nicht zu einer einheitlichen Rechtsverfolgung führe, sondern zu einer „piecemeal"-Rechtsprechung, die insgesamt dem Schutz der Verbraucher nicht dienlich sei.[865] Daher wird gefordert, dass diese kollektive Dimension des Verbraucherschutzes – ein Verstoß betrifft typischerweise zahlreiche Verbraucher – auch für die Durchsetzung der Verbote anzuerkennen ist.[866] Eine einheitliche Verfolgungspraxis der Behörden könne zudem dazu führen, dass Verstöße von Unternehmen effektiv vorbeugend verhindert werden.

Allerdings besteht die Gefahr, dass dieser einheitliche Ansatz der Behörden von den Unternehmen nicht als solcher wahrgenommen wird. Es wird kritisiert, dass es für einen Unternehmer durch das Streben der Behörde nach freiwilliger

---

862 *Ramsay*, Consumer Law, S. 390 f.; DTI, Government Response to the Consultation Paper on Implementing the Unfair Commercial Practices Directive, Dezember 2006, S. 7.

863 Law Commission, Private Right of Redress, S. 1; vgl. auch *De Cristofaro*, Infringement, in Schulze, S. 115 (126).

864 *Howells/Weatherill*, Consumer Protection Law, S. 604 f., 660.

865 Vgl. *Ramsay*, Consumer Law, S. 389.

866 *Howells/Weatherill*, Consumer Protection Law, S. 605, 649.

Einhaltung der Normen unersichtlich ist, wann ihm eine rechtliche Verfolgung droht.[867] Demnach würde auch das administrative System in seiner jetzigen Form nicht zur Rechtssicherheit und zur Vorhersehbarkeit beitragen und könnte somit auch nicht zu einer verbesserten Einhaltung des Rechts durch die Unternehmer führen.

b) Rechtliche Ansätze

Nachdem die Mitgliedstaaten zumindest die Möglichkeit haben, individuelle Klagerechte einzuführen, steht zur Frage, ob im englischen Recht Ansätze für ein solches Klagerecht bestehen oder ob es erforderlich wäre, ein solches Recht neu in die Consumer Protection Regulations einzufügen, wenn sich der Gesetzgeber dazu entscheiden sollte.

aa) Compensation Order

Im Rahmen des strafrechtlichen Vorgehens gegen Verstöße gegen die CPR besteht nach Section 35(1) Powers of Criminal Court Act 1973 die Möglichkeit, Kompensation für den individuellen Schaden zu erlangen.[868] Besonders sinnvoll kann dies sein, wenn der Verlust des Geschädigten so gering ist, dass er die Kosten einer zivilrechtlichen Klage nicht rechtfertigt oder wenn kein zivilrechtliches Klagerecht besteht, wie zum Beispiel nach alter Rechtslage bei Verstößen gegen den Trade Descriptions Act 1968. Das Gericht kann gemäß Section 130–131 und Section 35(1) Powers of Criminal Courts Act 1973 auf Antrag des administrativen Anklägers dem Verbraucher bei Verurteilung des Unternehmers Kompensation für den aus dem Verstoß entstandenen Schaden zusprechen.[869] Die Kompensation steht im Ermessen des Gerichts und kann gemäß Section 17(3) i. V. m. Schedule 4 Act 1973 zumindest im Magistrates' Court 5000 GBP nicht übersteigen.[870] In der Rechtsprechung hat sich der Grundsatz durchgesetzt, dass das Ermessen nur positiv ausgeübt, also eine Kompensation angeordnet werden soll, wenn die Höhe des Schadens und die Kausalität eindeutig sind. Als Grund dafür wird genannt, dass die Magistrates' Courts nicht dafür ausgestattet sind, schwierige schadensrechtliche Probleme zu

867 *Cartwright*, Criminal Law, S. 217, 219.

868 *Howells/Voigt*, United Kingdom, in Micklitz/Keßler, S. 361 (382).

869 *Lowe/Woodroffe*, Consumer Law, S. 264, 266 Rn. 16.03, 16.09; *Ramsay*, Consumer Law, S. 387, *Harvey/Parry*, Consumer Protection, S. 252.

870 *Harvey/Parry*, Consumer Protection, S. 253; *Lowe/Woodroffe*, Consumer Law, S. 264 Rn. 16.04; *Howells*, Journal of Business Law 2009, S. 183 (193).

verhandeln.[871] Handelt es sich um mehrere Geschädigte entsteht die widersprüchliche Situation, dass der Ankläger eine Klage pro Person einreichen muss, um überhaupt die Möglichkeit zu haben, für jeden Geschädigten eine Kompensation in Höhe von 5000 GBP zu erlangen. Denn wenn er seine Klage auf mehrere Fälle bezieht, kann für alle davon umfassten Geschädigten insgesamt lediglich eine Kompensation von 5000 GBP erlangt werden.[872] Daraus lässt sich schon schließen, dass diese Möglichkeit der Kompensation nicht auf Verstöße gegen „regulatory crime", wie die CPR, zugeschnitten ist. Denn eine unlautere Geschäftspraxis wirkt sich fast zwangsläufig nicht nur in einem bestimmten Fall aus, sondern betrifft zumeist zahlreiche Personen.

bb) Breach of Statutory Duty

Eine andere Möglichkeit des Geschädigten, seinen Schaden privat einzuklagen, könnte die zivilrechtliche Klage wegen „statutory breach of duty" aus dem Tort Law (Deliktsrecht) darstellen.[873] Die Law Commission hat in ihrer „Preliminary Advice" begonnen, die Möglichkeit einer Klagebefugnis von einzelnen Personen zu untersuchen. Dabei geht sie davon aus, dass dieses private Klagerecht möglicherweise auf dem Tort Law Konzept der „statutory breach of duty" beruhen könnte.[874] Dafür muss die Norm (i) eine Verhaltenspflicht zum Schutz einer bestimmten Gruppe enthalten, (ii) der Kläger muss ein Mitglied dieser geschützten Gruppe sein, (iii) der Schaden muss auf dem Verstoß gegen die Vorschrift beruhen und (iv) die Norm muss dazu bestimmt sein, vor genau diesem Schaden zu schützen.[875]

Die englischen Gerichte sind sehr zurückhaltend darin, in die Gesetze ein solches privates Klagerecht hineinzulesen, wenn es nicht ausdrücklich in einer

---

871 *Harvey/Parry*, Consumer Protection, S. 253; *R v Kneeshaw* [1975] QB, S. 57 (60); *Lowe/Woodroffe*, Consumer Law, S. 265 f. Rn. 16.07; *R v Daly* [1974] 1 WLR, S. 133; *R v Vivian* [1979] 1 WLR, S. 291; *R v Horsham Justices, ex p Richards* [1985] 1 WLR, S. 986 (993); Law Commission, Consumer Redress, S. 46 f. Rn. 4.17.

872 *Harvey/Parry*, Consumer Protection, S. 253, 416; *Lowe/Woodroffe*, Consumer Law, S. 264 f. Rn. 16.04.

873 *Ramsay*, Consumer Law, S. 388; *Lowe/Woodroffe*, Consumer Law, S. 267 Rn. 16.11; vgl. *Howells*, Unfair commercial practices, in Schulze/Schulte-Nölke, S. 133 (138, 141).

874 Law Commission, Private Right of Redress, S. 14 Rn. 2.39.

875 *Ramsay*, Consumer Law, S. 388; *Howells/Voigt*, United Kingdom, in Micklitz/Keßler, S. 361 (414); *Bulmer v Bollinger* [1977] 2 CMLR, S. 625 (650).

Vorschrift erwähnt ist, wie z. B. in Section 41(1) des Consumer Protection Acts 1987 über Produktsicherheit.[876] Auch für Section 92 Consumer Credit Act 1974 (a. F.) war anerkannt, dass der Verbraucher sich gegen bestimmte Verstöße durch die Klage wegen „breach of statutory duty" wehren konnte.[877] Für den Trade Descriptions Act 1968 wurde entschieden, dass ein Verstoß nicht zu einer privaten Klage führen kann.[878] Denn der Act 1968 enthielt im Gegensatz zu dem Teil des Consumer Protection Act 1987 zur Produktsicherheit keine Vorschrift, die ausdrücklich ein solches Recht für den Einzelnen vorsah. Auch eine Auslegung der Vorschriften dahin gehend, dem Einzelnen zu erlauben, seinen Schaden privat einzuklagen, wurde von den Gerichten abgelehnt. Der Act 1968 schütze keine bestimmte Gruppe, sondern diene dem Schutz der Allgemeinheit. Diese Aussage wurde von Lord Buckley in *Bulmer v Bollinger* getroffen, um das Argument des Klägers zurückzuweisen, der TDA schütze die Gruppe der Markeninhaber und anderer Inhaber von Kennzeichen. Generell geht der Ansatz der Gerichte dahin, dass Gesetze zum Wohl der Allgemeinheit erlassen wurden und dass sie aus diesem Grund keine Klagerechte für Einzelne enthalten, wenn dies nicht ausdrücklich vorgesehen ist. Im Fall des TDA 1968 wird diese Ansicht noch dadurch unterstützt, dass nach Section 35 TDA ausdrücklich vertragliche Regelungen unbeschadet blieben.[879] Darin schlägt sich nach Ansicht der Rechtsprechung der parlamentarische Willen nieder, dass der Einzelne auf seine allgemeinen zivilrechtlichen Rechtsbehelfe verwiesen werden soll.[880] Zudem enthielt das Vorgängergesetz, der Merchandise Marks Act 1887, eine Vorschrift, nach der der Verkäufer für die Richtigkeit jeder Warenbeschreibung garantierte. Die Streichung dieser Vorschrift wird als Beleg dafür gesehen, dass der nachfolgende TDA vor allem den Schutz der Allgemeinheit bezweckte.[881]

Diese Begrenzung des Konzepts der „breach of statutory duty" wird kritisiert und Teile der Literatur sprechen sich für einen weiteren Anwendungsbereich aus,

---

876 *Square v Model Farm Dairies* [1939] 2 KB, S. 365; *Stanton*, Law Quarterly Review 2004, S. 324 f.; *Lowe/Woodroffe*, Consumer Law, S. 268 Rn. 16.13.

877 *Howells/Weatherill*, Consumer Protection Law, S. 351.

878 *Bulmer v Bollinger* [1977] 2 CMLR, S. 625 (649 f.); *Ramsay*, Consumer Law, S. 388; *Cornish/Llewelyn*, Intellectual Property, S. 64 Rn. 2–22; *Henning-Bodewig*, Unfair Competition Law, S. 148; *Ohly*, Richterrecht, S. 37ff.

879 Section 35 TDA 1968: „*A contract for the supply of goods shall not be void or unenforceable by reason only of a contravention of any provision of the Act*".

880 *Square v Model Farm Dairies* [1939] 2 KB, S. 365 (366); *Lowe/Woodroffe*, Consumer Law, S. 268 Rn. 16.13.

881 *Lowe/Woodroffe*, Consumer Law, 7. Aufl. 2007, S. 295 Rn. 16.14.

damit die geschädigten Verbraucher einen direkten Rechtsbehelf haben und insgesamt eine effektive Durchsetzung der Vorschriften sichergestellt wird.[882] Nach bisherigem Stand in der Rechtsprechung kann allerdings davon ausgegangen werden, dass auch für die Consumer Protection Regulations kein individuelles Klagerecht wegen „breach of statutory duty“ anerkannt wird. Zum einen enthält das Gesetz keine ausdrückliche Vorschrift über eine solche Klagebefugnis und zum anderen erscheint eine Auslegung dahin gehend, dass die Vorschriften bestimmungsgemäß dem Schutz des Einzelnen dienen, angesichts der Rechtslage zum TDA unwahrscheinlich. Ohne Gesetzesänderung dürfte daher eine Klage des Einzelnen gegen den unlauteren Unternehmer wegen „breach of statutory duty“ nicht möglich sein.

cc) Private Criminal Prosecution

Des Weiteren hat jede Person in England die Möglichkeit, eine strafrechtliche Verfolgung anzustreben.[883] Da es sich bei den CPR um sogenannten „regulatory crime“ handelt, steht Verbrauchern grundsätzlich der Strafprozess offen. Allerdings gab es schon unter dem Trade Descriptions Act so gut wie keine Fälle, in denen Privatpersonen direkt strafrechtlich geklagt haben.[884] Die Gründe dafür liegen in der Natur der Strafprozesses, der zum einen höhere Anforderungen an die Beweise („beyond reasonable doubt“) stellt als ein Zivilprozess und zum anderen nicht den Erlass einer einstweiligen Verfügung ermöglicht.[885] Gerade in Wettbewerbsprozessen ist die einstweilige Verfügung besonders wichtig, um zu verhindern, dass der Verstoß überhaupt oder wiederholt begangen wird, während der Prozess läuft. Zudem ist die Möglichkeit, in einem strafrechtlichen Prozess Schadenersatz zu erlangen, begrenzt. Demnach stellt auch im Rahmen der Consumer Protection Regulations die Möglichkeit, einen strafrechtlichen Prozess anzustrengen, für den Einzelnen keinen geeigneten Rechtsbehelf dar.

---

882 *Lowe/Woodroffe*, Consumer Law, 7. Aufl. 2007, S. 295 Rn. 16.14; *Weir*, Tort Law, S. 197.

883 *Cornish/Llewelyn*, Intellectual Property, S. 62 Rn. 2–19; *Howells/Voigt*, United Kingdom, in Micklitz/Keßler, S. 361 (382); *Boyle*, WRP 1990, S. 159 (161).

884 *Ramsay*, Consumer Law, S. 388; *Lowe/Woodroffe*, Consumer Law, 7. Aufl. 2007, S. 264 Rn. 13.57; *Harvey/Parry*, Consumer Protection, S. 246; Ausnahme: *Donnelly v Rowlands* [1970] WLR, S. 1600 f., wo ein Unternehmer klagte; siehe auch *Woodroffe/Lowe*, Consumer Law, 7. Aufl. 2007, S. 233 Rn. 13.22.

885 *Cornish/Llewelyn*, Intellectual Property, S. 62 f. Rn. 2–19.

c) Reformabsichten

Zunächst beschäftigte sich die Law Commission mit der Frage, ob sich das Recht der „misrepresentation", das auf verschiedenen Statutes und auf dem Common Law beruht, vereinfachen lässt und ob sich daraus auch ein Klagerecht des Verbrauchers bei einem Verstoß gegen das Verbot irreführender Handlungen aus Regulation 5 CPR ergibt.[886] Die Kommission ist vorläufig zu dem Ergebnis gekommen, dass das Recht der „misrepresentation" zu kompliziert und uneinheitlich ist, um einen geeigneten Rechtsbehelf für den Verbraucher gegen unlautere Geschäftspraktiken darzustellen.[887] Der Reformauftrag der Kommission ist daher ausgeweitet worden und bezieht nunmehr die Frage nach einem Verbraucherklagerecht für alle Vorschriften der CPR ein.

Die Law Commission empfiehlt in ihrem Vorschlag von April 2011, ein Verbraucherklagerecht bei Verstößen gegen die Verbote aggressiver Geschäftspraktiken und irreführender Handlungen in einem neuen Gesetz einzuführen. Hinsichtlich der Generalklausel und des Verbots irreführender Unterlassungen erscheinen ihr die Regelungen ungeeignet für ein Verbraucherklagerecht, da sie zu unbestimmt seien.[888] Nach dem neuen Gesetz soll ein Verbraucher gegen eine irreführende oder aggressive Geschäftspraxis klagen können, sofern er einen Vertrag mit dem Unternehmer abgeschlossen oder eine Zahlung getätigt hat. Aufgrund eines Verstoßes gegen ein absolutes Verbot aus der Schwarzen Liste soll der Verbraucher nur dann klagen können, wenn die Geschäftspraxis auch den Durchschnittsverbraucher in unlauterer Weise beeinflusst hätte. Dem Verbraucher soll dann sowohl die Möglichkeit offen stehen, das Geschäft rückgängig zu machen („right to unwind"), als auch einen Preisnachlass zu verlangen („right to discount").[889] Ebenfalls soll der Verbraucher einen zusätzlichen Schaden, der ihm durch die unlautere Geschäftspraxis entstanden ist, von dem Unternehmer einfordern können. Dies steht allerdings unter der Voraussetzung, dass der Unternehmer keine „due diligence defence" geltend machen kann.[890]

---

886 Law Commission, Misrepresentation and Unfair Commercial Practices, S. 1, 3 ff.; vgl. auch *Howells*, Unfair commercial practices, in Schulze/Schulte-Nölke, S. 133 (136).

887 Law Commission, Consumer Redress, S. 78 f., 123 Rn. 5.98 f., 8.72.

888 Law Commission, Reforming Consumer Redress, S. 8 Rn. 1.34; Law Commission, Consumer Redress, S. 167 Rn. 12.3 ff.

889 Vgl. *Howells*, Unfair commercial practices, in Schulze/Schulte-Nölke, S. 133 (140).

890 A.a.O., S. 13 ff. Rn. 1.56 ff.

Diese Regelung des Verbraucherklagerechts soll in einem eigenständigen Gesetz erfolgen.[891] Die strafrechtliche Sanktionierung von Verstößen gegen die CPR bliebe weiterhin innerhalb der Regulations geregelt, während die zivilrechtliche Haftung vollständig in das neue Gesetz ausgelagert wäre. Der Anwendungsbereich dieses Gesetzes soll sich auf das Verhältnis zwischen Verbrauchern und Unternehmern beschränken und die Vorschriften sollen sich eng an den Verboten irreführender und aggressiver Geschäftspraktiken in den CPR orientieren[892] Die Kommission schlägt jedoch teilweise eine andere Terminologie vor, damit es nicht zu Überschneidungen und Missverständnissen mit dem existierenden englischen Recht kommt. So soll etwa der Begriff „undue influence“ durch „abuse of powers“ ersetzt werden.[893]

Dieses neue Gesetz soll nicht nur ein Klagerecht für den Verbraucher bei Verstößen gegen die CPR enthalten, sondern auch für den vertragsrechtlichen Bereich der „misrepresentation“ einfache und verständliche Rechtsbehelfe zur Verfügung stellen. Insoweit soll das neue Gesetz im Verhältnis von Verbraucher und Unternehmer den Misrepresentation Act 1967 ersetzen. Entscheidet sich der Verbraucher für einen Rechtsbehelf nach dem neuen Gesetz, soll eine Klage aufgrund anderer (vertragsrechtlicher) Rechtsbehelfe versperrt sein. Die Kommission ist der Ansicht, dass das neue Gesetz ein in sich abgeschlossenes System von Rechtsbehelfen enthalten sollte.[894] Damit soll sichergestellt werden, dass der Verbraucher sein Recht kennt und nicht zögert, es auch vor Gericht einzuklagen. Ob diese Empfehlungen tatsächlich Gesetzesrecht werden, hängt von den bis 2012 andauernden Konsultationen und den sich daran anschließenden politischen Entscheidungen ab.

3. Stellungnahme

Bisher hat der englische Verbraucher keine Möglichkeit, eine Klage gegen den Unternehmer wegen Verstoßes gegen die CPR vor den Zivilgerichten anzustrengen. Sollte der englische Gesetzgeber jedoch den Empfehlungen der Law Commission folgen und ein neues Gesetz erlassen, könnten englische Verbraucher gegen irreführende und aggressive Geschäftspraktiken klagen, sofern sie dadurch einen Schaden

891 Law Commission, Consumer Redress, S. 149 Rn. 10.73; für diesen Ansatz auch *Howells*, Unfair commercial practices, in Schulze/Schulte-Nölke, S. 133 (139).

892 Law Commission, Reforming Consumer Redress, S. 9 Rn. 1.38.

893 A.a.O., S. 10 Rn. 1.43.

894 Law Commission, Consumer Redress, S. 170 Rn. 12.14.

erlitten haben. England würde damit dem Beispiel Irlands folgen, wo schon bei Umsetzung der Richtlinie in dem irischen Consumer Protection Act 2007 ein Anspruch auf Schadenersatz des Verbrauchers eingeführt wurde. In Section 74 ist ein Schadenersatzanspruch für alle Verträge, die der Verbraucher aufgrund einer unlauteren Geschäftspraxis des Unternehmers abschließt, vorgesehen.[895] Auch in Irland gab es vor Umsetzung des Consumer Protection Acts kein individuelles Klagerecht des Verbrauchers.[896]

Die Einführung eines Klagerechts des Verbrauchers ist keine Voraussetzung für die ordnungsgemäße Umsetzung der Richtlinie. Der Grundsatz der Effektivität der Sanktionen aus der Richtlinie setzt eine solche Klagemöglichkeit des geschädigten Verbrauchers nicht zwingend voraus. Zwar bestehen in der europäischen Rechtsprechung Ansatzpunkte, die Rechte des Einzelnen bei Verstößen gegen Unionsrecht zu stärken. Besonders die Klagebefugnis von Wettbewerbern wird als effektives Mittel zur Einhaltung der unionsrechtlichen Normen angesehen, wenn ansonsten lediglich Behörden mit der Kontrolle des Marktes betraut sind. Allerdings bestehen Zweifel darüber, ob ein Klagerecht des Verbrauchers ebenso positive Effekte hätte.

Das Europäische Parlament hat Anfang 2009 eine Stellungnahme verabschiedet, in der es den Mitgliedstaaten die Einführung eines individuellen Klagerechts für Verbraucher empfiehlt.[897] Angesichts der begrenzten Ressourcen der mit der Durchsetzung der CPR betrauten Behörden könnte es gerade in England durchaus sinnvoll sein, dem geschädigten Verbraucher einen eigenen Rechtsbehelf zu geben.[898] Ein Verbraucherklagerecht würde den Einzelnen in die Lage versetzen, seinen Schaden durch die unlautere Geschäftspraxis zu restituieren, und könnte zu einer größeren Abschreckung unlauterer Unternehmer führen.[899] Es ist nicht davon auszugehen, dass die Einführung eines Verbraucherklagerechts eine Klageflut zur Folge hätte, da vielen Verbraucher wohl auch weiterhin der Gang zu

---

895 Law Commission, Private Right of Redress, S. 3; *Howells*, Journal of Business Law 2009, S. 183 (193); *Henning-Bodewig*, GRUR Int. 2010, 273 (280).

896 Law Commission, Private Right of Redress, S. 4.

897 Entschließung des Europäischen Parlaments vom 13. Januar 2009 zu der Umsetzung, Anwendung und Durchsetzung der Richtlinie 2005/29/EG und der Richtlinie 2006/114/EG, (2008/2114(INI)); vgl. auch *De Cristofaro*, Infringement, in Schulze, S. 115 (130).

898 Vgl. Law Commission, Consumer Redress, S. 46 Rn. 4.16.

899 Law Commission, Consumer Redress, S. 239 Rn. 16.11; vgl. auch *De Cristofaro*, GRUR Int. 2010, S. 1017 (1019).

Gericht zu mühsam und zu kostspielig sein wird.[900] Auch in Irland ist eine solche Überlastung der Gerichte bisher nicht zu beobachten. Die Klagetätigkeit würde sich voraussichtlich auf solche Fälle beschränken, in denen dem Verbraucher ein hoher monetärer Schaden entstanden ist, der es lohnenswert erscheinen lässt, den Gerichtsweg zu beschreiten.[901] Das Interesse des geschädigten Verbrauchers richtet sich zumeist darauf, sein Geld zurückzubekommen und die Sachen zurückzugeben sowie zusätzlich entstandenen Schaden ersetzt zu bekommen.[902] Diese Interessen werden von der Law Commission in ihrem Vorschlag für ein neues Gesetz berücksichtigt, das leicht verständlich sein soll und dem Verbraucher einen einfachen Rechtsbehelf an die Hand geben soll. Die Einführung eines solchen Rechts dürfte daher eine sinnvolle und effektive Ergänzung zu dem Modell der Überwachung durch die Wettbewerbsbehörden sein.[903]

Darüber hinaus dürfte sich eine Ausweitung der Befugnisse von Verbraucherorganisationen positiv auf die effektive Verfolgung unlauterer Geschäftspraktiken auswirken. Diese Organisationen könnten dann auf Beschwerde des Verbrauchers sowohl in seinem Interesse als auch im Interesse einer Vielzahl von Betroffenen gerichtlich gegen den unlauteren Unternehmer vorgehen.[904]

---

900 Law Commission, Consumer Redress, S. 241 Rn. 16.32.

901 Vgl. *Glöckner*, Europäisches Lauterkeitsrecht, S. 607.

902 Law Commission, Reforming Consumer Redress, S. 8 Rn. 1.30.

903 Vgl. auch *Howells*, Unfair commercial practices, in Schulze/Schulte-Nölke, S. 133 (140).

904 *Howells/Weatherill*, Consumer Law, S. 605, 649; *Howells*, Unfair commercial practices, in Schulze/Schulte-Nölke, S. 133 (136).

C. Fazit

I. Verbesserter Verbraucherschutz in England bei nur fragmentarischer Vereinheitlichung des Wettbewerbsrechts

Die Auswirkungen der Richtlinie auf den Schutz englischer Verbraucher sind insgesamt positiv zu bewerten. Die Consumer Protection against Unfair Trading Regulations 2008 tragen zunächst einmal zu einer größeren Kohärenz des englischen Verbraucherschutzrechts bei, dadurch dass sie 22 einzelne Gesetze ersetzen.[905] Durch diesen Rechtsakt wird die Ära der sogenannten „piecemeal"-Gesetzgebung durch einen einheitlichen regulatorischen Ansatz abgelöst. Zum ersten Mal existiert in England ein Wettbewerbsrecht, auch wenn seine Bedeutung auf den geschäftlichen Verkehr zwischen Unternehmern und Verbrauchern eingeschränkt ist. Des Weiteren führt die Richtlinie zu einer verbesserten Anschlußfähigkeit des englischen Rechts an die kontinentaleuropäischen Rechtsordnungen.[906]

Der Vergleich der Rechtslage in England vor und nach Erlass der Consumer Protection from Unfair Trading Regulations 2008 hat die der Arbeit zu Grunde liegende These, dass die Richtlinie sich positiv auf den Verbraucherschutz in England auswirkt, bestätigt. Eine Verbesserung der Position der Verbraucher wird vor allem durch den umfassenden Schutz vor Irreführungen, die Ausweitung des sachlichen Anwendungsbereichs und durch die objektiven speziellen Verbotstatbestände erreicht. Die Aufnahme eines einheitlichen Verbots aggressiver Geschäftspraktiken und eines allgemeinen Verbots unlauterer Geschäftspraktiken vervollständigen das Schutzkonzept, auch wenn insbesondere die Generalklausel ihr volles Potential erst in den nächsten Jahren zeigen kann. Ebenso als richtig erwiesen hat sich die These, dass die Richtlinie trotz des Konzepts der Vollharmonisierung nur zu einer fragmentarischen Vereinheitlichung des Wettbewerbsrechts führt. Die Existenz von Öffnungsklauseln und unklar formulierten Tatbeständen führt im Zusammenhang mit einem fehlenden europäischen Konsens besonders im Bereich der aggressiven Geschäftspraktiken zu einer Beeinträchtigung des Prinzips der Vollharmonisierung und verhindert eine vollständige Vereinheitlichung des Rechts.

---

905 *Leistner*, ZEuP 2009, S. 56 (65).

906 *Schulze/Schulte-Nölke*, Analysis of National Fairness Laws, S. 102 f.; *Weatherill*, National Report UK, in Schulze/Schulte-Nölke, S. 18.

1. Verbesserung des Schutzes englischer Verbraucher

Der Schutz des Verbrauchers vor unfairem Marktverhalten hat in England seinen Beginn im 19. Jahrhundert in Gesetzen, die vor Betrug schützen sollten. Die Entstehung eines kohärenten Wettbewerbsrechts wurde jedoch durch die Zurückhaltung vor staatlichen Eingriffen in den freien Markt verhindert. In der Folge stieg die Bedeutung von „regulatory agencies“ und der Selbstkontrolle der Wirtschaft. Angestoßen durch die europäische Gesetzgebung ist in den letzten Jahren wieder ein Anstieg an Verbrauchergesetzgebung in England zu verzeichnen. In diesem Zusammenhang ist auch die Richtlinie gegen unlautere Geschäftspraktiken zu sehen, die zu dem Erlass einer übergreifenden Regelung des unlauteren Wettbewerbs im Verhältnis von Unternehmer und Verbraucher geführt hat.

Die Consumer Protection Regulations fügen sich in das Verbraucherschutzkonzept in England ein.[907] Es handelt sich um ein Gesetz in der Tradition der englischen Marktverhaltensregulierung und ähnelt hinsichtlich der Durchsetzung der Verbote dem Vorgängergesetz dem Trade Descriptions Act 1968. Die CPR werden ebenfalls von den „regulatory agencies“ durchgesetzt und nicht direkt von den Marktteilnehmern. Diesem Ansatz liegt ein Konzept zu Grunde, wonach der Verbraucherschutz durch eine Mischung aus staatlicher Regulierung und freiem Wettbewerb vorsieht. Der Eingriff in den freien Markt durch die Regeln über unlautere Geschäftspraktiken erfolgt nicht direkt, sondern über den Umweg der Wettbewerbsbehörden. Die TSS und das OFT sind dazu angehalten, vor einem gerichtlichen Vorgehen eine einvernehmliche Lösung mit Unternehmern, die gegen die CPR verstoßen, zu suchen.[908] Dadurch unterliegen die CPR einem zusätzlichen Korrektiv, das verhindert, dass die Interessen der Verbraucher einseitig zu Lasten der Unternehmer gehen. Neben der Tätigkeit der Wettbewerbsbehörden, wird auch weiterhin Wert auf die Selbstkontrolle der Wirtschaft gelegt. Der Stellenwert der freiwilligen Verhaltenskodizes wird in den CPR ausdrücklich anerkannt. Nachdem schon 1999 in dem White Paper der „confident consumer“ als Leitbild angesehen wurde, wird durch den Maßstab des Durchschnittsverbrauchers in den CPR klargestellt, dass die Unternehmer ihr Verhalten nicht an den schwächsten Mitgliedern der Gesellschaft ausrichten müssen. Es besteht kein absoluter Schutz vor unlauteren Geschäftspraktiken,

907 Siehe oben Kap. 1, I. 1. b).
908 Vgl. *OFT v Purely Creative* [2011] EWHC 106 (Ch), S. 308 (313) zu der üblichen Vorgehensweise des OFT.

jedoch wurde in den CPR erstmals auch ausdrücklich auf den schutzbedürftigen Verbraucher Bezug genommen.[909]

Die CPR gehen über die bisherigen Gesetze, die dem Schutz des Verbrauchers vor unfairem Marktverhalten dienten. Die zivilrechtlichen Klagebefugnisse der Wettbewerbsbehörden wurden ausgeweitet. Die Möglichkeit, einstweilige Verfügungen gegen unlautere Unternehmer zu erlangen, führt zu einer Betonung der Verbraucherinteressen gegenüber Unternehmern, die sich nicht an die Regeln halten. Damit nimmt der englische Gesetzgeber Abstand von dem klassischen liberalen Ansatz, dass der Markt nicht eingeschänkt werden darf.[910] Sollten die Reformvorschläge der Law Commission im Bezug auf die Einführung eines individuellen Klagerechts umgesetzt werden, würde dies zu einem Systemwechsel führen. Der Verbraucher würde damit erstmals als eigenverantwortlicher Marktteilnehmer, der seine Rechte selbstständig wahrnehmen kann, anerkannt. Die Wettbewerbsbehörden sowie die Selbstkontrolle der Wirtschaft würden voraussichtlich an Bedeutung verlieren.

Auch in materieller Hinsicht führen die CPR eine Verbesserung der Position des Verbrauchers gegenüber irreführenden und aggressiven Geschäftspraktiken unlauterer Unternehmer. Ein großer Verdienst der Richtlinie gegen unlautere Geschäftspraktiken besteht schon darin, dass es anstatt einer Vielzahl von einzelnen Gesetzen nur noch ein einziges einheitliches verbraucherschützendes Wettbewerbsrecht gibt.[911] Es ist dem Verbraucher nun grundsätzlich durch einen Blick ins Gesetz möglich, seine Rechte zu erkennen.

a) Objektive Prüfung der Verbotstatbestände

Die CPR führen nicht nur zu einer einheitlichen Regelung des verbraucherschützenden Wettbewerbsrechts in England, sie stellen durch das Prinzip der objektiven Haftung auch ein effektives Instrument für den Schutz des Verbrauchers dar. Das Vorliegen einer unzulässigen irreführenden oder aggressiven Geschäftspraxis wird ohne Berücksichtigung der Absichten des Unternehmers objektiv beurteilt.[912] Entscheidend ist vor allem, ob die Geschäftspraxis geeignet ist, die geschäftliche Entscheidung des Durchschnittsverbrauchers wesentlich zu beeinflussen. Die

909 Vgl. *Howells/Weatherill*, Consumer Protection Law, S. 92.

910 Vgl. *Cornish*, GRUR Int. 1973, S. 679.

911 *Leistner*, ZEuP 2009, S. 56 (65); vgl. *Nordhausen/Bradgate/Twigg-Flesner*, European Consumer Law Journal 2006, S. 51 f.; DTI; Governement Response, Dezember 2006, S. 3.

912 *Dohrn*, Die Generalklausel der Richtlinie, S. 15.

objektive Beurteilung von Verstößen gegen die CPR schützt den Verbraucher vor den Schwierigkeiten, die durch die Erforderlichkeit eines Nachweises des subjektiven Willens des Unternehmers häufig entstehen. Die Gerichte müssen sich nicht mehr mit Beweislastumkehr und widerlegbaren Vermutungen behelfen, um den Vorschriften Effektivität zu verleihen.

b) Abstrakter Maßstab des Durchschnittsverbrauchers

Die Einführung des Durchschnittsverbrauchers als Maßstab für die Beurteilung der Unlauterkeit führt zu einer gewissen Verbesserung der Stellung des Verbrauchers. Allerdings kann sich der Schutz schwächerer Verbraucher auch verringern, da dem Durchschnittsverbraucher ein gewisses Maß an Aufmerksamkeit und Sorgfalt zugetraut wird. Das Konzept des Durchschnittsverbrauchers ist dem englischen Recht aufgrund des europäischen Einflusses nicht fremd und stimmt in vielen Punkten mit dem Standard der „reasonable person", der aus dem Common Law stammt, überein. Allerdings ist das Konzept der „reasonable person" nicht stets einheitlich, sondern orientiert sich an den Wertungen und Abwägungen des jeweiligen Gesetzes, die je nach dessen Schutzzweck unterschiedlich sein können.[913] Durch die Einführung des Durchschnittsverbrauchers ist der Bewertungsmaßstab nunmehr für den gesamten Bereich des verbraucherschützenden Wettbewerbsrechts einheitlich.

In der Literatur wurde die Befürchtung geäußert, dass der Maßstab des Durchschnittsverbrauchers im Zusammenhang mit dem aus dem Prinzip der Vollharmonisierung resultierenden Verbot, abweichende Vorschriften zu erlassen, zu einer Verringerung des Schutzes schwächerer Verbraucher führen könnte.[914] Nach früherer Rechtslage führten Nachweise über tatsächliche Irreführungen und Verbraucherbeschwerden häufig dazu, dass die Gerichte von dem Verhalten der konkret irregeführten Person auf die Auswirkungen auf eine abstrakte „reasonable person" schlossen.[915] Die Unlauterkeit einer Geschäftspraxis wird nach den CPR jedoch anhand des Maßstabs des Durchschnittsverbrauchers bewertet. Dabei handelt es sich um einen normativen Standard losgelöst von dem tatsächlichen Verhalten

913 Siehe oben Kap. 2 II. 4. b).

914 *Howells*, UCPD – A Missed Opportunity?, in Weatherill/Bernitz, S. 103 (109); *Howells*, Sydney Law Review 2006, S. 63 (80 ff.); *Howells/Twigg-Flesner*, Consumer Policy Review 2005, S. 169 (170).

915 Vgl. *Lettl*, Werbung in Europa, S. 224; *Schulze/Schulte-Nölke/Jones*, Europäisches Verbraucherrecht, S. 91; *Twigg-Flesner/Howells/Parry/Nordhausen*, Scope and Application, S. 29 f. Rn. 2.80.

einer einzelnen Person.[916] Die geringere Bedeutung von Nachweisen über tatsächliche Irreführungen oder andere Beeinträchtigungen der informierten Entscheidung des Verbrauchers findet auch Anhaltspunkte in der Richtlinie selbst. So heißt es in Erwägungsgrund 18 zunächst, dass die Auswirkungen im Hinblick auf einen „fiktiven typischen Verbraucher" geprüft werden müssen und am Ende ausdrücklich, dass der „Begriff des Durchschnittsverbrauchers dabei nicht auf einer statistischen Grundlage (beruht)". Dazu führt die Kommission in der Richtlinienbegründung aus, dass der Nachweis von 10–15% getäuschter Verbraucher nicht für den Standard des Durchschnittsverbrauchers genügt.[917] Dies zeigt, dass es für die Unlauterkeit einer Geschäftspraxis nicht auf etwaige tatsächliche Beeinträchtigungen des Verbrauchers ankommt, sondern allein auf die Auswirkungen auf den Durchschnittsverbraucher. In der Folge können die Wettbewerbsbehörden nicht schon tätig werden, wenn sie von einer tatsächlichen Irreführung erfahren, sondern müssen stets eine erste Prüfung vornehmen, ob auch ein Durchschnittsverbraucher getäuscht worden wäre. Dadurch verlagert sich der Fokus von der tatsächlichen Irreführung zu einer abstrakten Bewertung der Täuschung oder Beeinträchtigung. Der Schutz für einzelne weniger aufmerksame Verbraucher, deren tatsächlicher Beeinträchtigung bisher mehr Gewicht zugewiesen wurde, kann sich daher verringern.[918]

Im Hinblick auf den allgemeinen Durchschnittsverbraucher ist besonders in den Bereichen des „regulatory crime" von einem Schutzzuwachs auszugehen. Denn ein Verstoß gegen den TDA und den CPA konnte nach alter Rechtslage zu einer strafrechtlichen Haftung führen. Um die Unternehmer nicht übermäßig zu kriminalisieren, setzten die Gerichte häufig eine hohe Schwelle für die Irreführung an.[919] Zwar können auch die CPR strafrechtlich sanktioniert werden, daneben steht aber zumindest gleichberechtigt, wenn nicht sogar vorrangig, das zivilrechtliche Vorgehen durch Unterlassungsverfügungen. Der englische Gesetzgeber geht davon aus, dass strafrechtlich nur gegen eklatante Verstöße vorgegangen wird, während die breite Masse der Verstöße zivilrechtlich geregelt werden soll.[920] Hinzu

916 *Weatherill*, Average Consumer, in Weatherill/Bernitz, S. 115 (135); *Dohrn*, Die Generalklausel der Richtlinie, S. 238, 240; *Lettl*, Werbung in Europa, S. 92; *Abbamonte*, General Prohibition, in Weatherill/Bernitz, S. 11 (24).

917 KOM (2003) 356, endg., S. 6 Rn. 21.

918 Siehe auch *Koch*, Richtlinie gegen unlautere Geschäftspraktiken, S. 295; *Twigg-Flesner*, Law Quarterly Review 2005, S. 386; *Twigg-Flesner/Howells/Parry/Nordhausen*, Scope and Application, S. 64 Rn. 4.62.

919 *Lettl*, Werbung in Europa, S. 226, 228.

920 DTI, Government Response, Dezember 2006, S. 2 f.; *Woodroffe/Lowe*, 7. Aufl. 2007, Consumer Law, S. 315 Rn. 17.42.

kommt, dass es sich bei den CPR um ein primär verbraucherschützendes Gesetz handelt, so dass die Gerichte in der Abwägung, ob eine Geschäftspraxis unlauter ist, die Interessen der Verbraucher besonders berücksichtigen müssen und nicht mehr auf andere Erwägungen, wie etwa die Schädigung des Goodwill des Unternehmers, abstellen können.

c) Generalklausel als zukünftiges „safety net"

Die Einführung einer Generalklausel gegen unlauteren Wettbewerb wurde seit langem von Verbraucherorganisationen gefordert. Nachdem auch eine vom Ministerium in Auftrag gegebene Studie ergeben hatte, dass das Fehlen einer Generalklausel einen Nachteil für den Rechtsstandort England darstellt, war der Weg frei für ihre Aufnahme in die Richtlinie gegen unlautere Geschäftspraktiken.[921] Hinzu kam, dass die Generalklausel keine positive Normierung eines fairen Wettbewerbs enthält, sondern in Übereinstimmung mit dem Standpunkt der Engländer ein negativ formuliertes Verbot unlauterer Geschäftspraktiken.

Allerdings ist aus mehreren Gründen fraglich, ob sich die Generalklausel zu einer effektiven Vorschrift für die Verfolgung unlauterer Geschäftspraktiken entwickeln wird. Die aus der Richtlinie übernommene Definition in Regulation 2(1) CPR enthält mehrere unbestimmte Rechtsbegriffe und insbesondere die Reichweite und die Auslegung des Begriffes der beruflichen Sorgfalt sind unklar.[922] Zudem bestehen unterschiedliche Ansichten darüber, ob die Generalklausel nur Verstöße erfassen kann, die eine gewisse Nähe zu den bestehenden Spezialvorschriften aufweisen, oder ob auch gänzlich andere Geschäftspraktiken über die Generalklausel verboten werden können.[923] Festzuhalten bleibt jedenfalls, dass die Generalklausel nicht generell dazu verwendet werden kann, nationale Verbote von Geschäftspraktiken unter Verweis auf einen Verstoß gegen die berufliche Sorgfalt zu rechtfertigen.[924] Für den Verbraucher bedeutet das allerdings, dass auch nationale Gesetze, die ein höheres Schutzniveau als die CPR haben, wegen des Prinzips der Vollharmonisierung

921 *Howells/Weatherill*, Consumer Protection Law, S. 435.

922 Siehe oben Kap. 2, I. 2.; vgl. auch *Henning-Bodewig*, GRUR Int. 2010, S. 549 (561 f.); *Stuyck/Terryn/van Dyck*, CMLR 2006, S. 107 (148); *Apostolopoulos*, WRP 2004, S. 841 (847).

923 Siehe oben Kap. 2, II. 1. und 2.

924 Howells/*Micklitz*/Wilhelmsson, European Fair Trading Law, S. 119 f.; *Bernitz*, Scope, Ambition and Relation, in Weatherill/Bernitz, S. 33 (37); *Bernitz*, Copycats, and Look-alikes, in Ezrachi/Bernitz, S. 217 (228); *Ramsay*, Consumer Law, S. 284; *Apostolopoulos*, WRP 2004, S. 841 (847).

nicht aufrecht erhalten werden können. Allerdings dürfte den Mitgliedstaaten nach der Rechtsprechung des Europäischen Gerichtshofs in der Entscheidung „Freiburger Kommunalbauten" ein Spielraum für die Beachtung nationaler Besonderheiten bleiben.[925] Auf der Rechtsfolgenseite erfordert die strafrechtliche Verfolgung eines Verstoßes gegen die Generalklausel den zusätzlichen Nachweis eines subjektiven Willenselements bei dem Unternehmer. Denn der Verstoß gegen die Generalklausel führt im Gegensatz zu den Regelungen irreführender und aggressiver Geschäftspraktiken nicht zu einer „strict liability".

Im Zusammenspiel mit der Verfolgung von Verstößen durch die Wettbewerbsbehörden, die im Regelfall eher geneigt sind, klaren Rechtsverstößen nachzugehen, könnten das Verschuldenserfordernis und der weite Tatbestand dazu führen, dass die Bedeutung der Generalklausel für den Schutz der Verbraucher vor unlauterem Wettbewerb zunächst eher gering sein wird.[926] Hinzu kommt, dass selbst die Kommission die Bedeutung der Generalklausel mehr in der flexiblen Regelung zukünftiger Sachverhalte sieht als in der gegenwärtigen Bekämpfung unlauteren Verhaltens, denn zum jetzigen Zeitpunkt sollen grundsätzlich alle unlauteren Geschäftspraktiken von den Spezialtatbeständen erfasst sein.[927] Die Auswertung der Verfolgung von Verstößen gegen die CPR zeigt jedoch, dass die Generaklausel seit der Einführung der CPR im Mai 2008 immer mehr an Bedeutung gewinnt. In dem Zeitraum von August 2008 bis September 2011 erwirkten die Behörden 33 Unterlassungsverpflichtungserklärungen, von denen elf auf die Generalklausel gestützt wurden. Dabei wird die Generalklausel nicht nur ergänzend herangezogen, sondern auch als alleinige Rechtsgrundlage. Zwar ließ sich zunächst eine gewisse Zurückhaltung der Behörden gegenüber der Annahme eines Verstoßes gegen die berufliche Sorgfalt feststellen. Die neueren Unterlassungserklärungen aus den Jahren 2010 und 2011 zeigen jedoch, dass die Wettbewerbsbehörden nun auch gegen Geschäftspraktiken vorgehen, die allein einen Verstoß gegen die Generalklausel darstellen und nicht unter einen der Spezialtatbestände fallen.[928] Angesichts dieser Entwicklung ist davon auszugehen, dass sich die Generalklausel in den nächsten Jahren als effektives Verbot unlauterer Geschäftspraktiken erweisen wird. Darüber hinaus ist sie durch das klare Verbot unlauterer Geschäftspraktiken

---

925 Siehe oben Kap. 2, III. 2.

926 *Ramsay*, Consumer Law, S. 285.

927 KOM (2003) 356 endg., S. 14 Rn. 52; so auch *Apostolopoulos*, WRP 2004, S. 841 (847); Howells/*Micklitz*/Wilhelmsson, European Fair Trading Law, S. 120.

928 Siehe oben Kap. 7, II. 4. b) ee); vgl. *Howells*, Consumer Concept, in Schulze, S. 119 (132).

geeignet, das Rechtsvertrauen des Verbrauchers zu stärken und unlautere Unternehmer abzuschrecken.[929]

d) Umfassender Schutz vor Irreführung

Der Schutz des Verbrauchers vor Irreführungen hat sich durch Einführung der CPR entscheidend verbessert. Besonders der erweiterte Anwendungsbereich und die Erstreckung des Schutzes auf irreführende Unterlassungen sowie auf die Irreführung durch Verwendung fremder Kennzeichen tragen zu einem hohen Schutzniveau bei.

Im Gegensatz zu dem TDA und dem CPA sind eindeutig auch nachvertragliche Handlungen in den Anwendungsbereich der CPR einbezogen. In Art. 3 Abs. 1 ist ausdrücklich festgelegt, dass die Vorschriften der Richtlinie auch auf das Verhalten des Unternehmers nach Abschluss eines Geschäfts anwendbar sind. Vor Erlass der CPR war der Verbraucher beim Kauf einer Ware nur geschützt, wenn die irreführende Angabe sich im Zusammenhang mit dem Kauf ausgewirkt hat.[930] Angaben über nachvertragliches Verhalten konnten bei einem Warenkauf nicht zu einem Verstoß führen, da sie keinen Einfluss mehr auf die Kaufentscheidung hatten, wohingegen irreführende Angaben über Dienstleistungen auch nach Vertragsschluss noch gerügt werden konnten, da es sich um dauerhafte Leistungsbeziehungen handelt.[931] Diese Unterscheidung fällt nach Erlass der CPR weg. Die Erstreckung des Anwendungsbereichs auf nachvertragliche Handlungen führt zu einer signifikanten Verbesserung der Stellung des Verbrauchers.[932]

Die in dem TDA enthaltene Differenzierung zwischen verifizierbaren Aussagen über Tatsachen und dem Versprechen einer zukünftigen Leistung bei irreführenden Angaben über Dienstleistungen ist in den CPR nicht mehr enthalten. Nunmehr können auch Versprechen über zukünftige Leistungen eine irreführende Angabe darstellen, denn der weit gefasste Begriff der Geschäftspraktiken umfasst auch Versprechen, die der Unternehmer tätigt, um den Verbraucher zu einer geschäftlichen Entscheidung zu bewegen.[933] Des Weiteren sind irreführende

---

929 *Ramsay*, Consumer Law, S. 285; Howells/*Micklitz*/Wilhelmsson, European Fair Trading Law, S. 119 f.; *Abbamonte*, General Prohibition, in Weatherill/Bernitz, S. 11 (21).

930 *Woodroffe/Lowe*, Consumer Law, 7. Aufl. 2007, S. 230 Rn. 13.17.

931 *Howells/Weatherill*, Consumer Protection Law, S. 413.

932 *Radeideh*, Fair Trading, S. 256.

933 *Abbamonte*, General Prohibition, in Weatherill/Bernitz, S. 15; *Ramsay*, Consumer Law, S. 312; *Bragg*, Trade Descriptions, in Yearbook 2008, S. 341 (342f.); *Woodroffe/Lowe*, 7. Aufl. 2007, Consumer Law, S. 244 Rn. 13.49.

Angaben über Waren und über Dienstleistungen den CPR gleichgestellt, da die Definition des Begriffes „Product“ in Regulation 2(1) CPR beides gleichermaßen umfasst. Durch diese Gleichstellung wird eine Gesetzeslücke geschlossen, die einen effektiven Schutz der Verbraucher verhinderte.[934] Denn nach Section 14(2) TDA musste der Unternehmer eine irreführende Angabe über Dienstleistungen schuldhaft getätigt haben, während die Haftung für irreführende Angaben über Waren rein objektiv beurteilt wurde. Gerade im Bereich der Dienstleistungen, die den Verbraucher häufig stärker betreffen, da seine Verbindung zum Unternehmer länger andauert, war der praktische Schutz der Verbraucher lückenhaft. Denn die Konsequenz aus dem Verschuldenserfordernis war, dass die Durchsetzungsbehörden hauptsächlich gegen Warenangaben vorgingen, während irreführende Angaben über Dienstleistungen fast unbehelligt blieben.[935] Die Situation der Verbraucher gegenüber irreführenden Angaben über Dienstleistungen hat sich damit entscheidend verbessert.

Ebenso wie der Schutz vor irreführenden Angaben über Dienstleistungen und Waren ist auch der Schutz vor irreführenden Preisangaben erweitert worden. Die Neuregelung in Regulation 5(4)(g) CPR hat neben der schon erwähnten Erstrekkung des sachlichen Anwendungsbereichs besonders Auswirkungen auf den persönlichen Anwendungsbereich. Während nach dem Consumer Protection Act ein Verstoß nur dann vorliegen konnte, wenn die Preisangabe von dem Inhaber des Unternehmens oder einer Person in einer Kontrollposition getätigt wurde, kann nach den CPR auch das Handeln einer Hilfsperson unlauter sein.[936] Allerdings hat der Code of Practice on Price Indications, der den Consumer Protection Act konkretisierte, an Bedeutung verloren. Er bleibt zwar weiterhin bestehen, stellt aber lediglich noch eine „unverbindliche Richtschnur“ dar.[937] Zwar führte ein Verstoß gegen den Code auch nach alter Rechtslage nicht automatisch zu einem strafrechtlich relevanten Verstoß gegen den CPA, aber in den meisten Fällen konnten sich Unternehmen und Gerichte daran orientieren. Im Rahmen der CPR ist eine

934 *Harvey/Parry*, Consumer Protection, S. 417 f.

935 OFT, Annual Report 2008, Annexe E 1, S. 8 weist für den Zeitraum 2008 lediglich 90 verfolgte Verstöße mit einer Gesamtstrafsumme von 39.800 GBP aus, während in demselben Zeitraum 160 Verstöße durch irreführende Angaben über Waren mit Gesamtstrafen in Höhe von 238.521,95 GBP dokumentiert wurden.

936 *Harvey/Parry*, Consumer Protection, S. 421; *Woodroffe/Lowe*, Consumer Law, 7. Aufl. 2007, S. 258 Rn. 14.09 zum Anwendungsbereich des CPA; Howells/*Micklitz*/Wilhelmsson, European Fair Trading Law, S. 117 zur Definition des Unternehmers in der Richtlinie.

937 *Ramsay*, Consumer Law, S. 320.

Berufung auf den Code zur Begründung unlauteren Verhaltens oder zur Verteidigung gegen einen solchen Vorwurf nicht mehr in demselben Maße möglich.

Des Weiteren ist mit Erlass der CPR der Schutz der englischen Verbraucher vor Irreführungen um einen Bereich erweitert worden, der bisher allein dem Schutz der Wettbewerber zugeordnet worden war. Nach Regulation 5(3)(a) CPR kann nun auch die Verwendung fremder Kennzeichen zu einer relevanten Irreführung der Verbraucher führen. Vor Umsetzung der Richtlinie in England in den CPR war die Irreführung über die betriebliche Herkunft durch den Common Law-Anspruch wegen Passing-off geregelt. Der Schutz wegen Passing-off diente aber nicht dem Schutz der Verbraucher vor der Täuschung über die betriebliche Herkunft, sondern dem Schutz des Goodwill, den der Unternehmer erworben hat und der in seinen Kennzeichen verkörpert ist.[938] Die Irreführung der Allgemeinheit ist zwar ein Tatbestandsmerkmal dieses Anspruchs, der Verbraucher wird jedoch nur reflexhaft und nicht primär geschützt. Durch die Vorschrift in den CPR besteht nunmehr eine Regelung der Irreführung durch Verwendung fremder Kennzeichen, die unmittelbar den Schutz der Verbraucher vor Täuschungen über die betriebliche Herkunft bezweckt. Damit wird die besondere Relevanz von Kennzeichen für die geschäftliche Entscheidung des Verbrauchers anerkannt. Denn im täglichen Leben entscheidet sich der Verbraucher zumeist nach dem Prinzip „bewährt und bekannt“ für Produkte, mit denen er aufgrund ihrer Herkunft oder seiner eigenen Erfahrung besondere Qualitätsmerkmale verbindet. Während der Anspruch wegen Passing-off nur von dem geschädigten Unternehmer geltend gemacht werden kann, können sich nun Verbraucher über Unternehmer beschweren, die durch Verwendung fremder Kennzeichen über die betriebliche Herkunft täuschen. Die Einführung eines Verbots solcher irreführender Angaben in den CPR führt zu einer Ausweitung des Verbraucherschutzes auf Bereiche, in denen sein Schutz bisher lediglich reflexartig verwirklicht wurde.[939]

Eine signifikante Verbesserung des Verbraucherschutzes vor Irreführung ergibt sich des Weiteren auch durch die Aufnahme des Verbotes irreführender Unterlassungen in Regulation 6 CPR. Vor Umsetzung der Richtlinie galt im englischen Recht das Prinzip der „non-disclosure“, wonach Unternehmer grundsätzlich nicht verpflichtet waren, Informationen offenzulegen.[940] Der Verbraucher war lediglich

938 *Wadlow*, Passing-off, S. 309 Rn. 5–021; *Weir*, Tort Law, S. 197; *Ohly*, Leistungsschutz, in Hilty/Henning-Bodewig, S. 181 (185); *Lettl*, Werbung in Europa, S. 221; *Puttemanns*, Report für die „Liga gegen den unlauteren Wettbewerb“, S. 6.

939 *Howells/Weatherill*, Consumer Protection Law, S. 433; *Carty*, IPQ 2007, S. 237 (263).

940 *Howells/Weatherill*, Consumer Protection Law, S. 432; *Cartwright*, Non-Disclosure, Rn. 16.01, 16.04, 16.07; *Twigg-Flesner/Howells/Parry/Nordhausen*, Scope and

vor irreführenden Handlungen durch unvollständige Informationen geschützt sowie im Rahmen europäisch harmonisierter Informationspflichten. Durch das Verbot irreführender Unterlassungen wird eine umfängliche Kehrtwende eingeleitet. Das Fehlen von wesentlichen Informationen im geschäftlichen Verkehr kann zu einer unzulässigen Irreführung führen. Zwar ist die Vorschrift nicht als positive Pflicht ausgestaltet, praktisch werden dem Unternehmer aber Informationspflichten auferlegt, die sich noch verdichten, wenn es sich bei der Geschäftspraxis um eine Aufforderung zum Kauf handelt. In diesem Moment soll der Verbraucher seine Entscheidung im Besitz aller wesentlichen Informationen treffen können. Diese Regelung verdeutlicht noch einmal das zentrale Konzept der Richtlinie, die Verbraucherautonomie durch umfassende Information in allen Bereichen des geschäftlichen Verkehrs zu stärken.[941]

Die positiven Auswirkungen des Verbots auf den Verbraucherschutz werden in der Praxis bestätigt durch das Vorgehen der Wettbewerbsbehörden. Seit Erlass der CPR stützte das OFT 302 Untersuchungen unlauteren Verhaltens unter anderem auf Regulation 6 CPR über irreführende Unterlassungen.[942] Ebenso zeigt die Bilanz der erwirkten Unterlassungserklärungen, dass die Behörde sich nicht scheut, auf der Grundlage von Regulation 6 CPR gegen unlautere Geschäftspraktiken vorzugehen. Das generelle Verbot, den Verbraucher im geschäftlichen Verkehr durch fehlende wesentliche Informationen irrezuführen, schützt ihn somit effektiv vor jeder Art von Irreführung, die seine informierte Entscheidung beeinträchtigt.[943]

e) Bedeutung der Regelung über aggressive Geschäftspraktiken

Die Regelung über aggressive Geschäftspraktiken in Regulation 7 CPR ist geeignet, zu einer Verbesserung des Verbraucherschutzes zu führen. Denn die Gefahr der Beeinträchtigung der informierten geschäftlichen Entscheidung des Verbrauchers

Application, S. 53 Rn. 4.11; *Schulze/Schulte-Nölke*, Analysis of National Fairness Laws, S. 35; S. 14, 17 UK-Report.

941 *Twigg-Flesner*, Pre-Contractual Duties, in Schulze, S. 97 (109); *Howells*, Journal of Business Law 2009, S. 183 (186).

942 OFT, Email Martin Harvey, Goods and Consumer Group; Vgl. auch *Williams/Hare*, Journal of Consumer Policy 2010, S. 377 (382 f.).

943 Howells/Micklitz/*Wilhelmsson*, European Fair Trading Law, S. 148; *Howells,* Journal of Business Law 2009, S. 183 (185, 194); *Nordhausen/Bradgate/Twigg-Flesner*, European Consumer Law Journal 2006, S. 51 (66); *Schulte-Nölke/Busch*, ZEuP 2004, S. 99 (104 f.); *Twigg-Flesner/Howells/Parry/Nordhausen*, Scope and Application, S. 54 Rn. 4.13; *Cartwright*, Criminal Law, S. 247.

durch aggressive Geschäftspraktiken, wie Belästigung, Nötigung oder unzulässige Beeinflussung, wird anerkannt und einheitlich geregelt. Allerdings tragen verschiedene Umstände dazu bei, dass die Vorschrift erst allmählich ihren vollen Wirkungsgrad erreicht. Insgesamt ist aber von einem hohen Schutzniveau der Verbraucher sowie von einer Verbesserung ihrer Position im Vergleich zur Rechtslage vor Umsetzung der Richtlinie auszugehen. Zwar gab es auch voher schon Vorschriften, die bestimmte aggressive Verhaltensweisen regelten, wie den Protection from Harassment Act 1997, den Administration of Justice Act 1970 oder die vertragsrechtlichen Institute „Duress“ und „Undue Influence“. In dieser Breite und im Zusammenhang mit dem geschäftlichen Verkehr handelt es sich jedoch um eine vollkommen neue Regelung im englischen Recht.

Der Schutz vor Belästigung wird im Vergleich zu früheren Gesetzen durch Regulation 7 CPR anhand eines objektiven Maßstabs beurteilt. Daher kommt es weder auf die Frage nach dem Verschulden des Unternehmers noch auf seine Kenntnis von dem Handeln seiner Angestellten an.[944] Allerdings ist es im Rahmen dieser objektiven Haftung auch erforderlich, dass die Geschäftspraxis die Entscheidungs- und Verhaltensfreiheit eines Durchschnittsverbrauchers spürbar beeinträchtigt. Diese Anforderung hängt mit der Zwecksetzung zusammen, die informierte Entscheidung des Verbrauchers im geschäftlichen Verkehr zu schützen. In allgemeinen Gesetzen zum Schutz vor Belästigung wurde bisher allein auf das Hervorrufen von Angst oder Unbehagen bei einer vernünftigen Person in der konkreten Situation abgestellt. Die Vorschrift bietet daher grundsätzlich keinen Schutz für sehr empfindliche Verbraucher, die sich schneller als der durchschnittliche Verbraucher in ihrer Entscheidungsfreiheit beeinträchtigt fühlen und sich beeinflussen lassen.[945] Ein Herabsinken des allgemeinen Schutzes vor Belästigungen ist jedoch grundsätzlich nicht zu befürchten, denn ein Vorgehen nach dem Protection from Harassment Act 1997 bleibt möglich, da dieses Gesetz neben den CPR anwendbar bleiben soll. Der Administration of Justice Act 1970 ist jedoch nach Section 40 (3A)(1) Act 1970 subsidiär gegenüber den CPR, so dass es in diesem sensiblen Bereich der Inkassowirtschaft zu Schutzlücken für diejenigen Verbraucher kommen kann, deren Widerstandskraft unter der des Durchschnittsverbrauchers liegt.

Der Schutz vor Nötigung im geschäftlichen Verkehr hat sich durch Einführung der CPR erheblich verbessert. Das Common Law Konzept „duress“ (Nötigung)

---

944 *Howells*/Micklitz/Wilhelmsson, European Fair Trading Law, S. 178; *Twigg-Flesner/Howells/Parry/Nordhausen*, Scope and Application, S. 64 Rn. 4.62.

945 *Twigg-Flesner*, Law Quarterly Review 2005, S. 386; *Koch*, Richtlinie gegen unlautere Geschäftspraktiken, S. 295.

ist lediglich auf den vertraglichen Bereich anwendbar. Dabei wird zwischen Nötigung mit körperlicher Gewalt und Nötigung mit einem monetären Übel unterschieden, bei letzterem muss die Nötigung das primäre Motiv für den Abschluss des Vertrags sein. In den CPR sind hingegen beide Formen der Nötigung umfasst und es kommt allein darauf an, dass die Nötigung geeignet ist, die Verhaltens- und Entscheidungsfreiheit des Verbrauchers zu beeinflussen.[946] Der Verbraucher ist damit im gesamten geschäftlichen Bereich vor der nötigenden Einflussnahme des Unternehmers auf seine Entscheidungs- und Verhaltensfreiheit geschützt.

Ebenso wie der Schutz vor Nötigung bisher vor allem im Vertragsrecht anerkannt war, handelte es sich auch bei der unzulässigen Beeinflussung bisher um ein rein vertragsrechtliches Konzept. In den CPR ist sowohl der Anwendungsbereich als auch das Merkmal der Machtposition weiter gefasst. Im Gegensatz zu der unzulässigen Beeinflussung im Vertragsrecht, die ein besonderes Vertrauensverhältnis erfordert, genügt jedes Subordinationsverhältnis, insbesondere auch aufgrund überlegenen Wissens des Unternehmers.[947]

Grundsätzlich ist die Regelung der aggressiven Geschäftspraktiken also geeignet, zu einer Verbesserung des Verbraucherschutzes zu führen. Allerdings zeichnet die Statistik der durch die Wettbewerbsbehörden erfolgten Untersuchungen ein geteiltes Bild. Denn die Anzahl der Untersuchungen, die die Behörde auf Regulation 7 CPR gestützt hat, ist signifikant geringer als im Bereich der Vorschriften über irreführende Handlungen und Unterlassungen.[948] Die Schwierigkeiten mit der Anwendung und Durchsetzung des Verbots aggressiver Geschäftspraktiken zeigen sich auch bei Betrachtung der erwirkten Unterlassungserklärungen. Die Wettbewerbsbehörden haben zunächst Regulation 7 CPR nicht als alleinige Rechtsgrundlage für ihr Vorgehen herangezogen. Dies hat sich erst Anfang 2011 geändert, als zwei Unterlassungserklärungen allein aufgrund des Verbots aggressiver Geschäftspraktiken ergingen.

Für diese restriktive Anwendung des Verbots aggressiver Geschäftspraktiken spielen verschiedene Faktoren auf der Tatbestands- und auf der Rechtsfolgenseite eine Rolle. Zunächst hat das Verbot aggressiver Geschäftspraktiken im geschäftlichen Verkehr zwischen Verbraucher und Unternehmer keinen Vorgänger im englischen Recht, während Regulation 5 und 6 CPR in gewisser Hinsicht in der

946 *Twigg-Flesner/Howells/Parry/Nordhausen*, Scope and Application, S. 58 Rn. 4.32 f.

947 *Howells*/Micklitz/Wilhelmsson, European Fair Trading Law, S. 188; *Ramsay*, Consumer Law, S. 325.

948 Quelle: OFT, Email Martin Harvey, Goods and Consumer Group, vom 02.11.2011, Auskunft nach dem Freedom of Information Act 2000.

Tradition der Marktverhaltensgesetze TDA und CPA stehen.[949] Die Behörden können also anders als bei der Regelung irreführender Angaben nicht auf eine bewährte Verfolgungspraxis und ständige Rechtsprechung zurückgreifen. Hinzu kommt, dass die Rechtslage hinsichtlich aggressiver Geschäftspraktiken in den Mitgliedstaaten viel unterschiedlicher war als im Bezug auf irreführende Geschäftspraktiken, so dass die Regelung in der Richtlinie von Unklarheiten und Öffnungsklauseln begleitet wird.[950] Daher wurde in England z. B. der Protection from Harassment Act 1997 unverändert aufrecht erhalten und findet nun Anwendung neben den CPR. Diese Rechtsunsicherheit führt im Zusammenspiel mit der Zurückhaltung der Behörden gegenüber Gerichtsverfahren mit unsicherem Ausgang zu einer verringerten Bedeutung des Verbotes aggressiver Geschäftspraktiken.[951] Daneben ist auch davon auszugehen, dass schon von Anfang an weniger Verbraucherbeschwerden über aggressive als über irreführende Geschäftspraktiken bei den Wettbewerbsbehörden eingehen. Denn Analysen des Verbraucherverhaltens haben ergeben, dass es seltener zu Beschwerden kommt, wenn das Verhalten eine moralische Wertung beinhaltet.[952] Aggressive Geschäftspraktiken erfordern aber häufig eine Bewertung des Verhaltens durch den Verbraucher und können nicht anhand konkreter Tatsachen, wie z. B. versteckter falscher Angaben über ein Produkt, festgestellt werden. Diese Faktoren haben dazu geführt, dass die Wettbewerbsbehörden erst einige Zeit benötigten, bevor sie das Verbot aggressiver Geschäftspraktiken wirksam gegen unlautere Unternehmer einsetzten. Die Entwicklung gerade in letzter Zeit scheint aber darauf hinzudeuten, dass aggressive Geschäftspraktiken vermehrt im Fokus der Behörden stehen. Trotz des neuen Regelungsgehalts der Vorschrift und gewisser Probleme bei der Abgrenzung und Begriffsbestimmung ist daher davon auszugehen, dass sich das Verbot aggressiver Geschäftspraktiken zu einer wichtigen Vorschrift für den Schutz der Verbraucher vor unlauterem Wettbewerb entwickeln wird.

f) Effektive Durchsetzung

Allerdings wäre es zu kurz gegriffen, das Niveau des Verbraucherschutzes nur anhand der formellen Rechtslage zu bewerten. Auch wenn die Durchsetzung der

949 *Williams/Hare*, Journal of Consumer Policy 2010, S. 377 (394).

950 *Howells*/Micklitz/Wilhelmsson, European Fair Trading Law, S. 167; *Stuyck, Terryn, van Dyck*, CMLR 2006, S. 107 (119).

951 *Cranston*, Law and Consumer Agencies, S. 116; *Ramsay*, Consumer Law, S. 375, 377.

952 Vgl. *Howells/Weatherill*, Consumer Protection Law, S. 608; *Cartwright*, Criminal Law, S. 218.

Regelungen nicht mehr dem vollharmonisierten Bereich der Richtlinie unterfällt und dort nur einige Leitlinien und Grundsätze festgelegt sind, ist sie entscheidend für den effektiven Schutz der Verbraucher. Die Verbesserung des Schutzes vor unlauteren Unternehmern nützt den Verbrauchern erst dann und führt auch nur dann zu einer tatsächlichen Verbesserung ihrer Position, wenn die Unternehmer tatsächlich zur Normentreue angehalten werden.[953] Die Lauterkeit des Marktes kann unterschiedlich herbeigeführt werden. Eine Möglichkeit ist ein umfassendes Klagerecht für Mitbewerber, die ihrerseits großes Interesse daran haben, Rechtsverstöße von Konkurrenten zu verhindern und zu verfolgen. In England wird ein anderer Weg verfolgt, die Durchsetzung der Vorschriften der CPR obliegt den lokalen Wettbewerbsbehörden und der nationalen Behörde OFT. Diese verfolgen jedoch mangels begrenzter Ressourcen nicht jeden Verstoß, sondern versuchen über Informationen und Warnungen die Unternehmer zur Lauterkeit anzuhalten. Erst wenn diese Maßnahmen nicht den gewünschten Erfolg versprechen oder wenn es sich um einen besonders schweren oder wiederholten Verstoß handelt, gehen die TSO auch zivilrechtlich mit Unterlassungsverfügungen oder sogar strafrechtlich durch Anklage gegen unlautere Unternehmer vor. Grundsätzlich soll dabei das strafrechtliche Vorgehen „ultima ratio" sein.[954] Gegenüber früheren Gesetzen im Bereich des „unfair trading law", wie dem TDA oder dem CPA, kommt es somit zu einer Verschiebung des Fokusses von der strafrechtlichen Verfolgung hin zu dem Vorgehen durch Unterlassungserklärungen und -verfügungen.[955] Allerdings ist fraglich, ob die Verschiebung soweit geht, wie sie vom Gesetzgeber intendiert ist. Denn die Klage auf Unterlassung vor den Zivilgerichten kann sich als sehr kostspielig für die Behörde herausstellen und damit ihre Bereitschaft verringern, vor den Zivilgerichten zu klagen.[956] Zum einen haben Mitarbeiter der Wettbewerbsbehörden bisher keine eigene Prozessführungsbefugnis, so dass sie die Hilfe eines Barristers in Anspruch nehmen müssen.[957] Zum anderen sind die englischen Gerichte im Zivilprozess eher geneigt, der unterlegenen Partei auch die Kosten des Gegners aufzuerlegen.

Im Rahmen der strafrechtlichen Haftung besteht die Schwierigkeit, dass die Unlauterkeitstatbestände zusätzlichen Anforderungen unterworfen sind. Die

---

953 *Drexl*, Verbraucherschutz, in Hilty/Henning-Bodewig, S. 227 (236); *Leistner*, Unfair Competition, in Bell/Kilpatrick, S. 141 (148, 168).

954 Vgl. *Williams/Hare*, Journal of Consumer Policy 2010, S. 377 (386).

955 *Lowe/Woodroffe*, Consumer Law, 7. Aufl. 2007, S. 254 Rn. 13.73 f.

956 DTI, Government Response to the Consultation on how to frame criminal offences, Dezember 2006, S. 12 Rn. 18; *Howells*, Journal of Business Law 2009, S. 183 (191); *Williams/Hare*, Journal of Consumer Policy 2010, S. 377 (392, 397).

957 *Howells*, Unfair commercial practices, in Schulze/Schulte-Nölke, S. 133 (135).

Spezialtatbestände sind bis auf Regulation 4 CPR und einige Tatbestände aus der Schwarzen Liste Gegenstand von „strict liability". Dem Unternehmer steht dagegen jedoch die „due diligence defence" offen, also die Einwendung, dass ihn kein Verschulden trifft und er alle ihm zumutbaren Maßnahmen ergriffen hat, um den Verstoß zu vermeiden. Diese Einwendung kann die Behörden von einer gerichtlichen Verfolgung abhalten, so dass ihr Handeln insoweit weniger abschreckende Wirkung auf den Unternehmer hat.[958] Ein Verstoß gegen die Generalklausel ist sogar erst dann strafrechtlich relevant, wenn dem Unternehmer Vorsatz oder Fahrlässigkeit nachgewiesen werden kann („mens rea"). Durchsetzungsbehörden und Verbraucherorganisationen standen der Einführung eines „mens rea"-Elements für die Generalklausel in Regulation 3 CPR von Anfang an skeptisch gegenüber. Der Weite und Unbestimmtheit dieser Vorschrift hätte ihrer Ansicht nach besser mit der Veröffentlichung von Richtlinien begegnet werden sollen, denn die Einführung des Nachweises eines subjektiven Willens stellt die Behörden vor Beweisschwierigkeiten, insbesondere im Bezug auf große Unternehmen und deren Direktoren.[959] Zudem wird befürchtet, dass damit der einzigen flexiblen Bestimmung ihre Schärfe genommen wird und ihre Effektivität eingeschränkt ist, wenn es darum geht, neu aufgekommene unlautere Geschäftspraktiken zu sanktionieren.[960] Dafür spricht, dass schon nach alter Rechtslage Verstöße gegen das Verbot irreführender Angaben über Dienstleistungen, für die Vorsatz oder grobe Fahrlässigkeit erforderlich waren, im Gegensatz zu irreführenden Warenbezeichnungen, die Gegenstand einer verschuldensunabhängigen Haftung waren, viel seltener verfolgt wurden.[961]

Es ergibt sich folgendes Bild: Die Durchsetzung der Normen, die einen klar gefassten Tatbestand haben, in der Tradition von früheren Gesetzen stehen und keine vollkommen neuen Regelungen darstellen, wird durch die Behörden effizient vorgenommen. Dahingegen ist die Wirksamkeit anderer Normen, die in ihren Voraussetzungen unbestimmt sind, wie die Generalklausel, oder die eine neue rechtliche Regelung darstellen, wie das Verbot aggressiver Geschäftspraktiken, noch eingeschränkt.[962] Erst nach einer längeren Vorlaufzeit scheint sich die Verfolgungspraxis der Wettbewerbsbehörden nun auch vermehrt gegen Verstöße

958 *Cartwright*, Criminal Law, S. 243

959 *Ramsay*, Consumer Law, S. 361.

960 DTI, Government Response on how to frame criminal offences, Mai 2007, S. 17 Rn. 48.

961 *Harvey/Parry*, Consumer Protection, S. 417 f.; DTI, Government Response on how to frame criminal offences, Mai 2007, S. 16 Rn. 46.

962 *Bernitz*, Look-alikes, and Copycats, in Ezrachi/Bernitz, S. 217 (234) kritisiert, dass der englische Gesetzgeber den Vorschriften aus der Richtlinie nicht ihre volle Effektivität verleiht.

gegen die berufliche Sorgfalt und gegen das Verbot aggressiver Geschäftspraktiken zu richten.[963] Ein Grund für diese Verzögerung könnte sein, dass die Wettbewerbsbehörden aufgrund der hohen Kosten im Falle eines Unterliegens sowie der begrenzten Ressourcen keinen Anreiz dafür haben, eine unklare Rechtslage vor Gericht auszutesten. In diesen Fällen weist das System der administrativen Verfolgung Defizite auf und das Klagerecht Einzelner mit besonderem Interesse könnte zu einer verbesserten Durchsetzung der Normen und damit zu einem höheren Verbraucherschutz führen.

2. Lücken in der Vollharmonisierung des Wettbewerbsrechts

Der in dieser Arbeit angestellte Vergleich der Rechtslage in England und in Deutschland in ausgewählten Bereichen des verbraucherschützenden Wettbewerbsrechts zeigt, dass die Richtlinie trotz des Prinzips der Vollharmonisierung nicht zu einer vollständigen Vereinheitlichung des Rechts führt.[964] Zunächst ist zu beachten, dass die Kommission mit der Richtlinie keine Vereinheitlichung des gesamten Wettbewerbsrechts anstrebt. Das Prinzip der Vollharmonisierung entfaltet seine Wirkung allein im Anwendungsbereich der Richtlinie und soll auch nur hier dazu führen, dass sich Verbraucher und Unternehmer an einem einzigen Rechtsrahmen orientieren können. Zwar kann es gewisse Vereinheitlichungseffekte geben, so wurden in England z. B. neben den CPR auch die BPR, die Business Protection from Unfair Trading Regulations 2008 erlassen, die ihrerseits verschiedene Gesetze vereinheitlichen. Zu einer einheitlichen Regelung des gesamten unlauteren Wettbewerbs unter Einschluss des Verhältnisses von Unternehmern zueinander soll die Richtlinie jedoch nicht führen. Auch im Anwendungsbereich der Richtlinie gilt der Grundsatz der Vollharmonisierung nicht stringent, sondern wird von weiteren Einschränkungen und ausdrücklichen Öffnungsklauseln durchbrochen. Die Frage nach der Vereinheitlichung des Rechts kann also sinnvoll überhaupt nur für den Bereich gestellt werden, der dem Prinzip der Vollharmonisierung unterfällt.

---

963 Vgl. Law Commission, Consumer Redress, S. 168 Rn. 12.6; *Howells*, Unfair commercial practices, in Schulze/Schulte-Nölke, S. 133 (135); *Williams/Hare*, Journal of Consumer Policy 2010, S. 377 ff.

964 Vgl. *Micklitz*, Targeted Full Harmonisation Approach, in Schulze/Howells, S. 47 (48); *Henning-Bodewig*, GRUR Int. 2010, S. 549 (560).

Jedoch führt die Richtlinie selbst im Geltungsbereich der Maximalharmonisierung nicht zu einer vollständigen Vereinheitlichung des verbraucherschützenden Wettbewerbsrechts, sondern lediglich zu einer fragmentarischen Vollharmonisierung. In den Mitgliedstaaten bestehen weiterhin unterschiedliche Regelungen zum verbraucherschützenden Wettbewerbsrecht. Zum Teil sind diese Divergenzen darauf zurückzuführen, dass in den Mitgliedstaaten eine Tendenz besteht, nationale Regelungen aufrechtzuerhalten. So ließ sich in Deutschland beispielsweise eine generelle Zurückhaltung gegenüber einer umfassenden Umsetzung konstatieren, die auch damit zusammen hing, dass das geltende UWG erst 2004 reformiert worden war. Jedoch lassen sich die Unterschiede zwischen den Mitgliedstaaten nicht ausschließlich mit nationalem Protektionismus erklären. Der Richtlinie gegen unlautere Geschäftspraktiken liegt ein weites Verständnis von unlauterem Wettbewerb zu Grunde und sie betrifft einen Bereich des Rechts, der bisher in den Mitgliedstaaten auf sehr unterschiedliche Weise geregelt war. Während im Bereich der Irreführung durch die Richtlinie gegen irreführende Werbung schon ein gewisser Konsens auf europäischer Ebene bestand, gingen die Rechtsauffassungen über die Unlauterkeit aggressiver Geschäftspraktiken weit auseinander. Teilweise wird daher die Ansicht geäußert, die maximale Harmonisierung sei verfrüht erfolgt und es wäre vielmehr von Vorteil gewesen, einen allgemeinen konzeptuellen Rahmen zu schaffen, unter dem sich die nationalen Rechte in eine gemeinsame Richtung hätten entwickeln können.[965] Zu dieser unterschiedlichen Ausgangslage in den Mitgliedstaaten kommt hinzu, dass die Vorschriften der Richtlinie teilweise unklar formuliert sind, so dass sich selbst bei einer wortgenauen Umsetzung der Richtlinie Unterschiede ergeben können.

a) Europäische Auslegung der Generalklausel

Die angestrebte Vereinheitlichung des verbraucherschützenden Wettbewerbsrechts kann durch eine national motivierte Anwendung der Generalklausel beeinträchtigt werden. Die Generalklausel soll nach Ansicht der Kommission eine flexible Regelung darstellen, wenn sich neue unlautere Geschäftspraktiken zeigen, die nicht unter die Spezialtatbestände passen. Die Aufnahme einer Generalkausel soll verhindern, dass ständig Zusätze zu der Richtlinie nötig werden, die in aufwendigen Gesetzgebungsverfahren beschlossen werden müssten. Die Generalklausel vervollständigt die Vollharmonisierung, indem sie als Auffangtatbestand

965 *Howells*, Sydney Law Review 2006, S. 63 (85); *Stuyck/Terryn/van Dyck*, CMLR 2006, S. 107 (146 f.).

eine abschließende Regelung auch zukünftiger unlauterer Geschäftspraktiken darstellt. Allerdings stellt sich die Frage, ob die Generalklausel geeignet ist, zu einem einheitlichen Verständnis der Unlauterkeit in den Mitgliedstaaten zu führen.

Ein Hindernis stellen die unbestimmten Rechtsbegriffe der Generalklausel dar. Schon die Berücksichtigung sozialer, kultureller und sprachlicher Faktoren im Rahmen des Konzepts des Durchschnittsverbrauchers kann zu unterschiedlichen Würdigungen in den Mitgliedstaaten führen. Daneben könnte sich vor allem der Begriff der beruflichen Sorgfalt zu einer besonderen Gefahr für die Rechtsvereinheitlichung entwickeln, denn es ist zu bezweifeln, dass alle 27 Mitgliedstaaten diesen Begriff ohne Divergenzen einheitlich auslegen werden.[966]

Die beiden ersten Vorabentscheidungen des Europäischen Gerichtshofs betreffen beide Geschäftspraktiken, nämlich Kopplungsangebote, die nicht ausdrücklich in der Richtlinie geregelt sind. Die einzige Möglichkeit, nationale Verbote von Geschäftspraktiken zu rechtfertigen, ist die Einordnung als Verstoß gegen die berufliche Sorgfalt.[967] In der Entscheidung *Galatea* wurde zur Verteidigung des Verbotes von Kopplungsangeboten unter anderem vorgetragen, dass ein solches Verbot, selbst wenn es nicht unter die speziellen Tatbestände falle, als Verstoß gegen die Generalklausel gerechtfertigt sein könne.[968] Auch der Bundesgerichtshof bezog sich in dem Vorlagebeschluss *Millionenchance* an den Europäischen Gerichtshof auf die Möglichkeit der Rechtfertigung abweichender Verbote über die Generalklausel.[969] Ebenso wird in der Literatur für die Auslegung von § 4 Nr. 6 UWG vorgeschlagen, die Vorschrift als normierten Fall des Verstoßes gegen die berufliche Sorgfalt aus der Generalklausel einzuordnen.[970]

Diese Verfahren zeigen, dass in den Mitgliedstaaten die Tendenz bestehen kann, bestehende nationale Verbote von Geschäftspraktiken mit dem Hinweis auf einen Verstoß gegen die berufliche Sorgfalt und damit gegen die Generalklausel zu

966 Howells/*Micklitz*/Wilhelmsson, European Fair Trading Law, S. 35, 102; *Radeideh*, Fair Trading, S. 287; *Stuyck/Terryn/van Dyck*, CMLR 2006, S. 107 (148).

967 *Apostolopoulos*, WRP 2004, S. 841 (847).

968 EuGH C-261/07, C-299/07, Slg. 2009, I-02949 *VTB-VBA NV v Total Belgium NV*; C-299/07 *Galatea BVBA v Sanoma Magazines Belgium NV*, (joined cases) = WRP 2009, S. 722 (726 f.).

969 BGH GRUR 2008, S. 807 (810) – Millionenchance; vgl. dazu aber BGH, GRUR 2011, S. 532 (534 f.) Rz. 23 - Millionenchance II, wo ausdrücklich betont wird, dass es auf die Umstände es Einzelfalls ankommt; siehe oben Kap. 2, III. 1.

970 *Köhler*, GRUR 2010, S. 177 (183); *Hanloser*, MMR-Aktuell 2010, 297924; *Boesche*, WRP 2009, S. 661 (669).

rechtfertigen.[971] Diese national geprägte Auslegung und Anwendung des Begriffs der beruflichen Sorgfalt kann die Vereinheitlichung des verbraucherschützenden Wettbewerbsrechts in den Mitgliedstaaten beeinträchtigen. Es ist daher ein erster Schritt hin zu einer einheitlichen Auslegung, wenn der Europäische Gerichtshof in seinen Urteilen den umfassenden Anwendungsbereich der Richtlinie auch auf Verkaufsförderungmaßnahmen bestätigt und gleichzeitig verdeutlicht, dass allein die Schwarze Liste Verbote ohne Wertungsmöglichkeit enthält. Nachdem schon im ersten Vorlageverfahren die Frage nach der Anwendung der Generalklausel aufgeworfen wurde und auch der Bundesgerichtshof in seinem Vorlagebeschluss darauf Bezug nahm, wäre es wünschenswert gewesen, wenn der Europäische Gerichtshof sich auch zu diesem Punkt geäußert hätte. So ist dem Versuch, den Begriff der beruflichen Sorgfalt mit nationalen Wertungen zu füllen, weiterhin Tür und Tor geöffnet.

Möglicherweise ist eine Generalklausel jedoch schon ihrem Wesen nach nicht geeignet, zu einer vollständigen Vereinheitlichung der Rechtslage zu führen. Der Preis für die Flexibilität sind die unbestimmten Rechtsbegriffe, die von den Staaten unterschiedlich ausgelegt werden können. Allerdings ist insoweit auch zu beachten, dass es nicht das Ziel europäischer Rechtssetzung sein kann, absolute Konformität in den Staaten herzustellen. Insofern würde es genügen, wenn sich ein einheitliches europäisches Verständnis von Kriterien herausbildet, an denen ein Verstoß gegen die berufliche Sorgfalt bewertet werden kann.

b) Irreführung durch unwahre Angaben

Die Regelung der Irreführung in Art. 6 der Richtlinie ist ihrem Wortlaut nach nicht eindeutig im Hinblick auf die Voraussetzungen der Unlauterkeit unwahrer Angaben und beeinträchtigt dadurch die vollharmonisierende Wirkung der Richtlinie. Im Einzelnen ist streitig, ob die objektive Unwahrheit genügt und ob die Angabe unwahr im Bezug auf einen der nachstehend aufgelisteten Punkte sein muss. Zwar ist es möglich, dass die Mitgliedstaaten die Frage nach der Täuschungseignung unlauterer Angaben unterschiedlich regeln, so auch in England und in Deutschland. Allerdings ergeben sich daraus keine gravierenden Unterschiede in der Anwendung der Vorschrift, denn durch die Tatbestandsvoraussetzung der

971 Vgl. *Stuyck*, Regulation, in Weatherill/Bernitz, S. 159 (174); *Stuyck/Terryn/van Dyck*, CMLR 2006, S. 107 (148); *Köhler*, GRUR 2008, S. 841 ff.; *Dohrn*, Generalklausel der Richtlinie, S. 279 f. zum Verstoß von Kopplungsangeboten gegen die Generalklausel.

Geeignetheit zur Beeinflussung der geschäftlichen Entscheidung wird ein Gleichlauf herbeigeführt.[972]

Größere Auswirkungen auf die Rechtsvereinheitlichung hat die Frage nach der Anknüpfung der unwahren Angabe an einen der in Art. 6 Abs. 1 genannten Punkte. In Deutschland geht man überwiegend von einem eigenständigen Tatbestand aus, der vollständig von der Regelung der wahren Angaben, die irreführend im Bezug auf eines der aufgelisteten Merkmale sein müssen, zu unterscheiden ist.[973] Damit wird der Anwendungsbereich der Vorschrift auf jegliche unwahre Angabe, gleich welchen Inhalts, ausgedehnt. In England liegt nach dem eindeutigen Wortlaut von Regulation 5(2)(a) CPR nur dann eine irreführende Geschäftspraxis vor, wenn die unwahre Angabe sich auf einen der aufgelisteten Anknüpfungspunkte bezieht. Diese Beschränkung des Tatbestands hängt vor allem mit der strafrechtlichen Verfolgung von Verstößen gegen die CPR zusammen. In den meisten Fällen führen diese unterschiedlichen Voraussetzungen nicht zu einem unterschiedlichen Ergebnis, da die Anknüpfungspunkte in der Liste sehr umfangreich sind. Dennoch kann es Konstellationen geben, in denen eine unwahre Angabe in England nicht als irreführend angesehen werden dürfte, während sie in Deutschland voraussichtlich irreführend wäre.[974]

c) Vereinheitlichung des Schutzes vor Irreführung durch Verwendung fremder Kennzeichen

Auch im Bereich des Schutzes der Verbraucher vor Irreführungen über die betriebliche Herkunft führt die Richtlinie nicht zu einer einheitlichen Regelung in den Mitgliedstaaten. Die Tatbestände zur Irreführung von Verbrauchern über die betriebliche Herkunft durch Verwendung fremder Kennzeichen führen zu Überschneidungen mit dem Markenrecht, dessen Wertungen und Grenzen durch eine extensive Anwendung des Wettbewerbsrechts unterlaufen werden können. Zur Auflösung des Konflikts über die Grenzen der jeweiligen Schutzbereiche trägt die Richtlinie leider wenig bei, denn sie enthält keine ausdrückliche Aussage zu dem Verhältnis von Marken- und Wettbewerbsrecht.[975] Es lassen sich einige Ansätze in der Richtlinie finden, die für eine Subsidiarität gegenüber den Sonderschutzrechten sprechen, wie der Hinweis in Erwägungsgrund 9, dass das Recht des geistigen

---

972 Siehe oben Kap. 3, III. 2. a).

973 Vgl. Köhler/*Bornkamm*, UWG, § 5 Rn. 1.25b; Piper/Ohly/*Sosnitza*, UWG, § 5 Rn. 230.

974 Siehe oben Kap. 3, III. 2. b).

975 *Leistner*, ZEuP 2009, S. 56 (81); Piper/Ohly/*Sosnitza*, UWG, § 5 Rn. 417.

Eigentums unberührt bleibt, oder der „lex specialis"-Grundsatz aus Art. 3 Abs. 4.[976] Dagegen lassen sich jedoch wiederum Passagen aus dem Markenrecht anführen. Nach Art. 14 Abs. 2 GMV lässt das europäische Markenrecht das nationale Wettbewerbsrecht ausdrücklich unbeschadet, wozu nach der Umsetzung auch die Vorschriften der Richtlinie gehören. Zudem ist in den Erwägungsgründen der Markenrechtsrichtlinie festgelegt, dass die Vorschriften gegen den unlauteren Wettbewerb auch auf Marken Anwendung finden.[977]

Angesichts dieser Vielzahl von Ansichten und Argumentationen bestehen begründete Zweifel, ob die Regelung in der Richtlinie zu einem einheitlichen Schutz der Verbraucher vor Irreführung durch Verwendung fremder Kennzeichen führen wird.[978] Diese Zweifel werden bestätigt, durch einen Vergleich der Rechtslage in England und in Deutschland nach Umsetzung der Richtlinie. Während in England kein allgemeiner Vorrang des Markenrechts besteht, ist in Deutschland zumindest unklar, wie weit der wettbewerbsrechtliche Schutz vor Irreführungen durch Verwendung fremder Kennzeichen reichen kann. Der deutsche Gesetzgeber hat diese Frage ausdrücklich der Klärung durch die Rechtsprechung überlassen. In der Folge besteht Unsicherheit darüber, ob der Verwechslungstatbestand des § 5 Abs. 2 UWG ohne weitere einschränkende Voraussetzungen auf jede Irreführung von Verbrauchern durch Verwendung fremder Kennzeichen unabhängig von dem Bestehen markenrechtlichen Schutzes anwendbar ist.[979] In der Literatur bestehen zahlreiche Ansätze Kriterien zu entwickeln, um die Schutzbereiche beider Rechtsgebiete auseinander zu halten.[980] Richtigerweise wird jedoch auch darauf hingewiesen, dass die Rechte, die die Richtlinie dem Verbraucher verleiht, nicht durch Hinweise auf das Konkurrenzverhältnis geschmälert werden können.[981]

In Enland ist die Rechtslage anders. Das Recht aus einer Marke wurde ursprünglich nicht durch Registereintragung begründet, sondern durch die tatsächlich erfolgte Nutzung. Daneben kann der Unternehmer Ansprüche aus Passing-off

---

976 Piper/Ohly/*Sosnitza*, UWG, § 5 Rn. 700; *Steinbeck*, WRP 2006, S. 632 (639).

977 Vgl. Harte-Bavendamm/Henning-Bodewig/*Dreyer*, UWG, § 5 Abs. 2 Rn. 10; *Köhler*, GRUR 2007, S. 548 (551); *Henning-Bodewig/Schricker*, EIPR 2002, S. 271 (272).

978 *Henning-Bodewig,* GRUR Int. 2007, S. 986 (988, 990).

979 Gesetzesentwurf, BT-Drucksache 16/10145, S. 17; für eine Einschränkung auf Kennzeichen mit bestehendem Markenschutz *Bornkamm*, GRUR 2011, S. 1 (6).

980 Köhler/*Bornkamm*, UWG, § 5 Rn. 4.241 ff.; *Bornkamm*, GRUR 2011, 1 (7); *Ohly*, GRUR 2007, S. 731 (737); *Seichter*, WRP 2005, S. 1087 (1092).

981 Harte-Bavendamm/Henning-Bodewig/*Dreyer*, UWG, § 5 Abs. 2 Rn. 11 ff., 15; *Ullmann* in Ullmann/juris-PK UWG, § 4 Nr. 9 Rn. 24; *Hennig-Bodewig*, GRUR Int. 2007, 986 (990).

geltend machen, wenn sein Goodwill durch die irreführende Verwendung fremder Kennzeichen geschädigt wird. Auch nach Einführung eines Markenregisters werden die Grenzen des Schutzes vor betrieblicher Irreführung nicht durch das Markenrecht definiert. Vielmehr kann der Schutz wegen Passing-off über den Schutz des Zeichens als Marke hinausgehen.[982] Die Ansprüche können parallel geltend gemacht werden. Auch wenn es teilweise zu einem Entscheidungsgleichlauf kommt, kann daraus nicht der Schluss gezogen werden, dass das Markenrecht die Grenzen des Schutzes festlegt. Wenn der Schutz aus dem Markengesetz aber schon nicht speziell zu den Ansprüchen aus dem Common Law ist, dann kann erst recht gegenüber dem jüngeren geschriebenen Gesetz, den CPR, keine Subsidiarität des Common Law bestehen.[983] Daher ist der englische Verbraucher im Rahmen des Verwechslungstatbestands der CPR ohne Einschränkungen vor Verwechslungen durch irreführende Verwendung fremder Kennzeichen geschützt.

Der beispielhafte Vergleich der Rechtslage in England und in Deutschland hat somit ergeben, dass die Richtlinie im Bereich des Schutzes der Verbraucher vor Irreführungen über die betriebliche Herkunft bisher nicht zu einer vollständigen Vereinheitlichung des Rechts in den Mitgliedstaaten führt. Angesichts des unklaren Verhältnisses zwischen Wettbewerbs- und Markenrecht auf europäischer Ebene sind auch die Regelungen in den Mitgliedstaaten nicht frei von Unterschieden. Die durch die Richtlinie intendierte Vollharmonisierung des verbraucherschützenden Wettbewerbsrechts wird somit durch einen fehlenden europäischen Konsens über das Verhältnis der Schutzrechte zueinander beeinträchtigt.[984]

d) Europäischer Rechtsbruchtatbestand

Ein weiterer Bereich, in dem es nicht zu einer vollständigen Vereinheitlichung des Rechts kommt, ist die Unlauterkeit von Verstößen gegen Informationspflichten. Der Unternehmer ist dazu verpflichtet, dem Verbraucher wesentliche Informationen offenzulegen. Dazu gehören nach Art. 7 Abs. 5 auch Informationspflichten aus

---

982 *Bently/Sherman*, Intellectual Property, S. 714; *Cornish/Llewelyn*, Intellectual Property, S. 605 Rn. 16–02; *Carty*, Intellectual Property Quarterly 2007, S. 237 (246); Ulmer/*Westerholt*, Unlauterer Wettbewerb - Großbritannien, S. 100; *Ludwig*, Irreführende und vergleichende Werbung, S. 160; *Connor*, UK-Report, S. 10, 28; *Smith*, Justice of the Peace 2008, 172 (34), S. 536 (537); *Puttemanns*, Report für die „Liga gegen den unlauteren Wettbewerb", S. 6, 13.

983 *Ohly*, GRUR 2007, S. 731 (738).

984 *Leistner*, ZEuP 2009, S. 56 (81).

europäischen Gesetzen. In Anhang II sind einige dieser europäischen Informationspflichten genannt, allerdings ist diese Liste ausdrücklich nicht abschließend. Das Fehlen von Information, deren Vorliegen in anderen europäischen Rechtsakten gefordert wird, kann somit eine unlautere Geschäftspraxis wegen irreführenden Unterlassens darstellen. Es spricht einiges dafür, dass die Richtlinie nicht nur Verstöße gegen Informationspflichten abschließend regelt, sondern dass außerhalb von Art. 7 Abs. 1 und Abs. 5 auch keine lauterkeitsrechtliche Sanktionierung von anderen Rechtsverstößen mehr erfolgen kann.[985] Denn die Regelung von Rechtsbrüchen, die geeignet sind, die Interessen der Verbraucher und ihre geschäftliche Entscheidung zu beeinträchtigen, fällt in den Anwendungsbereich der Richtlinie. Dann gilt auch hier das Prinzip der Vollharmonisierung, das nicht durch rein nationale Rechtsbruchtatbestände unterlaufen werden darf. Eine Umgehung dieses Grundsatzes durch Auslagern der entsprechenden Regelung in ein anderes Gesetz kann für die rechtliche Bewertung keinen Unterschied machen. Es ist daher unerheblich, ob die Regelung des Rechtsbruchs in dem Umsetzungsakt der Richtlinie selbst oder in einem anderen Gesetz, wie in England im Enterprise Act 2002, enthalten ist.

Die Regelung über irreführende Unterlassungen wurde von England und Deutschland ordnungsgemäß umgesetzt. Allerdings bestehen in beiden Ländern daneben weitere Regelungen über Rechtsbrüche. In England ist in Section 211 EA eine Regelung über „domestic law infringement“ enthalten. Danach können die Wettbewerbsbehörden gegen Unternehmer vorgehen, die gegen die im Enterprise Act 2002 aufgeführten Vorschriften verstoßen, wenn diese Verstöße das kollektive Interesse der Verbraucher beeinträchtigen. Auch in Deutschland hat der Gesetzgeber neben dem Verbot des irreführendes Unterlassens durch Fehlen wesentlicher unionsrechtlicher Informationen die Regelung in § 4 Nr. 11 UWG über Vorsprung durch Rechtsbruch aufrechterhalten.

Neben der Umsetzung von Art. 7 Abs. 5 bestehen somit weitere Regelungen gegen Rechtsbrüche in England und in Deutschland. Ob diese Unterschiede sich auch materiell auswirken und damit die von der Richtlinie angestrebte Vereinheitlichung des Rechts beeinträchtigen, hängt davon ab, welche Rechtsbrüche im Einzelnen sanktioniert werden. Denn auch der Anwendungsbereich der Richtlinie ist eingeschränkt und unterliegt Öffnungsklauseln, die den Mitgliedstaaten Raum für abweichende Regelungen gewähren. In England beruht ein Großteil der Vorschriften,

985 *Köhler*/Bornkamm, UWG, § 4 Rn. 11.6a; *Köhler*, GRUR 2005, S. 793 (799); *Köhler*, GRUR 2008, S. 841 (848); MüKo/*Micklitz*, UWG 2006, EG F, Rn. 2.64; *Steinbeck*, GRUR 2008, S. 848 (852).

die als „domestic-“ oder „community law infringement“ sanktioniert werden können, auf europäischen Vorgaben oder unterfällt Ausnahmevorschriften aus der Richtlinie.[986] Der Rechtsbruch einer Vorschrift des Lotteries and Amusement Act 1976 fällt beispielsweise unter die Ausnahme in Erwägungsgrund 9. Auch Verstöße gegen den Explosives Act 1875 und die Fireworks Regulations 1997 fallen als Rechtsbrüche unter die Ausnahme in Art. 3 Abs. 3 für Gesetze zu Gesundheits- und Sicherheitsaspekten von Produkten. Ebenso können in Deutschland die meisten Gesetzesverstöße, die zu einem unlauteren Rechtsbruch nach § 4 Nr. 11 UWG führen, unter eine der in Art. 3 genannten Bereichsausnahmen eingeordnet werden.[987] Darüber hinaus wurde die Regelung in § 4 Nr. 11 UWG vom Bundesgerichtshof mittlerweile dahin gehend einschränkend ausgelegt, dass die Bestimmung, gegen die verstoßen wurde, einen unionsrechtlichen Ursprung haben muss.[988]

Demnach ist die Regelung von Rechtsbrüchen als unlautere Geschäftspraxis durch die Richtlinie zwar nicht vereinheitlicht worden. Allerdings entfalten die Unterschiede in den Mitgliedstaaten nur geringe Wirkung, da viele Rechtsbrüche Vorschriften betreffen, die unter die Bereichsausnahmen der Richtlinie fallen. Die Gründe für die bestehenden Abweichungen sind unterschiedlich. Zum einen ist die Reichweite der Regelung in Art. 7 Abs. 1 und Abs. 5 nicht eindeutig. Nach hier vertretener Ansicht handelt es sich dabei um eine abschließende Regelung von Rechtsbrüchen, die eine umfassende Revision der Rechtsbruchtatbestände in den Mitgliedstaaten erfordert hätte. Zum anderen bestehen durch die fehlende Verabschiedung der Verordnung über Verkaufsförderungsmaßnahmen im Bereich des nicht elektronischen Geschäftsverkehrs Schutzlücken für den Verbraucher, die im Widerspruch zu der Regelung für den elektronischen Geschäftsverkehr in der Richtlinie stehen.

e) Unterschiedliche Regelungen von Belästigungen

Die Regelung über aggressive Geschäftspraktiken wird durch die Richtlinie nicht vollständig vereinheitlicht. Die Öffnungsklausel in Erwägungsgrund 7 für Geschäftspraktiken, die aus kulturellen Gründen unerwünscht sein können, da sie Fragen der guten Sitten und des Anstands betreffen, führt zur Aufrechterhaltung unterschiedlicher nationaler Regelungen in den Mitgliedstaaten.

---

986 Siehe oben Kap. 5, III. 2.

987 Piper/*Ohly*/Sosnitza, UWG, § 4 Rn. 11/7; *Köhler*/Bornkamm, UWG, § 4 Rn. 11.6a; *Köhler*, GRUR 2008, S. 841 (844, 848); *Köhler*, GRUR 2005, S. 793 (799).

988 BGH, GRUR 2010, 1117 Rz. 16 - Gewährleistungsausschluss im Internet.

Diese Ausnahme wird von der Kommission in der Richtlinienbegründung mit dem denkbar weiten Beispiel des Ansprechens auf der Straße konkretisiert. Eine Betrachtung anhand der Systematik und der Ziele der Richtlinie legt jedoch den Schluss nahe, dass diese Ausnahme eng ausgelegt werden sollte.[989] Denn zum einen sind Geschäftspraktiken, die ohne Prüfung der Auswirkungen auf die geschäftliche Entscheidung absolut unzulässig sind, abschließend in der Schwarzen Liste aufgeführt. Zum anderen ergibt ein Vergleich mit den ausdrücklichen Ausnahmen in Art. 3, dass eine versteckte Klausel wie in Erwägungsgrund 7 nicht zu einer so weitreichenden Ausnahme führen kann, dass der gesamte Bereich der belästigenden aggressiven Geschäftspraktiken von der Vollharmonisierung quasi ausgenommen wird. Anders als in den ausdrücklichen Ausnahmen sind in Erwägungsgrund 7 eben nicht ganze Bereiche des Rechts, wie etwa die Gesundheits- und Sicherheitsaspekte von Produkten, von der Vollharmonisierung ausgenommen. Vielmehr kann im Bereich der belästigenden Geschäftspraktiken ein Verbot von bestimmten Geschäftspraktiken lediglich ausnahmsweise mit dem Hinweis auf einen Verstoß gegen die guten Sitten und den Anstand gerechtfertigt werden. Nationale Regelungen, die Belästigungen unter Abweichung von den Voraussetzungen der Richtlinie allgemein für unlauter erklären, können jedoch nicht durch Berufung auf die versteckte Öffnungsklausel gerechtfertigt werden.

Genau diese Situation ist aber eingetreten. In Deutschland ist in § 7 Abs. 1 UWG eine Regelung unzulässiger Belästigungen enthalten, nach der die Unlauterkeit ohne Bezugnahme auf die Beeinträchtigung der geschäftlichen Entscheidung bestimmt wird. Auch der englische Gesetzgeber hat immerhin nicht in den CPR selbst, aber in einem anderen Gesetz, dem Protection from Harassment Act 1997, eine allgemeine Regelung der Belästigung aufrechterhalten.[990] Die weit formulierte Öffnungsklausel in Erwägungsgrund 7 führt somit dazu, dass im Bereich des Schutzes vor Belästigungen durch die Richtlinie kein europaweit einheitlicher Standard eingeführt wird.

II. Ausblick: Zukunft der europäischen Rechtssetzung

Die Richtlinie führt trotz ihres vollharmonisierenden Ansatzes zum jetzigen Zeitpunkt selbst innerhalb ihres Anwendungsbereichs nur zu einer fragmentarischen

---

989 Siehe oben Kap. 6, III. 1. b).

990 Vgl. *Koch*, Richtlinie gegen unlautere Geschäftspraktiken, S. 297, der die Harmonisierungswirkung der Regelung über aggressive Geschäftspraktiken kritisch beurteilt.

Vereinheitlichung des verbraucherschützenden Wettbewerbsrechts. Es stellt sich somit die Frage, ob die Rechtssetzung durch vollharmonisierende Richtlinien der richtige Weg zu mehr Kohärenz in den Mitgliedstaaten ist. Die Kommission ging offensichtlich zunächst davon aus, dass die erforderliche Binnenmarktfunktionalität europäischer Richtlinien nur noch durch Regelungen erreicht wird, die eine restriktivere nationale Umsetzung nicht mehr zulassen.[991] So sollte zunächst auch die Revision des Verbraucher-*Acquis* unter Beachtung des Prinzips der Vollharmonisierung erfolgen.[992]

1. Regelungstechnik

Dieser Regelungsansatz wird in der Literatur sowohl generell als auch mit Blick auf die Richtlinie gegen unlautere Geschäftspraktiken kritisiert. Die verbindliche Regelung eines so divergenten Bereichs auf europäischer Ebene ohne Spielraum für die Mitgliedstaaten wird als unverhältnismäßig angesehen.[993] Zudem sei es fraglich, ob die Richtlinie überhaupt geeignet ist, die von der Kommission angegebenen Handelshemmnisse abzubauen und zu einem größeren Vertrauen des Verbrauchers in den Binnenmarkt zu führen. Schon die Annahme, Verbraucher erwarteten einen einheitlichen Rechtsstandard in den Mitgliedstaaten und würden erst dann entsprechend grenzüberschreitend konsumieren, sei nicht belegt.[994] Besonders in Bereichen des Rechts, in denen große Unterschiede zwischen den Regelungen und den dahinterstehenden Wertungen in den Mitgliedstaaten bestehen, wie beim Wettbewerbsrecht, könne eine Vereinheitlichung nicht einfach

991 Vgl. *Drexl*, Verbraucherschutz, in Hilty/Henning-Bodewig, S. 227 (231); Howells/*Micklitz*/Wilhelmsson, European Fair Trading Law, S. 35 f.; *Micklitz*, Targeted Full Harmonisation Approach, in Schulze/Howells, S. 47 (48).

992 Grünbuch der Kommission vom 8.02.2007, KOM (2006) 744 endg., S. 12; Erwägungsgrund 2 und Art. 4 des Vorschlags vom 8. Oktober 2008 für eine Richtlinie über Rechte der Verbraucher KOM (2008) 614 endg.; vorher schon in KOM (2002) 208 endg., S. 17; *Reich*, ZEuP 2010, S. 7 (17, 27); *Tamm*, EuZW 2007, S. 756 f; *Drexl*, Verbraucherschutz, in Hilty/Henning-Bodewig, S. 227 (228, 231).

993 *Bernitz*, Scope, Ambition and Relation, in Weatherill/Bernitz, S. 33; *Weatherill/Bernitz*, New Rules and New Techniques, S. 1 (8); *Micklitz*, Targeted Full Harmonisation Approach, in Schulze/Howells, S. 47 (51); *Reich*, ZEuP 2010, S. 7 (8, 35, 37); *Tamm*, EuZW 2007, S. 756 (758).

994 Howells/*Micklitz*/Wilhelmsson, European Fair Trading Law, S. 35 f.; *Drexl*, Verbraucherschutz, in Hilty/Henning-Bodewig, S. 227 (233); *Wagner*, ZEuP 2010, S. 243 (247); *Micklitz/Reich*, CMLR 2009, S. 471 (478).

durch eine „top-down"-Gesetzgebung erreicht werden.[995] Sofern die vollharmonisierenden Regelungen nicht durch einen übergreifenden Konsens zwischen den Mitgliedstaaten gestützt sind, führten unbestimmte Rechtsbegriffe und versteckte Öffnungsklauseln unweigerlich zu Unterschieden in den Rechtsordnungen der Staaten.[996]

Diese Befürchtung bestätigt sich zumindest teilweise, wenn man den Effekt der Vollharmonisierung anhand der Umsetzung der Richtlinie in England und in Deutschland betrachtet. In den Bereichen des Rechts, die vor Umsetzung der Richtlinie gegen unlautere Geschäftspraktiken noch nicht Gegenstand europäischer Gesetzgebung waren, sind die Divergenzen größer als in Bereichen, die schon vor Erlass der UGP-Richtlinie unionsrechtlich geregelt waren, wie z. B. der Schutz vor Irreführungen.[997] So ist der Schutz der Verbraucher vor Belästigungen auch nach Umsetzung der Richtlinie nicht einheitlich geregelt, sondern es existieren in beiden Mitgliedstaaten weiterhin allgemeine Verbote von Belästigungen mit unterschiedlichen Voraussetzungen. Ebenso bestehen Unterschiede im Hinblick auf die Regelung der erforderlichen Informationspflichten und die Einordnung von Rechtsbrüchen als unlautere Geschäftspraxis. Auch hat die Richtlinie nicht zu einer einheitlichen Regelung der Irreführung über die betriebliche Herkunft durch Verwendung fremder Kennzeichen geführt. Zudem wurde die Generalklausel mit dem Konzept des Verstoßes gegen die berufliche Sorgfalt bisher eher als Rechtfertigung nationaler Verbote von Geschäftspraktiken herangezogen, als dass sich ein gemeinsamer europäischer Standpunkt zur beruflichen Sorgfalt entwickelt hat.

Die Gründe für diese Divergenzen liegen nicht stets in einer abweichenden Umsetzung in den Mitgliedstaaten, sondern sind häufig in der Richtlinie selbst angelegt. Die Regelungen betreffen teilweise Rechtsfragen, die auch auf europäischer Ebene ungeklärt sind, wie z. B. das Verhältnis zwischen harmonisiertem Marken- und Wettbewerbsrecht.[998] Zudem enthalten die Vorschriften der Richtlinie häufig einen Spielraum in der Beurteilung ihres Sinngehalts und ihrer Reichweite,

---

995 *Stuyck/Terryn/van Dyck*, CMLR 2006, S. 107 (143, 146 f.); *Micklitz*, General Framework Directive, in Collins, S. 43 (76) und *Howells*, Co-Regulation's Role, in Collins, S. 119 (125) zu den unterschiedlichen nationalen Traditionen im Wettbewerbsrecht.

996 *Micklitz*, General Framework Directive, in Collins, S. 43 (76); *Howells*, Sydney Law Review 2006, S. 63 (85); *Tamm*, EuZW 2007, S. 756 (760).

997 Siehe *Schulze/Schulte-Nölke*, Analysis of National Fairness Laws, S. 24 zur Regelung des Schutzes vor Irreführungen vor Erlass der UGP-Richlinie.

998 *Leistner*, ZEuP 2009, S. 56 (81).

da sie selbst zumeist das Ergebnis langwieriger Verhandlungen sind.[999] Diese Unbestimmtheit stellt im Zusammenhang mit dem fehlenden europäischen Konsens über die Unlauterkeit von einigen der umfassten Geschäftspraktiken und über die Reichweite des Regelungsbereichs der Richtlinie die größte Gefahr für die Vereinheitlichung des verbraucherschützenden Wettbewerbsrechts dar.[1000]

Die Annahme, dass vollharmonisierende Regelungen nicht unbedingt zu einer vollständigen Vereinheitlichung des Rechts führen, wird durch die Unterschiede in der Umsetzung der Richtlinie gegen unlautere Geschäftspraktiken in England und in Deutschland bestätigt. In der Literatur wird daher vorgeschlagen, nicht starr am Prinzip der Vollharmonisierung festzuhalten, sondern den Fokus auf verbesserte Regelungsansätze zu richten. Eine Möglichkeit wäre, Richtlinien nicht von vorneherein als verbindliche Vorschriften zu erlassen, sondern zunächst einen strukturellen Rahmen zu schaffen, unter dem sich die nationalen Rechte unter Anleitung durch europäische Leitlinien und Informationen in eine gemeinsame Richtung entwickeln können.[1001] In eine ähnliche Richtung geht der Vorschlag, dem Begriff der Rahmenrichtlinie echte Bedeutung zu verschaffen, indem zunächst wörtlich ein Rahmen für den zu regelnden Bereich vorgeben wird, der erst in einer nächsten Stufe durch eine flexiblere Rechtssetzung mit detaillierten Regelungen in enger Zusammenarbeit mit den Mitgliedstaaten ausgefüllt und ergänzt wird.[1002]

Für die Umsetzung der Richtlinie gegen unlautere Geschäftspraktiken stellt sich die Frage nach einem verbesserten Regelungsansatz nicht mehr, jedoch können die Erkenntnisse aus der Umsetzung der UGP-Richtlinie in den Prozess der Reform des Verbraucher-*Acquis* eingebracht werden. Zwar gehört die Richtlinie nicht zum inneren Bereich der Verbrauchervertragsrechtsrichtlinien des *Acquis*, sondern sie regelt den Verbraucherschutz über das Vertragsrecht hinaus.[1003] Trotzdem sollten bei dem Streben nach größerer Kohärenz des europäischen

---

999 *Stuyck/Terryn/van Dyck*, CMLR 2006, S. 107 (151); Vgl. auch *Abbamonte,* General Prohibition, in Weatherill/Bernitz, S. 11 (31).

1000 *Howells*, Sydney Law Review 2006, S. 63 (85) zum fehlenden europäischen Konsens; *Stuyck/Terryn/van Dyck*, CMLR 2006, S. 107 (146 f., 148) zur Verbesserung des Regelungsansatzes und zur Unbestimmtheit der Richtlinie; Howells/Micklitz/ *Wilhelmsson*, European Fair Trading Law, S. 153 zu dem Inhalt von Informationspflichten; *Micklitz*, General Framework Directive, in Collins, S. 43 (76).

1001 *Howells*, Sydney Law Review 2006, S. 63 (85).

1002 *Stuyck/Terryn/van Dyck*, CMLR 2006, S. 107 (144) sog. Lamfalussy-approach; Final Report of the Committee of Wise Men on the Regulation of European Securities Markets, Brüssel, Februar 2001.

1003 *Schulze*, EC Contract Law, in Schulze, S. 3 (22).

Verbrauchervertragsrechts die Erkenntnise aus der Umsetzung der UGP-Richtlinie beachtet werden, die zeigen, dass der Erlass vollharmonisierender Vorschriften nicht zwingend zu einer vollständigen Vereinheitlichung des Rechts in den Mitgliedstaaten führt.[1004] Besonders wenn die Regelung Bereiche des Rechts betrifft, die in den Mitgliedstaaten unterschiedlichen Wertungen und Regelungsansätzen unterworfen sind und die bisher noch nicht Gegenstand europäischer Gesetzgebung waren, werden auch weiterhin Divergenzen bestehen bleiben.[1005] Dieser Effekt wird verstärkt durch die Verwendung unbestimmter Rechtsbegriffe, die nicht aus dem gewachsenen Bereich des europäischen Privatrechts stammen, sondern auf in Verhandlungen erzielten Kompromissen beruhen. Als Beispiel sei nur die Einführung der Generalklausel mit dem Konzept der beruflichen Sorgfalt genannt, über dessen Bedeutung und Reichweite Unsicherheit besteht. Daraus folgt, dass Vorschriften grundsätzlich erst dann „reif" für eine Vollharmonisierung sind, wenn sie hinreichend europäisiert sind, also entweder schon unionsrechtlich geregelt sind oder auf einer europäischen Rechtstradition beruhen.[1006] Für die europäische Rechtssetzung kann daraus der Schluss gezogen werden, dass eine größere Kohärenz des Verbraucherrechts nicht allein durch eine umfassende Vollharmonisierung erreicht werden kann, denn dieser Ansatz führt mangels einer übereinstimmenden Rechtsauffassung in den Mitgliedstaaten zu erneuten Divergenzen.[1007]

Zielführender wäre eine graduelle Vereinheitlichung des Rechts durch eine sogenannte „targeted full harmonisation". Vorschriften, die reif für eine Vollharmonisierung sind, könnten ohne Möglichkeit der Abweichung geregelt werden, während es in anderen Bereichen, in denen kein gemeinsamer europäischer Ansatz besteht, zunächst bei einer Minimalharmonisierung oder bei Rahmenvorgaben bleiben sollte, bis sich eine gemeinsame europäische Regelung entwickelt.[1008] Nachdem die Kommission zu Anfang auch die neue Verbraucherrechtsrichtlinie

---

1004 *Radeideh*, Fair Trading, S. 100; Howells/*Micklitz*/Wilhelmsson, European Fair Trading Law, S, 36; vgl. oben Kap. 1, I. 4.

1005 Schulte-Nölke/Twigg-Flesner/*Ebers,* Compendium, S. 203 warnen vor einer vollständigen Harmonisierung missbräuchlicher Vertragsklauseln, denn das Konzept der „Fairness" entziehe sich einer pauschalisierten Regelung; *Reich*, ZEuP 2010, S. 7 (20); vgl. auch *Schulze/Schulte-Nölke*, Analysis of National Fairness Laws, S. 104; *Micklitz*, Targeted Full Harmonisation Approach, in Schulze/Howells, S. 47 (54 f.).

1006 *Schulze*, Withdrawal, in Schulte-Nölke/Tichy, S. 14 (18); vgl. auch *Howells*, Consumer Concept, in Schulze, S. 119 (132).

1007 *Tamm*, EuZW 2007, S. 756 (760).

1008 So auch *Micklitz/Reich*, CMLR 2009, S. 471 (478).

als vollharmonisierenden Rechtsakt gestalten wollte, hat sie aufgrund umfassender Kritik von diesem Ziel Abstand genommen.[1009] Anstatt Bereiche maximal harmonisieren zu wollen, die dafür nicht geeignet sind, folgt die Kommission nun dem Ansatz der „targeted harmonisation".[1010]

In diesem Zusammenhang ist auch das neue optionale europäische Vertragsrecht zu sehen, das auf dem Entwurf der *Expert Group* beruht und zurzeit von der Kommission überarbeitet wird. Die Kommission bezweckt mit diesem optionalen Europäischen Vertragsrecht keine vollständige Angleichung der nationalen Zivilrechte.[1011] Vielmehr soll es sich dabei um ein eigenständiges paralleles Regelwerk handeln, das von den Parteien freiwillig gewählt werden kann. Dieser Regelungsansatz unterscheidet sich vor allem dadurch von dem Ansatz der Vollharmonisierung, der mit der Richtlinie gegen unlautere Geschäftspraktiken verfolgt wurde, dass es sich um ein optionales Instrument handelt, das dem Prinzip der Freiwiligkeit folgt. Der zunächst erfolgte Paradigmenwechsel hin zu einer Rechtssetzung mit vollharmonisierenden Richtlinien wurde jedenfalls für den Bereich des Vertragsrechts nicht vollzogen.[1012] Vielmehr nimmt die Kommission ausdrücklich davon Abstand, eine Vereinheitlichung des Vertragsrechts durch vollharmonisierende Richtlinien erreichen zu wollen.[1013] Innerhalb dieses Instruments sind die Regelungen zwar festgeschrieben, so dass nicht davon abgewichen werden kann, wenn das Europäische Vertragsrecht einmal als anwendbar ausgewählt wurde. Die Ausgestaltung als optionales Instrument hat aber zur Folge, dass die Mitgliedstaaten die Chance erhalten, mit dem Recht zu wachsen und ihre Erfahrung damit zu machen. Sie sind nicht von vorneherein gezwungen, ihre unterschiedlichen Rechtstraditionen aufzugeben und verbindliche feste Regelungen ohne Abweichungsspielraum umzusetzen, sondern können abwarten, ob das Europäische Vertragsrecht von Seiten der Verbraucher und Unternehmer akzeptiert wird und aus diesen Erkenntnissen dann Rückschlüsse für das nationale Vertragsrecht ziehen. Dies entspricht dem Grundsatz der Subsidiarität. Im besten Falle könnte das optionale Europäische Vertragsrecht zu einer Annäherung der verschiedenen Rechtstraditionen der Mitgliedstaaten von innen heraus führen.

Allerdings ist auch der derzeitige Stand der Umsetzung der Richtlinie gegen unlautere Geschäftspraktiken in tatsächlicher Hinsicht nicht so weit entfernt von

---

1009 Vgl. zur Kritik *Micklitz/Reich*, EuZW 2009, S. 279 f. (286).

1010 *Reich*, EuZW 2011, S. 736 f.

1011 *Reding*, ZEuP 2011, S. 1 (3).

1012 Vgl. oben Kap. 1, I. 2.

1013 *Reding*, The Next Steps Further, in Schulze/Stuyck, S. 9 (15.)

den Vorschlägen zu einem verbesserten Regelungsansatz. Denn zum jetzigen Zeitpunkt stellt die Richtlinie gerade aufgrund der zahlreichen unbestimmten Rechtsbegriffe und Öffnungsklauseln tatsächlich eher einen Rahmen dar, an dem die Mitgliedstaaten sich orientieren und an den sie ihre nationalen Regelungen anpassen. Daraus ergibt sich die Chance, dass sich in den nächsten Jahren gemeinsame europäische Aufassungen und Rechtssätze entwickeln, die zukünftig zu einem europaweit einheitlichen Wettbewerbsrecht mit einem hohen Verbraucherschutzniveau führen.[1014]

2. Regelungsziele

Die Kommission bezweckte mit der Richtlinie gegen unlautere Geschäftspraktiken die Einführung eines einheitlichen hohen Verbraucherschutzes in den Mitgliedstaaten. Das Prinzip der Vollharmonisierung ist jedoch nicht unbedingt geeignet, beide Ziele gleichermaßen zu fördern. Denn das Niveau des Verbraucherschutzes innerhalb vollharmonisierender Richtlinien wird verbindlich durch die darin enthaltenen Regelungen festgelegt. Im Gegensatz zu minimal harmonisierenden Richtlinien müssen die Mitgliedstaaten auch Vorschriften, die einen höheren Schutz für den Verbraucher vorsehen, aufheben. Zwar ist ein hohes Niveau des Verbraucherschutzes auf europäischer Ebene wichtig, denn ein Großteil der Rechtsakte entspringt dem Bereich des Verbraucherrechts.[1015] Allerdings ist dies nicht das einzige Regelungsziel, das die Kommission verfolgt. Ebenso im Fokus der Gesetzgebungstätigkeit steht der Abbau von Handelshemmnissen durch die Vereinheitlichung des Rechts, um insbesondere den grenzüberschreitenden Handel kleiner und mittlerer Unternehmen zu fördern.[1016] Die Komplettierung des Binnenmarkts scheint weiterhin das bestimmende Motiv für die Rechtssetzung auf europäischer Ebene zu sein.

Dies zeigt auch die Entwicklung des optionalen Europäischen Vertragsrechts nach dem Entwurf der Expertengruppe, der zurzeit von der Kommission überarbeitet wird. Die Kommision hat dazu ausdrücklich ausgeführt, dass das optionale Europäische Vertragsrecht gerade kleinere Unternehmen, die bisher von den 27 verschiedenen Vertragsrechten der Mitgliedstaaten abgeschreckt wurden, ermutigen

1014 *Stuyck/Terryn/van Dyck*, CMLR 2006, S. 107 (152).

1015 *Howells*, Consumer Concepts, in Schulze, S. 119.

1016 *Schulze/Stuyck*, Towards a European Contract Law, in Schulze/Stuyck, S. 3 (6); *Howells*, Consumer Concept, in Schulze, S. 119.

soll, europaweit tätig zu werden.[1017] Dementsprechend soll das optionale Europäische Vertragsrecht nicht nur auf das Verhältnis von Verbraucher und Unternehmer anwendbar sein, sondern ebenfalls auf Veträge zwischen Unternehmern. Die darin enthaltenen Vorschriften über unfaire Vertragsklauseln und über das Ausnutzen einer überlegenen Verhandlungsposition sind dazu geeignet, insbesondere auch kleine Unternehmen ohne große Rechtsabteilungen zu schützen.[1018] Zudem beabsichtigt die Kommission derzeit, den Anwendungsbereich des optionalen Europäischen Vertragsrechts nicht nur auf grenzüberschreitende, sondern auch auf nationale Sachverhalte zu erstrecken.[1019] Dies hat den Vorteil, dass es nicht zu einer Diskriminierung nationaler Unternehmen kommen kann.[1020] Auf der anderen Seite sieht der Entwurf der Expertengruppe aber auch ein hohes Verbraucherschutzniveau vor.[1021] Die Expertengruppe hat es sich zum Ziel gesetzt, möglichst alle Verbraucherschutzregelungen aus den Mitgliedstaaten in das optionale Instrument aufzunehmen. Demzufolge mag zwar besonders die Rechtsvereinheitlichung im Fokus der europäischen Rechtssetzung stehen, sie wird aber flankiert von dem Streben nach einem hohen Verbraucherschutz. Dies gilt sowohl für das optionale Europäische Vertragsrecht als auch für die Richtlinie gegen unlautere Geschäftspraktiken, auch wenn die Regelungsansätze unterschiedlicher nicht sein könnten.

Der Wechsel zu einem Instrument, das auf dem Grundsatz der Freiwilligkeit beruht, zeigt, dass die Kommission nicht mehr danach strebt, um jeden Preis ein bestimmtes Maß an Verbraucherschutz einheitlich in den Mitgliedstaaten durchzusetzen. Jedenfalls hat sie für den Bereich des Vertragsrechts, der unterschiedlichen Rechtstraditionen in den Mitgliedstaaten unterworfen ist, davon Abstand genommen. Das Leitmotiv in diesem Bereich ist nicht Konformität, sondern „unity in diversity“.[1022] Angesichts dieser Hinwendung zu mehr Freiwilligkeit erscheinen auch die Generalklausel mit den unbestimmten Rechtsbegriffen und

---

1017 *Reding*, The Next Steps Further, in Schulze/Stuyck, S. 9 (10 f.).

1018 *Reding*, The Next Steps Further, in Schulze/Stuyck, S. 9 (17).

1019 Vortrag von *Viviane Reding* anlässlich der Buchpräsentation „Towards an Optional European Contract law: Which regulations are needed by European businesses and consumers for cross-border transactions?“ am 21. September 2011 in Brüssel. Die Entscheidung über den geographischen Anwendungsbereich war zunächst von der Kommission offen gelassen worden, so dass auch der Entwurf der Expertengruppe keine Regelung dazu enthielt; siehe *Schulte/Nölke*, Scope and Function, in Schulze/Stuyck, S. 35 (41 f.).

1020 *Schulze/Stuyck*, Towards a European Contract Law, in Schulze/Stuyck, S. 3 (6).

1021 *Schulte/Nölke*, Scope and Function, in Schulze/Stuyck, S. 35 (44).

1022 *Reding*, The Next Steps Further, in Schulze/Stuyck, S. 9 (20).

die zahlreichen Ausnahmebestimmungen der Richtlinie in einem anderen Licht. Denn damit könnte auch im Rahmen der vollharmonisierenden Richtlinie gegen unlautere Geschäftspraktiken erreicht werden, dass sich die Rechtstraditionen der Mitgliedstaaten einander annähern und dass sich ein gemeinsames Verständnis darüber, welche Geschäftspraktiken unlauter sind, entwickelt.

Literaturverzeichnis

Abbamonte, Giuseppe — The Unfair Commercial Practices Directive and its General Prohibition, in Weatherill, Stephen/Bernitz, Ulf (Hrsg.), The Regulation of Unfair Commercial Practices under EC-Directive 2005/29 – New Rules and New Techniques, Oxford 2007, S. 11–31
(zitiert als: General Prohibition)

Ackermann, Brunhilde — Die deutsche Umweltrechtsprechung auf dem Weg zum Leitbild des Verständigen Verbrauchers, in Wettbewerb in Recht und Praxis (WRP) 1999, S. 502–522

Addison, Neil/
Lawson-Cruttenden, Timothy — Harassment Law & Practice, 2. Auflage, London 1998
(zitiert als: Harassment)

Alexander, Christian — Schadensersatz und Abschöpfung im Lauterkeits- und Kartellrecht, Tübingen 2010
(zitiert als: Schadensersatz und Abschöpfung)

Apetz, Martin — Das Verbot aggressiver Geschäftspraktiken, Köln 2011

Apostolopoulos, Haris — Einige Gedanken zur Auslegung der nationalen Generalklausel im Hinblick auf eine Vollharmonisierung des europäischen Lauterkeitsrechts, in Wettbewerb in Recht und Praxis (WRP) 2005, S. 152–157

Apostolopoulos, Haris — Neuere Entwicklungen im europäischen Lauterkeitsrecht, Problematische Aspekte und Vorschläge, in Wettbewerb in Recht und Praxis (WRP) 2004, S. 841–857

Ausschuss der Weisen — Die Regulierung der Europäischen Wertpapiermärkte, Brüssel, 15. Februar 2001 (Lamfalussy Report) verfügbar unter: http://ec.europa.eu/internal_market/securities/lamfalussy/index_de.htm

Baukelmann, Peter — Jugendschutz und Lauterkeitsrecht, in Ahrens, Hans-Jürgen/Bornkamm, Joachim/Kunz-Hallstein, Hans (Hrsg.), Festschrift für Eike Ullmann, Saarbrücken 2006, S. 587–597 (zitiert als: Jugendschutz)

Barron, Alan — The Unfair Commercial Practices Directive – Alternatives in UK Law, in Parry, Deborah/Nordhausen, Annette/Howells, Geraint/Twigg-Flesner, Christian (Hrsg.), The Yearbook of Consumer Law 2009, Surrey 2008, S. 289–311 (zitiert als: Alternatives in UK Law)

Barron, Alan — Reasonable Expectations, Good Faith and Self-Regulatory Codes, in Parry, Deborah/Nordhausen, Annette/Howells, Geraint/Twigg-Flesner, Christian (Hrsg.), The Yearbook of Consumer Law 2007, Aldershot 2007, S. 3–29 (zitiert als: Reasonable Expectations)

Beale, Hugh — Unfair Terms in Contracts: Proposals for Reform in the UK, in Journal of Consumer Policy 2004, S. 289–316

Bently, Lionel/ Sherman, Brad — Intellectual Property Law, 3. Auflage, Oxford 2009
(zitiert als: Intellectual Property)

Bernitz, Ulf — Misleading Packaging, Copycats, and Look-alikes: an Unfair Commercial Practice?, in Ezrachi, Ariel/ Bernitz, Ulf (Hrsg.), Private Labels, Brands, and Competition Policy, Oxford 2009, S. 217–234
(zitiert als: Copycats and Look-alikes)

Bernitz, Ulf — Scope, Ambition and Relation to Unfair Competition Law, in Weatherill, Stephen/Bernitz, Ulf (Hrsg.), The Regulation of Unfair Commercial Practices under EC-Directive 2005/29 – New Rules and New Techniques, Oxford 2007, S. 33–46
(zitiert als: Scope, Ambition and Relation)

BERR/OFT — Guidance on UK Regulations implementing the Unfair Commercial Practices Directive, Mai 2008
verfügbar unter:
http://www.oft.gov.uk/business-advice/treating-customers-fairly/protection

Better Regulation Executive — Regulatory Justice: Sanctioning in a post-Hampton World, Mai 2006
verfügbar unter: http://www.restorativejustice.org.uk/Better_Regulation/macrory.pdf

Black, Gillian — The Unfair Commercial Practices Directive 2005, in Scots Law Times (S.L.T.) 2005, 33, S. 183–187

Bornkamm, Joachim	Die Schnittstelle zwischen gewerblichem Rechtsschutz und UWG – die Grenzen des lauterkeitsrechtlichen Verwechslungsschutzes, in Gewerblicher Rechtsschutz und Urheberrecht (GRUR) 2011, S. 1–8
Bornkamm, Joachim	Kennzeichenrecht und Irreführungsverbot, in von Bomhard, Verena/ Pagenberg, Jochen/Schennen, Detlef (Hrsg.), Festschrift für Alexander von Mühlendahl, Hamburg 2005, S. 9–17 (zitiert als: Irreführungsverbot)
Boyle, Martin	Das Recht des unlauteren Wettbewerbs in Großbritannien, in Wettbewerb in Recht und Praxis (WRP) 1990, S. 159–165
Bradgate, Robert/Brownsword, Roger/ Twigg-Flesner, Christian	The Impact of a Duty to Trade Fairly, 2003 verfügbar unter: http://webarchive.nationalarchives.gov.uk/+/berr.gov.uk/whatwedo/consumers/buying-selling/ucp/transposition/page29909.html (zitiert als: Duty to Trade Fairly)
Bragg, Richard	Trade Descriptions after the Unfair Commercial Practices Directive, in Parry, Deborah/Nordhausen, Annette/Howells, Geraint/Twigg-Flesner, Christian (Hrsg.), The Yearbook of Consumer Law 2008, Aldershot 2007, S. 341–345 (zitiert als: Trade Descriptions)
Bragg, Richard	Trade Descriptions, Oxford 1991
Brömmelmeyer, Christoph	Der Binnenmarkt als Leitstern der Richtlinie gegen unlautere Geschäftspraktiken, in Gewerblicher Rechtsschutz und Urheberrecht (GRUR) 2007, S. 295–302

Büllesbach, Eike — Auslegung der irreführenden Geschäftspraktiken des Anhangs I der Richtlinie 2005/29/EG über unlautere Geschäftspraktiken, München 2008 (zitiert als: Irreführende Geschäftspraktiken des Anhangs I)

Busch, Christoph — Welche Folgen hat die Umsetzung der Lauterkeitsrichtlinie für das Vertragsrecht?, in Zeitschrift für Gemeinschaftsprivatrecht (GPR) 2008, S. 158–164

Calliess, Christian Ruffert, Matthias — EUV/AEUV, 4. Auflage, München 2011

Cartwright, John — Misrepresentation, Mistake, Non-Disclosure, 2. Auflage, London 2007 (zitiert als: Non-Disclosure)

Cartwright, Peter — Consumer Protection and the Criminal Law, Cambridge 2001 (zitiert als: Criminal Law)

Carty, Hazel — The Common Law and the Quest for the IP Effect, in Intellectual Property Quarterly (IPQ) 2007, S. 237–266

Collins, Hugh — The Unfair Commercial Practices Directive, in European Review of Contract Law (ERCL) 2005, S. 417–441

Connor, Iain — UK Report der Liga gegen den unlauteren Wettbewerb, 26. April 2005 (zitiert als: UK Report)

Cornish, William/ Llewelyn, David — Intellectual Property: Patents, Copyrights, Trademarks and Allied Rights, 6. Auflage, London 2007 (zitiert als: Intellectual Property)

Cornish, William — Unlauterer Wettbewerb und Verbraucherschutz in England, in Gewerblicher Rechtsschutz und Urheberrecht International (GRUR Int.) 1973, S. 679–686

Cranston, Ross — Regulating Business, Law and Consumer Agencies, London 1979
(zitiert als: Law and Consumer Agencies)

De Cristofaro, Giovanni — Infringement of the Prohibition of Unfair Commercial Practices and Tort Law, in Schulze, Reiner (Hrsg.), Compensation of Private Losses, München 2011, S. 115–131
(zitiert als: Infringement)

De Cristofaro, Giovanni — Die zivilrechtlichen Folgen des Verstoßes gegen das Verbot unlauterer Geschäftspraktiken: eine vergleichende Analyse der Lösungen der EU-Mitgliedstaaten, in Gewerblicher Rechtsschutz und Urheberrecht International (GRUR Int.) 2010, S. 1017–1025

de Vrey, Rogier — Towards a European Unfair Competition Law
A Clash between legal families, Leiden 2006
(zitiert als European Unfair Competition Law)

Dohrn, Thomas — Die Generalklausel der Richtlinie über unlautere Geschäftspraktiken – ihre Interpretation und Umsetzung, München 2008
(zitiert als: Die Generalklausel der Richtlinie)

Drexl, Josef — Mehr oder weniger Verbraucherschutz durch Europäisches Lauterkeitsrecht, in Hilty, Reto/Henning-Bodewig, Frauke (Hrsg.), Lauterkeitsrecht und Acquis Communautaire, Heidelberg 2009, S. 227–255
(zitiert als: Verbraucherschutz)

Dröge, Alexander	Lauterkeitsrechtliche Generalklauseln im Vergleich – Art. 5 der Richtlinie gegen unlautere Geschäftspraktiken im Vergleich zu § 3 UWG und der Umsetzungsbedarf für den deutschen Gesetzgeber, Frankfurt 2007 (zitiert als: Lauterkeitsrechtliche Generalklauseln im Vergleich)
Drysdale, John/ Silverleaf, Michael	Passing-off, Law and Practice, 2. Auflage, London 1995 (zitiert als: Passing-off)
DTI	Government Response to the consultation on how to frame criminal offences, Mai 2007 verfügbar unter: http://webarchive.nationalarchives.gov.uk/+/berr.gov.uk/whatwedo/consumers/buying-selling/ucp/transposition/page29909.html
DTI	Consultation on framing and enforcing criminal sanctions in the Regulations implementing the UCP Directive, Dezember 2006 verfügbar unter: http://webarchive.nationalarchives.gov.uk/+/berr.gov.uk/whatwedo/consumers/buying-selling/ucp/transposition/page29909.html
DTI	Government Response to the Consultation Paper on the Implementation of the Unfair Commercial Practices Directive, Dezember 2006 verfügbar unter: http://www.bis.gov.uk/files/file35750.pdf (zitiert als: Government Response)

DTI — Directive Consultation on Implementing the EU Directive on Unfair Commercial Practices and Amending Existing Consumer Legislation, Dezember 2005
verfügbar unter:
http://www.dti.gov.uk/files/file15311.pdf

DTI — Report on DTI workshop on the effectiveness of criminal sanctions following transposition of the UCP-Directive, Juni 2005
verfügbar unter:
http://webarchive.nationalarchives.gov.uk/20081112140048/berr.gov.uk/whatwedo/consumers/buying-selling/ucp/transposition/page29909.html

DTI — Comparative Report on Consumer Policy Regimes, Oktober 2003
verfügbar unter:
www.bis.gov.uk/files/file34828.pdf

Fezer, Karl-Heinz — Lauterkeitsrecht, Band 1, 2. Auflage, München 2010

Fezer, Karl-Heinz — Lauterkeitsrecht, Band 2, 2. Auflage, München 2010

Fezer, Karl-Heinz — Imitationsmarketing als irreführende Produktvermarktung, in Gewerblicher Rechtsschutz und Urheberrecht (GRUR) 2009, S. 451–459

Fezer, Karl-Heinz — Plädoyer für eine offensive Umsetzung der Richtlinie über unlautere Geschäftspraktiken in das deutsche UWG, in Wettbewerb in Recht und Praxis (WRP) 2006, S. 781–790

Gamerith, Helmut — Der Richtlinienvorschlag über unlautere Geschäftspraktiken – Möglichkeiten einer harmonischen Umsetzung, in Wettbewerb in Recht und Praxis (WRP) 2005, S. 391–437

Glöckner, Jochen — Entwicklungslinien des Lauterkeitsrechts, in Hilty, Reto/Henning-Bodewig, Frauke (Hrsg.), Lauterkeitsrecht und Acquis Communautaire, Heidelberg 2009
(zitiert als: Entwicklungslinien)

Glöckner, Jochen — Europäisches Lauterkeitsrecht, München 2006

Glöckner, Jochen/Henning-Bodewig, Frauke — EG-Richtlinie über unlautere Geschäftspraktiken: Was wird aus dem „neuen" UWG?, in Wettbewerb in Recht und Praxis (WRP) 2005, S.1311–1334

Gomez, Fernando — The Unfair Commercial Practices Directive: a Law and Economics Perspective, in European Review of Contract Law (ERCL) 2006, S. 4–34

Griffiths, Margaret — Unfair Commercial Practices – a new regime, in Communications Law (Comms. L.) 2007, 12 (6), S. 196–204

Grynbaum, Luc — Pre-contractual information duties, in Schulte-Nölke, Hans/Tichy, Lubos (Hrsg.), Perspectives for European Consumer Law, München 2010, S. 7–12

Gumpert, Benjamin Kirk, Jonathan — Trading Standards, Law and Practice, Bristol 2001
(zitiert als: Trading Standards)

Hampton, Philipp — Reducing Administrative Burdens: Effective Inspection and Enforcement, März 2005
verfügbar unter: http://www.berr.gov.uk/files/file22988.pdf

Hanloser, Stefan — Kommentar zu: EuGH: Zulässigkeit gekoppelter Gewinnspiele, in Multimedia und Recht Aktuell (MMR-Aktuell) 2010, 297924

Harte-Bavendamm, Henning/ Henning-Bodewig, Frauke — Gesetz gegen den unlauteren Wettbewerb, 2. Auflage 2009 München

Harte-Bavendamm, Henning/ Henning-Bodewig, Frauke — Gesetz gegen den unlauteren Wettbewerb, 1. Auflage 2004 München

Harvey, Brian/ Parry, Deborah — The Law of Consumer Protection and Fair Trading, 6. Auflage, London 2000 (zitiert als: Consumer Protection)

Hecker, Manfred — Die Richtlinie über unlautere Geschäftspraktiken: Einige Gedanken zu den aggressiven Geschäftspraktiken – Umsetzung in das deutsche Recht, in Wettbewerb in Recht und Praxis (WRP) 2006, S. 640–647

Heermann, Peter — Münchener Kommentar zum Lauterkeitsrecht, Band 1 München 2006

Heermann, Peter — Münchener Kommentar zum Lauterkeitsrecht, Band 2 München 2006

Hefermehl/Wolfgang Köhler/ Helmut Bornkamm, Joachim — Gesetz gegen den unlauteren Wettbewerb, 27. Auflage München 2009 (zitiert als: UWG, 27. Aufl. 2009)

Hefermehl/Wolfgang Köhler/ Helmut Bornkamm, Joachim — Gesetz gegen den unlauteren Wettbewerb, 25. Auflage München 2007 (zitiert als: UWG, 25. Aufl. 2007)

Henning-Bodewig, Frauke — Die Bekämpfung unlauteren Wettbewerbs in den EU-Mitgliedstaaten: eine Bestandsaufnahme, in Gewerblicher Rechtsschutz und Urheberrecht International (GRUR Int.) 2010, S. 273–286

Henning-Bodewig, Frauke Schricker, Gerhard	New Initiatives for the Harmonisation of the Unfair Competition Law in Europe, in European Intellectual Property (EIPR) 2002, S. 271–276
Henning-Bodewig, Frauke	Relevanz der Irreführung, UWG Nachahmungsschutz und die Abgrenzung Lauterkeits/IP-Rechte, in Gewerblicher Rechtsschutz und Urheberrecht International (GRUR Int.) 2007, S. 986–990
Henning-Bodewig, Frauke	Unfair Competition Law, European Union and Member States, Amsterdam 2006 (zitiert als: Unfair Competition Law)
Henning-Bodewig, Frauke	Neuorientierung von § 4 Nr. 1 und Nr. 2 UWG?, in Wettbewerb in Recht und Praxis (WRP) 2006, S. 621–628
Henning-Bodewig, Frauke	Richtlinienvorschlag über unlautere Geschäftspraktiken und UWG-Reform, in Gewerblicher Rechtschutz und Urheberrecht International (GRUR Int.) 2004, S. 182–193.
Howells, Geraint	Unfair Commercial Practices – Future directions, in Schulze, Reiner/ Schulte-Nölke, Hans (Hrsg.), European Private Law – Current Status and Perspectives, München 2011, S. 133–144 (zitiert als: Unfair Commercial Practices)
Howells, Geraint	The end of an era – implementing the Unfair Commercial Practices Directive in the United Kingdom: punctual criminal law gives way to a general civil/criminal law standard, in Journal of Business Law (JBL) 2009, S. 183–194

Howells, Geraint — UCPD – A Missed Opportunity, in Weatherill, Stephen/Bernitz, Ulf (Hrsg.), The Regulation of Unfair Commercial Practices under EC-Directive 2005/29 – New Rules and New Techniques, Oxford 2007, S. 103–114

Howells, Geraint — Consumer Concepts for a European Code?, in Schulze, Reiner (Hrsg.), New Features in Contract Law, München 2007, S. 119–135
(zitiert als: Consumer Concepts)

Howells,Geraint/Micklitz, Hans/Wilhelmsson, Thomas — European Fair Trading Law, Aldershot 2006

Howells, Geraint — The rise of European Consumer Law – Whither National Consumer Law, in Sydney Law Review 2006, S. 63–88

Howells, Geraint/Weatherill, Stephen — Consumer Protection Law, 2. Auflage, Aldershot 2005

Howells, Geraint/Twigg-Flesner, Christian — What Europe do consumers want?, in Consumer Policy Review 2005, S. 169–174

Howells, Geraint — Co-Regulation's Role in the Development of European Fair Trading Laws, in Collins, Hugh (Hrsg.), The forthcoming EC Directive on Unfair Commercial Practices, Den Haag 2004, S. 119–130
(zitiert als: Co-Regulation's Role)

Howells, Geraint/Voigt, Dennis — United Kingdom, in Micklitz, Hans/Keßler, Jürgen (Hrsg.), Marketing Practices Regulation and Consumer Protection in the EC Member States and the US, Baden-Baden 2002, S. 361–414

Howells, Geraint/ Wilhelmsson, Thomas	EC Consumer Law, Aldershot 1997
Hucke, Anja	Erforderlichkeit einer Harmonisierung des Wettbewerbsrechts in Europa, Baden-Baden 2000 (zitiert als: Harmonisierung des Wettbewerbsrechts)
Johnson, Howard	Advertisers beware! The impact of the Unfair Commercial Practices Directive, in Communications Law (Comms. L.) 2005, 10 (5), S. 164–169
Koch, Eberhard	Richtlinie gegen unlautere Geschäftspraktiken – Aggressives Geschäftsgebaren in Deutschland und in England und die Auswirkungen der Richtlinie, Hamburg 2006 (zitiert als: Richtlinie gegen unlautere Geschäftspraktiken)
Köhler/Helmut Bornkamm, Joachim	Gesetz gegen den unlauteren Wettbewerb, 29. Auflage München 2011 (zitiert als: UWG)
Köhler, Helmut	Die Verwendung unwirksamer Vertragsklauseln: ein Fall für das UWG, in Gewerblicher Rechtsschutz und Urheberrecht(GRUR) 2010, S. 1047–1053
Köhler, Helmut	Kopplungsangebote neu bewertet – Zugleich Besprechung der „Plus-Warenhandelsgesellschaft"-Entscheidung des EuGH, in Wettbewerb in Recht und Praxis (WRP) 2010, S. 177–183
Köhler, Helmut	Die UWG-Novelle 2008, in Wettbewerb in Recht und Praxis (WRP) 2009, S. 109–117

Köhler, Helmut — Die Unlauterkeitstatbestände des § 4 UWG und ihre Auslegung im Licht der Richtlinie gegen unlautere Geschäftspraktiken, in Gewerblicher Rechtsschutz und Urheberrecht (GRUR) 2008, S. 841–848

Köhler, Helmut — Werbung gegenüber Kindern: Welche Grenzen zieht die Richtlinie über unlautere Geschäftspraktiken, in Wettbewerb in Recht und Praxis (WRP) 2008, S. 700–708

Köhler, Helmut — „Wettbewerbshandlung“ und „Geschäftspraktiken“, in Wettbewerb in Recht und Praxis (WRP) 2007, S. 1393–1397

Köhler, Helmut — Das Verhältnis des Wettbewerbsrechts zum Recht des geistigen Eigentums – Zur Notwendigkeit einer Neubestimmung auf Grund der Richtlinie über unlautere Geschäftspraktiken, in Gewerblicher Rechtsschutz und Urheberrecht (GRUR) 2007, S. 548–554

Köhler, Helmut — Zur Umsetzung der Richtlinie über unlautere Geschäftspraktiken, in Gewerblicher Rechtschutz und Urheberrecht (GRUR) 2005, S. 793–802

Köhler, Helmut/ Lettl, Tobias — Das geltende europäische Lauterkeitsrecht, der Vorschlag für eine EG-Richtlinie über unlautere Geschäftspraktiken und die UWG-Reform, in Wettbewerb in Recht und Praxis (WRP) 2003, S. 1019–1054

Körber, Thomas Heinlein, Katharina — Informationspflichten und neues UWG, in Wettbewerb in Recht und Praxis (WRP) 2009, S. 780–788

LACORS — Opinion on Buy One Get One Free offers, Mai 2008 verfügbar unter: http://www.lacors.gov.uk/lacors/NewsArticleDetails.aspx?id=19422

Law Commission — Consumer Redress for Misleading and Aggressive Commercial Practices, April 2011
verfügbar unter:
http://www.justice.gov.uk/lawcommission/docs/cp199_consumer_redress.pdf
(zitiert als: Consumer Redress)

Law Commission — Reforming Consumer Redress for Misleading and Aggressive Commercial Practices: What Do You Think – Summary, April 2011
verfügbar unter:
http://www.justice.gov.uk/lawcommission/docs/cp199_consumer_redress_summary.pdf
(zitiert als: Reforming Consumer Redress)

Law Commission — Misrepresentation and Unfair Commercial Practices – Some initial questions, Februar 2010
verfügbar unter:
http://www.justice.gov.uk/lawcommission/docs/Misrep_and_unfair_practices_short_paper.pdf
(zitiert als: Misrepresentation and Unfair Commercial Practices)

Law Commission — A Private Right of Redress for Unfair Commercial Practices? Preliminary Advice to the BERR, November 2008
verfügbar unter:
http://www.lawcom.gov.uk/docs/rights_of_redress_advice.pdf
(zitiert als: Private Right of Redress)

Lawson, Richard — All must have prizes, in Solicitors Journal (S.J.) 2008 (14), S. 16–17

Leible, Stefan/Günther, Lucas — „Millionen-Chance II" – Das endgültige Aus für § 4 Nr. 6 UWG?, in Gewerblicher Rechtsschutz und Urheberrecht Praxis (GRUR-Prax) 2011, S. 209

Leistner, Matthias	Bestand und Entwicklungsperspektiven des Europäischen Lauterkeitsrechts, in Zeitschrift für europäisches Privatrecht (ZEuP) 2009, S. 56–90
Leistner, Matthias	Richtiger Vertrag und lauterer Wettbewerb, Tübingen 2007
Leistner, Matthias	Unfair Competition or Consumer Protection? The Commission's Unfair Commercial Practices Proposal 2003, in Bell, John/Kilpatrick, Claire (Hrsg.), The Cambridge Yearbook of European Legal Studies, Volume 6, 2003–2004, Oxford 2005, S. 141–176 (zitiert als: Unfair Competition)
Lettl, Tobias	Der lauterkeitsrechtliche Schutz vor irreführender Werbung in Europa, München 2004 (zitiert als: Werbung in Europa)
Lettl, Tobias	Der lauterkeitsrechtliche Schutz vor irreführender Werbung in Europa, in Gewerblicher Rechtsschutz und Urheberrecht International (GRUR Int.) 2004, S. 85–96
Ludwig, Babett	Irreführende und vergleichende Werbung in der Europäischen Gemeinschaft, Baden-Baden 1995 (zitiert als: Irreführende und vergleichende Werbung)
Lundmark, Thomas	„Soft" stare decisis: the common law doctrine retooled for Europe, in Schulze, Reiner/Seif, Ulrike (Hrsg.), Richterrecht und Rechtsfortbildung in der Europäischen Rechtsgemeinschaft, Tübingen 2003, S. 161–168 (zitiert als: „Soft" stare decisis)

Magnus, Ulrich — The damages rules in the acquis communautaires, in the Acquis Principles and in the DCFR, in Schulze, Reiner (Hrsg.), Common Frame of Reference and Existing EC Contract Law, 2. Auflage, München 2009, S. 211–234
(zitiert als: Damages Rules)

Marsland, Vanessa — Unfair Commercial Practices: Stamping out Misleading Packaging, in Weatherill, Stephen/Bernitz, Ulf (Hrsg.), The Regulation of Unfair Commercial Practices under EC-Directive 2005/29 – New Rules and New Techniques, Oxford 2007, S. 191–214
(zitiert als: Misleading Packaging)

McCrudden, Christopher — Regulation and Deregulation, Oxford 1999

Micklitz, Hans — The Targeted Full Harmonisation Approach: Looking behind the Curtain, in Howells, Geraint/Schulze, Reiner (Hrsg.), Modernising and Harmonising Consumer Contract Law, München 2009, S. 47–83
(zitiert als: Targeted Full Harmonisation Approach)

Micklitz, Hans/Reich, Norbert/Rott, Peter — Understanding EU Consumer Law, Antwerpen 2009

Micklitz, Hans/Reich, Norbert — Der Kommissionsvorschlag vom 8.10.2008 für eine Richtlinie über „Rechte der Verbraucher“, oder: „der Beginn des Endes einer Ära …“, in Europäische Zeitschrift für Wirtschaftsrecht (EuZW) 2009, S. 279–286

Micklitz, Hans/Reich, Norbert — Crónica de una muerte anunciada: The Commission Proposal for a „Directive on Consumer Rights“, in Common Market Law Review (CLMR) 2009, S. 471–519

Micklitz, Hans/Keßler, Jürgen — Das neue UWG – auf halbem Wege nach Europa?, in Verbraucher und Recht (VuR) 2009, S. 88–95

Micklitz, Hans — The Relationship between National and European Consumer Policy, in Parry, Deborah/Nordhausen, Annette/Howells, Geraint/Twigg-Flesner, Christian (Hrsg.), The Yearbook of Consumer Law 2008, Aldershot 2007, S. 35–65

Micklitz, Hans/Keßler, Jürgen — Die Harmonisierung des Lauterkeitsrechts in den Mitgliedstaaten der Europäischen Gemeinschaft, Baden-Baden 2007
(zitiert als: Harmonisierung)

Micklitz, Hans — A General Framework Directive on Fair Trading, in Collins, Hugh (Hrsg.), The forthcoming EC Directive on Unfair Commercial Practices, Den Haag 2004, S. 43–85
(zitiert als: General Framework Directive)

Micklitz, Hans/Reich, Norbert
Weatherill, Stephen — EU Treaty Revision and Consumer Protection, in Journal of Consumer Policy 2004, S. 367–399

Münker, Reiner — Verbandsklagen im sogenannten ergänzenden wettbewerbsrechtlichen Leistunsgsschutz, in Ahrens, Hans-Jürgen/Bornkamm, Joachim/Kunz-Hallstein, Hans (Hrsg.), Festschrift für Eike Ullmann, Saarbrücken 2006, S. 781–794
(zitiert als Verbandsklagen)

Nordhausen, Annette/Bradgate, Robert/ Twigg-Flesner, Christian	Consumer Acquis in the UK, in European Consumer Law Journal 2006, S. 51–67
Nordhausen, Annette	Information Requirements in the E-Commerce Directive and the Proposed Directive on Unfair Commercial Practices, in Howells, Geraint/Janssen, André/Schulze, Reiner (Hrsg.), Information Rights and Obligations, Aldershot 2005, S. 93–114 (zitiert als: Information Requirements)
OECD	Report on the Effectiveness of Enforcement Regimes, Dezember 2006 verfügbar unter: http://www.oecd-ilibrary.org/science-and-technology/examining-consumer-policy_231767418167
OFT	Annual Report and resource accounts 2008/-09 verfügbar unter: http://www.oft.gov.uk/OFTwork/publications/publication-categories/corporate/annual-report/ (zitiert als: Annual Report 2008)
OFT	Enforcement of Consumer Protection Legislation – Guidance on Part 8 of the Enterprise Act 2002, Juni 2003 verfügbar unter: http://www.oft.gov.uk/shared_oft/business_leaflets/enterprise_act/oft512.pdf
OFT	The Purchase of Used Cars, Dezember 1996 verfügbar unter: http://www.oft.gov.uk/shared_oft/reports/consumer_protection/oft178.pdf

Ogus, Anthony — Regulation: Legal Form and Economic Theory, 2. Auflage, Oxford 2004 (zitiert als: Regulation)

Ohly, Ansgar — Bausteine eines europäischen Lauterkeitsrechts, in Wettbewerb in Recht und Praxis (WRP) 2008, S. 177–185

Ohly, Ansgar — Mehr oder weniger Leistungsschutz durch europäisches Lauterkeitsrecht?, in Hilty, Reto/Henning-Bodewig, Frauke (Hrsg.), Law Against Unfair Competition, Heidelberg 2007, S. 181–205 (zitiert als: Leistungsschutz)

Ohly, Ansgar — Designschutz im Spannungsfeld von Geschmacksmuster-, Kennzeichen- und Lauterkeitsrecht, in Gewerblicher Rechtsschutz und Urheberrecht (GRUR) 2007, S. 731–740

Ohly, Ansgar — Das Herkunftslandprinzip im Bereich vollständig angeglichenen Lauterkeitsrechts, in Wettbewerb und Recht und Praxis (WRP) 2006, S. 1401–1413

Ohly, Ansgar/Spence, Michael — Law of Comparative Advertising – Directive 97/55/EWG in the United Kingdom and in Germany, Oxford 2000 (zitiert als: Comparative Advertising)

Ohly, Ansgar — Richterrecht und Generalklausel im Recht des unlauteren Wettbewerbs, Köln 1997 (zitiert als: Richterrecht)

Ohly, Ansgar — Hodgkinson Corby v Wards Mobility Services, in Gewerblicher Rechtsschutz und Urheberrecht (GRUR Int.) 1996, S. 954–959

Ohly, Ansgar	Die vergleichende Werbung im britischen Recht, in Gewerblicher Rechtsschutz und Urheberrecht International (GRUR Int.) 1993, S. 730–739
Piper, Henning/Ohly, Ansgar/Sosnitza, Olaf	Gesetz gegen den unlauteren Wettbewerb, 5. Auflage München 2010
Philpott, Fred/Hibbert, William/Neville, Stephen/Popplewell, Simon/Say, Bradley/ Sayer, Peter/Smith, Julia	The Law of Consumer Credit and Hire, Oxford 2009 (zitert als: Consumer Credit)
Puttemanns, André	Internationaler Report für die „Liga gegen den unlauteren Wettbewerb" zu der Frage „Can the law against unfair competition complete or replace the specific protection conferred on intellectual property, and if so, to what extent?" (zitiert als: Report für die „Liga gegen den unlauteren Wettbewerb")
Radeideh, Malek	Fair Trading in EC Law, Groningen 2005 (zitiert als: Fair Trading)
Ramsay, Iain	Consumer Law and Policy, 2. Auflage, Oxford 2007 (zitiert als: Consumer Law)
Reding, Viviane	The Next Steps Towards a European Contract Law for Businesses and Consumers, in Schulze, Reiner/ Stuyck, Jules (Hrsg.), Towards a European Contract Law, München 2011, S. 9–20 (zitiert als: The Next Steps Further)
Reding, Viviane	Warum Europa ein optionales Europäisches Vertragsrecht benötigt, in Zeitschrift für Europäisches Privatrecht (ZEuP) 2011, S. 1–6

Reich, Norbert	Variationen des Verbraucherkaufrechts in der EU, in Europäische Zeitschrift für Wirtschaftsrecht (EuZW) 2011, S. 736–742
Reich, Norbert	Von der Minimal- zur Voll- zur „Halbharmonisierung“ – ein Privatrechtsdrama in fünf Akten, in Zeitschrift für Europäisches Privatrecht (ZeuP) 2010, S. 7–39
Schaub, Renate	Sponsoringverträge und Lauterkeitsrecht, in Gewerblicher Rechtsschutz und Urheberrecht (GRUR) 2008, S. 955–960
Scherer, Inge	Die „wesentliche Beeinflussung“ nach der Richtlinie über unlautere Geschäftspraktiken, in Wettbewerb in Recht und Praxis (WRP) 2008, S. 708–714
Schricker, Gerhard/Henning-Bodewig, Frauke	Neuordnung des Wettbewerbsrechts, Baden-Baden 1998/99 (zitiert als: Neuordnung)
Schricker, Gerhard	Die Bekämpfung der irreführenden Werbung in den Mitgliedstaaten der EG, in Gewerblicher Rechtsschutz und Urheberrecht International (GRUR Int.) 1990, S. 112–121
Schulte-Nölke, Hans	Scope and Function of the Optional Instrument of European Contract Law, in Schulze, Reiner/Stuyck, Jules (Hrsg.), Towards a European Contract Law, München 2011, S. 35–45 (zitiert als: Scope and Function)
Schulte-Nölke, Hans/Twigg-Flesner, Christian/Ebers, Martin	EC Consumer Law Compendium, München 2008 (zitiert als: Compendium)

Schulte-Nölke, Hans/Busch, Christoph — Der Vorschlag der Kommission für eine Richtlinie über unlautere Geschäftspraktiken KOM (2003) 356 endg., in Zeitschrift für europäisches Privatrecht (ZEuP) 2004, 12, S. 99–117

Schulze, Reiner — Contours of European Private Law, in Schulze, Reiner/Schulte-Nölke, Hans (Hrsg.), European Private Law – Current Status and Perspectives, München 2011, S. 7–26

Schulze, Reiner/Stuyck, Jules — Towards a European Contract Law – An Introduction, in Schulze, Reiner/Stuyck, Jules (Hrsg.), Towards a European Contract Law, München 2011, S. 3–8
(zitiert als: Towards a European Contract Law)

Schulze, Reiner — The Right of Withdrawal, in Schulte-Nölke, Hans/Tichy, Lubos (Hrsg.), Perspectives for European Consumer Law, München 2010, S. 13–22
(zitiert als: Withdrawal)

Schulze, Reiner — The Academic Draft of the CFR and the EC Contract Law, in Schulze, Reiner (Hrsg.), Common Frame of Reference and Existing EC Contract Law, 2. Auflage, München 2009, S. 3–23
(zitiert als: EC Contract Law)

Schulze, Reiner/Janssen, André — Das Recht des unlauteren Wettbewerbs in den EU-Mitgliedstaaten, in The European Legal Forum (EuLF) 2004, S. 77–85

Schulze, Reiner — Casebook Europäisches Privatrecht, Baden-Baden 2000
(zitiert als: Europäisches Privatrecht)

Schulze, Reiner/Schulte-Nölke, Hans — Casebook Europäisches Verbraucherrecht, Baden-Baden 1999 (zitiert als: Europäisches Verbraucherrecht)

Seichter, Dirk — Der Umsetzungsbedarf der Richtlinie über unlautere Geschäftspraktiken, in Wettbewerb in Recht und Praxis (WRP) 2005, S. 1087–1095

Shúilleabháin, Maíre — Common Law Protection of Trade Marks – the continuing Relevance of Passing-off, in International Review of Intellectual Property and Copyright Law (IIC) 2003, S. 722–750

Smith, Victor — The Trade Descriptions Act 1968 is Dead: Long Live The Consumer Protection from Unfair Trading Regulations 2008, Part 1–3, in Justice of the Peace and the Local Government (J.P.) 2008, 172 (33–35), S. 516–522; S. 536–543; 560–565

Sosnitza, Olaf — Der Gesetzesentwurf zur Umsetzung der Richtlinie über unlautere Geschäftspraktiken, in Wettbewerb in Recht und Praxis (WRP) 2008, S. 1014–1035

Sosnitza, Olaf — Der Einfluss des Gemeinschaftsrechts auf das nationale Recht zum Schutz geografischer Herkunftsangaben in Deutschland, in Gewerblicher Rechtsschutz und Urheberrecht, (GRUR) 2007, S. 462–468

Sosnitza, Olaf — Die Richtlinie über unlautere Geschäftspraktiken – Voll- oder Teilharmonisierung, in Wettbewerb in Recht und Praxis (WRP) 2006, S. 1–7

Stanton, Keith — New Forms of the Tort of Breach of Statutory Duty, in Law Quarterly Review (LQR) 2004, S. 324–341

Steinbeck, Anja — Der Beispielskatalog des § 4 UWG – Bewährungsprobe bestanden, in Gewerblicher Rechtsschutz und Urheberrecht (GRUR) 2008, S. 848–854

Steinbeck, Anja — Die Zukunft der aggressiven Geschäftspraktiken, in Wettbewerb in Recht und Praxis (WRP) 2008, S. 865–870

Steinbeck, Anja — Richtlinie über unlautere Geschäftspraktiken: Irreführende Geschäftspraktiken – Umsetzung in das deutsche Recht, in Wettbewerb in Recht und Praxis (WRP) 2006, S. 631–640

Stuyck, Jules — Regulation of Sales Promotion and Unfair Competition, in Weatherill, Stephen/Bernitz, Ulf (Hrsg.), The Regulation of Unfair Commercial Practices under EC-Directive 2005/29 – New Rules and New Techniques, Oxford 2007, S. 159–174 (zitiert als: Regulation)

Stuyck/Jules Terryn/van Dyck, — Confidence through Fairness? The new Directive on Unfair Business-to-Consumer Commercial Practices in the Internal Market, in Common Market Law Review (CMLR) 2006, S. 107–152

Tamm, Marina — Das Grünbuch der Kommission zum Verbraucheracquis und das Modell der Vollharmonisierung – eine kritische Analyse, in Europäische Zeitschrift für Wirtschaftsrecht (EuZW) 2007, S. 756–761

Tichy, Lubos	Unfair Terms in consumer contracts, in Schulte-Nölke, Hans/Tichy, Lubos (Hrsg.), Perspectives for European Consumer Law, München 2010, S. 59–96 (zitiert als: Unfair terms)
Treitel, G. H./Peel, Edwin	The Law of Contract, 12. Auflage, London 2007 (zitiert als: Law of Contract)
Twigg-Flesner, Christian	Pre-contractual duties – from the acquis to the Common Frame of Reference, in Schulze, Reiner (Hrsg.), Common Frame of Reference and Existing EC Contract Law, 2. Auflage, München 2009, S. 95–124 (zitiert als: Pre-contractual duties)
Twigg-Flesner, Christian/Parry, Deborah	The Challenges Posed by the Implementation of the Directive into Domestic Law – a UK Perspective, in Weatherill, Stephen/Bernitz, Ulf (Hrsg.), The Regulation of Unfair Commercial Practices under EC-Directive 2005/29 – New Rules and New Techniques, Oxford 2007, S. 215–233 (zitiert als: UK-Perspective)
Twigg-Flesner, Christian	Deep Impact? The EC Directive on Unfair Commercial Practices and Domestic Consumer Law, in Law Quarterly Review (LQR) 2005, S. 386–389
Twigg-Flesner, Christian/Howells, Geraint/Parry,Deborah/Nordhausen, Annette	An Analysis of the Application and Scope of the Unfair Commercial Practices Directive, 18. Mai 2005 verfügbar unter: http://webarchive.nationalarchives.gov.uk/+/berr.gov.uk/whatwedo/consumers/buying-selling/ucp/transposition/page29909.html (zitiert als: Scope and Application)

Ullmann, Eike	Ullmann/juris-PK UWG, Saarbrükken 2006
Ulmer, Eugen/von Westerholt, Hartwig	Das Recht des unlauteren Wettbewerbs in den Mitgliedstaaten der Europäischen Wirtschaftsgemeinschaft, Band VI, Vereinigtes Königreich von Großbritannien und Nordirland, München 1981 (zitiert als: Unlauterer Wettbewerb – Großbritannien)
Veelken, Winfried	Kundenfang gegenüber dem Verbraucher, in Wettbewerb in Recht und Praxis (WRP) 2004, S. 1–23.
Wagner, Gerhard	Zwingendes Privatrecht – Eine Analyse anhand des Vorschlags einer Richtlinie über Rechte der Verbraucher –, in Zeitschrift für Europäisches Privatrecht (ZEuP) 2010, S. 243–278
Wadlow, Christopher	The Law of Passing-off, 4. Auflage, London 2011 (zitiert als: Passing-off)
Wadlow, Christopher	Reclaiming Unfair Competition Law, in Weatherill, Stephen/Bernitz, Ulf (Hrsg.), The Regulation of Unfair Commercial Practices under EC-Directive 2005/29 – New Rules and New Techniques, Oxford 2007, S. 175–189
Wadlow, Christopher	The Law of Passing-off, 3. Auflage, London 2004 (zitiert als: Passing-off, 3. Aufl. 2004)
Weatherill, Stephen	Average Consumer, in Weatherill, Stephen/Bernitz, Ulf (Hrsg.), The Regulation of Unfair Commercial Practices under EC-Directive 2005/29 – New Rules and New Techniques, Oxford 2007, S. 115–138

Weatherill, Stephen	National Report United Kingdom, in Schulze, Reiner/Schulte-Nölke, Hans (Hrsg.), Analysis of National Fairness Laws Aimed at Protecting Consumers in Relation to Commercial Practices, Juni 2003 (zitiert als: National Report UK) verfügbar unter: http://ec.europa.eu/consumers/cons_int/safe_shop/fair_bus_pract/green_pap_comm/studies/unfair_practices_en.pdf (zitiert als: Analysis of National Fairness Laws)
Weatherill, Stephen	Wichtige Entwicklungen im Verbraucherschutzrecht im Vereinigten Königreich, in Verbraucher und Recht (VuR) 1995, S. 393–398
Weir, Tony	An introduction to Tort Law, 2. Auflage, Oxford 2006 (zitiert als: Tort Law)
Whittaker, Simon	The Relationship of the Unfair Commercial Practices Directive to European and National Contract Laws, in Weatherill, Stephen/Bernitz, Ulf (Hrsg.), The Regulation of Unfair Commercial Practices under EC-Directive 2005/29 – New Rules and New Techniques, Oxford 2007, S. 139–158 (zitiert als: European and National Contract Laws)
Wilhelmsson, Thomas	The Informed Consumer v the Vulnerable Consumer in European Unfair Commercial Practices Law – A Comment, in Parry, Deborah/Nordhausen, Annette/Howells, Geraint/Twigg-Flesner, Christian (Hrsg.), The Yearbook of Consumer Law 2007, Aldershot 2007, S. 211–227 (zitiert als: Vulnerable Consumer)

Williams, Jane/Hare, Caroline	Early Experiences of the Enforcement of the Unfair Commercial Practices Directive in Scotland, in Journal of Consumer Policy 2010, S. 377–401
Woodroffe, Geoffrey/Lowe, Robert	Consumer Law and Practice, 8. Auflage, London 2010 (zitiert als: Consumer Law)
Yeung, Karen	Private Enforcement of Competition Law, in McCrudden (Hrsg.), Regulation and Deregulation, Oxford 1999, S. 37–65 (zitiert als: Private Enforcement)